KR

Lira

Lira, parte a Grupului Editorial Litera
O.P. 53; C.P. 212, sector 4, Bucureşti, România
tel.: 021 319 63 93; 0752 101 777
e-mail: comenzi@lirabooks.ro

www.lirabooks.ro

Editor: Vidraşcu şi fiii
Redactor: Adriana Marcu
Corector: Cristiana Miu
Copertă: Andrei Gamarţ
Tehnoredactare şi prepress: Ioana Cristea

Descrierea CIP a Bibliotecii Naţionale a României
HANNAH, KRISTIN
A doua şansă / Kristin Hannah; trad.: Graal Soft.
–Bucureşti: Litera Internaţional, 2013
ISBN 978-606-686-071-0
I. Soft, Graal (trad.)

821.111(73)-31=135.1

KRISTIN HANNAH
A doua şansă

Traducere din limba engleză
Oana Cristina Butta

Lira

Pentru Barbara Kurek
Cea mai bună naşă pe care ar fi putut-o
alege mama mea...

Pentru bărbaţii din viaţa mea, Benjamin şi Tucker...

Şi în memoria mamei mele, Sharon Goodno John
Sper că au librării în rai, mamă.

Partea întâi

Ca să porneşti la drum în căutarea sinelui tău nu ai nevoie să cauţi peisaje noi, ci să adopţi o perspectivă nouă.

MARCEL PROUST

capitolul 1

Ploua cu stropi mici, ca și când cerul obosit ar fi scuturat picături de argint. Undeva în spatele unui pâlc de nori se ascundea și soarele, prea slab ca să lumineze pământul de dedesubt.

Era în martie, cea mai dezolantă lună din an, când totul era tăcut, nemișcat și cenușiu, dar vântul începuse deja să se încălzească, aducând în sfârșit pe aripile sale promisiunea zilelor de primăvară. Copaci care abia săptămâna trecută fuseseră triști și goi păreau să se fi înălțat cu zece centimetri într-o singură noapte fără lună, iar uneori, când razele soarelui cădeau într-un fel anume asupra unei crengi, puteai să vezi chiar și mugurii roșietici care cuprindeau o viață nouă zbătându-se să iasă dincolo de scoarța maronie. În curând, dealurile din spatele orașului Malibu aveau să înflorească, iar preț de câteva săptămâni aici avea să fie cel mai frumos loc de pe Pământ.

Copiii din California de Sud simțeau și ei venirea soarelui, la fel ca și plantele și animalele. Începuseră deja să viseze la înghețată și acadele pe băț și blugii tăiați de anul trecut. Chiar și orășenii care trăiau înconjurați de sticlă și plăci enorme de beton în clădiri cu nume pretențioase ca Orașul Secolului începeau să se abată prin raioanele cu produse de grădinărit din magazine. În cărucioarele de fier ale cumpărătorilor își făcuseră deja apariția primele ghivece cu mușcate, pe lângă roșiile uscate la soare și sticlele de apă Evian.

De fiecare dată în ultimii nouăsprezece ani, Annie Colwater așteptase primăvara la fel de nerăbdătoare ca o fetișcană pregătindu-se pentru primul bal. Comandase bulbi din cele mai îndepărtate locuri și cumpărase ghivece din ceramică pictate manual în care să-și planteze florile favorite.

Acum însă, nu simțea decât groază și un soi de panică nedefinită. De a doua zi încolo, nimic din viața ei atât de ordonată până atunci nu avea să mai fie la fel, iar Annie nu era o femeie care să agreeze colții zimțați și ascuțiți ai schimbării. Prefera situațiile care evoluau lin, constant, fără ocolișuri. Așa se simțea cel mai în siguranță: înconjurată de lucrurile obișnuite, în sânul familiei.

Soție. Mamă. Astea erau rolurile care o defineau, care dădeau un sens întregii sale vieți. Asta fusese dintotdeauna, iar acum, apropiindu-se șovăitor de cea de-a patruzecea aniversare, nu-și amintea să-și fi dorit vreodată altceva. Se măritase imediat după facultate și rămăsese însărcinată în același an. Soțul și fiica ei erau ancorele care o țineau în loc; fără Blake și Natalie ar fi rămas în derivă, ca un vas fără căpitan și fără nici o destinație, pierdut pe mare.

Și totuși, ce trebuia să facă o mamă după ce singurul ei copil pleca de-acasă?

Annie se foi neliniștită în scaunul Cadillacului. Se simțea ciudat în hainele pe care le alesese dimineață, pantaloni groși bleumarin și o bluză de mătase roz pal. De regulă se ascundea după o baricadă construită meticulos, transformându-se în ceva ce nu era. Purta haine scumpe și se machia cu grijă, lucruri care o făceau *să pară* soția unui magnat corporatist, așa cum ar fi trebuit să fie. Nu însă și astăzi. Astăzi, părul ei brunet, lung până în talie, prins într-un coc sever (așa cum îi plăcea soțului ei și cum îl purta în fiecare zi) îi dădea o durere insuportabilă de cap.

Începu să bată cu unghiile manichiurate impecabil pe brațul scaunului și se uită spre Blake, care era așezat comod la volan. Soțul ei părea complet relaxat, ca și când ar fi fost o după-amiază obișnuită și nu ziua în care fiica lor de șaptesprezece ani pleca la Londra.

Știa prea bine că teama pe care o simțea era o copilărie, și totuși asta nu-i diminua cu nimic durerea. Când Natalie le spusese că intenționa să termine facultatea mai repede și să-și petreacă ultima jumătate de semestru în Londra, fusese mândră că fiica ei devenise atât de independentă. Studenții din anii terminali ai școlilor de prestigiu făceau de multe ori asta. Și Annie își dorise ca odrasla ei să ia parte la o asemenea aventură.

Ea însăși n-ar fi avut niciodată curajul de a înfrunta singură o astfel de provocare – nici la șaptesprezece ani, nici acum, la treizeci și nouă. Dintotdeauna se simțise timorată la gândul că trebuia să călătorească undeva. Deși îi plăcea mult să vadă locuri noi și să întâlnească oameni noi, tot se simțea neliniștită de fiecare dată când pleca de acasă.

Știa că slăbiciunea ei era o rămășiță din tinerețe, o consecință firească a tragediei care îi umbrise copilăria, dar faptul că își înțelegea teama nu o ajutase să treacă peste ea. De fiecare dată când plecau în vacanță cu toții, Annie începea să aibă coșmaruri – viziuni grotești, întunecate, în care rămânea singură într-o țară străină, fără bani și fără să știe încotro să meargă. Era pierdută, rătăcea la nesfârșit pe străzi necunoscute, căutându-și familia, singura plasă de siguranță pe care o avusese vreodată. În cele din urmă se trezea plângând în hohote. Apoi se ghemuia lângă soțul ei și, în sfârșit, reușea să se liniștească.

Se mândrea așadar cu independența lui Natalie și cu decizia ei curajoasă se a se aventura tocmai până în Anglia de una singură, dar nu realizase nici o clipă cât de dificil avea să-i fie să o privească plecând. Fuseseră cele mai bune prietene, asta după ce Natalie trecuse cu bine peste anii morocănoși ai adolescenței timpurii. Sigur, între ele apăruseră la un moment dat și certuri, sentimente rănite și lucruri care n-ar fi trebuit spuse, dar toate astea nu făcuseră decât să le întărească legătura. Erau o echipă, echipa „fetelor" dintr-o familie în care soțul uneia și tatăl celeilalte lucra optzeci de ore pe săptămână și uneori treceau zile întregi până să-și amintească să mai zâmbească puțin.

Annie se uită afară, pe fereastră. Canioanele de beton din centrul Los Angelesului erau un vârtej ametitor de clădiri imense, graffiti și neoane care luminau fantomatic picăturile mărunte de ploaie. Se apropiau tot mai mult de aeroport.

Annie se întinse spre soţul ei şi îi atinse mâneca de caşmir albastru-deschis.

– Hai să mergem şi noi la Londra cu Nana şi să o ajutăm să se mute la familia-gazdă. Ştiu...

– *Mamă*, rosti apăsat Natalie de pe bancheta din spate. Fii serioasă! Ar fi absolut *penibil* să apari şi tu.

Annie îşi trase mâna şi îndepărtă o scamă de pe pantalonii scumpi de lână.

– Ziceam şi eu doar, spuse încet. Tatăl tău încearcă de ani de zile să mă convingă să mergem în Anglia. Şi mă gândeam... poate ar fi o idee să mergem acum.

Blake îi aruncă o privire imposibil de descifrat:

– N-am mai vorbit de Anglia de ani de zile. Apoi mormăi ceva despre aglomeraţia de pe şosea şi claxonă insistent.

– Deci n-o să-ţi fie dor de traficul din California, murmură Annie, mai mult ca să spargă tăcerea care se lăsase.

În spate, Natalie râse.

– Absolut deloc. Sally Pritchart... o mai ştii, nu, mamă? A fost la Londra anul trecut. Ei bine, Sally a zis că e foarte mişto acolo. Nu e ca la noi, să nu poţi merge nicăieri dacă n-ai maşină. În Londra nu trebuie decât să iei metroul. Natalie se aplecă şi îşi vârî capul blond printre scaunele din faţă. Te-ai dat cu metroul când ai fost la Londra anul trecut, tati?

Blake claxonă din nou. Oftă nervos, apoi semnaliză şi trase brusc pe banda cealaltă.

– Hm? Ce-ai zis?

Natalie oftă.

– Nimic.

Annie îşi strânse uşor soţul de umăr, reamintindu-i blând că fiecare moment pe care îl trăiau acum era inestimabil, deoarece fiica lor urma să plece pentru câteva luni. Ca de obicei însă, Blake nu era prezent decât fizic. Annie începu să spună ceva, ca să spargă tăcerea şi ca să nu se mai gândească la cât de singură avea să se simtă fără Natalie, dar apoi văzu semnul care spunea că ajunseseră la aeroport și nu mai reuși să scoată nici o vorbă. Blake ieși de pe autostradă și conduse prin parcarea liniștită și întunecoasă. În sfârșit, opri motorul. O clipă lungă rămaseră nemișcați toți trei. Annie așteptă ca soțul ei să spună ceva grandios, ceva care să marcheze un moment atât de solemn. Se pricepea de minune să vorbească. Blake însă deschise ușa fără să spună nimic.

Ca întotdeauna, Annie îl urmă. Ieși din mașină și se opri lângă portieră, învârtindu-și ochelarii de soare pe degetele pe care le simțea teribil de reci. Privi bagajele lui Natalie, o geantă de voiaj gri și un rucsac verde de pânză marca Eddie Bauer.

Era îngrijorată că nu-și luase destule lucruri, că bagajele erau prea incomode... era îngrijorată din multe motive, prea multe chiar. Dintr-odată, Natalie i se părea atât de tânără, îmbrăcată cum era într-o rochie largă de blugi care ajungea până deasupra bocancilor în stil militar. Era înaltă și slabă, iar părul ei lung și blond era prins la spate cu două agrafe de metal. Urechea stângă era conturată de trei cercei de argint într-un semicerc.

Annie simțea nevoia să provoace o conversație. Avea atâtea sfaturi de dat, despre bani, despre pașaport, despre cât de important era să rămână mereu în grup. Dar nu fu în stare să spună nimic. Blake porni înainte, ducând cele două bagaje, iar soția și fiica îl urmară în tăcere. Annie ar fi vrut să meargă împreună toți trei, dar nu spuse nimic – poate că Natalie nu observase că tatăl ei se grăbea atât. Blake se ocupă de toate aranjamentele la ghișeul de bilete, după care se îndreptară spre terminalul internațional.

Odată ajunși la poarta de îmbarcare, Annie se agăță de poșeta ei ca de un scut. Păși spre fereastra mare, murdară, și o clipă își văzu reflexia în geam: o doamnă suplă, îmbrăcată impecabil, singură.

– Mai spune și tu ceva, mami. Nu suport deloc liniștea asta.

Cuvintele lui Natalie aveau un firicel de nelinişte, ceva ce doar o mamă ar fi putut observa. Annie se strădui să râdă.

– De obicei voi îmi spuneţi să nu mai vorbesc aşa mult. Chiar ieri mă uitam la pozele tale de când erai mică şi mă gândeam că...

– Şi eu te iubesc, mami, şopti Natalie.

Annie îi luă mâna şi o strânse. Nu îndrăzni să se întoarcă spre ea, temându-se că avea să-şi dea de gol suferinţa. Nu asta era imaginea pe care dorea să i-o lase fiicei ei la despărţire.

Blake veni lângă ele.

– Mi-ar fi plăcut totuşi să ne dai voie să-ţi cumpărăm bilete la clasa întâi. Este un zbor lung, iar mâncarea pe care o servesc pe locurile ieftine e oribilă. Dumnezeule, probabil că-ţi dau numai ingredientele, şi trebuie să găteşti tu!

– De parcă tu ai şti cum e mâncarea ieftină din avion, tati, râse Natalie.

Blake zâmbi şi el.

– Măcar locurile de la clasa întâi sunt mai comode.

– Nu vreau să stau comod, tati. E o *aventură*.

– Ah, o aventură, repetă Annie, regăsindu-şi în sfârşit vocea.

Se întrebă cum era să ai visuri aşa de mărețe şi simţi iarăşi o uşoară invidie pe independenţa lui Natalie. Fiica ei era întotdeauna atât de încrezătoare în propriile forţe, atât de hotărâtă când îşi dorea ceva!

O voce se auzi din difuzoare:

– Zborul trei-cinci-şapte, destinaţia Londra, a început îmbarcarea.

– O să-mi fie dor de voi, murmură fata. Privi avionul şi începu să-şi roadă unghia de la degetul mare.

Annie îi mângâie obrazul, încercând să memoreze fiecare detaliu: aluniţa de lângă lobul urechii stângi, nuanţa părului blond, ochii albaştri, pistruii veseli de pe nas. Voia să închidă totul în memorie, ca pe o comoară pe care să o studieze oricând simţea nevoia în următoarele trei luni.

– Ţine minte, o să te sunăm în fiecare luni... la ora şapte de la voi. O să te simţi fantastic, Nana.

Blake îşi deschise braţele, iar Natalie se aruncă la pieptul lui.

Curând, mult prea curând, vocea din difuzoare se auzi din nou anunţând că rândul lui Natalie se îmbarca. Annie o îmbrăţişă pentru ultima oară – o îmbrăţişare lungă, disperată, care nu era suficientă, nu putea fi – apoi se trase încet înapoi. Clipi, lăsând să-i cadă câteva lacrimi, şi o privi pe Natalie dându-i biletul femeii de la poartă. Apoi, cu o ultimă fluturare grăbită de mână, fiica ei dispăru înăuntru.

– O să fie în regulă, Annie.

– Ştiu, răspunse ea privind fix la culoarul gol.

O lacrimă. Nu apucă să verse decât o lacrimă, atât, înainte ca fiica ei să fi dispărut deja.

Rămase acolo mult după ce avionul decolase, după ce dâra albă a motoarelor imense dispăru pe cerul mohorât. Îl simţea pe Blake alături. Ar fi vrut să o ia de mână sau să o strângă de umăr şi să o ţină în braţe... oricare din lucrurile pe care le-ar fi făcut cu cinci ani în urmă.

Se întoarse. În ochii lui nu văzu decât propria ei reflexie şi oglinda înceţoşată a vieţii lor împreună. Îl sărutase pentru prima dată când avea optsprezece ani – aproape vârsta lui Natalie – şi de-atunci încoace nu o mai interesase nici un alt bărbat.

Chipul lui frumos era mai serios decât îl văzuse vreodată.

– Ah, Annie... Vocea lui era puţin mai mult decât o şoaptă răguşită. Ce-o să faci acum?

Annie era gata, gata să se prăbuşească chiar acolo, în mijlocul aglomeraţiei impersonale din aeroport.

– Du-mă acasă, Blake, reuşi să îngaime.

Voia să fie înconjurată de lucrurile ei, de orice ar fi putut să-i reamintească cine era.

– Desigur.

Blake o luă de mână și o conduse de-a lungul terminalului și prin parcare. Se urcară în mașină fără nici un cuvânt și fiecare trânti portiera.

Pe măsură ce treceau de pe o autostradă pe alta cu o viteză amețitoare, Annie se simțea din ce în ce mai epuizată. Se lăsase pe spate în scaun, iar acum privea pe geam acel oraș care nu-i devenise niciodată cămin, deși se mutase acolo împreună cu Blake imediat după ce terminaseră facultatea. Era un labirint citadin enorm, un oraș ale cărui clădiri vechi și migălos ornamentate erau puse la pământ în fiecare zi cu doar câteva încărcături de dinamită plasate unde trebuie. Un oraș în care oamenii nu erau în stare să aprecieze frumusețea și arta, așa că nu se dădeau în lături să aprindă fitilul explozibilelor care transformau tone de sticlă și marmură sculptată în grămezi de ruine fumegânde. Los Angeles era supranumit „Orașul Îngerilor", dar prea puțini oameni conștientizau că mai dispăruse o clădire-simbol. Abia se așeza praful că antreprenorii dădeau năvală la Primărie și se călcau în picioare ca niște furnici negre încercând să obțină certificate și permise. Într-o clipită, o altă clădire elegantă, cu fațada de sticlă, începea să se înalțe pe locul celeilalte, mai sus, tot mai sus spre cerul înnorat și posomorât, atât de sus că Annie se întreba uneori dacă nu cumva constructorii aveau impresia că puteau ajunge în Rai cu imobilele lor de milioane de dolari.

Dintr-odată simți o dorință sfâșietoare să se întoarcă acasă. Nu în aglomerația superbă și mișcătoare din Malibu, ci în părțile sălbatice din statul Washington unde ciupercile creșteau mari cât niște farfurioare, fiecare drum era mărginit de câte un pârâu argintiu și ratonii grași și lucioși ieșeau la lumina lunii pline și se adăpau din bălțile noroioase din mijlocul drumului. În Mystic – unde singurii zgârie-nori erau pinii Douglas care fuseseră plantați în vremea Revoluției Americane. Nu mai fusese acolo de aproape zece ani. Poate acum era momentul să-l convingă în sfârșit pe Blake să facă o excursie împreună, dacă tot nu mai erau constrânși de orarul de la facultate al lui Natalie.

– Ce-ai spune de o excursie la Mystic? îl întrebă pe neașteptate. Blake nu o privi și nu-i răspunse, iar Annie se simți brusc mică și prostuță. Trase de cercelul cu diamante din ureche și privi abătută pe geam. Mă gândeam să mă înscriu în Club. Vrând, nevrând, o să am mult mai mult timp liber acum. Mereu îmi spui că ar trebui să ies din casă mai des. Cred că mi-ar plăcea să încerc gimnastica aerobică. Ce părere ai?

– N-am mai spus asta de ani de zile.

– A, păi... aș putea să joc tenis. Pe vremuri îmi plăcea. Ții minte când jucam la dublu?

Blake viră și intră pe autostrada Pacific Coast, integrându-se în trafic. Când ajunse la intrarea complexului lor, îi făcu cu mâna paznicului din gheretă și pătrunse în Colonie, cartierul cel mai prizat de pe malul mării. O clipă, stropii de ploaie acoperiră parbrizul și ascunseră lumea de dincolo. Apoi, ștergătoarele își făcură docile datoria.

Odată ajunși acasă, Blake încetini și manevră pe aleea pavată cu cărămizi. Se opri în fața garajului.

Annie îi aruncă o privire. Era ciudat că oprise așa. Nici măcar nu apăsase pe telecomanda ușii de la garaj. Și nici nu oprise motorul. Nu lăsa niciodată Cadillacul în ploaie...

„Nu e în apele lui."

Revelația îi erodă imediat neliniștea care o măcinase până acum cu colții ei ascuțiți. Își reaminti că nu era pe cât de singură se simțea. Chiar și soțul ei cel puternic și ultracompetent era extrem de fragil în acele momente.

Aveau să iasă împreună din depresie, ea și Blake. Aveau să se ajute reciproc să treacă de ziua aceea, de toate zilele și nopțile pustii și goale care urmau. Fuseseră o familie și înainte să se nască Natalie, și aveau să fie o familie și de-acum înainte, doar ei doi. Cine știe, poate chiar avea să fie distractiv ca pe vremuri, când fuseseră cei mai buni prieteni, parteneri și iubiți... în vremurile în care ieșeau să danseze împreună și nu se întorceau acasă decât atunci când soarele începea să se ivească la orizont.

Se răsuci spre el şi îi dădu cu delicateţe o şuviţă la o parte de pe frunte.

– Te iubesc. O să trecem peste asta împreună. Nu se aşteptase la vreun răspuns, dar tăcerea lui stranie o duru. Îşi ascunse dezamăgirea şi întredeschise portiera maşinii. Câteva picături de ploaie reuşiră să se strecoare prin crăpătură şi să-i ude mâneca. O să fie o primăvară drăguţă. Poate ar trebui să vorbim cu Lupita şi să organizăm un picnic. N-am mai dat nici o petrecere pe plajă de ani de zile. Ar fi bine pentru amândoi. O să fie atât de ciudat în casă fără...

– Annie.

Blake îi rosti numele pe un ton atât de aspru, încât o făcu să-şi muşte limba la mijlocul propoziţiei. Se întoarse spre ea. Avea lacrimi în ochi. Annie se aplecă spre el şi îi mângâie obrazul cu tandreţe:

– Şi mie o să-mi fie dor de ea.

Blake îşi întoarse privirea şi oftă din greu.

– Nu înţelegi. Vreau să divorţez.

capitolul 2

– Nu voiam să-ţi spun... cel puţin până săptămâna viitoare. Dar când m-am gândit că o să ne întoarcem acasă în seara asta... Blake clătină din cap fără a-şi duce gândul până la capăt.

Annie închise uşa cu gesturi exagerat de încete. Se încruntă, apoi întinse o mână spre el.

– Ce vrei să spui...

Blake se smuci înapoi până se lovi de geam, ca şi când atingerea ei – atingerea pe care o cunoştea de atâta vreme – îi provoca dintr-odată silă.

Brusc, totul deveni extrem de real. Gestul pe care i-l negase spunea totul. Soţul ei voia să divorţeze. Annie îşi retrase mâna. Degetele îi tremurau.

– Ar fi trebuit să fac asta acum mulţi ani. Sunt nefericit. Mă faci nefericit de ani de zile.

În toată viaţa ei, Annie nu mai suferise o asemenea lovitură. Şocul îi biciuia corpul, val după val, amorţind-o. Era prea mult. Firul vocii ei se deşirase şi i se încâlcise undeva înăuntru. Nu-i mai găsea capătul.

– Nu-mi vine să cred că spun asta, murmură el, iar Annie îi auzi suspinul din voce. Am o relaţie cu cineva... o altă femeie.

Îl privi fix, cu gura căscată. Blake avea o *aventură*. Cuvântul o pătrunse până la os, ca o lamă otrăvită. O mie de lucruri aparent fără legătură începură să ţeasă o singură poveste: Blake întârziind la cină, călătorind spre destinaţii exotice, purtând boxeri noi de mătase, schimbându-şi parfumul Polo cu unul de la Calvin Klein după atâţia ani, făcând dragoste cu ea atât de rar...

Cum putuse fi atât de oarbă? *Ar fi trebuit* să-şi dea seama. Poate chiar ştia de mult. I-o spuseseră probabil toate instinctele de femeie. Dar ea alesese să ascundă taina adânc înăuntru şi să o lase acolo.

Se întoarse spre Blake. Simţea nevoia să-l atingă. Dorinţa era atât de puternică, încât faptul că nu putea îi provoca o durere fizică. Timp de jumătate din viaţă îl atinsese oricând voia, iar acum el îi răpise acest drept.

– Putem trece peste o aventură... Vocea ei era neobişnuit de slabă. Parcă vorbea altcineva. Multe cupluri trec prin asta. Vreau să spun că... o să am nevoie de timp ca să te iert, ca să învăţ să am încredere din nou în tine, dar...

– Nu vreau să mă ierţi.

Aşa ceva nu putea să i se întâmple. Nu putea să *li* se întâmple. Annie îi auzea vorbele, simţea durerea, dar încă mai avea impresia că totul era ireal.

– Dar avem atât de multe împreună! Avem un *trecut*. O avem pe Natalie. Putem trece peste asta. Poate încercăm terapia de cuplu. Ştiu că am avut problemele noastre, dar le putem depăşi.

– Nu vreau să încerc, Annie. Vreau să plec.

– Dar *eu* nu vreau, scânci ea. Glasul începea să-i crească în intensitate. Suntem o *familie*. Nu poţi arunca la gunoi douăzeci de ani... Nu era în stare să-și găsească vorbele. Tăcerea care i se lăsase brusc în suflet o îngrozea. Era speriată la gândul că existau totuși cuvinte care să o mai poată salva, care să-i salveze pe amândoi, dar nu le putea găsi. Te rog, *te rog* nu face asta...

Blake nu spuse nimic o vreme – suficient de mult timp ca Annie să mai dibuiască un firicel de speranță și să țeasă o pânză ceva mai solidă. „O să se răzgândească. O să-și dea seama că suntem o familie și o să spună că n-a fost decât o criză de vârsta a doua. O să..."

– O iubesc.

Stomacul ei se strânse dureros, în agonie.

Iubire? Cum putea să iubească pe altcineva? Iubirea se construia în timp și cu efort. Se construia dintr-un milion de momente infinitezimale așezate unul peste altul, dând naștere într-un târziu unei forme tangibile. Cuvântul acela – iubire – și tot ce însemna el o făcea să se simtă minusculă, ca și când era o ființă transparentă, gata, gata să dispară, la o mie de kilometri de omul pe care îl iubise dintotdeauna.

– De când?

– Un an, aproape.

Annie simți lacrimi arzătoare pe obraji. Un an în care tot ce trăiseră împreună nu fusese decât o minciună. Absolut tot.

– Cine e?

– Suzannah James. Noua directoare asociată de la firmă.

Suzannah James – unul dintre cei douăzeci și patru de oaspeți de la petrecerea aniversară a lui Blake din weekendul precedent. Femeia tânără și zveltă în rochie turcoaz care păruse să-i soarbă fiecare vorbă. Cea cu care dansase pe melodia *A Kiss To Build a Dream On.*

Annie nu mai vedea limpede. Ochii o usturau din cauza lacrimilor.

– Dar am făcut dragoste după petrecere... Oare Blake își imaginase fața lui Suzannah în întuneric? Acesta era oare motivul pentru care stinsese luminile din dormitor înainte să o atingă măcar? Annie scoase un suspin. Nu mai putea ține totul înăuntru. Blake, te rog...

Părea atât de neajutorat acum, de parcă se rătăcise cumva și într-o clipă de vulnerabilitate redevenise Blake cel din totdeauna, soțul ei. Nu bărbatul cu inimă de gheață care nici măcar nu era în stare să o privească în ochi.

– O iubesc, Annie. Te rog, nu mă face să o mai repet a treia oară.

Rămășițele putrede ale confesiunii lui se răspândeau în aer, îl otrăveau. Simțea că se sufocă. „O iubesc, Annie."

Deschise portiera cu forță și se împletici pe aleea pavată până la intrare. Picăturile de ploaie care îi atinseră chipul se amestecară cu lacrimile ei. Scoase cheile din geantă când ajunse în fața ușii, dar mâinile îi tremurau atât de rău că nu nimeri gaura cheii din prima încercare. În cele din urmă, când reuși, se năpusti înăuntru și trânti ușa după ea.

Annie își termină cel de-al doilea pahar de vin și mai turnă unul. De regulă, două pahare de Chardonnay o făceau să chicotească amețită și să fredoneze cântecele din tinerețe. În seara asta însă nu o ajutaseră prea mult.

Începu să se plimbe prin casă, încercând să-și dea seama ce făcuse atât de rău, unde greșise atât de oribil.

Dacă reușea să identifice problema, poate că încă mai putea să o rezolve cumva. În ultimii douăzeci de ani pusese întotdeauna nevoile familiei pe primul loc. Și totuși undeva greșise; iar pedeapsa ei era să rămână singură într-o casă mult prea mare, cu fata plecată dincolo de Ocean și cu soțul îndrăgostit de altcineva.

La un moment dat uitase ceva ce ar fi trebuit să-și aducă aminte, o lecție pe care o învățase încă de timpuriu și credea că o cunoaște mult prea bine. Oamenii dispăreau uneori, iar dacă îi iubeai prea mult, cu prea multă pasiune, plecarea lor te lăsa cu sufletul pustiit.

Se urcă în pat și se ascunse sub pătură, dar când își dădu seama că era în jumătatea „ei" de pat avu senzația că primise o palmă. Simţi cum vinul i se întoarce din stomac, gustul amar îngreţoşând-o. Se uită pe tavan cu ochi mari, clipind din când în când ca să-şi alunge lacrimile. Parcă se micşora cu fiecare suspin, cu fiecare răsuflare.

Ce să mai facă acum? Trecuse atât de mult timp de când fusese ultima oară ea însăşi şi nu o parte din *noi*. Nici măcar nu ştia dacă mai exista vreun *eu* înăuntrul ei. Ceasul de pe noptieră decupa timpul în felii măsurate... iar ea plângea.

Sună telefonul.

Annie se trezi de la primul apel, cu inima bătându-i nebuneşte. El era. O suna să-şi ceară scuze, să-şi recunoască greşeala, să spună că o iubise dintotdeauna doar pe ea. Dar când răspunse o auzi pe Natalie, râzând.

– Ciao, mami. Am ajuns.

Vocea lui Natalie îi răscoli din nou durerea. Se ridică în capul oaselor, trecându-şi cu greu o mână prin părul încâlcit.

– Bună, draga mea. Nu-mi vine să cred că ai ajuns deja. Annie vorbea încet, şovăitor. Respiră adânc, străduindu-se să se liniştească. Deci, cum a fost zborul?

Natalie se lansă într-un monolog care dură mai bine de un sfert de oră. Annie o auzi vorbind despre călătoria cu avionul, despre aeroport, despre cât de straniu era Metroul din Londra şi cum toate casele erau unite între ele – ca la San Francisco, ştii tu, mami...

– ... Mami?

Annie tresări şi îşi dădu seama că nu mai spusese nimic. O ascultase pe Natalie – chiar o ascultase –, dar o frază banală din conversaţie o făcuse să se gândească iarăşi la Blake, la maşina care nu era în garaj şi trupul care nu era lângă ea, în pat.

„Dumnezeule, aşa o să fie de-acum înainte?"

– Mami?

Annie închise strâns ochii, încercând în van să evadeze undeva. Mintea ei era plină de un zgomot alb, asurzitor.

– Sunt... sunt aici, Natalie. Iartă-mă. Îmi povesteai de familia care te ţine în gazdă.

– Eşti bine, mami? Annie simţi cum îi curgeau lacrimile pe obraji. Nu se obosi să le şteargă. Eu sunt bine, urmă fata. Tu cum eşti? Trecură câteva secunde în tăcere. Mi-e dor de voi.

Fiica ei părea atât de singură! Annie avu nevoie de toată stăpânirea de sine ca să nu şoptească imediat în receptor: „Te rog, vino acasă, Nana. O să fim singure împreună".

– Crede-mă, Nana, o să-ţi faci prieteni. Sunt sigură că în curând o să te distrezi atât de tare că n-o să mai ai timp să păzeşti telefonul aşteptând să te sune mama ta. Nici n-o să-ţi dai seama când o să vină cincisprezece iunie.

– Hei, mami, parcă îţi tremură puţin vocea. O să fii OK cât timp sunt plecată?

Annie râse; un sunet încordat, nervos.

– Bineînţeles că da. Nu cumva să-ţi faci griji pentru mine.

– În regulă. Natalie vorbise atât de încet, că mama ei trebui să ciulească urechile. Dă-mi-l pe tata la telefon până nu încep să plâng.

Annie se crispă.

– Tatăl tău nu e acasă.

– Oh.

– Dar să ştii că te iubeşte. Mi-a spus să-ţi transmit asta neapărat.

– Da, sigur că da. Deci, mă sunaţi luni?

– Pe ceas.

– Te iubesc, mami.

În pieptul lui Annie urcă un nou hohot de plâns. Abia mai putea să vorbească. Simţi brusc nevoia să o avertizeze pe Natalie că lumea e teribil de crudă, că o viaţă se poate face ţăndări din senin într-o singură după-amiază ploioasă de primăvară.

– Ai grijă de tine, Natalie. Te iubesc.

– Te iubesc.

Apelul se întrerupse.

Annie puse receptorul la locul lui și coborî cu greu din pat, apoi se târî până în baie. Luminile se aprinseră singure, dând întregii scene un aer de film al lui Oliver Stone. Se holbă îngrozită la imaginea din oglindă: încă mai purta hainele de la aeroport, șifonate într-un hal de nerecunoscut, iar părul ei era lipit de cap atât de strâns de parcă folosise lipici în loc de balsam.

Lovi întrerupătorul cu pumnul cât de tare putea. Întunericul o cuprinse ca o mantie liniștitoare. Se dezbrăcă până la lenjerie și lăsă hainele șifonate într-un maldăr pe podeaua de gresie. Simțindu-se obosită, bătrână și umflată, ieși din baie și se strecură înapoi în pat.

Cearșafurile încă îi mai păstrau mirosul. Doar că nu mai era mirosul lui. Blake – Blake al ei – folosise dintotdeauna parfumuri Polo. În fiecare an, de Crăciun, Annie îi dădea un parfum nou; cei de la magazinul Nordstrom i-l vindeau gata împachetat într-o cutie verde pentru cadouri. Annie îi dădea un parfum nou în fiecare an, iar Blake îl folosea în fiecare zi... dar acum Calvin Klein și Suzannah schimbaseră totul.

Cea mai bună prietenă a ei își făcu apariția dimineața devreme, lovind cu pumnii ușa de la intrare și strigând:

– Deschide-mi, la naiba, sau vin acum cu pompierii peste tine!

Annie se îmbrăcă în halatul de mătase neagră al lui Blake și se împletici obosită până la ușă. Se simțea ca naiba după vinul pe care îl băuse în ajun. Avu nevoie de un efort considerabil ca să deschidă. Dalele scumpe de piatră erau dureros de reci sub tălpile ei goale.

În cadrul ușii apăru Terri Spencer, purtând o salopetă largă de blugi. Părul ei brunet, des și înfoiat era ascuns sub o eșarfă de un roșu aprins. În urechi purta două inele de aur. Arăta exact ca țiganca al cărei personaj îl juca într-un serial de televiziune. Terri își încrucișă brațele și o studie critic.

– Arăți ca dracu'.

Cealaltă oftă. Bineînțeles că Terri știa deja. Oricât de boemă voia să pară, prietena ei era măritată cu un avocat. Iar avocații vorbeau între ei.

– Deci știi deja.

– Știu de la Frank. Puteai să mă suni și tu.

Annie își trecu o mână tremurândă prin păr. Ea și Terri fuseseră prietene dintotdeauna. Erau ca două surori. Cu toate astea, chiar și după toate experiențele prin care trecuseră împreună, după toate bucuriile și tristețile pe care le împărtășiseră una cu cealaltă, nu știa de unde să înceapă. Se obișnuise să aibă grijă de Terri, care ducea o viață nebunească, la fel ca toate actrițele, și se căsătorea sau divorța după cum bătea vântul. Se obișnuise să aibă grijă de toți ceilalți. Dar nu și de ea însăși.

– Am vrut să te sun, dar mi-a fost... greu.

Terri o luă pe după umeri cu un braț rotunjor și o împinse până la canapeaua imensă din sufragerie. Apoi merse de la fereastră la fereastră, dând la o parte perdelele de mătase albă. Dincolo de peretele de sticlă, înalt de șase metri, se întrezăreau cerul și marea, amândouă de un albastru orbitor. Annie nu mai avea unde să se ascundă.

După ce termină, Terri se așeză pe canapea, lângă prietena ei.

– Acum, reluă blând, spune-mi ce rahat s-a întâmplat.

Annie ar fi vrut să zâmbească. Știa că Terri folosise intenționat un cuvânt așa de vulgar, însă nu reuși să reacționeze. Nu putea spune cu glas tare ce se întâmplase. Ar fi devenit prea real. Se prăbuși cu fața în mâini.

– Doamne sfinte...

Terri o luă în brațe și o ținu strâns, legănând-o, dându-i la o parte șuvițele unsuroase de pe obraji. Pentru Annie era o senzație plăcută să o țină cineva în brațe, să știe că nu era atât de singură pe cât se simțea.

– O să treci și peste asta, murmură Terri în cele din urmă. Poate nu crezi asta acum, dar așa o să fie. Îți dau cuvântul meu. Oricum, Blake e un nătărău. O să-ți fie mult mai bine fără el.

Annie se trase înapoi și își privi prietena printre lacrimi.

– Dar nu... nu vreau să fiu fără el.

– Bineînțeles că nu. Voiam să spun doar...

– Știu ce voiai să spui. Crezi că o să mă simt mai bine, cu timpul. De parcă tu știi ceva despre asta. Îți schimbi soții mai des decât îmi schimb eu chiloții.

Sprâncenele negre și groase ale lui Terri se ridicară într-un gest de mirare.

– Unu-zero pentru nevasta fidelă. Uite, Annie, știu că sunt o femeie dură și pesimistă și de-asta o dau în bară cu fiecare căsătorie, dar ții minte cum eram pe vremuri? Ții minte cum eram la facultate?

Annie își amintea prea bine, deși își dorea să fi uitat. Terri fusese dulceața și inocența întruchipate. De-asta deveniseră cele mai bune prietene. Nu se schimbase decât în ziua în care primul ei soț, Rom, îi mărturisise că avea o aventură cu fata contabilului lor. Terri avusese un răgaz de douăzeci și patru de ore. Apoi, bum! Contul de economii dispăruse, banii fuseseră „cheltuiți" în mod misterios, iar cabinetul medical pe care-l puseseră pe picioare împreună fusese vândut unui prieten pentru un dolar.

Annie stătuse cu Terri aproape tot timpul în perioada respectivă, bând vin la ora prânzului și fumând jointuri. Blake fusese în culmea furiei. „De ce naiba îți mai pierzi vremea cu prefăcuta aia? îi spunea. Ai o grămadă de prietene mult mai acceptabile." Asta fusese una din cele câteva dăți în care Annie își înfruntase soțul.

– Ai stat cu mine în fiecare zi, spuse blând Terri, luând-o de mână și strângându-i ușor degetele. M-ai ajutat să trec peste ce mi s-a întâmplat, iar eu am de gând să fac la fel. Sunt aici ori de câte ori ai nevoie de mine. Douăzeci și patru de ore din douăzeci și patru.

– N-am știut că doare atât de mult... Mă simt ca și când...

Iarăși lacrimi, pline de umilință. Annie ar fi vrut să le oprească, dar era imposibil.

– Ca și când cineva te-a înjunghiat și sângerezi... ca și când nimic n-o să te mai facă fericită vreodată? Știu.

Annie închise ochii. Terri o înțelegea. Să se gândească la asta era prea mult. Nu voia ca Terri, dintre toți, să o înțeleagă atât de bine. Nu Terri, femeia care nu era în stare să-și țină un soț lângă ea mai mult de câțiva ani sau nici măcar să-și cumpere un animal de companie. O înnebunea gândul că durerea ei era ceva atât de... obișnuit. De parcă nu era mare scofală să-și pierdut două decenii din viață, fiindcă până la urmă trăia într-o țară în care un milion de cupluri puneau punct relației în fiecare an.

– Ascultă, puștoaico, nu vreau să vorbim despre asta, dar trebuie. Blake e un avocat al naibii de bun. Trebuie să te protejezi cumva.

Era un sfat brutal, un sfat care ar fi făcut-o pe orice femeie să vrea să se ghemuiască într-un colț și să-și plângă de milă. Annie încercă să zâmbească:

– Blake nu e genul ăla.

– Ei, haide acum. Trebuie să te întrebi cât de bine îl cunoști, de fapt.

Era o întrebare căreia Annie nu-i putea face față. Nu acum. Era suficient de rău să știe că ultimul an fusese o minciună. Nu se simțea în stare să înfrunte posibilitatea că Blake devenise un străin. O privi pe Terri, sperând că prietena ei avea să înțeleagă.

– Îmi ceri să fiu o altă persoană. Adică vrei să mă duc la bancă și să lichidez banii din cont, banii *noștri*. Ar fi un gest atât de... definitiv. Și ar transforma toată treaba asta într-o bătălie pe lucruri... doar lucruri. Nu pot să-i fac asta lui Blake. Nu pot să-mi fac asta *mie*. Știu că sunt naivă – poate chiar prostuță – deoarece încă mai am încredere în el, dar mi-a fost cel mai bun prieten timp de jumătate din viață.

– Ce mai prieten!

Annie atinse mâna grăsuță a prietenei ei.

– Îți faci griji pentru mine și te iubesc pentru asta. Serios, chiar te iubesc, dar nu sunt pregătită încă pentru asemenea sfaturi. Sper că... Annie își coborî vocea și continuă aproape în șoaptă. Se simțea atât de naivă uitându-se în ochii triști și atotștiutori ai lui Terri! Încă mai sper că n-o să fie nevoie de asta, totuși.

Terri se forță să zâmbească.

– Poate că ai dreptate. Poate e doar o criză de vârsta a doua și o să-și revină singur.

Vorbiră apoi câteva ore. Din nou și din nou, Annie găsi câte o amintire sau o povestioară pe care să o scoată din jobenul căsniciei lor, de parcă vorbele, amintirile vieții ei de până acum, ar fi putut să-l aducă acasă pe soțul ei.

Terri o ascultă zâmbind și o ținu strâns în brațe, însă nu-i mai dădu nici un sfat concret, iar Annie fu recunoscătoare pentru asta. Cam pe la ora prânzului comandară o pizza mare de la Granita's, apoi ieșiră pe verandă și o mâncară pe toată. Când soarele apuse în apele Pacificului, Annie își dădu seama că Terri avea să plece în curând.

Se întoarse spre cea mai bună prietenă a ei și puse în sfârșit întrebarea în jurul căreia se învârtiseră toată după-amiaza:

– Și dacă nu se mai întoarce, Terri? Vorbise atât de încet că, preț de o clipă, crezu că întrebarea ei se pierduse în sunetul foșnitor al valurilor.

– Și ce dacă nu se mai întoarce?

– Nu-mi pot imagina o viață fără el. Ce să fac? Unde să mă duc?

– O să te duci acasă. Dacă tata ar fi fost așa de mișto ca Hank al tău, eu m-aș fi întors într-o clipită.

Acasă. Pentru prima oară, Annie își dădu seama că acel cuvânt era la fel de fragil ca o farfurie de porțelan.

– Casa mea e alături de Blake.

– Of, Annie! Terri oftă și o strânse ușor de mână. Nu mai este.

Două zile mai târziu, Annie primi un telefon de la Blake. Vocea lui era cel mai dulce sunet pe care îl auzise vreodată.

– Blake...

– Trebuie să ne vedem.

Annie simţi un nod în gât. Ochii i se umplură dintr-odată de lacrimi. „Mulţumescu-ţi Ţie, Doamne! Ştiam eu că o să se întoarcă la mine."

– Acum?

– Nu. Sunt cam ocupat în dimineaţa asta. Ne vedem după ce termin.

Era pentru prima oară în ultimele zile când Annie simţea că poate să respire din nou.

Privind unghiurile îndrăzneţe ale casei lor, Blake avu sentimentul neaşteptat că pierduse ceva. Era o casă atât de frumoasă, atât de modernă! O adevărată operă de artă, şi încă într-un cartier unde costa cinci milioane de dolari să demolezi ceva şi nimic nu era prea scump.

Annie fusese cea care o concepuse şi o decorase. Luase ca punct de plecare peisajul – marea, plaja şi cerul – şi ajunsese cumva la o casă care părea să fi crescut chiar din dealul de alături. Tot Annie alesese fiecare nuanţă, fiecare finisaj. Interiorul era plin de mici fantezii: un înger aici, un gargui dincolo, un suport croşetat pentru plante agăţat pe lambriul care costa o mie de dolari metrul pătrat, o fotografie de familie într-o ramă cu scoici făcută de mână. Orice colţişor al casei reflecta personalitatea ei veselă şi puţin ciudată.

Blake încercă să-şi aducă aminte cum fusese să o iubească, dar nu mai reuşi.

Timp de zece ani se culcase cu alte femei, femei pe care le seducea până ajungea în patul lor şi apoi şi le ştergea din minte. Călătoriseră împreună, dormiseră împreună, iar în tot acest timp Annie era acasă, încercând reţete din revista *Gourmet* şi selectând nuanţe de vopsea şi parchet şi ducând-o pe Natalie cu maşina la şcoală. Blake îşi închipuise că Annie avea să-şi dea seama că nu o mai iubeşte mai devreme sau mai târziu, dar era atât de încrezătoare, la naiba! Mereu nu avea decât aşteptări pozitive de la ceilalţi, iar când se îndrăgostea de cineva i se dedica trup şi suflet, pentru totdeauna.

Oftă și se simți obosit dintr-odată. Când împlinise patruzeci de ani își dăduse seama că nu mai voia să fie prins într-o căsnicie din care iubirea dispăruse de mult. Înainte ca primele fire gri și urâte să-și croiască drum prin părul lui și primele riduri să apară sub ochii lui albaștri, Blake crezuse că le are pe toate: o carieră fulminantă, o soție frumoasă, o fiică iubitoare și toată libertatea de care avea nevoie.

De două ori pe an pleca în voiaj cu foștii colegi de facultate, mergând la pescuit pe insule exotice, cu plaje drăguțe și fete și mai drăguțe. Juca baschet de două ori pe săptămână și falimenta barul local în fiecare noapte de vineri. Spre deosebire de majoritatea prietenilor săi, soția lui îl înțelegea întotdeauna și rămânea acasă. O soție perfectă și o mamă perfectă – tot ce crezuse că și-ar fi putut dori.

Apoi o cunoscuse pe Suzannah. Aventura începuse la fel ca și celelalte, frivol, însă cu timpul se transformase în ceva cu totul neașteptat: în iubire.

Pentru prima oară după ani de zile, Blake se simțea tânăr și viu. Făcuseră dragoste peste tot, la orice oră din zi și din noapte. Suzannah era genul de femeie căreia nu-i păsa ce zic vecinii. Nu îngheța cu gândul la copilul ce dormea în camera de alături. Era impulsivă, plină de surprize și atât de deșteaptă – nu ca Annie, care credea că ședințele cu părinții sunt la fel de importante pentru soarta lumii ca și Comunitatea Economică Europeană.

Blake merse încet până la intrare. Înainte ca mâna lui să apuce să atingă soneria, ușa din lemn de trandafir sculptat manual se deschise.

Annie stătea în fața lui frământându-și mâinile. Părea emoționată. Purta o rochie bej de mătase, strânsă pe corp. Blake nu putu să nu observe că slăbise în ultimele câteva zile. Dumnezeu știa că nu-și putea permite asta.

Fața ei mică, în formă de inimă, era îngrijorător de palidă, iar ochii ei care erau de regulă verzi și strălucitori ca două frunze de trifoi erau acum stinși și înroșiți. Își strânsese părul lung într-o coadă care îi accentua obrajii ascuțiți și îi făcea buzele să pară umflate. Purta doi cercei diferiți: unul cu diamante, unul cu perle. Cumva, mica ei greșeală îl făcu să simtă cât de mult o rănise trădând-o.

– Blake...

În glasul ei se auzea un firicel de speranță. Dintr-odată, Blake își dădu seama la ce se aștepta Annie după ce o sunase de dimineață.

„La naiba." Cum dracu' putuse să fie așa de tâmpit?

Annie păși în spate, netezind o cută invizibilă a rochiei.

– Intră, intră. Tu...

Își întoarse repede capul, dar Blake apucă să o vadă mușcându-și buza de jos – un obicei pe care îl avea de mică atunci când era emoționată. Crezu că avea să mai spună ceva, dar în ultima clipă Annie se întoarse și porni pe hol înspre veranda cu mai multe niveluri de unde se vedea porțiunea de plajă aflată în proprietatea Coloniei.

Dumnezeule, cât de mult își dorea să nu fi venit. N-avea nevoie să-i vadă durerea atât de îndeaproape. Era evident, din felul în care își tot aranja rochia și părul.

Annie se îndreptă spre masă, unde pregătise o cană cu limonadă – băutura lui preferată – și două pahare de cristal pe o tavă elegantă, de argint.

– Natalie s-a acomodat bine. Am vorbit cu ea doar o singură dată – și aveam de gând să o mai sun, dar... ei bine... mi-a fost greu. Mi-a fost frică să nu-și dea seama din vocea mea că s-a întâmplat ceva. Și, desigur, ar fi vrut să vorbească și cu tine. Poate că mai târziu... cât mai ești aici... o putem suna amândoi.

– N-ar fi trebuit să vin.

Blake spuse asta mai răstit decât avusese de gând, dar nu mai suporta să-i audă tremurul din glas.

Annie își smuci mâna. Limonada se vărsă peste marginea paharului și făcu o baltă pe masa de piatră cenușie. Nu se întoarse spre el, lucru pentru care îi fu recunoscător. Nu voia să-i vadă expresia feței.

– Atunci de ce-ai venit?

Ceva din vocea ei – resemnare, poate, sau durere – îl luă pe nepregătite. Simţi lacrimi arzătoare în ochi. Nu-i venea să creadă cât de mult îl durea asta. Scoase din buzunar hârtiile provizorii de divorţ pe care le pregătise. Fără să spună nici un cuvânt, se aplecă peste umărul ei şi le lăsă să cadă pe masă. Un colţ al plicului ateriză în balta de limonadă. O pată neagră de cerneală începu să se lăţească.

Blake nu reuşea să-şi mişte ochii de la cerneală.

– Alea sunt hârtiile, Annie...

Ea nu schiţă nici o mişcare şi nu răspunse. Rămase cu spatele, nemişcată.

Arăta demnă de milă, cu umerii cocoşaţi şi cu degetele agăţate de marginea mesei. Nu era nevoie să-i vadă chipul ca să-şi dea seama ce simţea. Vedea lacrimile care cădeau, una după alta, lovindu-se de suprafaţa de piatră ca nişte picături mici de ploaie.

capitolul 3

– Nu-mi vine să cred că faci asta. Annie nu avusese de gând să spună nimic, dar cuvintele ieşiseră aproape singure. Blake nu răspunse, aşa că se întoarse spre el, gândindu-se cu tristeţe că după o căsnicie de aproape douăzeci de ani, nu era în stare să-l privească în ochi. De ce?

Asta voia să înţeleagă, de fapt. Întotdeauna se dedicase trup şi suflet familiei. Făcuse tot posibilul ca persoanele dragi să se simtă la rândul lor protejate şi fericite, încă dinainte să-l cunoască pe Blake, din copilărie. Mama ei murise când Annie era încă mică. Atunci învăţase să-şi închidă tristeţea în cutiuţe mici, ermetice, şi să o ţină departe de inimă. Nu reuşise să treacă peste pierderea suferită, aşa că în loc de asta făcuse tot posibilul să-şi consoleze tatăl. De-a lungul anilor, asta devenise trăsătura ei caracteristică. Annie cea iubitoare, care avea mereu grijă de ceilalţi. Dar soţul ei nu-i mai voia dragostea, nu mai voia să facă parte din familia pe care o crease și o iubise atât.

– Hai să nu vorbim iarăși despre asta, oftă el posomorât.

Annie îi simți cuvintele ca pe o palmă. Își ridică brusc capul și îl privi.

– Să vorbim iarăși? Glumești?

– De când mă știi tu pe mine că am simțul umorului? Abătut, își trecu o mână prin părul tuns la milimetru. N-am crezut că o să... deduci așa ceva din apelul meu de azi-dimineață. Îmi pare rău.

„Să deduci." Un termen din jargonul avocățesc, care părea să-i separe și mai mult.

Blake se apropie de ea, dar nu prea mult.

– O să am grijă de tine. Asta am venit să-ți spun. Nu trebuie să-ți faci probleme legate de bani sau de orice altceva. O să am mare grijă de tine și de Natalie. Îți promit.

Annie îl privi neîncrezătoare.

– Nouăsprezece februarie. Îți amintești de ziua aia, Blake?

Bronzul de un milion de dolari al lui Blake păli imediat.

– Haide, Annalise...

– Nu-mi spune tu mie „haide, Annalise". Nouăsprezece februarie. Data nunții noastre. Mai ții minte, Blake? Ai spus – ai *jurat* – că o să mă iubești până când moartea ne va despărți. Și atunci ai promis că o să ai grijă de mine.

– Asta a fost acum mulți ani.

– Crezi că o promisiune de genul ăsta vine cu o dată de expirare, ca o pungă de lapte? Doamne...

– M-am schimbat, Annie. La naiba, suntem împreună de mai mult de douăzeci de ani. Amândoi ne-am schimbat. Cred că o să fii mai fericită fără mine. Sincer. Poți să faci toate lucrurile pentru care nu aveai timp înainte. Știi tu... Roșu la față de stinghereală, continuă: Caligrafie, de exemplu. Și povestioarele alea pe care le scrii. Și tablourile.

Annie voia să-i spună să iasă naibii din casa ei, dar cuvintele nerostite se amestecau cu amintirile lor fericite şi o dureau.

Blake veni lângă ea cu paşi mici şi apăsaţi, care răsunară aspru pe podeaua de piatră.

– Ţi-am adus nişte hârtii preliminare de divorţ la care am lucrat. Termenii sunt mai mult decât generoşi.

– N-o să-ţi meargă aşa de uşor cu mine.

– Poftim?

Din vocea lui, Annie îşi dădu seama că îl luase prin surprindere. Nici nu era de mirare. În toţi anii petrecuţi împreună, Blake învăţase că n-avea rost să se aştepte la vreun protest de la soţia lui. Acum însă, ea îşi ridică privirea.

– Am spus că n-o să-ţi meargă aşa de uşor cu mine. Nu şi de data asta.

– Nu poţi opri un divorţ în California, rosti el pe un ton ferm, care-i trăda profesia.

– Ştiu şi eu legile, Blake. Uiţi că am lucrat împreună cu tine ani de zile, că amândoi am pus firma noastră pe picioare? Sau nu mai ţii minte decât timpul pe care *tu* l-ai petrecut acolo? Annie se îndreptă spre el, atentă să nu-l atingă din greşeală. Dacă tu ai fi clientul, ce sfat ţi-ai da?

Blake îşi lărgi gulerul cu degetul.

– Asta nu e relevant.

– Ţi-ai spune să aştepţi, să te „răcoreşti" puţin. Ţi-ai recomanda o separare de probă. Te-am *auzit* spunând lucrurile astea. Tristeţea o copleşi. Doamne sfinte, Blake, nici măcar şansa asta nu vrei să ne-o acorzi?

– Annalise...

Annie respira greu, luptându-se din răsputeri să-şi oprească lacrimile înainte să înceapă. Ajunseseră în momentul-cheie.

– Promite-mi că o să aşteptăm până în iunie – când se întoarce şi Natalie. O să stăm de vorbă atunci... şi o să vedem cum ne simţim după câteva luni de stat separat. Ţi-am dat douăzeci de ani din viaţă, Blake. Poţi să-mi dai şi tu trei luni.

Annie simţi secundele trecând una câte una, şi fiecare o zgâria pe suflet în drum. Auzea respiraţia lui înceată, măsurată, sunetul cu care adormise de mai bine de jumătate de viaţă.

– În regulă.

Sentimentul de uşurare o năpădi ca un val.

– Dar ce-o să-i spunem lui Natalie?

– Dumnezeule, Annie, doar n-o să facă un atac de cord. Majoritatea prietenelor ei au părinţii divorţaţi. Jumătate din problemele noastre sunt din cauză că numai la Natalie te gândeşti. Spune-i adevărul.

Annie simţi prima scânteie de furie.

– Să nu îndrăzneşti să dai vina pe faptul că sunt mamă, Blake. Mă părăseşti fiindcă eşti un nenorocit şi un egoist.

– Un egoist nenorocit care s-a îndrăgostit de altcineva.

Cuvintele lui o răniră adânc, aşa cum intenţionase. Ochii lui Annie se umplură de lacrimi. Nu mai vedea bine, dar, la naiba, n-avea de gând să le lase să curgă. Ar fi trebuit să-şi dea seama că n-avea rost să se certe cu el – nu ştia cum să se certe, iar el învăţase din sala de judecată cum să obţină efectul maxim de pe urma cuvintelor răutăcioase.

– Aşa zici tu.

– Bine, spuse scurt Blake pe un ton stăpânit, din care Annie îşi dădu seama că discuţia se terminase. Ce vrei să-i spui lui Natalie şi când?

Cel puţin ăsta era un răspuns pe care îl pregătise. Chiar dacă dăduse greş ca soţie şi ca iubită, ştia măcar cum să aibă grijă de fiica ei.

– Nimic, deocamdată. Nu vreau să-i stric distracţia. O să-i spunem... ce trebuie... când se întoarce acasă.

– Bine.

– Bine.

– O să trimit pe cineva mâine să ia nişte lucruri de-ale mele. Îţi trimit Cadillacul înapoi luni.

Lucruri. După atâţia ani, ajunseseră să vorbească doar despre lucruri. Obiecte mici care făceau parte din viaţa lor – periuţa lui de dinţi, bigudiurile ei, colecţia lui de discuri, bijuteriile ei – deveniseră nişte proprietăţi care urmau să fie împărţite cu meticulozitate.

Blake luă plicul de pe masă şi i-l întinse lui Annie.

– Deschide-l.

– De ce? Ca să văd cât de generos eşti cu banii *noştri?*

– Annie...

– Nu-mi pasă cine ce ia, zise ea fluturând din mână.

– Fii rezonabilă.

Annie îi aruncă o privire tăioasă.

– Asta mi-a spus şi tata când l-am informat că vreau să mă mărit cu un slăbănog de douăzeci de ani fără nici un sfanţ. „Fii rezonabilă, Annie. N-ai de ce să te grăbeşti. Încă eşti tânără." Dar nu mai sunt tânără, nu-i aşa, Blake?

– Annie, te rog...

– Ce mă rogi? Să nu-ţi mai fac probleme?

– Citeşte hârtiile.

Annie se apropie şi mai mult şi îl fixă cu privirea printre lacrimi.

– Nu vreau decât un singur lucru, Blake. Simţi un nod în gât. Îi era teribil de greu să continue. Inima mea. Dă-mi-o înapoi întreagă, aşa cum era. Despre asta spun ceva hârtiile tale?

Blake îşi dădu ochii peste cap.

– Trebuia să mă aştept la asta. Bine. O să stau la Suzannah, mă găseşti acolo dacă e vreo urgenţă. Scoase un pix şi scrise ceva pe o bucată de hârtie din portofel. Ăsta e numărul ei.

Annie nu vru să accepte biletul. Blake îi dădu drumul şi-l lăsă să cadă pe podea.

Annie era întinsă în patul lor imens, nemişcată, ascultându-şi respiraţia. Era un sunet cunoscut, liniştitor, în tandem cu ritmul blând pe care inima ei îl descria, bătaie cu bătaie. Simţea nevoia să ridice receptorul şi să o sune pe Terri, dar deja o exploatase mult prea mult. Vorbiseră în fiecare zi, ore în şir, ca şi când cuvintele ar fi putut să-i aline durerea. După ce terminau, se simţea mai singură ca niciodată.

Ultima săptămână trecuse cu greu, șapte zile nesfârșite de când soțul ei îi spusese că era îndrăgostit de o altă femeie. Zilele goale și nopțile însingurate luaseră cu ele bucăți întregi din sufletul ei. În curând nu avea să mai rămână aproape nimic, și nimeni n-avea să mai știe că existase vreodată ceva acolo.

Uneori se trezea țipând. Coșmarul era mereu același: stătea într-o cameră întunecată, uitându-se într-o oglindă cu rama frumos împodobită – dar nu se putea vedea în ea.

Aruncă pătura cât colo, se dădu jos și merse în camera adiacentă pe care o folosea pe post de dressing. Deschise sertarul cu lenjerie intimă și scoase o cutie mare și gri. Ținând-o sub braț, se întoarse cu pași mecanici înapoi în pat. Era colecția de fotografii și amintiri, toate instantaneele favorite pe care le făcuse și le păstrase peste ani. Trecu încet prin ele, savurându-le pe rând. La fundul cutiei descoperi o busolă mică de bronz atârnată de un lănțișor, un cadou pe care tatăl ei i-l făcuse cu mulți, mulți ani în urmă. Nu era nimic gravat pe ea, dar își amintea perfect ziua în care o primise și cuvintele pe care i le spusese bătrânul: „Știu că te simți pierdută, dar asta n-o să dureze la nesfârșit. Cu busola asta vei ști întotdeauna cum să ajungi înapoi acasă... iar eu o să te aștept de fiecare dată."

Annie strânse busola într-o mână, întrebându-se când și de ce o dăduse jos. Își puse la gât lănțișorul cu mișcări încete, apoi se întoarse la fotografii și începu cu cele alb-negru, filmul în instantanee Kodak al copilăriei ei. Poze mici, cu colțurile îndoite și data developării ștampilată cu negru în partea de sus. Erau câteva duzini doar cu ea, ceva mai puține cu tatăl ei – și una cu mama ei.

Una singură.

Încă își amintea ziua aia. Ea și mama ei făceau prăjiturele de Crăciun. Era făină peste tot, pe bufet, pe fața lui Annie, pe podea. Tatăl ei se întorsese de la serviciu și izbucnise în râs. „Doamne sfinte, Sarah, poți să hrănești o armată întreagă cu atâtea prăjiturele. Nu suntem decât trei oameni..."

Trecuseră abia câteva luni până să rămână dintr-odată doar ei doi: un bărbat tăcut și îndoliat și o fiică și mai tăcută.

Mângâie suprafața alunecoasă a fotografiei cu degetul. De atâtea ori i se făcuse dor de mama ei de-a lungul anilor – la ceremonia de absolvire de la liceu, în ziua nunții, în ziua în care se născuse Natalie. Și totuși, niciodată nu-i fusese mai dor de ea ca acum. „Am nevoie de tine, mamă, se gândi pentru a mia oară. Vreau să-mi spui că totul va fi bine..."

Puse fotografiile ei dragi la loc în cutie și luă una color, în care apărea ținând în brațe un nou-născut cu fața bucălată, învelit într-o pătură roz. Era și Blake acolo, tânăr, chipeș și mândru, cu mâna lui mare așezată protector peste fiica lui. Urmau alte și alte fotografii care arătau momente din viața lui Natalie de când era mică și până la sfârșitul liceului, de la chipul mânjit cu cereale până la machiajele sofisticate.

Întreaga viață a lui Natalie era povestită acolo. Erau nenumărate fotografii cu fetița lor zâmbitoare, blondă, cu ochi albaștri, lângă tot felul de jucării de pluș și biciclete și animale de companie. La un moment dat, Blake încetase să apară în pozele de familie. Cum de nu observase asta până acum?

Dar nu pe Blake îl căuta acum.

O căuta pe Annie. Adevărul o durea ca un cuțit răsucit adânc în rană, dar nu putea să renunțe. Undeva în cutia care purta toate amintirile ei de-o viață se ascundea și Annie. Trebuia să se regăsească pe sine. Studie pozele pe rând, aruncându-le apoi deoparte. Nu apărea aproape în nici una. Ca multe alte mame, ea era cea care apăsa pe declanșator, iar dacă i se părea că arată obosită, prea grasă, prea slabă sau pur și simplu urâțică... rupea fotografia în două și o arunca.

Acum se simțea de parcă nu fusese niciodată acolo. De parcă nici nu existase cu adevărat.

Gândul o sperie atât de tare că sări din pat și mătură pozele la o parte cu brațul. Trecând pe lângă ușile de sticlă văzu reflexia unei femei dezlânate, disperate, de vârstă mijlocie, îmbrăcată în halatul de baie al soțului ei. Se transformase într-o făptură jalnică. Chiar mai jalnică decât ce fusese înainte.

Cum îndrăznea să-i facă așa ceva? Să-i ia douăzeci de ani din viață și apoi să o arunce ca pe un pulover care nu-i mai era bun?

Merse la dulapul lui, îi luă hainele scumpe de pe umerașe și le aruncă la gunoi. Apoi trecu în camera lui de lucru, care îi era atât de dragă. Deschise sertarul de la birou și trase afară tot ce era înăuntru.

La fundul unuia din sertare descoperi zeci de chitanțe pentru flori, camere de hotel și lenjerie intimă.

Supărarea ei se transformă în furie. Aruncă totul – bonuri, chitanțe, note pentru întâlniri cu clienții, registrul de cecuri – într-o cutie imensă de carton. Scrise pe ea, cu litere mari și îngroșate, numele lui și adresa de la birou. Apoi adăugă, cu litere mai mici: „Am făcut asta timp de douăzeci de ani. E rândul tău".

Respirând din greu, dar simțindu-se mai bine, privi în jur. Avea o casă mare, perfectă și goală.

Ce să facă acum? Unde să meargă? Atinse busola de la gât și știu imediat.

Poate că știuse dintotdeauna.

Avea să se întoarcă la fetița pe care o văzuse în acele fotografii alb-negru... la locul în care fusese mai mult decât soția lui Blake și mama lui Natalie.

Partea a doua

În mijlocul iernii am aflat în sfârşit că port în mine o vară de neînvins.

Albert Camus

capitolul 4

După ore întregi de drum cu avionul şi cu automobilul, Annie ajunse în sfârşit pe podul suspendat care făcea legătura între peninsula Olympic şi restul statului Washington. De o parte a podului se agitau valuri repezi, înspumate; de cealaltă parte, suprafaţa apei era netedă şi argintie, ca o monedă proaspăt ieşită din tiparniţă. Coborî geamul şi opri aerul condiţionat. Imediat, ceaţa dulce şi diafană se strecură în maşină, zburlindu-i uşor părul.

Peisajul se transforma cu fiecare kilometru pe care îl străbătea. Culorile lumii ei din copilărie începeau să reapară, albastru şi verde crud. Ieşi de pe şoseaua modernă şi intră pe drumul îngust care se îndepărta de ţărm. Peninsula era ascunsă sub un strat violaceu de ceaţă, o fâşie plată mărginită pe o parte de munţi enormi, cu vârfurile înzăpezite, iar de cealaltă parte de plaje bătute de vânturi. Era un loc neatins de agitaţia vieţii moderne. Pădurile seculare erau acoperite de straturi peste straturi de licheni argintii, iar falezele înalte ofereau protecţie faţă de valurile necruţătoare. În mijlocul peninsulei era Parcul Naţional Olympic, un ţinut sălbatic de patru mii de kilometri pătraţi unde domneau Mama Natură şi legendele pieilor roşii care trăiseră aici cu sute de ani înainte de primii exploratori albi.

Pe măsură ce se apropia de oraşul ei de baştină, pădurile deveneau din ce în ce mai dese şi mai întunecoase. Deşi era deja primăvară, o pâclă opalescentă încă mai plutea deasupra vârfurilor copacilor. Era acea perioadă a anului în care arborii încă mai hibernau, iar întunericul se lăsa înainte ca elevii să iasă de la ore. Nici un om în toate minţile nu se abătea de la drum înainte de începutul verii; umblau tot felul de poveşti despre nişte copii care făcuseră asta şi dispăruseră fără urmă, despre turiști care fuseseră răpiți de uriași când se aventuraseră prin pădure noaptea. Acolo, în inima codrului, vremea se schimba mai repede decât se răzgândeau fetele mari; soarele putea să dispară într-o clipită sub norii aducători de zăpadă, lăsând doar un curcubeu roșiatic cu marginile de culoarea abanosului.

Era un ținut străvechi, în care cedrii creșteau înalți de o sută de metri și se prăbușeau fără nici un zgomot, iar apoi mureau și din scoarța lor renășteau alți cedri, iar timpul era marcat de flux și reflux, de inelele arborilor și de migrația somonilor.

Când Annie ajunse în sfârșit în orășelul Mystic, încetini și savură din plin priveliștile cunoscute. Mystic era o comunitate micuță de tăietori de lemne, înființată de primii coloniști din pădurile Quinault și ducând mai departe idealurile lor. Main Street ținea doar preț de șase cvartale. Nu era nevoie să meargă până la capăt ca să știe că strada Ulmilor se deschidea într-un drum de țară plin de bălți și de gropi.

Centrul arăta ca un bătrân cu păr cărunt lăsat afară, în ploaie. Un singur semafor obosit își schimba regulat culorile, deși nu trecea nici un vehicul. Șoseaua principală trecea prin fața unui șir de magazine cu fațade din lemn și cărămidă. Cu cincisprezece ani în urmă, Mystic fusese un orășel în plină ascensiune, renumit pentru peștele și lemnul de calitate din regiune. Anii care trecuseră fuseseră însă dificili, după toate aparențele, iar negustorii se orientaseră spre comunități cu un potențial mai bun, lăsând în urmă tot mai multe vitrine goale.

Mașini de teren acoperite de rugină erau parcate lângă aparate vechi de treizeci de ani. Pe trotuare nu se vedeau decât câțiva oameni în salopete spălăcite și geci groase, de iarnă.

Prăvăliile care mai rămăseseră aveau denumiri autohtone: magazinul de stofe Ochiul Acului, gogoșeria Sfântul Moise, consignația de haine pentru copii Colțul Ștrengarilor, sala de bowling Pista lui Dwayne, Distinsul Magazin de Rochii al lui Eve, Restaurantul Italian al lui Vittorio. În fiecare vitrină se vedea o placă pe care se putea citi: ACEST MAGAZIN EXISTĂ DATORITĂ TĂIETORILOR DE LEMNE – lucru menit să le amintească politicienilor care trăiau în vile cine ştie pe unde că lemnul era esenţa vitală a regiunii.

Era un târguşor stors de vlagă, dar pentru Annie, care se obişnuise atât de mult cu clădirile de beton, oţel şi sticlă, Mystic arăta superb. Cerul era cenuşiu acum, dar îşi amintea şi cum arăta atunci când nu era acoperit de nori. Acolo, în Mystic, cerul pornea din palma lui Dumnezeu şi se deschidea în toate părţile, cât vedeai cu ochii. Era un ţinut splendid, cu peisaje care-ţi tăiau respiraţia, iar aerul mirosea a ace de pin, ploaie şi ceaţă.

Atât de diferit de California de Sud.

Gândul apăru din senin, iar odată cu el Annie îşi reaminti că era o femeie de treizeci şi nouă de ani în pragul unui divorţ pe care nu-l dorea. Se întorsese acasă fiindcă nu avea nici un alt loc în care să meargă.

Încercă să nu se gândească la Blake şi la Natalie, nici la casa lor mare şi goală cocoţată precar deasupra plajei. Se concentră în schimb pe lucrurile cărora nu le ducea dorul: căldura care îi dădea întotdeauna dureri de cap, cancerul pe care îl simţea pândind în razele invizibile ale soarelui, smogul care îi făcea ochii să usture şi gâtul să ardă. Zilele cu poluare peste cotele admise, când toţi erau sfătuiţi să stea în casă, alunecările de teren, incendiile care mistuiau cartiere întregi într-o singură după-amiază.

Annie avea rădăcini adânci acolo, în Mystic. Bunicul ei venise în orăşel cu aproape şaptezeci de ani în urmă, un neamţ solid care ştia să folosească fierăstrăul şi îşi căuta libertatea. Pământul îi oferise mijloacele unui trai bun, iar fiul lui, Hank, învăţase la rândul său acelaşi meşteşug. Annie era prima care se mutase de acasă în ultimele două generaţii, şi prima care terminase o facultate.

Conduse pe strada Ulmilor până ieşi din oraş. De ambele părţi ale drumului, pământul fusese împărţit în loturi de mici dimensiuni. În spatele curţilor pline de vehicule cu motoarele dezmembrate şi maşini de spălat care funcționaseră odată se zăreau case modulare. Peste tot se vedeau semne limpezi că orășelul continua să existe datorită tăiatului de lemne: camioane, fierăstraie și plăcuțe cerând protejarea bufnițelor pătate, specie pe cale de dispariție.

Drumul începu să urce spre dealuri, șerpuit și molcom, pătrunzând tot mai adânc spre inima pădurii. Casele se răriră de ambele părți, lăsând locul copacilor. Arborii tineri se întindeau cât vedeai cu ochii, în spatele pancartelor pe care se puteau citi fraze ca: PĂDURE TĂIATĂ ÎN 1992 ȘI REPLANTATĂ ÎN 1993. La fiecare cinci sute de metri era o altă pancartă. Doar datele erau diferite.

În cele din urmă, Annie ajunse la o intersecție cu un drum neasfaltat care străbătea un teren de șase hectare de pădure bătrână.

Pădurea era locul ei de joacă din copilărie. Petrecuse ore întregi strecurându-se printre tufișurile înalte, cățărându-se pe bușteni căzuți și vânând mici comori: o ciupercă albă care nu creștea decât la lumina lunii pline, o căprioară nou-născută așteptându-și mama, un cuib lipicios de ouă de broască ascuns în iarbă.

La capătul drumului era o casă de lemn cu două etaje. Acolo crescuse Annie. Arăta exact la fel cum și-o amintea: o clădire veche de cincizeci de ani, vopsită într-o nuanță perlată de gri, cu decorațiuni albe. O verandă văruită în alb o înconjura de jur împrejur, iar de stâlpii care o susțineau atârnau glastre cu mușcate de iarnă. Din coșul de cărămidă ieșea o spirală de fum care se pierdea în ceața cenușie de deasupra.

În spatele casei, un regiment întreg de copaci seculari ascundea o baltă secretă, înconjurată de ferigi. Trunchiurile copacilor erau acoperite de mușchi umed, care se întindea uneori de la o creangă la alta în fâșii neregulate. Iarba se rărea treptat, ducând spre fâșia argintie a unui pârâu. Annie știa că, dacă ar fi mers prin iarbă, pașii ei ar fi scos un lipăit plăcut. Pârâul, în schimb, se auzea ca sforăitul unui bătrân adormit.

Conduse Mustangul pe care îl închiriase în parcarea din spatele șopronului de lemn și opri motorul, apoi își luă geanta și porni spre ușa de la intrare.

Abia apucase să atingă soneria că tatăl ei se grăbi să deschidă ușa.

Marele Hank Bourne – înalt de aproape doi metri, cântărind peste o sută de kilograme – rămase nemișcat o clipă, privindu-și fiica și nevenindu-i să-și creadă ochilor. În clipa următoare, un zâmbet începu să-și croiască drumul din mustața și barba dese și argintii.

– Annie, șopti bătrânul cu vocea lui răgușită.

Brațele lui se deschiseră pentru o îmbrățișare, iar Annie se aruncă înainte și își ascunse fața sub bărbia lui. Bătrânul mirosea a fum, a săpun Irish Spring și a bomboane cu whisky, dulciuri pe care, când lucra, le păstra mereu în buzunarul de la piept al cămășii. Era mirosul copilăriei.

Annie se lăsă purtată de sentimentul de siguranță pe care i-l dădea îmbrățișarea tatălui ei. În cele din urmă însă se dădu înapoi, dar nu-l privi în ochi de teamă să nu-i vadă lacrimile.

– Bună, tată.

– Annie, repetă el, cu o întrebare nerostită în glas.

De data asta, Annie se strădui să-i întâlnească privirea sfredelitoare. Bătrânul se ținea bine pentru cei șaizeci și șapte de ani ai săi. Avea ochii cercetători și ageri, tinerești, deși erau înconjurați de pliuri roz de piele ridată. Tragediile pe care le înfruntase nu se făceau simțite decât rareori și dispăreau repede – din când în când, dacă vedea un semafor care se schimbă în roșu într-o zi ploioasă sau auzea sirena mecanică și crudă a unei ambulanțe, o umbră fugară îi întuneca chipul.

Vârî o mână în buzunarul de sus al salopetei – o mână cu o cicatrice uriașă pe care o avea de când lucra la gater – și întrebă:

– Ești singură, Annie?

Ea făcu o grimasă. Întrebarea avea mai multe înțelesuri, lăsându-i tot atâtea variante de răspuns.

Hank o privea atât de stăruitor că începea să se simtă stânjenită, ca și când ar fi putut să-i vadă adânc în suflet, să vadă casa imensă de pe malul Pacificului în care soțul ei spusese: „Nu te mai iubesc, Annie".

– Natalie a plecat la Londra, răspunse slab.

– Știu. Așteptam să mă suni și să-mi dai adresa ei. Vreau să-i trimit ceva.

– Stă la o familie numită Roberson. Plouă în fiecare zi, cu găleata din câte mi-a sp...

– Ce se întâmplă, Annie Virginia?

Annie înghiți restul propoziției. Nu mai avea loc de întors.

– Soțul meu... soțul meu m-a părăsit, tată.

Bătrânul o privi cu o expresie descumpănită.

– Poftim?

Ar fi vrut să râdă, să pretindă că nu era mare lucru, că era destul de puternică să treacă singură peste asta, dar se simțea ca un copil mic, neajutorat, cu limba lipită de cerul gurii.

– Ce s-a întâmplat? întrebă blând bătrânul.

– E o poveste mai veche, zise ea ridicând din umeri. El are patruzeci de ani... și ea are douăzeci și opt.

Hank făcu o grimasă pierdută.

– Of, draga mea...

Se străduia să-și găsească cuvintele, să spună ceva potrivit, dar nu reuși, iar Annie îi văzu durerea și tristețea din privire. Se apropie de ea și își puse palma uscată pe obrazul ei. O clipă, prezentul dispăru, acoperit de o singură amintire din trecut; amândoi retrăiau o altă zi, cu ani și ani în urmă, când Hank îi spusese fetiței lui de șapte ani că se petrecuse un accident... că mami plecase în rai...

„S-a dus, draga mea. S-a dus și nu se mai întoarce."

Își îmbrățișă fiica în tăcere, iar Annie își lipi obrazul de cămașa lui din lână. Voia să-i ceară un sfat, o vorbă de încurajare, un gând cu care să adoarmă în singurătatea ei, dar nu avuseseră niciodată o astfel de relație. Hank nu avusese niciodată vorbe de duh de împărtășit.

– O să se întoarcă, murmură el. Bărbaţii pot fi al naibii de proşti uneori. Dar Blake o să-şi dea seama ce a făcut, o să vină şi o să te implore să-i mai acorzi o şansă.

– Şi eu vreau să cred asta, tată.

Hank zâmbi. Părea încurajat de efectul pe care îl avuseseră cuvintele sale.

– Crede-mă, Annie: omul ăla chiar te iubeşte. Am ştiut asta de când l-am văzut prima oară. De acord, eraţi prea tineri să vă căsătoriţi, dar erai o fetiţă sensibilă şi mi-am spus: uite un băiat care e în stare să aibă grijă de tine. O să se întoarcă. Acum hai să te instalăm în vechea ta cameră şi să căutăm tabla de şah. Ce zici?

– Ar fi perfect.

Hank se întinse şi o luă de mână. Traversară împreună sufrageria decorată spartan, apoi urcară scările şubrede care duceau la etaj.

Ajunseră în faţa camerei care fusese a lui Annie în copilărie, iar el răsuci clanţa şi împinse uşa. Camera era tapetată în galben şi auriu şi luminată de razele palide ale soarelui care apunea. Tapetul avea un model floral, tineresc, care fusese ales de mama ei cu o viaţă în urmă şi nu fusese schimbat niciodată. Nici Hank, nici Annie nu se gândiseră vreodată să-l dea jos, nici chiar când Annie ajunsese mult prea mare pentru aşa ceva. Camera era dominată de un pat din fier forjat, vopsit în alb, cu salteaua acoperită de un vraf de perne galbene şi albe. O fereastră dublă, îngustă, se deschidea spre un şezlong de lemn pe care tatăl ei îl împletise singur şi i-l făcuse cadou când împlinise treisprezece ani. „Eşti o femeie în toată firea acum, îi spusese. O să ai nevoie de un scaun potrivit pentru tine."

Annie îşi petrecuse o mare parte a tinereţii în acel scaun, uitându-se pe fereastră la noaptea nesfârşită, făcând colaje cu fotografiile starurilor din revista *Teen Beat*, scriind scrisori de dragoste către Bobby Sherman şi David Cassidy, visând la bărbatul cu care avea să se mărite într-o zi.

„O să se întoarcă." Adoptă vorbele lui ca pe un scut și încercă să uite că realitatea era dezolantă. Dorea cu disperare să creadă că tatăl ei avea dreptate. Altfel, dacă Blake nu se mai întorcea niciodată, Annie nu avea nici cea mai mică idee cine era și unde îi era locul.

capitolul 5

Noaptea trecu greu. Annie tresări din somn de câteva ori, scâncind în beznă ca un copil, cu cearșafurile umede strânse la picioare și mirosind a transpirație. În ultimele patru zile rătăcise prin casă ca un spirit pierdut, fără să-și găsească locul, suferind în tăcere. Rareori se îndepărtase de telefon.

„Am greșit, Annie. Îmi pare rău; te iubesc. Dacă vii înapoi acasă n-o s-o mai caut pe Suzannah niciodată." Aștepta acel telefon binecuvântat toată ziua, apoi se prăbușea epuizată și visa că îl primise.

Știa că ar fi trebuit să facă ceva, dar nu-și dădea seama ce. Toată viața ei avusese grijă de cineva. Se folosise de toate puterile ca să creeze un cămin perfect pentru Blake și Natalie. Acum rămăsese singură, pierdută.

„Culcă-te la loc." Asta era. Avea să se strecoare iarăși sub așternuturi și să adoarmă...

Cineva bătu la ușă.

– Vin imediat, zise ea, întinzându-se spre pernă.

Ușa se deschise și apăru Hank. Purta o cămașă în carouri roșii și albastre și o salopetă de blugi pătată și decolorată. Era un soi de uniformă pentru el. Timp de aproape patruzeci de ani se îmbrăcase așa în fiecare dimineață înainte să plece la lucru, la gater. Îi adusese o tavă cu mâncare. Ochii lui se îngustară, lăsând să i se vadă dezamăgirea. Puse jos tava cu grijă și merse lângă ea.

– Arăți ca naiba.

Annie începu să plângă. Era atât de stupid! Știa că arăta ca naiba. Era slabă și urâțică și murdară – și nimeni, nici măcar Blake, nu avea să o mai dorească vreodată.

Gândul îi făcu greață. Își acoperi gura cu palma și se repezi în baie. Se simțea umilită știind că tatăl ei o aude vomitând, dar nu se putea stăpâni. După ce termină, se spălă pe dinți și se întoarse tremurând în cameră.

Îngrijorarea din ochii lui Hank o înțepă ca un cuțit.

– Ajunge, spuse bătrânul, bătând din palme. Mergi la doctor. Îmbracă-te.

Annie se îngrozi la gândul că avea să iasă din casă.

– Nu pot. Lumea o să...

Nici măcar nu știa de ce se temea atât de mult. Nu știa decât un lucru: acolo, în camera ei, în pătuțul ei, era în siguranță.

– Încă sunt în stare să te car pe un umăr, fetița mea. Îmbracă-te sau o să te duc în spate în pijama. Tu alegi. Mergi la doctor și gata.

Annie voia să protesteze în continuare, dar știa că tatăl ei avea dreptate. Și, sincer, era bine să aibă cineva grijă de ea măcar o dată.

– Bine, în regulă.

Merse încet în baie și se îmbrăcă cu aceleași haine șifonate pe care le purtase pe drum. Era un efort mult prea mare să-și prindă părul, așa că își trecu degetele prin el și își luă o pereche de ochelari de soare ca să-și ascundă cearcănele și ochii înroșiți.

– Hai să mergem.

Annie se uita pe geamul pe jumătate deschis al camionetei Ford. În spate, rastelul gol pentru puști se lovea de lunetă.

Bătrânul manevră cu dibăcie printre gropile de pe drum și parcă în fața unei clădiri scunde de cărămidă. Pe o firmă pictată de mână se puteau citi cuvintele: CLINICA MEDICALĂ DIN MYSTIC. DR. GERALD BURTON, MEDIC DE FAMILIE.

Annie zâmbi. Nu se mai gândise la bătrânul doctor Burton de ani de zile. El fusese cel care o asistase la naștere și tot el îi tratase răcelile și otitele și micile accidente timp de douăzeci de ani. Făcea parte din copilăria ei la fel de mult ca aparatele dentare, balurile de la liceu și băile în pielea goală din lacul Crescent.

Hank opri motorul. Bătrânul Ford tuși, se zgudui de câteva ori și apoi rămase nemișcat.

– Mi se pare atât de straniu să te aduc înapoi aici. Parcă mi-e frică să nu fi uitat de vreun vaccin și să nu te lase să te întorci la școală.

Annie zâmbi.

– Poate că doctorul Burton o să-mi dea o bomboană cu struguri dacă sunt cuminte.

– Ai fost dintotdeauna un copil bun, Annalise. Să nu uiți asta.

Vorbele lui îi readuseră aminte de casa imensă de pe malul mării, în care soțul ei îi spusese că iubește pe altcineva. Tristețea o cuprinse iar. Înainte să se lase copleșită, Annie își trase umerii înapoi și deschise ușa.

– Ne vedem la... Privi în jur, întrebându-se ce mai rămăsese din vechiul orășel.

– Ne vedem în parcul de pe malul râului. Pe vremuri îți plăcea acolo.

– Parcul de pe marginea râului, îngână Annie, amintindu-și de toate serile pe care le petrecuse acolo, jucându-se în noroi, căutând mormoloci și libelule.

Încuviință, apoi ieși din camionetă, își puse geanta pe umăr și urcă scările de beton care duceau la intrare.

O întâmpină o recepționeră în vârstă, cu părul albastru. Pe ecusonul ei se putea citi: SALUT! SUNT MADGE.

– Bună ziua. Cu ce vă pot ajuta?

Dintr-odată, Annie se simți expusă, vulnerabilă. Era îmbrăcată în haine șifonate, cu părul lățos și unsuros. Bine că avea măcar ochelarii de soare.

– Mă numesc Annie Colwater. Am o progran are la doctorul Burton, stabilită de tatăl meu.

– Sigur că da, scumpa mea. Ia loc, vine imediat.

Annie completă formularele pentru asigurări, apoi se așeză în sala de așteptare și începu să răsfoiască ultimul număr din revista *People*. Peste nici un sfert de oră, doctorul Burton își făcu apariția. Efectele trecerii anilor erau vizibile: pielea i se lăsase în falduri în jurul gâtului și își pierduse aproape tot părul, dar în rest era același medic pe care îl cunoștea, singurul bărbat din Mystic care nu uita niciodată să-și pună cravata înainte să plece la lucru.

– Annie Bourne, nu-mi vine să cred!

– A trecut ceva timp, zâmbi ea.

– Chiar că da. Haide, vino.

Burton o luă pe după umeri și o conduse în cabinet. Annie se așeză pe patul de consultație și își încrucișă picioarele la glezne.

Medicul se așeză pe un scaun galben, de plastic, în fața ei. O studie cu atenție. Ochelarii cu lentile groase îi făceau ochii să pară cât niște farfurii. Annie se întrebă câți ani trecuseră de când îi slăbise vederea.

– Nu arăți prea bine.

Reuși să zâmbească. Burton era un observator la fel de bun ca întotdeauna.

– De asta am venit. Hank mi-a zis că arăt ca naiba – și s-a gândit că ar putea fi vreo boală.

Burton scoase un râset ca un nechezat și deschise un dosar. Luă un pix și se pregăti să scrie.

– Nu mă mir. Ultima oară când m-am văzut cu Hank, avea o migrenă – și era sigur că are o tumoare pe creier. Tu ce-ai pățit?

Annie nu știa de unde să înceapă.

– Nu dorm bine... mă doare capul... mi-e greață... genul ăsta de probleme.

– E posibil să fii cumva însărcinată?

Ar fi trebuit să se aștepte la o asemenea întrebare. Dacă s-ar fi pregătit n-ar fi durut-o așa de mult, însă trecuseră ani de zile de când nici un medic nu i-o mai adresase, fiindcă cei care o cunoșteau știau deja răspunsul.

– Nici o șansă.

– Ți se face rău din senin? Ciclul îți vine neregulat?

– Dintotdeauna am avut ciclul neregulat, zise ea ridicând din umeri. În ultimul an nu mi-a venit aproape două luni întregi. Și da, ginecologul meu mi-a spus că s-ar putea să intru la menopauză în curând.

– Nu ştiu... eşti cam tânără pentru asta.

– Dumnezeu să te binecuvânteze, surâse ea.

Burton închise dosarul, îl puse deoparte şi o privi din nou.

– Ai păţit ceva care să ducă la depresie?

„Depresie", îşi repetă ea în minte. Un singur cuvânt pentru o erupţie de durere. Un singur cuvânt gata să răpească bucuria şi căldura din sufletul unui om şi să-l lase pierdut într-un peisaj cenuşiu şi rece, singur, rătăcind în căutarea a ceva ce nu putea nici măcar numi.

– Poate.

– Vrei să vorbim despre asta?

Annie îl privi pe bătrânul doctor şi văzu în privirea lui blândă că înţelegea. Se simţi transpusă în copilărie. Avea din nou doisprezece ani şi era prima fată din clasă căreia îi venise ciclul. Hank nu ştiuse cum să-i explice, aşa că o dusese la doctorul Burton şi îl lăsase pe el să poarte discuţia.

Acum, ochii i se umplură de lacrimi.

– Eu şi soţul meu ne-am despărţit recent. N-am prea... reuşit să trec peste asta.

Burton îşi scoase încet ochelarii, îi aşeză peste hârtii şi se frecă obosit la baza nasului acvilin.

– Îmi pare rău, Annie. Nu e prima oară când văd aşa ceva. Se întâmplă şi în Mystic la fel de des ca şi în marile oraşe. Nici nu mă mir că te simţi rău – depresia ar putea explica insomniile, lipsa poftei de mâncare şi greaţa. Este o boală cu multe faţete. Pot să-ţi prescriu nişte Valium, eventual să-ţi dau şi nişte Prozac. Ceva care să te liniştească până reuşeşti să începi vindecarea.

Annie voia să-l întrebe dacă ştia vreo femeie care trecuse peste asta sau al cărei soţ se răzgândise între timp, dar întrebările ar fi dezvăluit prea mult despre ea şi Blake, aşa că le păstră pentru sine.

Burton îşi puse ochelarii la loc şi o privi curios.

– Trebuie să ai mare, mare grijă de tine, Annie. Mai ales acum. Depresia nu e o glumă. Dacă tot n-o să fii în stare să te odihneşti cum trebuie, vino să te mai văd o dată şi o să-ţi dau şi nişte medicamente pentru asta.

– Medicamente care să țină locul unui iubit? Annie zâmbi amar. Trebuie să fie ceva fantastic. Nu-mi dai un pumn de pastile din alea să le încerc chiar acum?

Doctorul nu-i întoarse zâmbetul.

– Nu vreau să te aud vorbind de „un pumn" de pastile, și sarcasmul nu e deloc potrivit pentru o doamnă. Cât ai de gând să rămâi în oraș?

Annie simți un val de rușine, de parcă avea iarăși zece ani.

– Îmi pare rău. Trebuie să plec... acasă la mijlocul lunii iunie. „Dacă nu mă sună Blake până atunci", își zise. Se înfioră la gândul că Blake ar fi putut-o suna. Deci cred că o să rămân aici până atunci.

– La mijlocul lui iunie, zici? În regulă, vreau să te văd aici pe întâi iunie. Indiferent ce se întâmplă între timp. O să-ți fac programarea chiar acum, bine?

Era frumos că cineva se interesa de progresele pe care avea să le facă până atunci.

– Bine. Sunt sigură că o să mă simt mai bine.

Burton o conduse până la ieșire, o bătu pe umăr și îi reaminti să aibă grijă de ea, apoi se întoarse în cabinet.

Annie se simțea puțin mai bine acum. Traversă orașul, îndreptându-se spre parc. Aerul proaspăt o revigora, iar cerul era atât de albastru și de strălucitor că trebui să-și pună la loc ochelarii de soare. Era una din acele zile rare de primăvară timpurie care aduceau cu ele promisiunea soarelui văratic. Trecu pe lângă statuia imensă a unui cerb Roosevelt, sculptată cu drujba, iar apoi intră în parc, pășind peste ultimele frunze înnegrite rămase de iarna trecută.

Își găsi tatăl așezat pe banca de lemn care fusese pe malul râului dintotdeauna și se așeză lângă el.

Hank îi dădu un pahar de plastic cu cafea fierbinte.

– Pun pariu că n-ai mai avut parte de o ceașcă de cafea ca lumea din liceu încoace.

Annie își strânse degetele în jurul paharului încălzit.

– Am un automat de cafea ultimul răcnet, tată.

Își băură cafeaua în tăcere. Annie ascultă sunetele cunoscute, liniștitoare ale apei care curgea.

Hank scoase un croasant dintr-o pungă de hârtie și i-l întinse. Stomacul ei se revoltă însă la gândul mâncării, așa că se văzu nevoită să-l refuze cu un gest.

– Ce-a spus doctorul? întrebă el.

– Nici nu mă mir... Sunt deprimată.

– Tot nu ți-a trecut supărarea?

– Azi-noapte am visat că Blake e mâncat de piranha... Aș zice că ăsta e un semn de supărare, nu crezi? Hank nu răspunse. O privi doar, până când Annie continuă pe un ton potolit: Am fost supărată o vreme, dar acum sunt prea... golită ca să mai simt ceva. Simți cum ochii i se umplu de lacrimi și nu fu în stare să le oprească. Se simțea umilită. Își întoarse privirea. Blake crede că nu însemn nimic, tată. Crede că o să mă mulțumesc să trăiesc din banii lui și să fiu... nimic.

– Tu ce crezi?

– Cred că are dreptate, murmură ea strângând din pleoape. Am nevoie de un sfat, tată. Spune-mi ceva care să mă ajute.

– Viața e nașpa.

Annie râse fără să vrea. Exact la asta se așteptase și, chiar dacă vorbele lui nu o ajutau deloc, se simțea mult mai bine știindu-l aproape.

– Mersi, tată. Eu îți cer un sfat și tu îmi citezi dintr-un autocolant de mașină.

– De unde crezi că se inspiră oamenii pentru autocolantele alea? Bătrânul o mângâie pe mână. Totul o să fie în regulă, Annie. Blake te iubește; o să-și revină. Dar nu poți sta la nesfârșit cu pătura în cap. Trebuie să ieși din casă și să-ți găsești ceva care să te țină ocupată până când Blake își revine suficient cât să nu mai vorbească cu fundul.

– Sau cu fundul ei.

– Bine zis, fetița mea. Felicitări, râse Hank. Când viața îți dă lămâi, fă limonadă.

Annie se gândi la limonada pe care o pregătise pentru Blake și la pata imensă pe care o făcuse pe hârtiile pe care i le adusese.

– Nu-mi place limonada.

Bătrânul o privi cu o expresie serioasă.

– Annie Virginia, cred că nu știi încă ce-ți place, și a venit timpul să afli.

– Ai dreptate, șopti ea. Nu mai putea continua așa, așteptând un telefon care nu mai venea, plângând fără încetare.

– Trebuie să-ți asumi niște riscuri, draga mea.

– Îmi asum riscuri. Nu folosesc ață dentară în fiecare zi și uneori combin carourile cu imprimeuri florale. O dată am purtat pantofi albi *după* Ziua Muncii.

– Vreau să spun că...

Annie râse. Era primul râs adevărat și sincer de când începuse toată porcăria cu Blake.

– Tunsoare.

– Poftim?

– Blake nu mă lăsa niciodată să mă tund.

Hank zâmbi.

– Ia uite, parcă tot ești supărată pe el cât de cât. Semn bun, semn bun.

Salonul „Chestii și Trestii" al lui Lurlene nu era genul de local pe care Annie îl frecventa de obicei. Era un coafor de modă veche, deschis într-o căsuță care semăna cu un drajeu – roz, în stil victorian, cu ornamente vopsite în alb lucios. În fața casei era o verandă acoperită, la umbra căreia cineva așezase trei balansoare de răchită vopsite în roz.

Annie parcă mașina sub un semn roz aprins pe care scria: PARCAREA ESTE REZERVATĂ CLIENȚILOR LUI LURLENE ȘI ATÂT. CEILALȚI VOR PRIMI O TUNSOARE CU PERMANENT. O alee cu pavele în formă de inimă ducea până la prispă, iar din difuzorul negru de lângă ușă se auzea distorsionat cântecul *It's a Small World*.

Se opri, brusc panicată. Dintotdeauna avusese părul lung. Ce-i trecuse prin minte? Doar n-avea să-și recapete tinerețea cu o tunsoare. „Liniștește-te, Annie." Respiră adânc, lăsând deoparte totul în afară de forța de a mai face un pas, de a urca scările și de a se tunde.

Era aproape de ultima treaptă când ușa salonului se deschise și apăru o femeie. Avea cel puțin un metru optzeci și părul ei roșu și înfoiat, în stilul lui Lucille Ball, ajungea până la pragul de sus al ușii. Cineva avusese idea să o îmbrace într-o pereche de pantaloni de spandex roșii (sau poate fuseseră vopsiți după ce-i îmbrăcase). Un pulover strâmt de angora în dungi albe și negre îi acoperea sânii enormi, iar în urechi îi atârnau cercei cu același model zebrat.

Femeia se mișcă – și un val de plăcere o cuprinse din cap și până în picioarele imense, încălțate cu papuci aurii cu toc.

– Tu trebuie să fii Annie Colwater... Îi pronunță numele *Colwatah*, cu un accent sudist dulce și gros ca siropul de porumb. Chiar te așteptam, draga mea! Tăticul tău mi-a zis că vrei o schimbare de stil – și nu mi-a venit să-mi cred urechilor! O schimbare de stil în *Mystic!* Coborî în viteză, făcând treptele de lemn să scârțâie. Parcă era un car alegoric de la o paradă. Eu sunt Lurlene, dragă. Mare cât un cal, așa spun răuvoitorii, dar am de două ori mai mult stil decât ei. Haide, scumpo, intră. Ai venit unde trebuia. O să fii tratată ca o regină.

O bătu pe Annie pe umăr, apoi o luă de braț și o conduse într-o cameră luminoasă, decorată cu alb și roz, cu oglinzi cu rame din răchită. Ferestrele erau acoperite de perdele roz din bumbac, iar pe parchet se lățea un covor țesut de mână.

– Rozul e culoarea mea, declară mândră Lurlene, al cărei accent conferea o tentă exotică fiecărui cuvânt. Am folosit două nuanțe – vată-de-zahăr și strălucire-de-vară – și le-am ales special ca să te simți ocrotită și deosebită. Am citit într-o revistă chestia asta și chiar așa e, nu crezi?

O conduse pe Annie pe lângă alte două cliente mai în vârstă, cu părul cărunt prins în bigudiuri mici, multicolore.

Lurlene vorbea încă atunci când începu să-i spele părul.

– Doamne, n-am văzut atâta păr de când aveam o păpușă Barbie Disco! Îi prinse o pelerină roz aprins de plastic în jurul gâtului, apoi o așeză într-un scaun comod în fața oglinzii. Ești sigură că vrei tunsoarea asta? se interesă ea. Știu multe femei care ar da un oușor de-al soțului să aibă părul ca al tău.

Annie nu se lăsă copleșită de mănunchiul de emoții care își făcuse culcuș undeva în stomac. Gata cu jumătățile de măsură. Gata.

– Taie-l pe tot, rosti pe un ton măsurat.

– *Bineînțeles* că ești sigură, spuse Lurlene, rânjind. Deci vrei ceva până la umeri, poate...

– Tot.

Coafeza rămase cu gura căscată.

– Tot? Adică... *tot?* Când cealaltă încuviință, nu mai stătu pe gânduri: Bine, scumpo. O să fii cea mai frumoasă clientă a mea.

Annie încercă să nu se gândească la ceea ce tocmai făcuse. Era suficientă o singură privire aruncată imaginii din oglindă – ea, cu fața palidă și trasă, cu părul unsuros dat pe spate – ca să închidă ochii... și să nu-i mai deschidă.

Simți cum Lurlene o trage puțin de păr, apoi auzi clănțănitul foarfecii, și un mănunchi de șuvițe alunecă fâșâind pe podea.

Clanț, fâș, clanț, fâș.

– Să știi că am rămas foarte surprinsă când m-a sunat tatăl tău. Tot aud de tine de ani de zile. Kathy Johnson – o mai ții minte? Ei bine, eu și Kath am luat cursuri de înfrumusețare împreună. Bine, Kath n-a absolvit niciodată – avea o problemă cu foarfecele – dar de-atunci încoace suntem cele mai bune prietene. Mi-a spus tot felul de povești despre voi când erați mici. Tu și Kathy erați tot timpul puse pe trăsnăi.

Kathy Johnson. Annie nu-i mai auzise numele de ani de zile. *Kathy și Annie, prietene pt totdeauna. Prea frumos k să fie adevărat.* Asta își scriseseră una alteia în albumul de la sfârșitul liceului și asta își promiseseră.

Voise să păstreze legătura, dar nu reuşise. Prietenia lor din copilărie dispăruse, la fel ca atâtea alte vechi amiciţii şi simpatii. Îşi trimiseseră una alteia felicitări de Crăciun câţiva ani, însă apoi până şi asta se oprise. Nu mai vorbiseră de ani de zile. De fapt, separarea lor începuse chiar înainte de absolvirea liceului, când Nick o ceruse pe Kathy de soţie.

Nick. Annie încă mai ţinea minte ziua în care îl văzuse pentru prima oară. Erau la ora de engleză, în clasa a unsprezecea. Intrase cu un aer arogant, provocându-i parcă pe toţi ceilalţi cu ochii lui albaştri. Purta blugi Levi's găuriţi şi un tricou alb uzat, iar într-un buzunar afişa ostentativ un pachet de ţigări. Nu semăna cu nici un alt băiat pe care Annie îl mai văzuse până atunci. Avea părul brunet, ciufulit şi mult prea lung şi o atitudine care spunea „nu te pune cu mine". Se îndrăgostise de el imediat – la fel ca toate celelalte fete din clasă, inclusiv Kathy, cea mai bună prietenă a ei.

Dar Kathy fusese aleasa, iar odată cu asta Annie simţise pentru prima oară amărăciunea unei inimi rănite.

Zâmbi; trecuseră atâţia ani! Poate reuşea să treacă mai târziu pe la ei şi să reînnoade vechea prietenie – Doamne, cât de bine i-ar fi prins acum compania unei prietene. Măcar puteau să râdă vorbind de anii de liceu.

– Ce mai fac Nick şi Kathy?

Foarfeca se opri brusc.

– N-ai auzit?

– Ce să aud?

Lurlene se aplecă într-un nor de parfum ameţitor de trandafiri.

– Kathy a murit acum opt luni.

Annie deschise ochii. Din oglinda ovală o privea o femeie palidă, cu părul ciopârţit. Strânse pleoapele cu putere. Abia dacă fu în stare să îngaime:

– Ce...?

– Am încercat să-i ajut cât am putut, să stau cu fetiţa lor, dar Isabella... ei bine... nu mai e întreagă la minte. Ieri au exmatriculat-o de la şcoală. Îţi vine să crezi? O fetiţă de şase ani, exmatriculată? Unde naiba le stă mintea? Toată lumea ştie ce s-a întâmplat cu mama ei. N-ar fi normal să le fie puţin milă? Nick tot caută o bonă, dar până acum le-a găsit nod în papură tuturor fetelor pe care i le-am trimis.

– Cum s-a întâmplat? întrebă Annie, aproape în şoaptă.

– Au chemat-o în biroul directorului şi i-au spus: fetiţo, ai zburat de-aici. Lurlene ţâţâi revoltată. Numai asta îi mai trebuia fetiţei ăleia. Are *nevoie* de un tată. Până şi un iepure ar fi un părinte mai bun pentru ea, şi toată lumea ştie că iepurii îşi mănâncă puii de vii. Aş vrea să pot face mai multe pentru ei, dar Buddy, bărbatul meu, a spus că şi-a crescut copiii, toţi cinci, cu fosta lui soţie, Eartha – o ştii? Stă pe undeva pe lângă Forks. Mă rog, Buddy nu vrea să treacă *iarăşi* prin asta, nu să se însoare cu Eartha, să crească plozi. Iar eu n-am avut niciodată copii de-ai mei, deci habar n-am. Adică pot să o tund, pot să-i fac un permanent trăsnet, chiar şi o manichiură, dar asta-i tot. Nu mă supăr să stea cu mine după şcoală – chiar mă ajută pe-aici când vine – dar sincer, mă sperie cu toate problemele ei.

Informaţiile veneau mult prea repede pentru Annie. Nu reuşea să priceapă. *Kathy*. Cum să fi murit Kathy? Parcă abia ieri erau cele mai bune prietene şi se jucau în curtea şcolii în pauze, chicotind la băieţi în gimnaziu, ieşind la întâlniri în perechi în liceu. Fuseseră prietene la cataramă – îşi purtau hainele una alteia, dormeau una la alta şi îşi spuneau fiecare secret. Îşi promiseseră să întreţină relaţia pentru totdeauna. Nu avuseseră însă timpul şi nici energia să păstreze legătura când vieţile lor se despărţiseră... iar acum, Kathy era moartă. Annie nu o uitase *intenţionat* pe Kathy. Dar o uitase, şi nimic altceva nu mai conta acum. Plecase la Stanford, îl cunoscuse pe Blake şi schimbase trecutul pentru un viitor.

– Nicky a început s-o ia pur şi simplu pe arătură, spuse Lurlene, făcând un balon mare de gumă de mestecat. El şi Kathy au cumpărat vechiul conac Beauregard de pe lacul Mystic...

Conacul Beauregard. Annie îl văzu cu ochii minţii, învelit într-un aşternut subţire de amintiri dulci-amare.

– Îl ţin minte. Dar încă nu mi-ai spus cum a murit Kath...

Uscătorul de păr se trezi la viaţă, acoperindu-i întrebarea. Lurlene încă mai vorbea, poate, dar cuvintele ei nu se înţelegeau. După câteva minute, zgomotul încetă. Lurlene lăsă foarfeca la o parte cu un zgomot puternic pe bufetul de porţelan din faţă.

– Dumnezeule, cât de bine arăţi! Deschide ochii, scumpo, şi uită-te la tine.

Annie văzu cum din oglindă o privea o străină. Părul ei şaten era atât de scurt că nu se mai vedea nici un onduleu. Tunsoarea îi scotea în evidenţă pielea trasă, palidă, şi îi făcea ochii verzi şi umbriţi să pară mult prea mari pentru trăsăturile ei delicate. Nu se rujase, aşa că buzele ei palide formau o linie la fel de palidă. Arăta de parcă ar fi fost Kate Moss la cincizeci de ani – după ce fusese atacată de o maşină de tuns iarba.

– Oh, Dumnezeule...

Lurlene încuviinţă în oglindă cu un rânjet.

– Semeni leit cu tipa aia tânără care l-a agăţat pe Warren Beatty. Ştii care – cea din *Preşedintele American*.

– Annette Bening, completă una dintre bătrânele din celălalt capăt al salonului.

Lurlene se întinse spre aparatul ei de fotografiat.

– Trebuie să-ţi fac o poză. O s-o trimit la revista *Coafura Modernă*. O să câştig sigur excursia la Reno. Se aplecă în faţa lui Annie. Zâmbeşte! Înainte ca Annie să se poată gândi la vreo replică, Lurlene apăsă pe declanşator şi se îndreptă, rozându-şi vârful roşu aprins al unei unghii false. Fac pariu că nu există în toată lumea o sută de femei care să arate aşa bine cu tunsoarea asta, dragă. Eşti fantastică.

Annie nu voia decât să scape din salon fără să plângă. „O să fie în regulă. O să crească la loc“, îşi spuse, dar nu se putea gândi decât la Blake, la comentariul lui atunci când avea să se întoarcă – dacă avea s-o facă vreodată. Tremurând, se întinse spre poşetă.

– Cât costă?

– Absolut nimic, draga mea. Toată lumea are săptămâni oribile.

Annie se întoarse spre Lurlene şi văzu, în ochii ei conturaţi din belşug, că o înţelegea. Chiar o înţelegea. Dacă nu s-ar fi simţit aşa de rău, ar fi reuşit, poate, să zâmbească.

– Mersi, Lurlene. Poate într-o zi o să-ţi pot întoarce favoarea.

Pe chipul spoit al coafezei se lăţi un zâmbet.

– Draga mea, eşti în Mystic. Dacă stai suficient de mult în oraş, în mod sigur o să apară şi favoarea. Se aplecă şi luă o cutie mare, verde, în care se păstrau de regulă momeli pentru pescuit. O aşeză cu zgomot pe poliţă şi capacul se deschise. Înăuntru erau destule farduri cât să-l transforme pe Robin Williams în Courtney Love. Eşti gata pentru o schimbare? chicoti ea.

Annie suspină. Nu-şi putea închipui – nu se putea închipui cu faţa pictată în mai multe nuanţe decât conţinea mostrarul unui fabricant de vopsele.

– N... nu, mulţumesc, am ceva de rezolvat. Sări în picioare şi se îndepărtă de scaun cu spatele.

– Dar, dar... voiam să te fac să arăţi ca...

Annie murmură un „mulţumesc" în grabă, apoi fugi spre uşă. Reuşi să ajungă până la Mustang şi tură motorul la maximum, ieşind în trombă din alee şi lăsând o dâră de fum şi nisip în urmă. Abia după un kilometru şi ceva începu să simtă usturimea primelor lacrimi.

Tocmai peste un sfert de oră, când viră pe lângă terenul de golf, cu mâinile încleştate în jurul volanului şi încheieturile albite, îşi aminti întrebarea care rămăsese fără răspuns.

Ce se întâmplase cu Kathy?

Conduse prin Mystic pe drumurile lăturalnice, apoi pe dealurile golaşe, cu iarba cosită, până când lacrimile de pe obraji i se uscară lăsând în urmă doar dâre argintii. Ştia că nu trebuia să apară tristă în faţa tatălui său. În cele din urmă, când reuşi să se linişească într-o oarecare măsură, o luă spre casă.

Hank era așezat într-unul din fotoliile galben-deschis de lângă șemineu, cu o revistă de integrame în poală. Ridică privirea când o auzi intrând, iar zâmbetul de pe chipul lui dispăru instantaneu.

– Sfinte Sisoe, murmură.

Annie nu-și putu stăpâni un hohot de râs:

– O să joc în filmul *G.I. Jane*, partea a doua.

Tatăl ei surâse la început, apoi izbucni în hohote.

– Arăți... bine, draga mea.

– Bine? Voiam să par mai tânără, nu să arăt ca un bebeluș.

Hank se ridică și își deschise brațele. Revista căzu pe podea, cu paginile răvășite.

– Vino încoace, scumpo.

Se apropie de el și se lăsă îmbrățișată. Când bătrânul se trase înapoi, Annie se întinse și luă din buzunarul de la piept o bomboană mică, învelită în celofan. Caramel. Hank crezuse dintotdeauna că bomboanele cu caramel îi erau de mare ajutor fiicei sale când avea probleme. Când mama ei murise îi dăduse una, spunând: „Poftim, draga mea, ia o bomboană". Chiar și la atâția ani după aceea, Annie asocia încă mirosul de caramel cu tatăl ei și, de câte ori îl simțea, se uita în jur după el.

Zâmbind, luă bomboana și o desfăcu, iar apoi o puse pe limbă. O rostogoli puțin, savurând gustul dulce, plimbându-se printre amintiri.

Hank îi atinse obrazul.

– Adevărata frumusețe e înăuntru.

– Asta e ceva ce-și spun femeile una alteia. Nici un bărbat nu crede așa ceva.

Hank rânji ștrengar.

– Eu cred asta, și, când am verificat ultima oară, eram încă bărbat. Tunsoarea ta arată formidabil. Ai nevoie doar de ceva timp să te obișnuiești cu ea.

– Ei bine, *mă simt* ca o altă femeie, și exact asta voiam.

– Bineînțeles că asta voiai. Hank o bătu pe umăr. Ce spui, jucăm un Scrabble?

Când ea încuviinţă, luă cutia de Scrabble din dulăpiorul din colţul sufrageriei, unde rămăsese probabil de când jucaseră împreună ultima oară – cu douăzeci de ani în urmă. Suflă praful de pe cutie şi pregăti tabla de joc pe măsuţa de cafea.

Annie privi cele şapte pătrăţele de lemn, încercând să se gândească la un cuvânt cu care să înceapă jocul.

– Deci, tată, nu mi-ai spus de Kathy Johnson.

– Nu? zise el fără să ridice privirea. Credeam că ţi-am scris despre asta. Sau poate ţi-am spus când am venit la voi de Crăciun?

– Nu.

Bătrânul ridică din umeri, iar Annie îşi dădu seama că n-avea de gând să o privească în ochi.

– Ei bine, presupun că ai aflat deja. Lurlene e cea mai mare moară stricată din Mystic. Îmi pare rău că a trebuit să primeşti vestea în felul ăsta.

Nu era deloc în largul lui; se trăgea de guler, deşi nici măcar nu era închis până sus, şi se uita fix la cele şapte litere ca şi când ar fi avut în faţă Tablele Legii. Nu era genul de bărbat căruia să-i placă să sporovăiască despre moarte – despre moartea nimănui, cu atât mai puţin despre o femeie tânără pe care o ştiuse de-o viaţă.

Aşa că Annie schimbă subiectul. Se strădui să zâmbească slab, apoi luă patru litere şi începu jocul. Tot ce voia să ştie despre viaţa lui Kathy, şi despre moartea ei, trebuia aflat de la altcineva.

capitolul 6

Nick Delacroix stătea în curte sub o ploaie torenţială, fixând cu privirea cireşul cocoşat şi pe jumătate ofilit pe care îl plantase anul trecut. Se lăsă să cadă încet în genunchi, cu capul plecat.

Nu plânsese nici la înmormântarea soţiei, nici cu o zi în urmă, când singura lui fiică fusese exmatriculată, dar acum simţea un imbold teribil să plângă – şi culmea, din cauza unui nenorocit de copăcel care nu voia să crească. Se ridică în picioare și se întoarse cu spatele spre cireș, după care porni obosit înapoi spre casă. Însă nici când ajunse înăuntru, unde era uscat și bine, tot nu reuși să uite de pomul acela blestemat.

Totul era din cauza celor petrecute în ajun, la naiba; fusese o zi proastă – și avusese parte de destule zile proaste în ultimele opt luni ca să știe exact cum arăta o zi proastă.

Izzy a lui fusese exmatriculată.

O clipă se mânie iarăși, dar apoi, după ce furia dispăru, nu mai rămase decât cu rușinea.

În ziua precedentă, Izzy a lui stătuse în biroul directoarei, cu ochii ei căprui plini de lacrimi și cu buzele micuțe tremurând. Rochia ei roz era pătată și ruptă, iar Nick se rușinase la gândul că așa era de când o îmbrăcase de dimineață. Părul ei lung și brunet – cu care se mândrise atât odată – era tot încurcat fiindcă nu mai avea o mamă care să-l pieptene.

O clipă se întrebase, absurd, ce se întâmplase cu toate panglicile pe care și le împletea în păr cândva și de care fusese așa de mândră.

„Nu mai poate rămâne la școală, domnule Delacroix. Sunt foarte sigură că și dumneavoastră sunteți de acord, nu-i așa?"

Iar Izzy stătuse nemișcată, fără să scoată o vorbă. Nu mai vorbise de luni întregi. Asta era unul din motivele pentru care fusese exmatriculată... asta și „dispariția". Cu câteva luni în urmă, Izzy începuse să creadă că dispare, câte un degețel odată. Acum purta o mănușă neagră pe mâna stângă – mâna pe care n-o mai putea vedea și n-o mai putea folosi. În ultimul timp începuse să-și folosească și mâna dreaptă în mod ciudat, ca și când ar fi crezut că îi mai dispăruseră câteva „degete".

Nu își ridicase privirea, nu se uitase în ochii lui Nick, dar îi cursese o singură lacrimă pe obraz. Nick urmărise picătura căzându-i pe rochie și dispărând într-o pată micuță, cenușie.

Vrusese să spună ceva, dar nu avea nici cea mai vagă idee cum să consoleze o fetiță care își pierduse mama.

Şi atunci, ca şi acum, neputinţa de a-şi ajuta fiica îl înfuriase. La început simţise nevoia să bea ceva – doar un pahar, doar atât cât să se calmeze. Şi, în tot timpul ăsta, fiica lui rămăsese nemişcată, prea liniştită, prea tăcută pentru vârsta ei. Îl privise doar cu o dezamăgire tristă, de om mare.

Se strecură prin sufragerie, păşind peste cutiile goale de la mâncarea la pachet de seara trecută. O muscă singuratică bâzâia deasupra rămăşiţelor. Se auzea mai tare ca o maşină de tuns iarba.

Privi la ceas, clipind până când reuşi să-şi concentreze vederea. Opt şi jumătate... La naiba. Trebuia s-o fi luat deja pe Izzy. Iarăşi întârziase. Se gândi că o să-i vadă din nou dezamăgirea din ochi, mâna înmănuşată...

Un singur pahar, poate. Un păhărel...

Sună telefonul. Nick ştiu din prima clipă, chiar dinainte să răspundă, că era Lurlene, întrebându-l pe unde naiba umbla.

– Bună, Lurl, spuse încet, sprijinindu-se sfârşit de perete. Ştiu, ştiu, am întârziat. Acum ieşeam pe uşă.

– Nu-i nici o grabă, Nick. Buddy i-a scos pe băieţi în oraş – şi n-are rost să te alarmezi, Izzy n-a păţit nimic.

Nick oftă, dându-şi seama abia acum cât de încordat fusese.

– Nu-ţi pasă că am întârziat şi mă informezi că Izzy n-a păţit nimic? Ceva nu-i în regulă.

Lurlene îşi coborî vocea, şoptind dramatic:

– De fapt te-am sunat să bârfim puţin. Ceva foarte interesant.

– Dumnezeule mare, Lurl, nu-mi pasă nici cât negru sub unghie...

– Azi m-am întâlnit cu o veche prietenă de-a ta – de *asta* îţi pasă, nu? Şi află că nu era deloc cum m-am aşteptat. Când a auzit că tu şi Kath... ah! N-am vrut s-o pomenesc şi pe ea, îmi pare rău... În orice caz, a fost foarte dulce cu mine. N-aş fi ghicit niciodată că e o bogătaşă. Era o femeie obişnuită şi atât. Ca don'şoara Sissy Spacek. Am văzut-o la *Oprah* zilele trecute şi n-aş fi zis niciodată că nu e un om de rând, ca mine şi ca tine.

Nick încerca să urmărească firul conversației, dar simțea deja că atenția îi scapă de sub control.

– Ai văzut-o pe Sissy Spacek? Asta-i bârfa?

Râsul muzical al lui Lurlene urcă și coborî ca o gamă.

– Prostuțule, *bineînțeles* că nu! Suntem în Mystic, nu în Aspen. Vorbesc de Annie Bourne. S-a întors în oraș să-și viziteze tatăl.

Nick crezu că nu auzise bine.

– Annie Bourne s-a întors în oraș?

Lurlene turui în continuare despre coafuri și pulovere din cașmir și diamante cât bobul de strugure, însă Nick nu mai reuși să se concentreze. *Annie Bourne.* Mormăi ceva – habar n-avea ce – și închise.

Dumnezeule, Annie Bourne! Nu mai trecuse pe-acasă de ani de zile; știa asta deoarece Kathy așteptase degeaba ca vechea ei prietenă să-i mai dea un telefon din când în când.

Navigând printre resturile din sufragerie, Nick merse și luă o fotografie înrămată de pe șemineu. Era o fotografie pe care o vedea în fiecare zi, dar nu o mai privise de ani de zile. Culorile începuseră să pălească, dar încă se mai vedeau toți trei, în ultimele zile de vară dinaintea clasei a douăsprezecea. Annie, Kathy și Nick. Cei trei muschetari.

Nick era la mijloc, ținându-le pe după umeri pe amândouă. Părea tânăr, fericit și fără griji – cu totul altul față de băiatul care dormise într-o mașină înghesuită și murdară cu doar câteva luni în urmă. În acea vară perfectă, când avusese parte în sfârșit de elixirul dulce ca mierea al unei „vieți normale", pricepuse în sfârșit ce însemna să ai prieteni și să *fii* prietenul cuiva. Și se îndrăgostise.

Poza fusese făcută într-o după-amiază târzie, cu cerul albastru și senin. Petrecuseră întreaga zi pe lac, râzând și țipând și sărind de pe stânci în apa adâncă. Era ziua în care Nick înțelesese pentru prima oară că trebuia să lămurească lucrurile, că mai devreme sau mai târziu trebuia să aleagă între cele două fete pe care le iubea.

Nu se îndoise nici o clipă cine era aleasa. Annie trimisese deja o cerere de înscriere către Stanford şi, cu notele ei, cu toţii ştiau că avea să fie admisă. Annie avea să reuşească în lume. Nu şi Kathy. Kathy era o fată liniştită, provincială, puţin melancolică uneori... o fată care avea neapărată nevoie să fie ocrotită şi iubită.

Încă îşi amintea ce-i spusese lui Annie în acea zi. Ştia ce voia, mai ales după viaţa trăită alături de mama lui: stabilitate și respect. Voia să ajute oamenii cu ceva. Voia să facă parte dintr-un sistem de lege şi ordine care să nu ignore moartea unei mame tinere care trăia singură într-o maşină.

Îi spusese lui Annie că visa să ajungă poliţist în Mystic.

„O, nu, Nicky, şoptise ea, rostogolindu-se pe pătură ca să-l privească în ochi. Poţi face mult mai mult de-atât. Dacă vrei să lucrezi în sistemul judiciar, ţinteşte mai sus... mai sus... ai putea fi judecător la Curtea Supremă, senator chiar."

Îl rănise fără să vrea cu vorbele ei liniştite, dar care îi condamnau visul din start.

„Nu vreau să fiu judecător la Curtea Supremă."

Annie râsese – acel râs liniştit, muzical, care îi făcea inima să tremure de fiecare dată.

„Trebuie să ţinteşti mai sus, Nicky. Încă nu ştii ce vrei. După ce începi facultatea..."

„Nu vreau să mă duc la facultate, geniu mic ce eşti. N-am cum să primesc o bursă, aşa ca tine."

Îi văzuse în privire conştientizarea faptului că nu voiau acelaşi lucru, şi că el n-avea să se ridice niciodată la nivelul ei. Nu avea curajul să se agaţe de visuri mari. Nu voia decât să-şi ajute semenii, să le fie de folos. Asta era tot ce ştia. Nu era în stare de mai mult.

Dar Annie nu înţelegea asta. Cum ar fi putut? Habar n-avea prin ce porcării trecuse.

„Oh", atât spusese, dar acel singur cuvânt sugera că nu mai era aşa sigură pe ea. Rămăseseră întinşi unul lângă altul pe pătura verde, aspră, privind cerul, cu trupurile apropiate, gata să se atingă.

Lucrurile fuseseră atât de simple atunci. O iubea pe Annie... dar Kathy avea nevoie de el, lucru care îl atrăgea atât de mult la ea.

Cu doar câteva luni înainte de absolvire, Nick o ceruse în căsătorie pe Kathy. Oricum nu mai conta, fiindcă Annie știa deja ce urma să facă. După logodnă încercaseră să rămână prieteni, dar, încet și sigur, începuseră să se îndepărteze. Grupul lor se transformase în Nick-și-Kathy, cu Annie pe lângă. Când Annie plecase la facultate, promițând cu cerul și cu pământul că aveau să păstreze legătura, Nick știuse că prietenia lor nu mai avea cum să dureze o viață, că se terminase cu cei trei muschetari.

Era deja aproape nouă și jumătate când se întoarse de la Lurlene. Trecuse de mult ora la care un copil de șase ani trebuia să se culce, dar Nick nu se simțea în stare să o trimită direct în pat.

Izzy se așeză turcește în fața șemineului întunecat și rece. Era locul ei favorit. Sau, mai degrabă, fusese locul ei favorit odată, când flăcările o încălzeau din spate, mângâind-o cu căldura lor. Își ținea la piept cu o singură mână păpușa de cârpe, Domnișoara Jemmie. Nu putea face mai mult de când începuse să „dispară". Tăcerea din cameră era omniprezentă și copleșitoare, la fel ca și praful care acoperea toată mobila.

Nick se simțea teribil de neajutorat. Încercă de câteva ori să înceapă o conversație cu fiica lui, dar cuvintele lui se rostogoliră în abisul fără fund al tăcerii lui Izzy.

– Îmi pare rău pentru ce s-a întâmplat la școală, scumpa mea, spuse stângaci.

Izzy își ridică privirea. În ochii ei căprui nu se mai vedea nici o lacrimă. Erau prea mari pentru fețișoara ei mică, palidă.

Nick își dădu imediat seama că nu spusese ce trebuie. Nu-i părea rău doar pentru ce se întâmplase la școală, ci pentru tot. Pentru viață, pentru moarte, pentru anii în care fusese un tată distant și o dezamăgise și decăzuse atât de mult. Dar în primul rând îi părea rău, atât de rău, că dăduse greş şi că nu ştia încotro mai putea să o apuce.

Se ridică încet şi merse la fereastră. O rază de lună dansa pe suprafaţa întunecată a lacului Mystic, iar becul slab de pe verandă lumina cele două balansoare care nu mai fuseseră folosite de luni întregi. Apa de ploaie se rostogolea de pe acoperiş în dâre argintii, lovind cu zgomot treptele de lemn.

Ştia că Izzy îl urmărea cu atenţie, aşteptându-i îngrijorată următoarea mişcare. Era un sentiment pe care îl cunoştea şi el atât de bine. De câte ori nu aşteptase şi el, ţinându-şi răsuflarea, să vadă ce avea să mai facă mama lui? Ştia şi el durerea din coşul pieptului, o durere care îţi tăia respiraţia şi te lăsa neputincios.

Închise ochii. O amintire se ridică nechemată din adâncurile memoriei, acompaniată de sunetul ritmic al picăturilor de ploaie lovind scândurile de la intrare. Ritmul îi amintea de o altă zi, cu mult timp în urmă, când alte picături de ploaie loviseră acoperişul ruginit al vechii maşini Impala în care stăteau el şi mama lui...

Avea cincisprezece ani. Era un băiat înalt, liniştit, care ţinea mult prea multe secrete. Stătea la colţul străzii, aşteptând să vină mama lui şi să-l ia de la şcoală. Copiii care treceau pe lângă el vorbeau şi râdeau, ca un miriapod cu blugi şi ghiozdane şi tricouri viu colorate. Îi urmări cu invidie cum se urcau în autobuzele galbene care îi aşteptau pe marginea drumului, în şir.

Când ultimul autobuz plecă în sfârşit spre cartiere pe care Nick nu le mai văzuse niciodată, huruind şi scuipând fum, curtea din faţa şcolii deveni pustie şi tăcută. Cerul plumburiu plângea. Maşinile treceau pe lângă el în viteză, abia văzându-se printre picăturile de ploaie. Nici un şofer nu se sinchisea de băiatul brunet, slăbuţ, purtând blugi peticiţi şi un tricou alb.

Era atât de frig, Dumnezeule... Îşi amintea şi acum cât de frig îi fusese. Nu aveau bani să-i cumpere o geacă de iarnă. Pielea i se făcuse ca de găină. Mâinile îi tremurau.

„Haide, mamă." Se ruga din nou și din nou, însă de mult își pierduse orice speranță.

Ura să o aștepte pe mama lui. Stătea singur, cu bărbia în piept, încercând să se încălzească, și se simțea cuprins de îndoieli. Cât de beată era de data asta? Avea să-și amintească oare cât de mult îl iubea? Sau avea să se transforme iarăși într-o nebună care urla, mergea împleticit și își ura crunt singurul copil? În ultimul timp nu avea parte decât de nebunie. Mama lui nu se mai gândea decât la toate lucrurile pe care le pierduse. Se plângea că ajutorul social nu putea fi folosit pentru băutură și bocea că ajunseseră să locuiască în mașină. Mai aveau un pas până să ajungă oameni ai străzii.

Nick reușea întotdeauna să-și dea seama imediat în ce toane era. Dacă era palidă, cu fața murdară, nu zâmbea, avea ochii înlăcrimați și privirea confuză, atunci găsise undeva o sticlă plină. Deși căuta în fiecare zi prin toată mașina sticle de băutură, așa cum alți copii căutau ouăle de Paște, știa că n-o putea opri să bea.

Începu să se legene de pe un picior pe altul, încercând cumva să se încălzească, dar ploaia îl lovea în continuare, îi curgea în șuvoaie înghețate pe spate. „Haide, mamă."

Însă mama lui nu mai venise în ziua aceea, și nici în ziua următoare. Rătăcise prin cartierele rău-famate din Seattle toată noaptea, iar în cele din urmă adormise la intrarea plină de gunoaie a unui restaurant chinezesc. Dimineață își clătise gura și mâncase o pungă de prăjituri cu răvaș pe care cineva o aruncase la gunoi, apoi pornise spre școală.

La ora prânzului veniseră doi polițiști, doi bărbați încruntați, în uniforme albastre, și îi spuseseră că mama lui fusese înjunghiată. Nu-i spuseseră ce făcea în momentul crimei, dar Nick știa. Încercase să-și vândă trupul plăpând și murdar pentru o sticluță de gin. Polițiștii îi spuseseră că nu aveau nici un suspect, lucru care nu era deloc de mirare. Doar lui Nick îi păsase de mama lui când era în viață; acum că murise, nimeni nu avea să deplângă încă o slăbănoagă fără adăpost care îmbătrânise înainte de vreme de la băutură și fusese abandonată de toți.

Îngropase amintirea laolaltă cu celelalte dezamăgiri de care avusese parte. Își dorea să poată uita, însă trecutul se apropia cu pași repezi. De când murise Kathy, amintirile îl hărțuiau iar și iar.

Oftă sfârșit, apoi se întoarse și își privi fiica tăcută.

– Este ora de culcare, spuse blând, încercând să uite că nu de mult Izzy ar fi protestat vehement dacă ar fi fost trimisă la culcare fără să petreacă deloc timp „în familie".

Dar de data asta fiica lui se ridică în picioare, ținându-și păpușa cu cele două degete „vizibile" de la mâna dreaptă, și se îndepărtă. Urcă scările încet, fără să privească în urmă. Treptele scârțâiră sub pașii ei, iar Nick simți fiecare sunet ca pe o lovitură. Ce naiba avea să facă acum că Izzy nu mai mergea la școală? Nu avea pe nimeni care să aibă grijă de ea. Nu-și putea lua liber de la muncă, iar Lurlene își avea viața ei.

Ce naiba avea să facă acum?

Noaptea, Annie se ridică de două ori din pat și începu să se plimbe prin cameră. Moartea lui Kathy îi reamintise cât de prețios era timpul, cât de trecător era totul. Uneori, viața îți răpea bunele intenții și nu-ți mai acorda o a doua șansă de a spune ce conta cu adevărat.

Nu voia să se gândească la soțul ei – „O iubesc, Annie" – dar gândurile erau totuși acolo, în aerul din jur, luminând bezna ca niște fulgere fierbinți. Își contemplă fața în oglindă, studiindu-și noua tunsoare, încercând să-și dea seama cine era și unde îi era locul. Se privi până imaginea începu să să se schimonosească și să-și piardă culoarea, până când ajunse să se piardă în reflexia distorsionată a unei femei pe care nu o cunoscuse nicicând.

Fără Blake, nu-i mai rămânea nimeni care să fi fost martor la ultimii douăzeci de ani din viața ei. Doar Hank, care își amintea cum fusese fiica lui la douăzeci şi cinci sau la treizeci de ani. Nimeni altcineva căruia să-i împărtăşească visurile ei pierdute.

„Termină“, îşi zise.

Se uită la ceasul de pe noptieră. Era ora şase dimineaţa. Se aşeză pe marginea patului, luă telefonul şi formă numărul lui Natalie, dar fiica ei plecase deja de-acasă. Apoi îşi încercă norocul cu Terri.

Aceasta răspunse la al cincilea apel, mârâind:

– Sper că e ceva important.

– Scuze, sunt doar eu, râse Annie. E prea devreme?

– Nu, nu. Chiar voiam să mă trezesc înaintea lui Dumnezeu. Totul e în regulă?

Annie nu ştia dacă lucrurile aveau să mai fie vreodată în regulă, dar se plictisise să dea acelaşi răspuns.

– Mă descurc.

– Dacă e să mă iau după ora la care mă suni, aş zice că n-ai dormit bine.

– Nu prea.

– Mda, şi eu am plâns şi m-am fâţâit prin cameră vreo trei luni după ce Rom-cel-împuţit m-a părăsit. Trebuie să-ţi găseşti ceva de făcut.

– Sunt în Mystic. Nu prea am ce să fac. Presupun că aş putea încerca să fac opere de artă cu doze de bere. Aparent, chestiile alea se vând foarte bine aici. Sau eventual să vânez cu arcul şi săgeţile şi să-mi împăiez trofeele.

– Mă bucur să te aud râzând.

– Mai bine decât să plâng.

– Serios, Annie. Trebuie să-ţi găseşti ceva de făcut. Ceva care să te scoată din pat – sau să te vâre în patul altcuiva. Încearcă să mergi la cumpărături. Ia-ţi nişte haine noi. Fă o schimbare de look, ceva.

Annie îşi frecă părul tuns.

– O, dar m-am schimbat deja. Arăt ca un Rush Limbaugh anorexic.

Pălăvrăgiră vreo jumătate de oră. După ce închise telefonul, Annie nu se simţea neapărat mai puternică, dar oricum se simţea mai bine. Se ridică din pat şi făcu un duş lung şi fierbinte. Se îmbrăcă într-un pulover de cașmir alb cu guler larg și pantaloni albi de lână, după care merse jos și îi pregăti lui Hank un mic dejun cu omletă, suc de portocale, clătite și șuncă de curcan. În curând, aroma îl atrase jos și pe tatăl ei.

Acesta intră în bucătărie, strângându-și cordonul halatului lung. Își scărpină barba albă și neîngrijită și îi aruncă o privire.

– Te-ai trezit. Ai de gând să faci câte ceva, sau bântui pe-aici așteptând să te apuce iar durerea de cap?

Întrebarea atât de pătrunzătoare îi reaminti lui Annie că și tatăl ei trecuse printr-o tragedie și cunoștea îndeaproape ce înseamnă o depresie. Scoase două farfurii de porțelan din vechiul bufet de stejar și așeză masa pentru două persoane.

– Viața merge mai departe, tată. Începând de aici, acum. Stai jos.

Hank își trase un scaun. Picioarele de lemn scoaseră un sunet aspru pe linoleumul galben.

– Nu sunt sigur că e cine știe ce progres să-mi dai de mâncare.

Ea zâmbi strâmb și se așeză de cealaltă parte a mesei.

– De fapt, mă gândeam să plec la cumpărături.

Hank luă o îmbucătură de omletă între degete.

– În Mystic? Nu prea o să găsești mare lucru, decât dacă vrei cea mai bună momeală de pescuit din oțel.

Annie își plecă privirea. Voia să mănânce – chiar voia –, dar îi făcea greață până și să se uite la mâncare. Spera că tatăl ei nu observase, totuși.

– Mă gândeam să încep cu niște cărți. Cred că e o ocazie bună să mai citesc câte ceva. La naiba, aș putea să citesc *Moby Dick* în timpul liber. În plus, hainele pe care le-am adus cu mine nu prea se potrivesc aici.

– Într-adevăr, nu prea e practic să te îmbraci în alb în Țara Noroiului. Hank turnă ketchup în farfurie, lângă omletă, și își puse piper. Apoi luă furculița în mână și își privi fiica. Era clar că se străduia din răsputeri să nu zâmbească. Bravo ție, Annie Virginia. Apoi repetă mai încet: Bravo ție.

*

Mystic părea să se bucure de soarele strălucitor de primăvară. Orașul era plin de lume: fermieri, casnice și pescari se plimbau în sus și în jos pe trotuare, grăbindu-se să-și termine treburile cât timp norii erau încă împrăștiați și cerul era de un albastru palid. Cu toții știau că aceiași nori puteau să se strângă în orice clipă, ca bătăușii din curtea școlii, și să dea drumul unei ploi torențiale prin care n-ar fi putut zbura nici măcar un vultur.

Annie se plimba pe Main Street, uitându-se în vitrinele magazinelor. De câteva ori intră prin câte o ușă pe jumătate deschisă. În mod invariabil auzi un clopoțel sunând deasupra și o voce salutând-o cu: „Bună-ziua, doamnă. Zi faină, nu-i așa?" Își cumpără o cafea mocha latte dublă pe care o sorbi apoi din mers.

Trecu pe lângă magazine care vindeau diverse suvenire pentru turiști, unelte, pânzeturi și instrumente de pescuit. Dar nu găsi nici o librărie. De la farmacia H&P cumpără ultimul bestseller al lui Pat Conroy, dar nu găsi nimic altceva care să o intereseze. Nu prea avea de unde alege. Păcat, fiindcă i-ar fi trebuit un manual de supraviețuire.

În cele din urmă ajunse în fața Distinsului Magazin de Rochii al lui Eve. Din vitrină o privea un manechin zâmbitor, îmbrăcat într-o pelerină de ploaie de un galben strident și cu o pălărie din același material. De brațul manechinului, îndoit într-un unghi ciudat, atârna o plăcuță pe care scria: „Vine, vine primăvara". La picioarele ei erau câteva stropitori în care cineva aranjase niște flori artificiale. O greblă era sprijinită de perete.

Intră, iar un clopoțel îi anunță sosirea.

De undeva se auzi vocea ascuțită a unei femei:

– Nu se *poate!*

Annie o căută din priviri pe posesoarea vocii. Molly Block, fosta ei profesoară de engleză din liceu, se năpusti printre umerașele răspândite prin magazin, fluturându-și brațele cărnoase.

– Annie? întrebă zâmbind. Annie Bourne, tu ești?

– Eu sunt, doamnă Block. Ce mai faceți?

Molly își înfipse mâinile în șolduri.

– Doamna Block? Nu mă face să mă simt așa bătrână. Eram o *copilă* când am predat la clasa voastră. Zâmbi din nou și își împinse pe nas ochelarii cu rame de sârmă. E fantastic să te văd din nou. Au trecut ani de zile.

– Și eu mă bucur să te văd, Molly.

– Ce te aduce prin părțile astea de lume? Credeam că te-ai măritat cu un avocat baban și trăiești viața adevărată în smogul din California.

– Lucrurile se mai și schimbă, presupun, oftă Annie.

Molly își înclină capul spre stânga și o studie cu multă atenție.

– Arăți bine. Aș da orice să pot să arăt la fel de bine cu tunsoarea ta, dar părul meu s-ar umfla ca un balon cu heliu. Să știi însă că puloverul de cașmir alb n-o să te țină prea mult aici. E suficientă o singură furtună și o să crezi că te-ai îmbrăcat cu un iepure mort de dimineață.

– Ăsta-i adevărul, râse Annie.

– Vino cu mine, o îndemnă cealaltă.

O oră mai târziu, Annie se proțăpi în fața oglinzii. Purta o pereche de blugi la nouăsprezece dolari (ca să vezi, încă se mai făceau blugi la asemenea prețuri!), șosete de bumbac și pantofi de tenis, plus un hanorac cu însemnul Universității din Washington într-o nuanță practică de gri.

Hainele o făceau să se simtă alt om. Nu mai arăta ca în-curând-fosta-soție de treizeci și nouă de ani a unui avocat barosan din California, ci mai degrabă ca o femeie obișnuită din provincie care își petrecea timpul vopsind veranda și dând de mâncare la cai. O femeie care avea o viață a ei. Pentru prima oară simți că îi plăcea, oarecum, noua ei tunsoare.

– Ți se potrivesc, declară Molly, încrucișându-și brațele grăsuțe și dând aprobator din cap. Arăți ca o adolescentă.

– Atunci le cumpăr pe toate.

Molly sporovăi despre viața din Mystic în timp ce îi pregătea bonul de casă – cine se culca cu cine, cine dăduse faliment din cauza fiascoului cu bufnițele pestrițe, cine candida pentru un post în consiliul local.

Annie privi pe fereastră, ascultând bârfele pe jumătate. Nu se putea concentra. Cuvintele lui Lurlene îi dădeau târcoale, se întorceau iar și iar. „Kathy a murit acum opt luni". Se întoarse înapoi spre Molly.

– Am auzit... de Kathy Johnson... Delacroix.

Molly ezită, trăgând de o etichetă la întâmplare.

– A fost mare păcat. Erați prieteni așa de buni în liceu! Zâmbi cu tristețe. Țin minte când tu, Nick și Kathy ați pregătit sceneta aia pentru concursul de talente – ați cântat un cântec ridicol din *Pacificul de Sud*, Nicky s-a îmbrăcat cu sutienul din nucă de cocos și când ați ajuns la jumătate râdeați așa de tare că n-ați mai fost în stare să continuați.

– Îmi amintesc, spuse încet Annie, întrebându-se cum de uitase cu totul până atunci. Cum se descurcă Nick de când... știi tu?

Nu reuși să rostească acele cuvinte.

Molly țâțâi și tăie eticheta blugilor cu foarfeca.

– Nu știu. Patrulează, își vede de slujbă, bănuiesc – știi că e polițist, nu? Nu l-am mai văzut să zâmbească, iar fata lui are ceva probleme, din câte am auzit. Pun pariu că le-ar prinde bine o vizită de la o veche prietenă.

Annie plăti, îi mulțumi lui Molly pentru ajutor și își duse cumpărăturile la mașină. Apoi se așeză în scaunul șoferului și rămase așa o vreme, gândindu-se, amintindu-și.

N-ar fi trebuit să meargă la el sau, oricum, nu dintr-un impuls de moment. Știa asta. Trebuia să se gândească înainte. Nu era corect să reintre așa în viața unui străin, fiindcă asta era Nick pentru ea: un străin. Nu se mai văzuseră de ani de zile.

În plus, și ea era rănită, îndurerată. Cu ce i-ar fi putut fi de folos unui bărbat care își pierduse soția?

Avea totuși să-l viziteze. Știuse asta, probabil, din clipa în care Lurlene îi pomenise numele pentru prima oară. Era inevitabil. Nu conta că n-avea nici o logică. Poate că nici nu-și mai aducea aminte de ea; nici asta nu conta. Nu conta decât că fuseseră cei mai buni prieteni la un moment dat, așa cum Kathy îi fusese și ea cea mai bună prietenă. Și că pur și simplu nu avea unde să se ducă în altă parte.

Începea deja să se întunece când reuși să-și adune curajul. Drumul care ducea spre casa Beauregard era ca o panglică șerpuitoare mărginită de copaci seculari între care crescuseră tufe sălbatice. Din când în când, pădurea deasă lăsa să se întrevadă câte o sclipire argintie a lacului de dincolo. Ultimele raze cenușii ale soarelui se strecurau ca o pâclă printre crengile groase și acoperite de mușchi.

Nu ploua, dar pe parbriz începuseră să se formeze mici picături de rouă. În ținutul celor zece mii de cascade, umezeala din aer era ceva la ordinea zilei și lacurile pulsau liniștit în nuanța de acvamarin a gheții dinspre nord. Câteva, cum era și lacul Mystic, erau așa de adânci în unele locuri că nici acum nu li se găsise fundul, și atât de izolate că uneori, dacă aveai noroc, puteai să vezi chiar o pereche de lebede albe în migrație. Știau și ele că erau în siguranță acolo, în acele cotloane ferite.

Drumul se răsuci iar și iar, până când se deschise în sfârșit într-o alee circulară, neasfaltată. Annie parcă lângă mașina de poliție care era acolo, opri motorul și studie casa veche și frumoasă, construită cu aproape o sută de ani în urmă, când pădurile erau dese și de neclintit și meșterii cioplitori finisaseră fiecare detaliu cu migală și mândrie. Undeva, în depărtare, se auzea și zgomotul ca de tunet al marelui râu Quinault. Annie știa că era perioada în care râul se umfla, gata-gata să-și iasă din matcă, și apele lui învolburate se fugăreau înspre țărmurile îndepărtate ale Oceanului Pacific.

O ceață palidă, aurie, ascundea pe jumătate casa, purtată de curenții invizibili de aer care adiau dinspre lac. Aburul se târa sinistru pe treptele văruite ale verandei, se încolăcea în jurul stâlpilor sculptați.

Annie își aminti o altă noapte, o noapte în care văzuse aceeași casă la lumina stelelor. Atunci nu locuia nimeni acolo; toate ferestrele erau sparte, iar în cioburile rămase se reflectau și umbrele, și razele palide ale lunii. Ea și Nick își lăsaseră bicicletele pe malul lacului și ridicaseră privirile spre clădirea mare, goală.

„Casa asta o să fie a mea într-o zi“, spusese Nick, băgându-și mâinile adânc în buzunare.

Apoi se întorsese spre ea cu chipul lui frumos, umbrit de razele lunii. Annie nu se aștepta la sărutul care urmase. Nu era deloc pregătită. Dar când buzele lui le atinseseră pe ale ei, timid, încet, ca atingerea unei aripi de fluture, începuse să plângă.

Nick se trăsese înapoi, încruntându-se. „Annie?“

Ea nu știa ce se întâmplase, de ce plângea. Se simțise atât de prostuță, atât de groaznic de naivă. Era primul ei sărut – și o dăduse în bară.

Apoi, Nick se întorsese cu spatele și se îndepărtase. Privise lacul multă vreme, cu brațele încrucișate și cu o expresie neutră pe chip. Annie încercase să se apropie, dar el se trăsese iarăși înapoi și mormăise ceva cum că trebuia să ajungă acasă. Fusese primul și ultimul sărut dintre ei.

Annie lăsă amintirea deoparte și se concentră asupra prezentului.

Nick și Kathy făcuseră lucrări de renovare; ferestrele erau noi și totul era vopsit în galben strălucitor. La geamuri se vedeau jaluzele de un verde crud, dar cu toate astea, casa părea... neîngrijită.

Glastrele cu lobelii și mușcate rămase din anul precedent erau nemișcate de luni de zile, iar plantele se transformaseră într-o încâlceală de tulpini maronii, ofilite. Iarba era mult prea înaltă și aleea începuse să fie cotropită de mușchi. O fântână murdară de ciment era răsturnată în mijlocul unor rododendroni gigantici.

Și totuși era una din cele mai frumoase case pe care le văzuse vreodată. Iarba proaspătă, de primăvară, era verde ca smaraldul și deasă ca blana de șinșila. Pornea din jurul casei și cobora în valuri blânde până pe malul lacului. Dincolo de acoperiş se zăreau câţiva nori imenşi, suspendaţi sub un cer de culoarea oţelului călit.

Annie îşi luă poşeta sub braţ şi traversă încet peluza, apoi urcă scările albe ale verandei. Se opri în faţa uşii de stejar, respiră adânc, apoi bătu.

Nu răspunse nimeni.

Era pe cale să se întoarcă la maşină când auzi zgomotul unor paşi care se apropiau încet. Brusc, uşa se deschise şi se trezi faţă în faţă cu Nick.

L-ar fi recunoscut oriunde. Era la fel de înalt cum şi-l amintea, peste un metru optzeci, dar timpul îi mai răpise din musculatura masivă, atletică. Nu purta tricou. Muşchii bine sculptaţi ai abdomenului dispăreau într-o pereche de blugi Levi's decoloraţi şi cu cel puţin două numere prea mari. Arăta la fel de puternic şi de rezistent ca pielea tăbăcită. Chipul lui era palid, emaciat, plin de riduri. Părul era încurcat şi crescuse mult prea lung. Trecerea timpului, sau poate doliul, îi răpise toată culoarea din obraji şi le lăsase nuanţa unei monede luminate de soare.

Dar privirea ei fu atrasă inexorabil de ochii lui – ochi de un albastru straniu, ca apa dintr-o piscină – şi rămase acolo. Nick o studie cu atenţia pentru detalii specifică unui poliţist. Nu rată nici tunsoarea nou-nouţă şi băieţească, nici hainele abia cumpărate, potrivite pentru un orăşel de provincie, nici diamantul de mărimea unui Buick pe care îl purta la mâna stângă.

– Annie Bourne, spuse, fără să zâmbească. Lurlene mi-a zis că te-ai întors în oraş.

Se lăsă o tăcere stânjenită. Annie se străduia din răsputeri să găsească introducerea adecvată. Se legănă dintr-o parte în alta.

– Îmi... îmi pare rău pentru Kathy.

El păru să se ofilească puţin sub greutatea acelor vorbe.

– Da. Şi mie la fel.

– Ştiu cât de mult ai iubit-o.

Nick păru gata să spună ceva. Annie aşteptă, aplecată puţin în faţă, dar până la urmă el nu mai spuse nimic, ci îşi lăsă doar capul pe o parte şi împinse uşa mai mult.

Îl urmă în casă. Era întuneric, iar focul din cămin nu mai fusese aprins de mult. În aer se simţea un miros vag de mucegai.

De undeva se auzi un clic şi camera fu inundată de o lumină albă, strălucitoare, de la o lampă fără abajur. Becul era atât de puternic, încât Annie nu mai văzu nimic o clipă. Treptat însă, ochii i se adaptară.

Sufrageria arăta de parcă fusese bombardată recent. La baza canapelei se vedea o sticlă de whisky sau scotch, pe a cărei buză atârna încă o picătură de alcool. Podeaua era presărată cu cutii deschise de pizza. Hainele erau aruncate în grămezi ici şi colo sau întinse pe spătarele scaunelor. O cămaşă albastră de poliţist, şifonată, era întinsă peste ecranul televizorului.

– Nu prea mai stau pe acasă, explică Nick, mai mult ca să spargă tăcerea. Apoi se aplecă, luă o cămaşă decolorată de pe jos şi se îmbrăcă.

Annie aşteptă în zadar ca el să mai spună ceva. Ca să-şi umple timpul, privi în jur. Sufrageria era spaţioasă, cu podeaua din scânduri frumoase de stejar, dominată de un şemineu imens de cărămidă înnegrită de funingine şi de vreme. Cele câteva mobile – o canapea de piele decolorată, o măsuţă dintr-un trunchi de copac, un fotoliu cu suport pentru picioare – erau aranjate la întâmplare şi acoperite cu un strat fin de praf. O arcadă de piatră ducea către sufragerie, în care se întrezăreau o masă ovală şi patru scaune risipite pe care erau aşezate perne roşii şi albe. Annie presupuse că uşa închisă ducea către bucătărie. Spre stânga, o scară din lemn de stejar lipită de peretele tapetat în culori vii ducea către etaj. Nu se întrezărea nici o lumină sus.

Simţi că Nick o scruta; neliniştită, culese o scamă invizibilă de pe mâneca bluzei şi se gândi ce-ar fi putut spune.

– Am auzit că ai o fiică.

– Izzy. Isabella. Are şase ani.

Annie îşi prinse mâinile în faţă ca să nu se mai joace cu degetele. Privirea îi căzu pe o fotografie de pe marginea şemineului. Se strecură printre gunoaiele de pe podea şi o atinse.

– Cei trei muschetari, spuse zâmbind. Nu-mi amintesc când am făcut poza asta...

Pierdută în amintirile ei, auzi doar vag paşii lui care se îndepărtau. O clipă mai târziu, Nick se întorsese deja. Veni până în spatele ei, atât de aproape că îi simţea respiraţia pe ceafă.

– Vrei să bei ceva?

Annie se răsuci şi dădu nas în nas cu el; ţinea în mână o sticlă de vin şi două pahare. Rămase uimită o clipă, apoi îşi aminti că erau amândoi adulţi şi nu era nimic neobişnuit în a oferi un pahar de vin unui oaspete.

– Mi-ar prinde bine o băutură, mulţumesc. Unde este fiica ta? Pot să o cunosc?

Privirea lui Nick deveni de nedesluşit o clipă.

– În seara asta stă cu Lurlene. Au plecat să vadă un desen animat la teatrul Rose cu nepoatele lui Buddy. Hai să mergem pe malul lacului.

Luă o pătură de pe canapea şi o conduse afară. Se aşezară amândoi pe pătură, atenţi să nu stea prea aproape unul de celălalt.

Annie sorbi din paharul de vin pe care Nick i-l oferise. Apusul se strecura în tăcere printre vârfurile copacilor, pictând cerul cu dâre roşii ca sângele. Luna se ridică încet, aşternând un văl alb-albăstriu peste oglinda întunecată a lacului. Amintirile începură să înoate în aer, să se cearnă în jurul lor ca o ploaie măruntă. Annie îşi amintea cât de uşoară fusese viaţa lor odată, când ea şi Nick stăteau alături la meciuri, urmărind-o pe Kathy cu echipa ei de majorete, iar după ce se termina totul se strecurau într-o cabină de vinil şi mâncau hamburgeri unsuroşi şi cartofi prăjiţi. Ştiau cum să-şi vorbească unul altuia – nu-şi mai amintea despre ce – dar cândva, demult, crezuse că îi putea spune totul.

Iar acum, cu atâţia ani mai târziu, după ce drumurile vieţii lor se despărţiseră, nu mai era în stare să ţeasă nici o conversaţie cu singurul fir pe care îl avea.

Oftă şi mai sorbi nişte vin. Ştia că bea mai repede şi mai mult decât trebuia, dar o ajuta să-şi diminueze stânjeneala. Câteva stele apăruseră pe cer, picături de lumină clipind printre fâşiile roşii şi violet.

Nu mai putea îndura tăcerea.

– E frumos...

– Uite, stele...

Amândoi vorbiseră în acelaşi timp. Annie râse.

– Când n-ai ce spune, vorbeşte despre vreme sau despre peisaj.

– Putem să ne descurcăm mai bine de atât. La naiba, viaţa e prea scurtă ca să o pierzi vorbind aiurea!

Se întoarse spre ea, iar Annie văzu reţeaua de linii fine care îi înconjura ochii albaştri. Arăta obosit, trist şi singur, atât de singur. Singurătatea, asta era; asta o făcea să simtă că erau parteneri într-un fel, amândoi victime ale aceluiaşi război. Aşa că lăsă deoparte vorbele fără noimă, uită de mina cu comori ascunse a amintirilor din adolescenţă şi se aruncă direct într-o discuţie intimă:

– Cum a murit Kathy?

Nick sorbi vinul care mai rămăsese într-o singură înghiţitură şi îşi umplu din nou paharul. Lichidul auriu, strălucitor, ajunse până la buza de sticlă, apoi se vărsă şi îi pătă marginea pantalonilor.

– Kathy s-a sinucis.

capitolul 7

Annie rămase cu privirea pierdută, prea şocată ca să poată găsi imediat un răspuns.

– Îmi...

Nu reuşi să spună cuvintele consacrate „Îmi pare rău". Ar fi fost prea goale, obscen de previzibile. Luă o înghiţitură uriaşă de vin.

Nick nu părea să-și dea seama că nu răspunsese – sau poate, dimpotrivă, era recunoscător pentru asta. Își lăsă privirea să rătăcească în depărtare, peste suprafața lacului.

– Ții minte cât de melancolică era? În liceu era deja pe marginea prăpastiei... toată viața o trăise așa... și nici unul din noi nu știa. Cel puțin, *eu* nu știam... până când lucrurile au început să se înrăutățească. Pe măsură ce înainta în vârstă, boala i s-a agravat. Termenul tehnic era „sindrom maniaco-depresiv". Primele episoade au început după ce a împlinit douăzeci de ani, la nici șase luni după ce părinții ei au murit într-un accident de mașină. În unele zile se trezea binedispusă, apoi se întâmpla câte ceva... și dintr-odată izbucnea în plâns și se închidea în dulap. De multe ori nu-și lua medicamentele pentru că spunea că o fac să se simtă ca și când respira jeleu. Vocea lui Nick se frânse. Sorbi din pahar și urmă: Într-o zi m-am întors de la serviciu mai devreme și am găsit-o în baie, plângând și lovindu-se cu capul de perete. S-a întors spre mine cu fața plină de lacrimi și de sânge și mi-a spus pe cel mai firesc ton din lume: „Bună, iubitule. Vrei să-ți fac ceva de mâncare?" Am cumpărat casa asta ca s-o fac fericită. Speram că o să o ajute, poate, să-și amintească viața noastră de dinainte. M-am gândit... că dacă pot să-i ofer un cămin, un loc unde să se simtă în siguranță, unde să ne putem crește copiii, totul o să fie în regulă. Doamne, n-am vrut decât să o ajut... Vocea lui se frânse din nou, și iarăși bău niște vin. Chiar a mers, o vreme. Am dat tot ce aveam mai bun în casa asta veche, trup și suflet și economii de-o viață. Apoi, Kathy a rămas însărcinată. După ce s-a născut Izzy, Kathy a fost ceva mai bine o vreme. Își lua medicamentele și încerca... se străduia atât de mult, dar pur și simplu nu era în stare să facă față unui copil. A început să urască și casa – încălzirea care nu merge mai deloc, țevile care pocnesc. Acum un an a renunțat la medicamente pentru ultima oară... și atunci a început iadul. Termină al doilea pahar și își mai turnă încă unul, apoi murmură clătinând din cap: Şi tot nu mi-am dat seama ce voia să facă.

Annie nu mai voia să asculte.

– Nick, nu trebuie să...

– Într-o noapte m-am întors de la serviciu cu o cutie de îngheţată Butter Brickle şi un film pe care să-l vedem amândoi şi am găsit-o. Se împuşcase în cap... cu pistolul meu.

Degetele lui Annie tresăriră convulsiv în jurul paharului.

– Nu e nevoie să mai vorbim despre ea.

– *Vreau* să vorbesc despre ea. Nimeni altcineva nu m-a mai întrebat. Nick închise ochii şi se lăsă pe coate. Kathy era ca o fată dintr-un basm – când se simţea bine, era foarte, foarte bună, dar când se simţea rău te făcea să-ţi doreşti să fii în Nebraska.

Annie se sprijini pe spate lângă el şi începu să caute stelele din priviri. Vinul o ameţise deja, dar era bine; cuvintele lui grele o dureau mai puţin acum.

Nick zâmbi obosit.

– Într-o zi mă iubea din tot sufletul, în altă zi nici măcar nu se uita la mine. Noaptea era cel mai rău. Uneori mă săruta, alteori se întorcea la perete. Dacă o atingeam cu un deget măcar, începea să ţipe la mine să o las în pace. Spunea tot felul de poveşti – că o băteam, că Izzy nu era fiica ei adevărată, că eu eram un impostor, un criminal cu sânge-rece care îi omorâse adevăratul soţ. Începuse să mă înnebunească *pe mine*. Pe măsură ce se îndepărta, eu încercam să mă apropii de ea. Ştiam că nu o ajut cu nimic, dar nu mă puteam opri. Mă tot gândeam că o să fie în regulă dacă o iubesc destul. Acum că nu mai e... nu pot să nu mă gândesc cât de egoist am fost, cât de naiv, cât de prost. Ar fi trebuit să-l ascult pe doctorul ăla şi să o internez undeva. Cel puţin ar mai fi în viaţă acum...

Fără să se gândească, Annie îi atinse uşor faţa.

– Nu e vina ta, Nick.

El îi aruncă o privire goală.

– Dacă soţia ta îşi zboară creierii în patul conjugal şi fata voastră e în cealaltă cameră, crede-mă, *ea* crede că e vina ta. Scoase un sunet înăbuşit, ca scâncetul unui căţel bătut. Doamne, cred că mă ura atât de mult...

– N-ai cum să crezi asta.

– Ba da. Ba nu. Uneori. Buzele lui tremurară. Şi partea cea mai rea este că... uneori, şi eu o uram. O uram pentru ce ne făcea mie şi lui Izzy. Începuse să semene din ce în ce mai mult cu mama... şi ştiam, undeva în adâncul fiinţei mele, că n-o să pot să o mai salvez. Poate că nici n-am mai încercat... Nu ştiu.

Durerea lui o atrăgea inexorabil spre el. Îl luă în braţe, mângâindu-l ca pe un copil.

– E în regulă, Nick...

Când se despărţiră în sfârşit, o privi cu ochii umezi.

– Şi mai e şi Izzy. Fetiţa mea. N-a scos o vorbă de luni întregi... şi acum crede că a început să dispară. Mai întâi a fost un singur deget de la mâna stângă, apoi degetul mare. După ce i-a dispărut toată mâna a început să poarte o mănuşă neagră şi nu a mai vorbit deloc. În ultimul timp am observat că nu mai foloseşte decât două degete de la mâna dreaptă – deci e convinsă probabil că şi cealaltă mână îi dispare. Dumnezeu ştie ce-o să facă dacă... Încercă să zâmbească. Annie îşi dădu seama cât se chinuia doar ca să poată vorbi normal, dar ultima lui rămăşiţă de stăpânire de sine dispăru. Ce pot să fac? Fetiţa mea de şase ani s-a ascuns sub pat într-o noapte pentru că a auzit un zgomot. A vrut să meargă la mămica ei, să o ţină în braţe. Slavă Domnului că nu s-a dus. Pentru că mămica ei îşi zburase creierii cu un pistol. Dacă Izzy ar fi mers în camera părinţilor în noaptea aia ar fi văzut bucăţele din mămica ei pe oglindă, pe tăblia patului, pe perne...

Lacrimile curgeau şuvoi pe obrajii lui nebărbieriţi.

Durerea lui Nick o trase şi pe Annie în vâltoare, amestecându-se cu durerea ei. Voia din tot sufletul să-i spună că totul avea să fie bine, că avea să treacă şi asta, dar cuvintele refuzau să iasă.

Nick o privi printre lacrimi. Îi atinse obrazul, apoi mâna lui alunecă mai jos, după ceafa ei. O trase mai aproape.

Acel moment avea să rămână în amintirea ei pentru totdeauna, cu mult după ce se hotăra să-l uite. Probabil avea să se întrebe mai târziu ce o mişcase atâta. Fusese oare strălucirea stelelor pe apa lacului? Oare lumina lunii se reflectase cumva în lacrimile lui şi îi făcuse ochii să arate ca două lacuri argintii? Sau fusese oare singurătatea care îi apăsa inima frântă ca un gheţar enorm?

Îi şopti încet numele. În întuneric, vocea ei sună ca o implorare, ca o rugăciune.

Când Annie se întinse să-l sărute nu voia decât să-l aline cumva, să-i arate că îi înţelegea durerea, că o simţea acut la rândul ei. Dar clipa în care buzele lor se atinseră, moi şi blânde şi purtând încă gustul sărat al lacrimilor, schimbă totul. Sărutul deveni flămând, disperat, plin de pasiune. Annie se gândea la Blake, iar Nick se gândea în mod sigur la Kathy, dar nu conta asta. Nu mai conta decât valul de căldură care îi cuprindea pe amândoi, împreună.

Annie se chinui ceva cu nasturii cămăşii. Îşi strecură mâinile sub materialul uzat cât de repede fu în stare, lăsându-şi palmele să alunece printre firele de păr sârmos de pe pieptul lui. Degetele ei îi explorară apoi umerii şi îi mângâiară spatele gol. Era periculos să-l atingă, era un lucru interzis, o taină, însă tocmai asta îi stârnea dorinţa.

Nick mârâi şi îşi smulse singur cămaşa, apoi o aruncă deoparte. Urmară hainele ei. Sutienul şi bluza gri fluturară o clipă deasupra ierbii umede, ca un steag ridicat în semn de predare.

Când aerul rece al nopţii îi atinse pielea goală, Annie închise ochii, ruşinată de cât de mult îl dorea. Mâinile lui erau peste tot, atingeau, mângâiau, frecau, strângeau, alunecau în jos pe spatele ei. Undeva, într-un colţişor al minţii, îşi dădea seama că se lăsa dusă de valul pasiunii, că era o idee proastă, dar se simţea extraordinar.

Nimeni nu o mai dorise atât de mult de ani și ani de zile, sau poate... niciodată...

Se îmbrățișară strâns, căutându-se cu buzele. Cuprinsă de plăcere, Annie capitulă cu totul. Degetele lui aspre îi mângâiară fața, apoi sânii, apoi se strecurară între picioarele ei. O atinse în locuri ascunse, în feluri pe care nu și le-ar fi imaginat vreodată, până îi aduse trupul pe muchia de cuțit dintre durere și plăcere. Respirația ei se sparse în valuri stângace, răgușite. Gâfâia. Dorea cu atâta ardoare să ajungă la capăt...

– Te rog, Nick... îl imploră.

Se agăță de el, simțindu-și obrajii plini de lacrimi. Nu mai știa dacă erau ale lui sau ale ei sau ale amândurora. Când o pătrunse avu un moment disperat, amețitor, în care credea că o să țipe...

Orgasmul o cutremură din cap până în picioare. Nick se agăță de ea gemând, iar când Annie simți că ajunsese la sfârșit avu încă un orgasm, suspinându-i numele, lăsându-se moale la pieptul lui, adulmecându-i mirosul erotic de transpirație. Nick o luă în brațe și îi mângâie părul, murmurându-i la ureche cuvinte de alin, însă inima ei bătea nebunește și pulsul îi răsuna asurzitor în urechi, așa că nu avea nici cea mai vagă idee ce spunea.

Când Annie reveni în sfârșit cu picioarele pe pământ, impactul o năuci. Era întinsă lângă Nick, goală, și respira greu. Cerul de deasupra era negru ca pana corbului și presărat cu stele. Noaptea purta încă parfum de vin și pasiune consumată.

Încet, Nick își trase mâna dintr-a ei. Când căldura atingerii lui dispăru, pielea lui Annie rămase umedă și rece. Se întinse după un colț al păturii și o trase peste sânii goi, trăgându-se departe de el.

– Dumnezeule, șopti. Ce-am făcut?

Nick se ghemui și își ascunse fața în mâini.

Annie căută prin iarba umedă și își găsi bluza. Trebuia să plece imediat, înainte să-și piardă calmul cu totul.

– N-am făcut nimic, șopti pe un ton șovăitor. *Nu* am făcut nimic.

Evitând să o privească, Nick își găsi hainele și le trase pe el în grabă. După ce-și puse armura, se ridică și se întoarse cu spatele la ea.

Annie se îmbrăcă tremurând, străduindu-se din răsputeri să nu plângă. Probabil că Nick o compara cu Kathy, își amintea cât de frumoasă fusese soția lui, se întreba ce naiba făcuse de ajunsese să se culce cu o femeie prea slabă, prea bătrână, cu părul prea scurt, care nu mai era decât un nimeni...

În cele din urmă se ridică și ea. Rămase cu privirea aţintită în jos, dorindu-și să o înghită pământul.

– Ar trebui să mă duc... Era gata să spună *acasă*, dar nu mai avea nici casă, nici soţ care să o aștepte. Înghiţi un nod și termină propoziţia: ... înapoi la casa tatălui meu. O să-și facă griji...

Nick se întoarse în sfârșit spre ea, cu faţa ridată și trasă. Regretul din ochii lui o lovi ca o palmă. Dumnezeule, cât își dorea să dispară...

– Nu m-am mai culcat cu nimeni altcineva. Doar Kathy, șopti el, evitându-i ochii.

– Ah. Atât reuși să spună, dar cuvintele lui o făcură să se simtă puţin mai bine. Și pentru mine e prima oară.

– Deci revoluţia sexuală ne-a ocolit pe amândoi.

Gluma era amuzantă, poate, dar nu acum. Annie arătă cu bărbia spre mașină:

– Ar cam fi cazul să plec.

Se îndreptară amândoi spre parcare. Annie avea grijă să păstreze distanţa, dar nu se putea gândi decât la mâinile lui atingând-o, la focul pe care atingerea lui îl aprinsese în adâncul ei, într-un loc care fusese mort și rece atâta timp...

– Deci, spuse Nick ca să umple tăcerea, presupun că Bobby Johnson minţea când a zis că ţi-a pus-o după jocul cu Sequim?

Annie rămase pironită locului. Se întoarse spre el, rezistând unei porniri neașteptate de a izbucni în râs.

– Mi-a *pus-o?*

Nick ridică din umeri, zâmbind.

– El a spus-o, nu eu.

– Mi-a *pus-o*? Annie clătină din cap. Bobby Johnson a pretins asta?

– Nici o problemă – a zis că ai fost bună de tot. Și nici măcar n-a strecurat vreo *aluzie* că i-ai fi făcut sex oral.

Annie râse din toată inima, iar asta o mai liniști puțin. Se puseră iarăși în mișcare, mergând prin iarba înaltă spre mașina ei. Nick îi deschise portiera, gest cavaleresc de-a dreptul surprinzător pentru ea. Trecuseră ani de zile de când cineva făcuse asta.

– Annie?

– Da?

– Să nu-ți pară rău. Te rog.

Annie înghiți un nod. Nick o făcuse să se simtă frumoasă și dorită preț de câteva clipe. De ce i-ar fi părut rău pentru asta? Vru să-l atingă din nou. Ar fi dat orice să mai amâne fiorul singurătății care avea să o cuprindă din nou în clipa în care avea să se urce în mașină și să închidă ușa.

– Lurlene mi-a zis că ești în căutarea unei dădace... pentru Isabella. Aș putea să stau eu cu ea în timpul zilei, dacă te ajută cu ceva.

Nick se încruntă.

– De ce ai face asta pentru mine?

Întrebarea o întristă. Era plină de neîncredere. Ascundea dezamăgiri de-o viață.

– M-ar ajuta și pe *mine*, Nick. Serios. Lasă-mă, te rog, să te ajut.

Nick o privi îndelung. Avea din nou expresia precaută a unui polițist la interogatoriu. Apoi, încet, ostentativ, îi luă mâna și o ridică. Diamantul de trei carate aruncă în jur o strălucire rece în lumina palidă a lunii.

– N-ar trebui să fii altundeva?

Acum urma să afle și el cât de groaznic dăduse greș, de ce fugise înapoi în Mystic după atâta timp.

– Eu și soțul meu ne-am separat recent...

Voia să spună mai multe, să lipească o scuză mai puțin sinistră după acea mărturisire, dar i se tăie respirația și ochii i se umplură de lacrimi.

Nick îi dădu imediat drumul, de parcă pielea ei îl arsese.

– Doamne sfinte, Annie! N-ar fi trebuit să mă laşi să mă plâng atâta ca un ticălos care se crede singurul om cu probleme. Ar fi trebuit să...

– *Chiar* nu vreau să vorbesc despre asta. Annie îi văzu grimasa şi regretă imediat tonul pe care îl folosise. Iartă-mă, dar cred că am plâns destul unul pe umărul celuilalt pentru o singură noapte.

Nick încuviinţă şi îşi întoarse privirea spre casă.

– Lui Izzy i-ar prinde foarte bine o prietenă acum. Iar eu nu sunt deloc potrivit pentru asta.

– Mi-ar fi şi mie de ajutor. Mă simt puţin... pierdută. Ar fi frumos să aibă cineva nevoie de mine.

– În regulă. Cred că şi lui Lurlene i-ar prinde bine o pauză. Ea şi Buddy voiau să meargă la Branson, iar acum că Izzy nu mai e primită la şcoală... Nick oftă. Trebuie să o iau pe Izzy de la Lurlene mâine. Am putea să ne întâlnim la ea – locuieşte în complexul Raintree, îl mai ţii minte? E casa roz cu piticii de porţelan pe gazon. N-ai cum să n-o vezi.

– Sigur. La ce oră?

– Ce zici de unu? Putem să ne vedem în pauza mea de prânz.

– Perfect.

Annie îl privi un moment lung, apoi se întoarse şi deschise portiera. Intră, porni motorul şi plecă încet. În oglinda retrovizoare îl văzu pe Nick, care se uita încă după ea.

Nick rămase la marginea peluzei mult timp după ce Annie plecase, fixând cu privirea drumul întunecat. Apoi se îndreptă agale spre casă, trântind plasa pentru ţânţari de la intrare. Merse la şemineu şi luă iarăşi în mână fotografia cu ei trei. O privi multă, multă vreme, apoi urcă obosit scara lungă şi şubredă care duceau la vechiul lui dormitor de la etaj. Îşi adună curajul ca să deschidă uşa. Ochii i se obişnuiră repede cu întunericul. Putea să vadă patul enorm, nefăcut, hainele aruncate peste tot, lampa pe care o comandase Kathy de la Spiegel și balansoarul pe care îl făcuse când se născuse Izzy.

Luă un tricou cu mâneci lungi de pe podea, trânti ușa și se întoarse pe canapeaua lui stingheră, unde își turnă un pahar de tărie. Știa că era un lucru periculos să se folosească de alcool ca să-și aline durerea. În ultimele luni făcuse asta din ce în ce mai des.

Se lăsă pe spate și luă o înghițitură lungă, liniștitoare. Termină paharul și își mai turnă unul.

Ceea ce făcuseră el și Annie mai devreme nu schimba absolut nimic. Trebuia să țină minte asta. Atingerea ei îi dăduse viață, dar era o viață trecătoare, efemeră. În curând, Annie avea să plece și să-l lase din nou singur, un văduv cu un copil bolnav care trebuia să-și trăiască într-un fel sau altul restul vieții.

Annie opri în fața casei tatălui ei și văzu imediat lumina din sufragerie. Făcu o grimasă la gândul că trebuia să dea ochii cu el acum, la ora două dimineața, cu hainele umede și șifonate. Dumnezeule, probabil că mirosea a sex.

Coborî din mașină și intră. Așa cum se așteptase, îl găsi pe Hank așteptând-o în sufragerie. Focul era aprins în șemineu, luminând camera în tonuri catifelate de galben.

Închise încet ușa în urma ei.

Hank își ridică privirea din cartea pe care o citea.

– Măi, măi, spuse, dându-și jos ochelarii.

Annie își netezi cu grijă hainele șifonate și își trecu o mână prin părul mult prea scurt, sperând că nu avea vreun fir de iarbă rătăcit.

– Nu era nevoie să mă aștepți.

– Serios? Hank închise cartea.

– N-ai de ce să-ți faci griji. Nu mai am de mult șaisprezece ani.

– Ah, nu-mi făceam griji. Am sunat și la poliție, și la spital, apoi m-am liniștit.

Annie se așeză pe fotoliul de piele de lângă șemineu.

– Îmi pare rău, tată. Nu sunt obişnuită să spun unde şi cu cine sunt. Lui Blake nu i-a păsat niciodată... Strân-se din dinţi ca să oprească restul mărturisirii amare şi se forţă să zâmbească. Am fost în vizită la un vechi prieten. Ar fi trebuit să-ţi dau şi ţie un telefon.

– Da, ar fi trebuit. Care prieten?

– Nick Delacroix. Îl mai ţii minte?

Degetele bătucite ale lui Hank începură să bată darabana pe coperta cărţii. O fixă cu privirea.

– Trebuia să-mi dau seama că o să ajungi acolo. Eraţi ca trei boabe într-o păstaie în liceu. Acum n-o duce prea bine, din câte am auzit.

Annie se gândi că Nick era probabil subiectul preferat de bârfă în oraş.

– O să-l ajut puţin. O să am grijă de fata lui cât timp e la serviciu, ceva de genul ăsta. Cred că are nevoie şi el de o pauză.

– N-aţi fost „cuplaţi" în liceu? Privirea lui Hank deveni iscoditoare. Sau ai de gând să te răzbuni pe Blake?

– Bineînţeles că nu, răspunse ea, mult prea repede. Mi-ai spus că trebuie să-mi găsesc un proiect. Ceva de făcut, până când Blake se dezmeticeşte.

– Bărbatul ăla o să-ţi facă numai necazuri, Annie Virginia. E pe cale să se înece şi o să te tragă şi pe tine la fund.

– Mulţumesc că-ţi pasă de mine, tată, surâse ea. Te iubesc pentru asta. Dar n-o să fiu decât o dădacă pentru fiica lui. Atât.

– Atât?

Nu era o întrebare.

– Tu mi-ai spus că am nevoie de un proiect. Ce voiai să fac? Să vindec cancerul? Sunt soţie şi mamă. Asta e tot ce ştiu. Asta e tot ce sunt. Umerii i se lăsară în jos. Era prea ruşinată să-i spună tot adevărul – că nu ştia cum să fie nici soţie, nici mamă de una singură. Alese o variantă de compromis: Sunt prea bătrână ca să mă mai mint, tată, prea bătrână ca să mă mai schimb. Dacă nu fac *ceva* o să explodez pur şi simplu. Aşa că am găsit o ocupaţie. Nick şi Izzy au nevoie de ajutorul meu.

– Persoana care are cea mai mare nevoie de ajutorul tău eşti chiar tu.

Annie râse drept răspuns, un râs slab, resemnat:

– Dar nu m-am priceput niciodată la asta, nu-i aşa?

capitolul 8

Annie aruncă pătura deoparte şi se ridică bâjbâind din pat. Ultimele rămăşiţe ale unui coşmar îi dădeau încă târcoale. Era acelaşi vis care o tortura cu ani în urmă. În ultima vreme începuse să o bântuie din nou. Era închisă într-o casă uriaşă, cu sute şi sute de camere goale, şi căuta cu disperare o ieşire.

De fiecare dată când se trezea, primul ei gând era: *Blake?* Dar, bineînţeles, soţul ei nu era pe locul de alături. Nu mai era nimeni care să o ţină în braţe după un coşmar. Era unul din multele aspecte ale noii ei vieţi cu care trebuia să se obişnuiască.

Îi venea din ce în ce mai greu să mai creadă că Blake avea să se mai întoarcă la ea, iar acum că îşi pierduse şi ultima speranţă se simţea goală şi uscată ca o trestie în arşiţa soarelui de vară.

Ochii i se umplură de lacrimi. Noaptea trecută îşi încălcase pentru prima oară jurămintele de la nuntă; zdruncinase încrederea dintre ea şi singurul bărbat pe care îl iubise, însă infinit mai grav era faptul că lui nici măcar nu-i păsa de asta.

Nick se pregătea să plece în pauza de prânz când primi un apel că începuse un scandal pe Old Mill Road, acasă la familia Weaver.

Oftă şi ceru prin radio ca un coleg să-i dea telefon lui Lurlene. N-avea să mai ajungă la întâlnirea cu Annie şi Izzy. Îşi porni girofarul şi goni pe fâşia de asfalt zgrunţuros care ducea afară din oraş. Conduse atent pe curbele şerpuitoare care traversau pădurea Simpson, trecu podul de beton arcuit peste apele învolburate ale râului Hoh şi ajunse, în sfârşit, pe aleea din faţa casei. O cutie poştală ruginită, de culoarea noroiului din Georgia, abia se mai ţinea strâmb de un par bătut de soare. Nick reduse viteza. Ajunsese pe un drumeag croit prin pădurea deasă. Nici o rază de soare nu reuşea să străpungă frunzişul de deasupra; coroanele arborilor lăsau o umbră adâncă, sinistră, chiar şi în miezul zilei. La capătul coridorului nămolos, o poiană de vreo doi kilometri pătraţi se lipea de un deal împădurit, cu copaci verzi şi deşi. În partea opusă se întrezărea o rulotă jerpelită, cu roţile afundate în noroi. Sosirea îi fu anunţată de lătrăturile şi schelălăielile unor dulăi.

Transmise la secţie că ajunsese, apoi coborî grăbit din maşină. Îşi lăsă o mână pe patul pistolului şi alergă prin bălţile care împânzeau aleea până la lăzile de lemn ce serveau drept trepte de intrare. Era pe cale să bată la uşă când auzi un ţipăt dinăuntru.

– Poliţia! strigă, năpustindu-se înăuntru. Uşa se lovi de perete, crăpându-se. Toată camera se cutremură. Sally? Chuck?

Câinii de afară înnebuniseră. Nick şi-i imagina trăgând de lanţurile cu care erau legaţi, încercând să se muşte unul pe altul de furie că nu puteau ataca direct intrusul.

Privi în jur, în penumbră. Covorul jerpelit era de culoarea fructului de avocado. Pe jos erau împrăştiate scrumiere şi cutii goale de bere. Paşii lui grei se auzeau înfundat. Înaintă.

– Sally?

Drept răspuns auzi încă un ţipăt.

Traversă în fugă bucătăria murdară şi împinse cu putere uşa dormitorului.

Chuck îşi ţinea soţia lipită de panourile de placaj cu care era acoperit peretele. Sally ţipa, încercând să-şi apere faţa. Nick îl apucă pe Chuck de ceafă şi îl împinse la o parte. Beţivul scoase un icnet de surpriză şi se împiedică lateral, izbindu-se de colţul biroului. Nick se întoarse şi îl prinse din nou, apoi îi puse cătuşele.

Chuck clipi dezorientat, încercând să se concentreze.

– Mama naibii, Nicky, se plânse pe un ton jos, nesigur. Ce rahat cauți și tu aici? Ne certam, atâta tot...

Nick își stăpâni impulsul brusc de a-l pocni cu toată puterea.

– Nu te mișca, la naiba, spuse, împingându-l așa de tare că îl trânti la podea.

Chuck se agăță de o lampă ieftină de la Kmart. Becul se sparse și lăsă cămăruța în semiîntuneric.

Polițistul duse o mână la bastonul de cauciuc și se apropie cu grijă de Sally. Rămăsese sprijinită de perete; rochia ei ruptă și pătată era plină de sânge. Buza de jos era tăiată și o vânătaie violacee i se lățea de-a lungul maxilarului.

Nu-și amintea de câte ori mai venise acolo, de câte ori îl oprise pe Chuck înainte să-și omoare nevasta. Căsnicia lor era într-un punct critic. Avuseseră probleme chiar și înainte ca Chuck să fie dat afară de la gater, dar de-atunci încoace devenise un coșmar. Chuck stătea toată ziua la Taverna lui Zoe, sorbind bere după bere, deși nu-și putea permite să plătească, și alimentându-și furia. Când se târa în sfârșit jos de pe scaunul de la bar și se împleticea până la mașină era deja mai rău ca un câine vagabond. Până să-și parcheze camioneta rablagită în fața casei era deja pregătit să ia pe cineva la bătaie. Iar singura persoană din jur era soția lui.

Nick o atinse pe Sally pe umăr, însă aceasta suspină și se trase înapoi.

– Nu...

– Sally, eu sunt. Nick Delacroix.

Femeia deschise încet ochii. Semănau cu două abisuri fără fund, pline de rușine și de disperare. Își ridică o mână plină de vânătăi și își dădu la o parte o șuviță de păr plină de sânge. Șuvoaie de lacrimi începură să-i curgă din ochii tumefiați.

– Ah, Nick... Iarăși v-a sunat familia Roberts? Se trase puțin mai încolo și își îndreptă spatele, încercând să dea impresia că totul era sub control. Nu este nimic, să știi. Chuckie are doar o zi proastă. Fabrica de hârtie nu angajează...

– Nu poţi s-o ţii tot aşa, oftă el. Într-una din zilele astea o să te omoare.

Sally încercă să zâmbească, dar nu reuşi decât să se schimonosească mai rău. Îi frânse inima lui Nick. Ca întotdeauna, îi amintea de mama lui şi de toate pretextele sub care se refugia iar şi iar în sticla de băutură.

– O, nu, nu Chuckie al meu. E doar puţin nervos, asta-i tot.

– O să-l arestez de data asta, Sally. Vreau să faci o plângere.

Chuck se ridică greoi şi se împiedică de pat.

– N-o să-mi facă aşa ceva, nu-i aşa, iubirea mea? Ştie că nu-i fac nimic, deşi mă enervează crunt uneori. N-aveam absolut nimic de mâncare când am ajuns acasă. Un bărbat *trebuie* să mănânce, nu-i aşa, Nick?

Sally îi aruncă o privire îngrijorată soţului ei.

– Iartă-mă, Chuckie. Nu mă aşteptam să vii atât de devreme.

Poliţistul îşi recunoscu înfrângerea. Era ca un val rece care îl îneca.

– Lasă-mă să te ajut, Sally, spuse blând, aplecându-se spre ea.

Sally îl bătu pe braţ.

– N-am nevoie de nici un ajutor, Nick. Mulţam mult de vizită.

Nick o privi pierdut. Părea să se topească sub ochii lui, să se facă din ce în ce mai mică. Rochia ei de bumbac era numai zdrenţe şi mult prea mare pentru ea; atârna pe umerii ei înguşti şi cădea drept pe lângă şoldurile scheletice. Ştia, fără putinţă de îndoială, că într-o bună zi avea să fie chemat din nou acolo numai pentru a o găsi moartă.

– Sally...

– Te rog, Nick, spuse ea, cu vocea tremurând şi ochii plini de lacrimi. Te rog, nu...

Nick se întoarse cu spatele. Nu mai putea să facă nimic pentru a o ajuta. Revelaţia îl durea adânc, îl făcea să se întrebe de ce naiba se mai obosea cu slujba aceea. Nu avea nici o satisfacţie, iar reuşitele – puţine –

nu însemnau mare lucru. Nu prea avea ce să-i facă lui Chuck, decât dacă acesta îşi omora nevasta, şi atunci avea să fie prea târziu.

Păşi peste un coş de rufe răsturnat şi îl luă de guler.

– Haide, Chuck. Stai la răcoare până te linişteşti.

Ignoră protestele lui scâncite şi refuză să o mai privească pe Sally. Nu era nevoie. Ştia că Sally avea să-i urmeze, cerându-şi iertare în şoaptă de la soţul care îi rupsese oasele, promiţându-i că o să fie „mai bună", jurând pe ce avea mai scump că data următoare avea să pregătească cina la timp.

Nick nu se simţea dezgustat de comportamentul ei. Din păcate, o înţelegea mult prea bine. Şi el fusese la fel în tinereţe, îşi urmase mama ca un câine înfometat, implorând-o să-i lase şi lui câteva firimituri de dragoste, bucurându-se de fiecare mică dovadă de afecţiune pe care femeia binevoia să i-o arunce.

Da, înţelegea mult prea bine de ce Sally rămânea cu Chuck. Şi ştia la fel de bine că avea să se termine prost pentru amândoi. Însă nu putea face absolut nimic ca să-i ajute. Absolut nimic, la naiba! Putea doar să-l bage pe Chuck la răcoare până se trezea din beţie. Apoi n-avea decât să aştepte următoarea sesizare de pe Old Mill Road.

Izzy Delacroix se culcase pe o parte, cu genunchii la piept, ca o mingiuţă albă, pe patul de oaspeţi al lui Lurlene. Perna nu mirosea cum trebuia – nu mirosea deloc cum ar fi trebuit să miroasă o pernă. Asta era unul din lucrurile care o făceau să plângă aproape în fiecare noapte. De când mămica ei urcase în rai, toate lucrurile îşi pierduseră mirosul potrivit: şi cearşafurile, şi pernele, şi hăinuţele ei.

Chiar şi Domnişoara Jemmie avea un alt miros acum. Izzy strânse păpuşa la piept, mângâindu-i părul blond şi frumos cu cele două degete care îi mai rămăseseră la mâna dreaptă, policarul şi arătătorul.

La început se speriase puţin când îşi dăduse seama că dispărea treptat. Se întinsese după un creion, dar la jumătatea drumului văzuse că degetul mic era distorsionat și fără culoare. În ziua următoare devenise invizibil. Le spusese tăticului și lui Lurlene și își dăduse seama că și ei erau speriați după felul în care o priviseră. Și mai era și doctorul ăla urâcios, cel care se uitase la ea de parcă ar fi fost un gândac.

Privi cele două degete care îi mai rămăseseră la mâna dreaptă. „Dispar, mami."

Așteptă un răspuns, dar nu auzi nimic. De multe ori își imagina că mămica ei era chiar lângă ea, și putea să-i vorbească doar imaginându-și cuvintele.

Își dori ca asta să se întâmple chiar acum, dar mămica ei nu venea decât în acel moment special când cerul era violet și ziua se îngâna cu noaptea.

Voia să stea de vorbă cu mămica ei despre cele petrecute în ajun. Fusese ceva cumplit. Se uita la pozele din carte când simțise un țipăt înăuntrul ei. Știa că nu are voie să țipe la școală; ceilalți copii o credeau deja nebună. Încercase din răsputeri să se abțină. Strânsese pumnii mici și închisese ochii cu o asemenea forță, că văzuse stele în întuneric.

Se simțise atât de singură și de speriată, încât i se tăiase respirația. Țipătul începuse ca un mic scâncet care reușise cumva să iasă afară. Își astupase gura cu o mănuță, dar degeaba, iar toți ceilalți copii începuseră să se holbeze și să o arate cu degetul râzând.

Apoi, țipătul ieșise. Tare, tot mai tare, cel mai tare. Își astupase urechile cu palmele ca să nu-l mai audă. Știa că plângea, dar nu-și putea stăpâni nici lacrimile.

Profesoara o apucase de mâna stângă, cea cu mănușa, strângând-o de nimicul care era acolo. Lipsa oricărei senzații o făcuse pe Izzy să țipe și mai tare.

– Dar, draga mea, nu e invizibilă, spusese blând domnișoara Brown. Apoi o luase blând de cealaltă mână și o scosese afară pe coridor.

Izzy țipa în continuare. Țipase tot drumul până în biroul directoarei. Văzuse cum se uitau ceilalți adulți la ea – de parcă ar fi înnebunit – dar nu se putea stăpâni.

Nu știa decât că devenea invizibilă, că degetele îi dispăreau unul câte unul, și nimănui nu părea să-i pese.

Țipătul se stinsese la fel de repede cum apăruse, lăsând-o cutremurată și stingheră în biroul directoarei. Toată lumea se holba la ea.

Se retrăsese într-un colț, strecurându-se între o canapea de un verde bolnăvicios și fereastră. Adulții vorbeau despre ea în șoaptă, între ei...

Toți voiau să știe de ce nu mai vorbea. Asta era tot. Și doctorul Schwaabe la fel. Izzy îi auzise și pe Lurlene și Buddy discutând despre asta. Se purtau de parcă ar fi crezut că nu-i putea auzi fiindcă nu se exprima. Lurlene îi spunea tot timpul „biata mea micuță"; de fiecare dată, Izzy își amintea de lucrul rău care se întâmplase și își dorea cu ardoare să nu i se mai spună așa.

Apoi apăruse tăticul, ca un cavaler din basme. Ceilalți adulți tăcuseră imediat și se dăduseră la o parte.

Izzy vrusese să se arunce în brațele lui, să-i spună „Bună, tati!" cu vocea pe care o avusese înainte, dar tăticul arăta așa de trist că și ea rămăsese paralizată.

Era nemaipomenit de chipeș; chiar și după ce părul i se schimbase la culoare, după lucrul rău, tot era cel mai chipeș bărbat din lume. Își amintea cum râdea odată, cum râsul lui o făcea și pe ea să chicotească...

Însă tăticul nu mai era chiar tăticul. Nu-i mai citea basme înainte de culcare și nu o mai arunca în sus până o făcea să râdă. Uneori, noaptea, respirația lui mirosea a medicamente, iar ziua umbla prin casă ca o jucărie învârtită cu cheița.

– Izzy?

O chemase încet, pornind spre ea.

O clipă, inimioara lui Izzy aproape se oprise crezând că tăticul ei urma să o atingă. Se strecurase afară din colțul în care se ascunsese și se aplecase înspre el puțin, doar puțin, dar suficient de mult cât să-i dea de înțeles că avea nevoie de ocrotirea lui.

Tăticul oftase și se întorsese iarăși spre adulți.

– Ce se întâmplă, Bob?

Izzy fusese la un pas să vrea să țipe din nou, dar nu mai simțea decât tăcerea. Când își coborâse privirea văzuse că încă un deget îi dispăruse între timp. Nu-și mai putea vedea acum decât degetul mare și arătătorul.

Adulții discutaseră, spunând lucruri pe care Izzy nu le asculta. Apoi tăticul plecase singur, iar Izzy plecase acasă cu Lurlene. Din nou.

– Izzy, scumpa mea, ești acolo? Vocea lui Lurlene răzbătu prin ușa de la dormitor. Haide afară, vreau să faci cunoștință cu cineva.

Ar fi vrut să pretindă că nu o auzise, însă știa că n-avea rost. Spera doar că Lurlene n-avea să-i facă iarăși baie. Apa era întotdeauna prea rece și mai mereu îi băga săpun în ochi.

Oftă. „Trebuie să plecăm, Domnișoară Jemmie."

Strânse păpușa la piept cu brațul care îi mai rămăsese și se rostogoli jos din pat. Trecu pe lângă măsuța de toaletă și se văzu în oglindă: o fată micuță, slabă, cu părul brunet încâlcit și cu un singur braț. Ochii ei erau încă umflați de la plâns.

Mămica n-ar fi lăsat-o niciodată să arate așa.

Ușa dormitorului se deschise și apăru Lurlene.

– Bună dimineața, scumpo. Se întinse și îi dădu o șuviță de păr după ureche. Haide, iubita mea.

Izzy o urmă în tăcere.

Annie stătea la intrarea casei mobile cu trei camere în care locuiau Lurlene și Buddy, pe un covoraș roz.

Soțul lui Lurlene, Buddy – „Îmi pare bine să te cunosc" – stătea tolănit într-un fotoliu tapisat cu catifea, cu picioarele ridicate, o revistă *Sports Illustrated* deschisă pe piept și o doză de bere Miller în mâna dreaptă. O studia atent pe nou-venită.

Annie se foi de pe un picior pe celălalt, încercând să nu se gândească la faptul că nu era psihiatru ca să poată înțelege hăul plin de disperare prin care rătăcea Izzy și că, până la urmă, și ea era pierdută.

Știa cât de importantă era iubirea. Era, probabil, *cel* mai important lucru. Dar în ultimele săptămâni învățase că nici măcar iubirea nu constituia un elixir magic. Nici chiar ea nu era atât de naivă să creadă că toate problemele puteau fi rezolvate prin iubire. Uneori, durerea nu putea fi vindecată doar cu atât, iar traumele rămâneau și dureau în continuare. Știa asta de când murise mama ei.

– Nick nu vine. Ți-a zis Lurlene?

Annie se încruntă și îl privi pe Buddy.

– Ah. Nu, nu știam.

– N-apare niciodată când trebuie. Buddy luă o înghițitură enormă de bere, privind-o pe Annie pe deasupra cutiei de tablă. Să știi că te bagi într-o chestie tare nasoală. Puștoaica e într-o doagă.

– Nick mi-a spus că nu mai vorbește de la un timp încoace. Mi-a povestit și despre... știi tu... despre degetele care i-au dispărut.

– Asta nu-i nimic. Suferă așa de tare, că te îneacă și pe tine în durerea ei.

Cu alte cuvinte: „Te-ai întins mai mult decât ți-e plapuma, orășeanco". Annie își închipui cum o vedea Buddy: purta blugi ieftini, care încă mai păstrau cutele de pe raft, și teniși ca zăpada proaspătă. Încercă să-și dea o șuviță după ureche, dar nu găsi nici una. Stânjenită, se strădui să zâmbească:

– Ploaia de ieri a adus primăvara mai aproape, nu crezi? Acasă la tata s-a umplut deja de margarete. Mă gândeam că, poate...

– Annie?

Vocea stăpânei casei o făcu să se întoarcă.

Lurlene apăruse la capătul holului, purtând un pulover verde neon și o pereche de pantaloni mulați din imitație de piele de șarpe, mov aprins. Îmbrăcămintea ei nu se asorta cu nimic din casă.

Lângă ea era o fetiță cu ochi mari, căprui, și păr de culoarea nopții. Purta o rochie roz, mult prea mică pentru ea, șifonată și murdară. Picioarele ei slabe ieșeau de sub tivul rochiei ca doi araci de fasole, iar șosetele desperecheate – una roz, cealaltă galbenă – îi erau trase până la glezne şi dispăreau într-o pereche de tenişi cu Frumoasa şi Bestia.

O fetiţă. Nu o colecţie de probleme psihologice, sau o traumă pe două picioare, sau o problemă disciplinară. Pur şi simplu o fetiţă mică, obişnuită, căreia îi era dor de mama ei.

Annie zâmbi. În mod sigur nu ştia nimic despre muţenia provocată de o traumă şi nu citise niciodată vreun articol scris de vreun doctor despre cum se tratează asta. Dar ştia şi ea ce înseamnă teama, şi ştia cum este să te trezeşti într-o zi că mămica ta a plecat şi nu se mai întoarce niciodată.

Întinse o mână şi se apropie încet de fetiţă.

– Salut, Izzy, spuse pe un ton blând.

Izzy nu-i răspunse. Oricum, Annie nu se aşteptase la vreun răspuns. Se gândise că avea să vorbească atunci când era pregătită. Până atunci, ea intenţiona să se comporte ca şi când totul ar fi fost firesc. Poate, după trauma prin care trecuse, tăcerea era cel mai firesc lucru din lume pentru Izzy.

– Eu sunt Annalise, dar e un nume mult prea lung, nu-i aşa? Poţi să-mi spui Annie. Îngenunche în faţa lui Izzy şi o privi în ochii ei mari, trişti, cei mai trişti pe care îi văzuse vreodată. Mămica ta era o prietenă bună de-a mea. Ceva sclipi în ochii fetiţei, iar Annie luă asta drept un semn bun. Am cunoscut-o pe mama ta în prima zi de grădiniţă. Îi zâmbi lui Izzy, apoi se ridică şi se întoarse spre Lurlene: E gata de plecare?

Lurlene ridică din umeri, apoi şopti:

– Cine ştie? Sărăcuţa. Se aplecă şi ea: Ţii minte, ţi-am spus că doamna Annie o să aibă grijă de tine o vreme cât timp tăticul e la muncă. Să fii cuminte, da?

– Dar *nu* trebuie să fie cuminte absolut deloc, interveni Annie, făcându-i cu ochiul lui Izzy. Poate să fie oricum vrea.

Copiliţa făcu ochii mari.

– Ah.

Lurlene se ridică şi îi zâmbi lui Annie.

– Domnul să te binecuvânteze că te-ai oferit să faci aşa ceva.

– Crede-mă, Lurlene, o fac şi pentru voi, dar şi pentru mine. Ne vedem mai târziu. I se adresă fetiţei: Ei bine, Izzy, hai să mergem. Abia aştept să-ţi văd camera. Pun pariu că ai tot felul de jucării. *Ador* să mă joc cu păpuşile Barbie.

Porni înainte spre maşină, aşeză micuţa pasageră pe scaunul din faţă şi îi puse centura. Izzy rămase acolo, cu centura prinsă strâns, capul aplecat pe o parte, ca un pui de pasăre, şi privirea pierdută afară, pe geam.

Annie porni motorul şi ieşi de pe alee, ocolind cu grijă un grup de pitici din ceramică. Sporovăi necontenit în timp ce treceau pe lângă rezervaţia indiană Quinault, apoi pe lângă tarabele de pe marginea drumului la care se vindeau somoni şi crabi proaspăt prinşi. Vorbi despre toţi şi toate – cât de important era ca arborii seculari să fie protejaţi, cât de interesantă era mima ca o formă de artă, cele mai frumoase culori, filmele ei preferate, tabăra de cercetaşi în care fuseseră ea şi Kathy şi dulciurile pe care le făcuseră la focul de tabără. În tot acest interval, Izzy nu se clinti.

Când Annie intră pe şoseaua şerpuită care urmărea malul lacului, avu senzaţia că se întorsese în timp. Drumul aspru, neasfaltat, pictat cu umbre, părea să ducă înapoi la zilele de mult apuse. Când ajunseră la capăt, Annie nu reuşi să se mişte din loc. Rămase la volan şi privi din nou vechiul conac Beauregard. Acum era casa lui Nick.

„Într-o zi o să fie a mea casa asta."

Atunci, cu atâţia ani în urmă, Annie crezuse că era un vis prostuţ, iluzia unui bărbat mult prea tânăr. Ceva de spus într-o noapte înstelată, înainte de a se încumeta să o sărute pe fata de lângă el.

Acum însă începea să vadă şi ea magia vechiului conac, iar revelaţia îi zgârie încă o dată inima. Oare ea avusese vreun vis, unul singur, la acea vârstă fragedă? Dacă da, nu şi-l mai putea aminti.

Intră pe aleea de prundiș și parcă lângă o stivă de lemne. Casa se ridica mândră în poiană. O lumină palidă și difuză ca o supă veche de pui colora vârfurile ierbii înalte, de un verde crud, și făcea să strălucească stucatura gălbuie. Tot mai arăta pierdută și dezolantă însă, ca o damă de companie îmbătrânită înainte de vreme. Vopseaua începuse să se cojească pe alocuri. Câteva țigle alunecaseră de pe acoperiș, iar tufele de rododendron țipau practic să fie tunse.

– Sunt sigură că era un fort acolo, spuse, descoperind rămășițele unei căsuțe printre crengile unui anin adormit. Eu și mama ta aveam un fort în care accesul băieților era interzis...

Centura de siguranță a lui Izzy se deschise cu un zgomot puternic. Catarama de metal se izbi de geam. Fetița sări din mașină și fugi spre lac, oprindu-se brusc în fața unei bucăți de pământ îngrădite sub un arțar imens, cu trunchiul acoperit de mușchi.

Annie o urmă, traversând iarba umedă, și se opri lângă ea. Înăuntrul gardului vechi, vopsit în alb, văzu un petic pătrat care nu era nici pe departe la fel de neîngrijit ca restul curții.

– Aici era grădina mamei tale, murmură ea blând. Izzy rămase nemișcată, cu capul plecat, astfel că Annie continuă: Grădinile sunt niște locuri foarte speciale, nu-i așa? Nu sunt ca oamenii... rădăcinile lor sunt puternice, se înfig adânc în pământ, iar dacă ai răbdare și-ți pasă și te străduiești, își pot reveni.

Fetița se întoarse lent, își lăsă capul pe o parte și o scrută.

– Putem salva grădina asta, Izzy. Ți-ar plăcea?

Încet, extrem de încet, Izzy întinse mâna în față și prinse cu degetul mare și cu arătătorul tulpina ofilită a unei margarete. Trase de ea până o scoase din rădăcini.

Apoi i-o întinse lui Annie.

Acea biată plantă ofilită, cu rădăcina ei firavă, era cel mai frumos lucru pe care Annie îl văzuse vreodată.

capitolul 9

Izzy o strânse pe Domnişoara Jemmie sub braţul drept. Nu o mai putea ţine decât aşa, acum că nu-i mai rămăseseră decât două degete. O urmă pe doamna drăguţă, cu părul scurt, în direcţia treptelor.

Era bine să se afle acasă, dar ştia că bucuria ei n-avea să dureze. Doamna drăguţă avea să vadă mizeria pe care o făcuse tăticul, iar apoi o să plece. Fetelor mari nu le plăcea mizeria.

– Haide, Izzy, strigă doamna de pe verandă.

Izzy se uită la uşa de la intrare. Îşi dorea ca tăticul să apară dinăuntru, să coboare în fugă vechile scări de lemn cum obişnuia să facă odată, să o ridice în braţele lui puternice şi să o învârtă până o făcea să chicotească, poate chiar să-i dea un sărut pe gât, acolo unde o gâdila cel mai mult.

Dar asta nu avea să se mai întâmple vreodată. Izzy ştia fiindcă tot visa la asta de luni de zile şi nu se mai întâmplase.

Îşi amintea prima dată când tăticul le adusese pe ea şi pe mămica acolo. Părul lui era încă negru ca pana corbului atunci, şi niciodată nu venea acasă mirosind ca locul acela rău.

Prima dată fusese ceva magic. Tăticul zâmbise şi râsese şi o ridicase în braţe. „Nu vezi, Kath? O să plantăm o livadă acolo... şi o să punem nişte balansoare pe verandă pentru nopţile de vară... şi putem ţine picnicuri pe iarbă..." Apoi o sărutase pe Izzy. „Ţi-ar plăcea aşa ceva, soarele meu? Un picnic cu pui şi shake-uri cu lapte şi jeleuri?"

Iar ea răspunsese: „O, da, tăticule!" Însă nu ţinuseră nici un picnic, niciodată – nici pe iarbă, nici altundeva...

Uşa se deschise, iar Izzy îşi aminti că doamna o aştepta. Urcă scările fără tragere de inimă. Doamna – Annie; trebuia să-i ţină minte numele – aprinse lampa de lângă canapea. Mizeria tăticului ieşi la iveală. Sticle, cutii de pizza, haine murdare împrăştiate peste tot.

– Cum ar spune Bette Davis, ce cocină! Tăticul tău n-ar câştiga niciodată premiul Felix Unger.

Izzy se crispă. Asta era. Înapoi la Lurlene, înapoi la carnea tocată pe pâine prăjită...

Dar Annie nu se întoarse să plece. Se strecură printre gunoaie şi trase perdelele într-un nor de praf. Lumina soarelui se năpusti prin fereastra dublă, enormă.

– Aşa e mult mai bine, exclamă, privind în jur. Ştii cumva unde ţineţi măturile şi făraşul? Aveţi vreun buldozer? Un aruncător de flăcări? Inima lui Izzy începu să bată cu putere şi simţi ceva ciudat în coşul pieptului. Annie îi făcu ştrengăreşte cu ochiul. Vin imediat, spuse, apoi ieşi în grabă şi dispăru în bucătărie.

Izzy rămase nemişcată, abia respirând, ascultând bătăile rapide ale inimii.

Annie se întoarse în sufragerie aducând cu ea un sac enorm de gunoi, o mătură şi o găleată cu apă şi săpun.

Sentimentul straniu din pieptul fetiţei deveni şi mai intens, până nu mai putu respira. Se îndreptă spre Annie încet, aşteptându-se s-o vadă ridicând mâinile în aer într-un gest dramatic şi tânguindu-se: „E prea mult de muncă, Nicky!" Aşa făcea mămica.

Dar Annie nu spuse asta. Se aplecă şi începu să adune gunoiul, bucată cu bucată, şi să-l arunce în sacul negru.

Izzy se apropie, precaută.

– E doar gunoi, Izzy, zise Annie fără să ridice privirea. Nu-i nimic permanent. Nimic ireversibil. Camera fetei mele arăta aşa tot timpul... şi era o adolescentă perfect normală, adorabilă. Annie sporovăi în continuare. Cu fiecare propoziţie fără răspuns, Izzy se simţea din ce mai liniştită: Chiar îmi aduc aminte cum arăta casa asta când eram mică. Eu, mămica şi tăticul tău ne uitam înăuntru pe furiş, noaptea, şi inventam poveşti despre oamenii care locuiseră aici înainte. Eu ziceam că fuseseră doi miri bogaţi şi frumoşi de pe Coasta de Est, care se plimbau prin casă în costume şi rochii de seară. Tăticul tău credea că locul fusese al unor jucători de cărţi care pierduseră totul pe un singur pariu. Iar mămica ta... ei bine, nu mai ţin minte ce spunea atunci. Cred totuşi că era ceva romantic. Annie se opri puțin și-i zâmbi. După ce se mai încălzește afară, am putea să facem un picnic pe iarbă. Ți-ar plăcea asta?

În mod straniu, Izzy simțea că îi vine să plângă. Voia să spună: „Am putea avea shake-uri cu lapte și jeleuri“, dar nu reuși. N-ar fi putut vorbi oricum, chiar dacă ar fi încercat. În plus, adulții promiteau tot timpul lucruri și nu se țineau niciodată de cuvânt.

– De fapt, urmă Annie, am putea să facem un mini-picnic chiar azi. După ce termin de curățat sufrageria, o să mâncăm prăjituri și o să bem suc afară – prăjituri cu stafide și sirop de Maui. Sună bine, nu crezi? „Da, Annie, cred că arrrrr fi fantastic.“ Am vorbit ca Tigrul Tony acum. Lui Natalie – fata mea care a crescut mare acum – îi plăceau mult cerealele Frosted Flakes. Sunt sigură că și ție îți plac.

Izzy își stăpâni un zâmbet neașteptat. Îi plăcea că Annie nu se aștepta să-i răspundă. O făcea să se simtă de parcă n-ar fi fost chiar atât de diferită, de parcă era la fel de OK să vorbească sau să nu vorbească.

Se mișcă lateral cu pași mărunți. Ajunse la canapea și se așeză, ignorând norișorul de praf pe care îl ridică. Gunoiul dispărea, bucată cu bucată, iar după o vreme sufrageria ajunse demnă de acest nume.

Annie bătu ușor la ușa dormitorului lui Izzy. Nu-i răspunse nimeni. În cele din urmă o deschise și intră. Era o cămăruță mică, întunecată, umbrită de streașină. O fereastră drăguță, cu un acoperiș micuț deasupra ei, lăsa să intre ultimele raze roșietice ale soarelui printre perdelele decolorate, din dantelă. Pereții erau acoperiți cu un tapet frumos, în nuanța lavandei, iar așternuturile aveau un model asortat. Pe noptiera albă era o lampă cu Ursulețul Winnie.

Probabil că Nick și Kathy plănuiseră atent organizarea camerei și făcuseră economii ca să creeze ambianța perfectă pentru fiica lor. Annie își aminti visurile pe care le avusese când rămăsese însărcinată cu Natalie, speranțele ei nesfârșite. Camera copilului fusese primul pas.

Nu ştia prea multe despre tulburarea maniaco-depresivă şi nu-şi putea închipui în ce feluri o schimbase pe Kathy, dar ştia că prietena ei îşi iubise fiica. Fiecare obiect din cameră fusese ales cu dragoste, de la lampa de veghe cu Mica Sirenă la suporturile pentru cărţi cu Iepuraşul Peter.

Podeaua era plină de haine. Annie merse cu grijă până la patul lui Izzy. Chipul palid fetiţei se reliefa ca o camee pe perna galbenă cu Pasărea cea Mare[1]. O pătură pufoasă mov o învelea strâns până sub bărbie. Păpuşa – Domnişoara Jemmie, aşa spusese Lurlene că o chema – era aruncată pe jos, cu ochii ei cusuţi din doi nasturi negri holbându-se la tavan. Mânuţa lui Izzy, acoperită de o mănuşă neagră, arăta ca o pată pe cuvertura violet din dantelă.

Annie nu voia să o trezească pe fetiţa adormită, dar credea cu tot sufletul în rutină. Copiii trebuiau să ştie care erau regulile, ce aveau voie şi ce nu aveau voie să facă. O culcase pe Izzy la ora două şi jumătate; spre surprinderea ei, fetiţa chiar adormise. Acum era patru. Venise timpul să o trezească.

Se apleacă şi-i mişcă uşor umărul.

– Trezeşte-te, somnoroaso!

Izzy scoase un scâncet slab şi se strecură mai adânc sub pătură.

– Nu, nu te las. Haide, Izzy.

Un ochişor căprui se deschise. Fetiţa împinse pătura la o parte cu două degete de la mâna dreaptă. Clipi, căscă, apoi se ridică în capul oaselor.

– Mă gândeam că vrei să faci o baie înainte să vină şi tăticul acasă. Annie zâmbi şi îi arătă punga plină de cadouri pe care o adusese. Ţi-am cumpărat hăinuţe noi şi câteva surprize. Lurlene mi-a spus ce mărime porţi. Haide.

O ajută să coboare din pat, apoi o conduse până la baie şi dădu drumul la apă în cadă, după care îngenunche în faţa ei.

---

[1] Pasărea cea Mare (Big Bird) – personaj din Sesame Street, o emisiune populară pentru copii din Statele Unite (n.tr.)

Fetița o privi, precaută.

Annie se uită la mănușa neagră.

– Așa-i că e nasol când părticele din tine încep să dispară? Mâinile sus.

Izzy își ridică ascultătoare brațul drept. Brațul ei stâng atârna nemișcat pe lângă corp, cu degetele relaxate.

– Cum îți dăm jos hăinuțele de pe părțile invizibile? spuse Annie lăsându-se pe călcâie. Presupun că, dacă ridic puțin pijamaua...

Încet, atentă, trase mâneca de pe brațul „invizibil", apoi se întinse după mănușă.

Izzy scoase un suspin disperat și se trase departe de ea.

– Ah, iartă-mă. Nu-ți pot da jos mănușa?

Micuța fixa cu privirea un punct undeva în spatele urechii stângi a lui Annie.

– Înțeleg. Nu există nici o mănușă, nu-i așa?

Izzy își mușcă buza de jos. Încă nu voia să o privească pe Annie.

Annie se ridică, o luă pe după umeri cu blândețe și o conduse până la cadă, apoi o ajută să intre în apa caldă. Izzy se înghesui într-o parte a căzii, cu brațul stâng atârnându-i fără viață peste margine.

– Nu e prea fierbinte, nu-i așa? Nu, Annie, e potrivită. Exact așa cum îmi place. Izzy o pironi cu privirea, iar Annie zâmbi: Pot să port o convorbire de una singură. Când eram mică, neavând frați și surori, făceam asta tot timpul.

Turnă spumant de baie în apă. Izzy se uită cum apa începea să facă balonașe. Părea uluită.

Apoi, Annie aprinse trei lumânări parfumate pe care le găsise în bucătărie. Aroma dulce de vanilie se ridică în aer.

– Uneori, o fetiță are nevoie de o baie romantică doar pentru ea. În regulă... Căută în plasa maro pe care o adusese cu ea. Uite ce ți-am luat: un șampon pentru copii Johnson's, un săpun cu Pocahontas, un prosop cu Cocoșatul de la Notre-Dame și un pieptene cu Frumoasa și Bestia. Și costumașul ăsta absolut *adorabil*.

E violet cu floricele mici și galbene – exact așa cum o să arate și grădina mămicii tale – și ți-am luat și o pălărie galbenă asortată.

Vorbi fără întrerupere, punând întrebări și răspunzându-și singură. În cele din urmă, o ajută să iasă din cadă. O înveli pe fetiță într-un prosop uriaș și începu să-i pieptene părul.

– O țin minte pe Natalie când era de vârsta ta. Era micuță, cât un șoricel. Îmi tremura sufletul de fiecare dată când mă uitam la ea.

Îi împleti părul în două cozi perfecte pe care le prinse cu fundițe de satin galben.

– Întoarce-te.

Izzy se răsuci ascultătoare.

Annie o îmbrăcă în lenjerie nouă, albă, de bumbac, și apoi o ajută să-și pună bluza și salopeta pe care i le cumpărase. Când termină, o conduse până la oglinda înaltă din colț.

Fetița se privi multă, multă vreme. Apoi, încet, ridică mâna dreaptă și atinse una din panglici cu vârful degetului arătător. Buzele ei micuțe și roșii tremurară. O singură lacrimă îi alunecă pe obrazul roz. Doar una.

Annie înțelese. Asta sperase, cel puțin în parte: că Izzy avea să se vadă pe sine așa cum fusese înainte.

– Pun pariu că așa ai arătat dintotdeauna, nu-i așa? O sărută cu blândețe pe frunte. Fetița mirosea a șampon pentru copii și a săpun. La fel ca orice alt copil de vârsta ei. Apoi se lăsă pe călcâie și o privi pe Izzy în ochi. Știi că e mult mai distractiv să-ți împarți jucăriile cu un prieten decât să te joci singură, nu-i așa? Uneori e la fel și cu tristețea. Uneori, dacă o împarți cu cineva, te lasă în pace. Neprimind răspuns, schimbă subiectul cu un zâmbet: Acum am nevoie de ajutor în bucătărie. Am început să pregătesc cina, dar n-am găsit nicăieri farfuriile. Poate mă ajuți tu?

Izzy clipi, iar Annie presupuse că asta însemna „da".

Merseră împreună în bucătărie, apoi Izzy se îndreptă docilă spre masă și se așeză. Picioarușele ei atârnau deasupra podelei.

Annie vorbi tot timpul cât pregăti gogoși, amestecă un aluat și îl răsturnă într-o oală cu tocăniță de pui.

– Știi cum să pui masa? întrebă, acoperind oala cu un capac. Cum fetița nu rosti nici un cuvânt, ridică ușor glasul: Nu merge așa, domnișoară Izzy. Luă o linguriță și i-o întinse fetiței. Poftim. Asta e pentru tine.

Izzy prinse lingurița între degetul mare și arătător. O studie, apoi se încruntă.

– Mișcă o dată lingurița pentru „da", de două ori pentru „nu". Așa vom putea sta de vorbă... ca și când am vorbi într-un cifru secret, și nu trebuie să spui nimic cu voce tare. Crezi că poți să-mi arăți unde sunt farfuriile?

Izzy scrută lingurița mult timp, fără să clipească. Apoi, extrem de încet, o mișcă o dată.

– Hei, Nicky, am auzit că fata lui Hank Bourne s-a întors în oraș.

Nick își ridică privirea din paharul cu băutură. Îl durea capul și nu reușea să se concentreze. Toată ziua avusese o migrenă, de când fusese acasă la Chuck și Sally. Îl arestase pe Chuck și îl închisese într-o celulă, dar Sally fusese deja la secție și ceruse ca soțul ei să nu fie pus sub acuzare. Îi spusese sergentului de serviciu că alunecase pe scări.

Nick crezuse că, dacă avea să se oprească la barul lui Zoe și să bea un păhărel – doar unul, cât să se liniștească – avea să se simtă suficient de bine cât să fie în stare să dea ochii cu Annie și Izzy acasă. Dar, ca întotdeauna, primul pahar dusese spre al doilea, apoi al treilea, și tot așa...

Privirea lui Sally îi deschisese o veche rană din suflet, un hău întunecat, oribil, plin de amintiri dureroase.

Strânse paharul în mână și mai luă o înghițitură lungă de whisky.

– Cum spui tu, Zoe.

Joel Dermo se trase mai aproape de el.

– O țin minte pe Annie Bourne. Ea și fiică-mea, Suki, au fost în aceeași grupă de cercetașe.

Nick închise ochii. Nu voia să se gândească la trecut, la zilele în care ei trei fuseseră cei mai buni prieteni. De câte ori făcea asta își amintea și cât de mult ținuse la Annie, ceea ce îl făcea să se gândească iarăși la noaptea precedentă, cu ea în brațele lui, goală, sălbatică, transformându-i în realitate toate fanteziile pe care le avusese vreodată cu ea. Amintirea îl trimitea de fiecare dată pe același drum periculos al minții, un drum care îl făcea să se întrebe dacă făcuse alegerile cele mai bune până atunci. O alesese pe Kathy fiindcă ea avusese nevoie de el... și o dezamăgise, iar faptul că o iubise îl distrusese și pe el. Gândurile care veneau apoi erau întunecate, periculoase... spre exemplu, ce s-ar fi întâmplat dacă ar fi ales-o pe Annie, sau ce se *putea* întâmpla dacă Annie ar fi fost genul de femeie care să rămână în Mystic.

„E soția altcuiva“, își aminti.

Se ridică în picioare, clătinându-se puțin, grăbindu-se să fugă mai repede decât gândul pe care tocmai îl avusese. Aruncă o bancnotă de douăzeci de dolari pe bar, apoi se întoarse și ieși în grabă din taverna plină de fum. Sări în mașina cu care patrula de obicei și porni spre casă. Când ajunse pe aleea din față se simțea ca și când ar fi condus o mie de kilometri peste un drum plin de șanțuri și gropi. Îl durea tot corpul, migrena nu-i dădea pace și nu voia decât niște alcool în plus ca să se liniștească puțin.

Ce naiba mai putea să-i spună lui Annie acum, după ce se culcase cu ea?

Ieși încet din mașină, străbătu aleea de prundiș, urcă scările cocoșate care duceau la verandă și intră.

Annie era întinsă pe canapea. Când ușa se închise în spatele lui, se ridică în capul oaselor și îi zâmbi leneș.

– Ah, cred că am adormit.

Era atât de frumoasă, încât Nick rămase fără cuvinte o clipă. Făcu un pas în spate, lăsând cât mai mult spațiu între ei. Întoarse privirea.

– Iartă-mă că am întârziat. Am... vrut să vin și la Lurlene, dar am primit un apel urgent și, ei bine, știi...

Annie dădu pătura la o parte și se ridică. Hainele ei erau șifonate și pe obraz avea o rețea de liniuțe roz.

– Nu e nici o problemă. Eu și Izzy ne-am simțit bine împreună. Cred că o să ne înțelegem grozav.

Nick vru să spună ceva, ceva care să-i mai atenueze sentimentul de vinovăție și să o facă pe Annie să-l admire. Simțea nevoia să vorbească despre evenimentele din cursul zilei, să-și împărtășească tulburarea, să-i spună că pierduse ceva dinlăuntrul lui și nu mai știa unde să-l găsească și cum să-l pună la loc. Dar o asemenea intimitate era ceva atât de străin pentru el, că nu avea nici cea mai vagă idee de unde să înceapă.

Annie își culese geanta de pe măsuța de cafea. Avea grijă să nu-l privească prea insistent.

– Dacă vrei... pot să vă pregătesc cina ție și lui Izzy mâine-seară. Cred că i-ar plăcea și ei asta.

– Ar fi grozav. Ajung acasă la ora șase.

Annie se strecură pe lângă el, dar se opri lângă ușă și se întoarse.

– De-acum încolo... dacă întârzii, aș aprecia dacă mi-ai da un telefon din timp.

– Da. Îmi pare rău.

Îi zâmbi o ultimă oară și ieși afară.

Nick rămase la geam, urmărindu-i mașina cu privirea. Când punctele minuscule ale farurilor din spate dispărură după colț, urcă încet scările și intră în camera de oaspeți, cea în care se mutase de opt luni încoace și pe care o folosea când nu adormea pe canapea. Își dezbrăcă uniforma albastră, trase pe el o pereche de pantaloni vechi, largi și peticiți și ieși obosit pe hol. Se opri în fața ușii lui Izzy o clipă, adunându-și forțele.

O lampă micuță lucea palid lângă patul ei. Abajurul, colorat în galben aprins, îl reprezenta pe Ursulețul Winnie. Luă cartea favorită a fetiței – *Unde sunt făpturile sălbatice*[1] – și se așeză pe marginea patului. Salteaua se lăsă sub greutatea lui, făcându-l să înlemnească. Izzy se mișcă puțin în somn, dar nu se trezi.

---

[1] *Where the Wild Things Are* – celebră carte pentru copii a autorului american Maurice Sendak (n.red.)

Nick deschise cartea şi rămase cu privirea aţintită la prima pagină. Demult, când îi citea în fiecare seară înainte de culcare, Izzy se făcea ghem lângă el cu încrederea ei de copil şi zâmbea. „Tati, ce-mi citeşti în seara asta, tati?“

Strânse ochii. Trecuse multă vreme de când se gândise ultima oară la vechiul ei obicei de a spune *tati* la începutul şi sfârşitul fiecărei propoziţii. Se aplecă încet, încet, şi o sărută blând pe fruntea moale. Se simţi cuprins de mirosul ei, îşi aminti cum îi pregătea o baie cu spumă din când în când...

Oftă prelung. Acum nu mai era în stare decât să-i citească în somn, doar câteva pagini din cartea ei favorită. Spera că vorbele lui ajungeau la ea cumva, prin vis. Era un lucru neimportant, un fel stupid de a-i arăta că o iubeşte; o ştia prea bine. Şi totuşi, doar asta îi mai rămăsese.

Citi din carte cu voce scăzută, muzicală, apoi o lăsă atent pe noptieră.

– Noapte bună, Izzy a mea, îi şopti, sărutând-o pe frunte o ultimă oară.

Apoi coborî scările, merse în bucătărie şi îşi turnă un pahar de tărie. Deschise cu piciorul uşa de la intrare şi se prăbuşi pe un scaun de pe verandă.

Amintirea apăru imediat, exact cum se aşteptase. Simţea iarăşi mirosul din casa familiei Weaver, un amestec de şuncă şi dezinfectant, şi vedea fâşia de linoleum de pe podeaua din bucătărie care începuse să se cojească la colţuri. Îşi aminti de vânătaia de pe obrazul lui Sally, care începuse să se lăţească deja, ca o pată de sânge pe un şerveţel.

Cândva, cu mult timp în urmă, se crezuse în stare să-i salveze pe cei ca Sally. Crezuse că, odată ce se îmbrăca în uniformă, devenea invincibil. Dumnezeule, cât de idiot fusese. Crezuse cu toată fiinţa în trei cuvinte care nu mai însemnau nimic în ziua de azi: respect, onoare, dreptate. Crezuse chiar că putea să-i salveze pe cei care nu voiau să fie salvaţi.

Viaţa îi dăduse însă o lecţie. Idealismul lui fusese mărunţit zi după zi, şi la serviciu, şi acasă, cu Kathy. Acum îi mai rămăseseră doar câteva rămăşiţe ruginite. Fără el, aproape că nu se mai recunoştea el pe sine însuşi.

Sorbi îndelung din pahar şi se lăsă pe spate, privind cerul înstelat. O clipă, fu uimit să descopere că peisajul nu se schimbase deloc. Lacul strălucea încă în lumina lunii. Întunericul se ţesea în jurul munţilor şi printre copacii din pădure. Zorii aveau să vină în curând, alungând bezna spre alte părţi ale lumii.

Odată, de mult, admirase înfiorat micile minunăţii ale naturii. Crezuse că nu avea nevoie de prea multe ca să fie fericit. Nu voia decât o familie, o locuinţă şi un serviciu. Îşi imagina că o să îmbătrânească în casa pe care o cumpărase, aşezat pe balansoarul din verandă, văzându-şi copiii cum cresc şi îşi întemeiază la rândul lor propriile familii. Crezuse că avea să încărunţească încet, de-a lungul anilor. Nu ştiuse că durerea şi vinovăţia erau în stare să albească părul unui bărbat în puterea vârstei într-un singur anotimp.

Bău până când lumea începu să se învârtă în jurul lui şi nu mai era în stare să vadă limpede. Sticla goală îi alunecă dintre degetele amorţite şi se rostogoli departe, lovind cu zgomot treaptă după treaptă şi oprindu-se în iarba de dedesubt.

În dimineaţa următoare, Izzy fu trezită de vocea mămicii. Dădu la o parte aşternuturile cu piciorul şi se ridică iute, clipind.

– Mami?

La început nu auzi decât sunetul ploii. În zilele de demult – înainte de lucrul rău – îi plăcea la nebunie să asculte dansul picăturilor de ploaie pe acoperiş. Privi pe fereastră, dezamăgită să vadă doar cerul roşiatic şi razele de soare. Nu ploua.

– Mami?

Nu-i răspunse decât scârţâitul casei. Îşi puse papucii ei favoriţi, cei cu cap de iepure, şi se furişă afară din dormitor. Coborî scările în tăcere, rugându-se ca tăticul să nu se trezească. Tăticul adormise pe canapea, cu un braţ pe măsuţă şi cu picioarele goale atârnându-i din pătura albastră cu care se învelise.

Trecu pe lângă el tiptil, cu inimioara bătându-i cu putere, deschise încet uşa de la intrare şi o închise cu grijă după ea. Rămase pe verandă, privind în jur. O ceaţă rozalie plutea deasupra lacului.

– Mami?

Merse prin iarbă până la marginea lacului, închise strâns ochii şi se gândi la mămica. În clipa în care îi deschise din nou o văzu undeva, în apă, prea departe ca s-o poată atinge.

Mămica nu se mişcă, dar deodată apăru lângă ea, aşa de aproape că fetiţa îi simţea parfumul.

E în regulă, Izzy. Vocea mămicii se împleti cu briza uşoară. O pasăre ţipă undeva şi zbură dintr-un tufiş, bătând cu furie din aripi şi înălţându-se spre cer.

Începu să plouă de-adevăratelea, o ploaie înceată, blândă, care o săruta pe creştet şi-i aluneca pe buze. Era o ploaie colorată în toate nuanţele curcubeului, şi toate se contopeau în lac. Dar de cealaltă parte a lacului nu ploua.

E în regulă, spuse din nou mămica. *Trebuie să plec.*

Izzy intră în panică. Era ca şi când o pierdea din nou. „Nu pleca, mămico, o rugă în gând. Dispar *cât de repede pot.*“

Dar mămica dispăruse deja. Ploaia fermecată se opri şi ceaţa dispăru.

Fetiţa aşteptă şi aşteptă, dar nu se mai întâmplă nimic. În cele din urmă se întoarse în casă, intră în bucătărie şi începu să-şi pregătească micul dejun. Scoase singurică cerealele Frosted Flakes şi laptele.

Tăticul se trezi în cealaltă cameră. Văzuse toată scena de prea multe ori ori. Cel mai rău era când adormea pe canapea. Întâi se ridica în capul oaselor, apoi se lua cu mâinile de tâmple şi începea să geamă. Când se dădea jos, întotdeauna se lovea cu glezna de măsuţa de cafea şi striga un cuvânt urât. Şi astăzi se întâmplă la fel.

– Rahat!

Izzy se grăbi să pună faţa roz de masă – cea pe care mămica o folosea întotdeauna la micul dejun. Voia ca tăticul să vadă cât de deşteaptă era, cât de mult crescuse. Poate aşa avea să-l convingă în sfârşit să se uite la ea, să o atingă... să-i spună, poate, „Bună dimineaţa, Soare, cum ai dormit azi?“ Aşa spunea dimineaţa. Dacă vorbea cu ea, poate şi ea avea să-şi regăsească vocea, să-i poată răspunde „Mă simt bine, tati!“ şi să-l facă să râdă din nou. Îi era aşa de dor să-l audă râzând!

Nu voia mai mult. Renunţase la atâtea lucruri care contaseră înainte. Nu voia să-l audă spunându-i că o iubeşte. Nu voia să o sărute pe frunte înainte de culcare, sau să o ducă la picnicuri, sau să o învârtă în braţe până începea să ţipe de bucurie. Voia doar să o privească aşa cum o făcuse înainte, ca şi când era cea mai importantă fiinţă din lume.

Acum, abia dacă se mai uita la ea. Uneori îşi întorcea privirea aşa de repede că şi Izzy se speria, crezând că dispăruse de tot. Totuşi, era încă acolo – în cea mai mare parte, fiindcă nu mai avea o mână şi trei degeţele de la cealaltă. Tăticului pur şi simplu nu-i mai plăcea să se uite la ea.

Nick intră împleticit în bucătărie şi se opri clătinându-se.

– Izzy. De ce te-ai trezit?

Fetiţa clipi surprinsă spre el. „Poţi să o faci, se gândi. Haide, răspunde-i. Îţi pregătesc micul dejun, tati.“ Dar cuvintele i se încâlciră în gâtlej şi dispărură.

– Cereale Frosted Flakes, spuse tăticul, zâmbind slab. Lui Annie o să-i placă.

Merse la frigider şi îşi turnă un pahar de suc de portocale, apoi se îndreptă spre ea. Izzy simţi cum i se opreşte inimioara. O clipă crezu că tăticul avea să o bată pe umăr, să-i spună că aranjase foarte frumos masa. Sau că *ea* era frumoasă – aşa cum arătase înainte, cu părul împletit. Se aplecă puţin spre el.

Dar tăticul trecu pe lângă ea şi Izzy trebui să îşi stăpânească lacrimile. Se uita la masă. Nu la ea.

– N-am timp să mănânc, Izzy dragă.

Își masă fruntea și închise ochii.

Iarăși îl durea capul. Îl tot durea de când mămica se înălțase la Cer. O speria să se gândească la asta. O speria să vadă că tăticul ei era așa de bolnav dimineața. Voia să-i spună că o să se străduiască să fie fetiță cuminte, că n-o să mai dispară și o să înceapă iarăși să vorbească și o să mănânce tot din farfurie.

Tăticul zâmbi, doar că nu era zâmbetul lui adevărat. Era zâmbetul obosit și nesigur al tăticului cu părul argintiu – cel care nu se uita niciodată la ea.

– Te-ai simțit bine ieri, cu Annie?

Izzy făcu toate eforturile, dar nu reuși să răspundă. Tăticul se uita la ea de parcă îi venea să plângă. O făcea să-i fie rușine de ea.

În cele din urmă, tăticul oftă.

– Mă duc să fac un duș. Annie ar trebui să apară dintr-o clipă în alta.

Așteptă o clipă – de parcă Izzy avea să-i răspundă totuși – dar fetița rămase tăcută. Nu putea vorbi. Rămase nemișcată, cu două boluri în mână, și îl privi îndepărtându-se.

Mai târziu, mult după ce tăticul plecase la serviciu, Izzy se așeză pe canapea, cu genunchii lipiți și Domnișoara Jemmie adormită în poala ei. Annie venise dimineața devreme și începuse iarăși să facă curat. Vorbea cu ea fără încetare. Vorbea așa de mult că, uneori, fetița pierdea șirul.

Casa arăta mult mai bine acum, după ce Annie terminase de făcut curat. O făcea pe Izzy să se simtă în siguranță.

Închise ochii, ascultând sunetele liniștitoare ale măturii. Îi aminteau de mămica ei și de toate dățile în care stătuse de una singură, cu ochii într-o carte, în timp ce mămica făcea curat.

Fără să-și dea seama, scoase un sunet. Era un *hârști-hârști* încetișor, ca sunetul pe care îl făcea mătura frecându-se de podea.

Făcu ochii mari. Era uimită să-și audă vocea după atâta timp. Chiar dacă nu scosese nici un cuvânt, era *Izzy*. Crezuse că acea bucățică din ea – cea care putea vorbi – se veștejise și dispăruse, la fel ca mâna și brațul stâng. Nu vrusese cu tot dinadinsul să nu mai vorbească. Într-o zi, după ce fusese la doctor, deschisese gura să spună ceva și nu ieșise nici un sunet. Nimic.

Fusese îngrozită atunci, mai ales după ce își dăduse seama că vocea ei dispăruse cu totul. Toți începuseră să o trateze ca pe un bebeluș, să mimeze de parcă nici ea nu-i mai putea auzi. Felul în care se holbau cu toții o făcea să plângă, dar până și plânsul ei era tăcut.

Annie era altfel. Annie nu o privea ca și când ar fi fost o păpușă stricată, bună de aruncat la gunoi.

Izzy zâmbi. Sunetul reveni iar și iar, încetișor, puțin mai tare decât respirația ei. *Hârști-hârști-hârști.*

capitolul 10

Clădirea tribunalului fusese construită cu o sută de ani în urmă, când Mystic era o colonie de tăietori de lemne în plină ascensiune, când văile erau pline de copaci gata să fie tăiați și încărcați în locomotive și peste tot erau locuri de muncă. Era o clădire impozantă din granit cioplit de mână, cu fațada acoperită de zeci de ferestre largi, construită în mijlocul unui gazon verde, îngrijit perfect. Aleile pavate cu cărămidă erau mărginite de azalee și tufe de rododendroni tunse la milimetru. Un steag al statului Washington flutura în briza de primăvară.

Nick stătea pe treptele de la intrare, cu spatele sprijinit de una din coloanele de piatră care flancau ușile imense din lemn de stejar, răsfoind un carnețel. Încerca să-și aducă aminte ce se întâmplase când arestase pe cineva cu mai mult de o lună în urmă. Deși funcția îl obliga să depună mărturie, nu-i plăcuse niciodată să facă asta. Mai ales în instanța pentru probleme de familie, unde nu vedea decât familii distruse și suflete pierdute.

Azi era procesul Ginei Piccolo. Nick o știa pe Gina de când era mică. Abia cu câțiva ani în urmă jucase rolul principal într-o piesă de teatru de la școală, *Oklahoma!* Era o fată veselă, mereu zâmbitoare, cu părul de abanos și ochi sclipitori. Dar în ultimul an scăpase de sub control. La paisprezece ani începuse să umble cu tot felul de personaje dubioase. Ochii ei se stinseseră de mult. Acum devenise o adolescentă posomorâtă, certăreață, cu haine mult prea largi și un repertoriu de înjurături care l-ar fi făcut pe un tăietor de lemne să roșească. Mereu avea necazuri. Părinții ei nu mai știau ce să-i mai facă, mai ales că începuse de ceva vreme să iasă cu un tip de șaptesprezece ani. Degeaba îi țineau predici. Nimic nu părea să funcționeze.

Așa că Nick fusese chemat să dea o declarație despre Gina. Se uită la ceas. Ședința reîncepea în zece minute. Răsfoi din nou carnețelul, dar îi era extrem de greu să se concentreze. I se întâmpla des asta în ultimele patru zile – de când Annie Bourne reintrase în viața lui.

Izzy se simțea deja mai bine. Încă nu vorbea, și tot mai credea că dispare, dar Nick vedea deja schimbările. Interacționa cu ceilalți, asculta, zâmbea... și era evident de ce.

La naiba, Annie te făcea să te simți atât de *firesc!* Asta era problema – cel puțin pentru Nick. Își amintea mereu că făcuseră dragoste. Annie era un personaj fascinant. Ochii i se micșorau când zâmbea, încerca mereu să-și dea după ureche o șuviță care nu mai era acolo, ridica din umeri cu nevinovăție când greșea.

De multe ori o ocolea cu privirea de teamă că i-ar fi putut vedea dorința din ochi.

Oftă, închise carnețelul și intră înăuntru, îndreptându-se spre sala numărul șase.

Gina îl aștepta lângă ușă. Purta blugi largi și o bluză neagră, mult prea mare, care îi atârna aproape până la genunchi. Părul ei nu mai era de mult brunet. Acum avea șuvițe roz și violet și purta un inel argintiu în nas.

Ochii fetei se îngustară când îl văzu.

– Lua-te-ar dracu', Delacroix. Ai venit să le spui să mă închidă.

De unde venea toată furia asta? Nick oftă.

– Am venit să-i spun judecătoarei McKinley ce s-a întâmplat pe douăzeci şi şase februarie.

– Parcă ştii tu mai bine. Habar n-ai ce s-a întâmplat. Nici nu mă cunoşti. Mi s-a făcut o înscenare. Nu era cocaina mea.

– Cineva ţi-a pus-o în buzunar?

– Aşa-i.

– În regulă, Gina. Dacă aşa vrei să fie lucrurile, eu nu mă supăr. Dar cred că o fată mai deşteaptă ar alege să spună adevărul.

Gina se lovi peste şold cu palma, neliniştită.

– Da, fiindcă voi, poliţaii, ştiţi ce-i ăla adevăr. Îmi faceţi greaţă.

– Eşti încă tânără, Gina...

– Să mă pupi în cur.

– Şi, la fel ca toţi tinerii, crezi că eşti un deschizător de drumuri, un explorator care a găsit ceva ce nimeni altcineva n-a mai avut vreodată. Dar te cunosc. Am mers şi eu pe drumul pe care eşti tu acum. Crede-mă, n-o să se termine bine.

– Habar n-ai ce-i aia lume reală. Eşti un poliţai... din *Mystic*.

Gina luă o ţigară şi o aprinse. Privirea îi alunecă spre semnul care spunea „Fumatul interzis!" Zâmbi, provocându-l pe Nick să intervină.

Nick simţi provocarea, îi văzu ochii sclipind când suflă un firicel de fum. Arătă cu capul spre uşile deschise:

– Vino cu mine.

Se îndreptă spre ieşire şi nu se uită în spate să vadă dacă îl urma. Spre surprinderea lui, Gina venea după el. Se aşeză pe treapta cea mai de sus de la intrare, iar Gina se ghemui turceşte câţiva paşi mai încolo.

– Da, ce vrei?

– Când eram de vârsta ta nu aveam casă.

– Îhâm, pufni ea. Şi eu cânt cu Spice Girls.

– Mama mea era alcoolică și se prostitua pentru băutură. Era o viață drăguță... normală pentru cineva dependent de alcool, fără nici o educație și nici o pregătire profesională. Se lăsase de școală la șaisprezece ani pentru că rămăsese însărcinată cu mine. Taică-meu i-a dat papucii aproape imediat... și n-a mai avut unde să se ducă apoi.

Gina rămase nemișcată. Mucul de țigară dintre buzele ei negre atârna fără vlagă.

– Aiurea, mormăi, dar de data asta nu mai părea așa convinsă.

– Nu ne puteam permite să plătim chiria – asta tot din cauza dependenței. Întâi îți pierzi banii... apoi îți pierzi mândria și voința. În curând nu-ți mai pasă că locuiești într-o rablă de Chevrolette Impala și că fiu-tău n-are nici o geacă de iarnă. Nu-ți pasă decât să te îmbeți sau să te droghezi. O să ajungi să dormi pe o bancă din parc, învelită cu ziare, și să nici nu-ți dai seama că îngheți sau că ai vomitat pe tine la un moment dat.

– Încerci să mă sperii.

– Bineînțeles că încerc să te sperii, la naiba! Ești pe un drum care nu duce decât în unul din trei locuri, Gina – pe o bancă din parc, la răcoare sau în pământ. Gândește-te.

Fata își ridică încet privirea spre el. Era speriată. O clipă, Nick speră din tot sufletul că avea să-i ceară ajutorul.

„Haide, Gina, se gândi. Poți să o faci." Scoase o carte de vizită din buzunar și i-o întinse.

– Sună-mă. Oricând.

– Eu...

– Hei, scumpo, de ce naiba vorbești cu porcul ăla în uniformă?

Gina se smuci în spate de parcă o înțepase ceva și se ridică în picioare. Cartea de vizită căzu lin pe treptele de granit de dedesubt. Se întoarse și îi făcu vesel cu mâna băiatului cu păr verde care urca în fugă spre ei. Avea lanțuri în urechi și pe blugi și un inel micuț de argint într-o sprânceană. O luă pe după umeri și o trase lângă el, apoi luă țigara dintre buzele ei, inhală adânc și suflă încet fumul.

– Ai venit s-o bagi la zdup, așa-i?

Nick îl fixă cu privirea. Drew Doro, un puști care avusese primele probleme la zece ani, după ce dăduse foc la garajul familiei. Cu doi ani în urmă, părinții renunțaseră la el discret, cu inimile frânte. Nu mai era decât o chestiune de timp până când Drew avea să ajungă după gratii, în Monroe. Era primul prieten al Ginei.

– Am venit să-i spun judecătorului părerea mea, Drew. Asta e tot. Nu e un proces. Se uită la Gina și adăugă: Nu încă, oricum.

Gina făcu un pas spre Nick. Nesiguranța din privirea ei îi aminti că dincolo de rimel și de atitudinea nonșalantă se ascundea totuși un copil speriat care încerca să-și găsească drumul într-o lume atât de ciudată.

– Ce-o să-i spui judecătoarei?

Nick o minți, spunându-i ce voia ea să audă.

– O să-i spun că ești un pericol pentru tine și pentru ceilalți. Nu-mi dai de ales.

Nesiguranța ei fu înlocuită imediat de ură.

– Du-te naibii, Delacroix. Nu era cocaina mea.

Polițistul se ridică încet.

– Dacă ai nevoie de ajutor... știi unde să mă găsești.

– De ce naiba să aibă nevoie de ajutorul *tău?* râse Drew. Are o grămadă de prieteni cărora chiar le pasă de ea. Tu ești un sticlete amărât din orașul ăsta de rahat. Nu ești bun decât să dai jos mâțele din copaci. Haide, Gina.

Nick îi urmări îndepărtându-se. Nu se așteptase ca Gina să-l asculte. Poate sperase, într-adevăr – acea speranță pe care nu și-o putea stăpâni și care îl mistuia de ani întregi. Nu era niciodată în stare să o abandoneze cu totul.

Avusese aceeași discuție cu o duzină de adolescenți de-a lungul anilor și nici unul dintre ei nu îl ascultase vreodată. Nici unul nu se schimbase. Majoritatea mureau de tineri, în moduri violente, departe de familiile care îi iubeau.

„Măcar o dată“, se gândi obosit. Ar fi fost atât de frumos să reuşească să apere şi să slujească pe cineva măcar o dată.

O văzu pe Gina învârtindu-se pe la intrare, terminându-şi ţigara.

– Ține minte banca din parc, îi strigă.

Răspunsul ei fu acel gest bine cunoscut cu degetul mijlociu.

Annie era epuizată când Nick veni în sfârşit acasă de la serviciu – târziu, ca de obicei. Conduse până acasă şi se împletici până la pat. Adormi aproape instantaneu, dar în mijlocul nopţii se trezi şi întinse mâna după Blake.

Nu mai izbuti să adoarmă apoi. Era un simptom nefericit al depresiei: se simţea obosită aproape tot timpul, însă rareori reuşea să doarmă bine.

Ca întotdeauna, petrecu restul nopţii încercând să nu se gândească la casa goală de pe malul oceanului şi la bărbatul care făcuse parte din viaţa ei atât de mult timp. Bărbatul care îi spusese: „O iubesc, Annie“.

Merse în bucătărie şi mâncă nişte cereale, apoi ridică receptorul şi o sună pe Natalie. Era un apel neprogramat. Ascultă câteva minute poveştile fiicei ei despre Londra, după care îi mărturisi că se mutase la Mystic.

– Îl vizitez pe Hank şi îmi ajut un vechi prieten, explică ea.

Natalie puse o singură întrebare:

– Ce spune tata despre asta?

Annie se chinui să râdă, un râs care îi suna până şi ei forţat.

– Îl cunoşti bine. Vrea doar ca eu să fiu fericită.

– Serios?

Annie se simţi groaznic de bătrână. Era o întrebare aparent simplă, dar care dădea de înţeles că fiica ei ştia mult mai multe. Vorbiră încă vreo oră, până când începu să simtă cum bucăţele din ea reveneau acolo unde trebuiau să fie. Conversaţia o ancora în prezent, îi reamintea că nu dăduse greș cu absolut toate lucrurile în viață.

La final, se asigură că Natalie știa numărul de telefon al lui Hank, în caz de urgență, apoi închise.

Petrecu următoarea oră în patul ei singuratic, uitându-se pe geam, în întuneric. În cele din urmă, soarele răsări și alungă noaptea neprietenoasă.

Gândul la Izzy îi dădu suficientă forță cât să se ridice din pat, să se îmbrace și să ia un mic dejun frugal. Fetița devenise un soi de vestă de salvare pentru ea. Se adresa unei părți primordiale din sufletul ei, și nu era nevoie de un psihiatru plătit cu două sute de dolari pe oră ca să înțeleagă de ce. Când Annie se uita în ochii mari și înfricoșați ai lui Izzy, se vedea pe ea însăși.

Știa cu ce se confrunta în fiecare zi. Nu era nimic mai dureros decât să-ți pierzi mama, indiferent ce vârstă aveai, însă pentru un copil, mai ales pentru o fetiță, viața se schimba cu totul. Cu fiecare an care trecuse de la moartea propriei mame, Annie învățase să vorbească despre pierderea suferită pe un ton banal, așa cum ar fi vorbit și despre vreme. „Mama mea a murit când eram mică... s-a stins... a dispărut... a decedat... un accident... nu mi-o mai amintesc aproape deloc..." Uneori nu o durea să spună toate acele lucruri, alteori durerea o paraliza. Uneori simțea în aer parfumul ei, sau simțea mirosul de vanilie al prăjiturilor cu zahăr, sau auzea finalul unui cântec de Beatles la radio. Rămânea pironită în mijlocul sufrageriei și, cât era ea de mare, plângea ca un copil.

Fără mamă.

Două cuvinte banale care ascundeau un abis plin de durere și abandon, un doliu continuu după mângâierile care nu mai veneau niciodată și după vorbele de alinare pe care nu le mai rostea nimeni. Nici un cuvânt nu era suficient de cuprinzător pentru a descrie moartea unei mame. Nici în vocabularul lui Annie, nici în acela, mult mai limitat, al lui Izzy. Nu era de mirare că fetița se închisese în ea însăși și refuza să se exprime.

Annie voia să-i spună toate astea și lui Nick, să-l facă să înțeleagă prin ce trecea Izzy, dar de fiecare dată când deschidea gura avea un sentiment copleşitor că se amesteca unde nu-i fierbea oala. De fiecare dată când se uita în ochii albaştri ai lui Nick sau îi vedea părul albit de tragedia prin care trecuse, ştia că şi el înţelegea.

Încă se comportau ciudat unul cu altul. Erau nesiguri. Lui Annie, cel puţin, fiecare gest de-al lui, fiecare privire îi aminteau de pasiunea cu care făcuseră dragoste. Dacă se apropiau prea mult începea să respire greu. Şi Nick părea să fie la fel de precaut. Îşi tot dădeau târcoale, zâmbindu-şi fals şi vorbind banalităţi.

Totuşi, lucrurile începuseră oarecum să reintre în matcă. În ziua precedentă discutaseră zece minute în bucătărie, lângă bufet, în timp ce Izzy lua micul dejun. Vorbiseră despre vechea lor prietenie, făcând apel din când în când la amintirile comune. În cele din urmă, zâmbiseră amândoi.

Atmosfera prieteniei reînnoite îi dădea puteri noi, aşa că în ziua aceea ajunse în faţa casei lui Nick cu o jumătate de oră mai devreme. Luă din maşină punga cu cornuleţe pe care le cumpărase de la brutărie şi plasa cu surprize pentru Izzy, bătu cu putere în uşa de la intrare.

După ceva vreme, Nick îi deschise. Purta o pereche de pantaloni de trening care nu mai erau de mult buni de purtat. Clătinându-se pe picioare, o privi cu ochi injectaţi.

Annie ridică punga.

– Mă gândeam că vrei să mănânci ceva de dimineaţă.

Nick se trase un pas în spate şi îi făcu loc să intre. Annie observă că se mişca nesigur.

– Nu mănânc nimic dimineaţa, dar mersi.

Annie îl urmă înăuntru. Nick dispăru în baie, de unde ieşi câteva minute mai târziu îmbrăcat în uniformă. Părea bolnav. Tremura, iar părul lui argintiu era unsuros. Ridurile de sub ochi erau mai adânci ca de obicei, de parcă cineva le pictase acolo.

Annie întinse mâna fără să se gândească şi îl atinse pe frunte:

– Poate ar trebui să stai acasă...

Nick îngheţă. Era uluit de un gest atât de intim. Annie îşi trase mâna înapoi, simţind cum obrajii îi deveniseră stacojii de ruşine.

– Iartă-mă, n-ar fi trebuit...

– Nu, murmură el. N-am dormit bine, atâta tot.

Annie fu la un pas să deschidă o conversaţie care n-ar fi trebuit să pornească de la ea, ci de la el. Apoi însă schimbă subiectul. Ăsta era lucrul cel mai sigur de făcut – să nu vorbească decât despre Izzy.

– Vii acasă la cină?

Nick se întoarse cu spatele. Se gândea la ultimele două zile. De fiecare dată întârziase la masa de seară.

– Am un program...

– Ar însemna foarte mult pentru Izzy.

– Crezi că nu ştiu asta? se răsti el răsucindu-se brusc. Privirea lui plină de disperare o învălui cu totul.

– Iartă-mă...

Clătină din cap şi ridică o mână, ca şi când ar fi vrut să o alunge.

– O să vin acasă, spuse, apoi trecu pe lângă ea şi ieşi.

Îşi stabiliseră deja o rutină plăcută: Annie venea dimineaţa devreme şi îşi petrecea toată ziua cu Izzy, jucându-se, citind sau plimbându-se prin pădure. Seara pregătea o cină caldă pentru amândouă, iar apoi se amuzau cu jocuri de familie sau se uitau la casete video.

În fiecare seară, Annie o punea pe Izzy la culcare şi o săruta de noapte bună.

Nick întârzia de obicei la cină, uita să sune înainte şi apărea pe la ora nouă, mirosind a ţigări şi băutură. Chiar şi când promitea că vine la timp, şi promitea asta în fiecare seară, tot întârzia.

Annie obosise să-i tot găsească scuze. Iarăşi se făcuse ora culcării şi fetiţa asta frumoasă avea să adoarmă din nou fără un sărut de noapte bună de la tăticul ei.

O privi pe Izzy, care stătea la fereastră contemplând amurgul. Nu se mişcase de acolo în ultima jumătate de oră. Sigur avea urechile ciulite în caz că auzea zgomotul mașinii tatălui ei.

Annie îngenunche pe parchet lângă ea. Își alese cu grijă cuvintele.

– Când eram mică, mama mea a murit. Nici eu, nici tatăl meu n-am prea vorbit după asta mult, mult timp. Când tata se uita la mine își amintea imediat de mama. Asta îl durea mult, așa că uneori își muta repede privirea.

Ochii căprui ai fetiței se umplură cu lacrimi. Buza de jos începu să-i tremure. O mușcă.

Annie se întinse și șterse o lacrimă cu degetul.

– Însă tatăl meu s-a întors la mine, să știi. A trecut multă vreme, dar în cele din urmă s-a întors pentru că mă iubea. La fel cum tăticul tău te iubește pe tine. Așteptă ca Izzy să-i răspundă, până când tăcerea deveni stânjenitoare. Apoi zâmbi și se ridică. Făcuse o mișcare bruscă. Genunchii îi pocniră. Haide, iubita mea. Hai la culcare.

Se îndreptă spre scări, iar Izzy porni pe urmele ei. Annie încetini pasul, pentru a-i permite să se țină după ea. La jumătatea drumului, Izzy se trase puțin mai aproape și mânuța ei alunecă într-a lui Annie. Era prima oară când o atingea.

Annie îi strânse afectuos degețelele. „Bravo, Izzy... întinde-mi o mânuță. N-o să te las să cazi“, îi spuse în gând.

După ce Izzy se spălă pe dinți în baia de sus, îngenuncheară amândouă lângă pat și Annie spuse o rugăciune de culcare. Apoi o înveli pe fetiță și o sărută pe frunte. Așteptă o clipă în tăcere, după care merse și se așeză în balansoarul de lângă fereastră.

Balansoarul scotea un bubuit surd de fiecare dată când capătul lui se lovea de podea. Privirea lui Annie se mută de la pat la geam. Contemplă întinderea de apă care strălucea sub razele lunii, ascultând respirația înceată, regulată a copilei.

Deseori, ritualul de noapte îi amintea de altceva. Când mama ei murise, era mult prea tânără ca să știe cum să treacă peste durerea pe care o simțea. Nu știa decât că viața ei fusese luminoasă și strălucitoare și plină de dragoste până când, într-o zi, ceva se întâmplase și totul devenise posomorât, dezolant și trist. Încă mai ținea minte cât de mult o speriase să-și vadă tatăl plângând.

Atunci începuse să devină femeia de azi. Se transformase într-o fetiță cuminte care nu plângea, nu se tânguia și nu punea întrebări incomode.

Avusese nevoie de ani întregi ca să treacă peste pierderea pe care o suferise. În primul an departe de casă se simțise extrem de singură. Universitatea Stanford nu era un loc potrivit pentru fiica unui tăietor de lemne. Pentru prima oară își dăduse seama că era săracă și că se trăgea dintr-o familie de oameni simpli.

Dragostea ei pentru Hank fusese singurul motiv pentru care rămăsese la facultate, în ciuda ostilității pe care o simțea. Știa cât de mult însemna pentru Hank faptul că fiica lui era prima Bourne care mergea la facultate. Așa că își ținuse capul plecat și făcuse tot posibilul ca să se integreze. Dar singurătatea o copleșea de multe ori.

Într-o zi pornise motorul de la mașină și sunetul provocase ceva. Amintirea venise pe neașteptate, ca o furtună de zăpadă în iulie. Brusc, o simțise pe mama ei alături, iar Volkswagenul Beetle se transformase în camioneta pe care o avusese familia ei demult, cea cu ornamentele de lemn pe margini. Nu știa unde mergeau, ea și mama ei, sau despre ce vorbeau, și dintr-odată conștientizase dureros că nu-i mai ținea minte vocea. Cu cât încercase mai tare să-și amintească acel moment, să se piardă în el, cu atât mai mult se simțea în postura de spectator la un film din care nu mai făcea parte.

Până atunci crezuse – cu naivitate – că trecuse peste moartea mamei ei, dar în acea zi, la mai mult de zece ani după ce sicriul fusese coborât în pământul rece și întunecat, Annie simțise că ceva în ea se prăbușea. Plânsese pentru toate momentele pe care le pierduse – sărutările de noapte bună, îmbrățișările venite din senin, bucuriile pe care nu avea să le simtă niciodată la fel. Cel mai mult plânsese fiindcă își pierduse pe neașteptate inocența copilăriei. Îi fusese răpită într-o singură zi ploioasă. Crescuse, devenise o femeie adultă într-un trup de copil, o fată care știa că viața nu era dreaptă și iubirea îți frângea inima – și, mai ales, că nimic nu durea mai mult decât atunci când cineva drag te părăsea.

Avusese nevoie de câteva zile ca să treacă peste durerea sfâșietoare, și chiar și apoi se controlase cu greu, punându-și o mască fragilă ca o pojghiță de gheață peste un lac întunecat și rece. Nu era de mirare că se îndrăgostise atât de repede după asta. Era singură, mult prea singură, și unicul lucru cu care își putea umple golul din suflet era să aibă grijă de altcineva. Când îl cunoscuse pe Blake îl copleșise cu toată afecțiunea și iubirea de care era în stare.

Se ridică încet și merse în vârful picioarelor până la pat. Izzy dormea liniștită. Annie se întrebă dacă fetița era binecuvântată cu vise în care apărea și Kathy. Ea însăși nu era nici pe departe atât de norocoasă.

Ajunsese la jumătatea scărilor când sună telefonul. Sări ultimele câteva trepte și se repezi la telefon. Răspunse după al treilea țârâit:

– Nick?

Trecu o clipă în tăcere, apoi se auzi o voce de femeie:

– *Nick?*

Annie făcu o grimasă.

– Salut, Terri.

– Să nu îndrăznești să te prefaci că nu s-a întâmplat nimic. Cine naiba e Nick și unde ești? L-am sunat pe Hank și el mi-a dat numărul ăsta.

Annie se lăsă moale pe canapea și își trase genunchii la piept.

– Nu e nimic important. Am grijă de fata unui prieten care a întârziat puțin.

– *Speram* că te-ai schimbat. Măcar puțin.

– Ce vrei să spui?

– În ultimii douăzeci ani ți-ai tot așteptat bărbatul să vină acasă, iar acum aștepți pe altul. E o nebunie!

Era o nebunie. Cum de Annie nu-și dăduse seama și singură de asta? Dintr-odată se simți atât de furioasă, pe de-o parte fiindcă nu mai era în stare să se enerveze, pe de altă parte că îşi permisese să accepte de la Nick ceea ce îi făcuse Blake o viaţă întreagă: pretexte şi minciuni.

– Mda, murmură, mai mult pentru sine decât pentru Terri. Nu accept aşa ceva decât de la bărbaţii pe care îi iubesc.

– Ei bine, asta îmi răspunde la următoarea întrebare pe care voiam să ţi-o pun, dar ce...

– Trebuie să fug, Terri. Te sun mai târziu.

Vocea lui Terri se auzea încă din receptor când Annie închise. Apoi formă un alt număr.

– Lurlene? Sunt Annie...

– S-a întâmplat ceva?

– Totul e în regulă, dar Nick n-a ajuns încă acasă.

– E probabil la barul lui Zoe, bea un păhărel... sau zece.

Annie încuviinţă. La asta se gândise şi ea.

– Poţi să ai grijă puţin de Izzy? Trebuie să stau de vorbă cu el.

– N-o să-i placă asta.

– Nu contează, tot mă duc.

– Vin în zece minute.

Annie închise, apoi urcă scările şi trecu încă o dată pe la Izzy. În fine, coborî în fugă şi începu să se plimbe prin sufragerie. Lurlene apăru zece minute mai târziu, aşa cum promisese. Purta un halat de baie roz din bumbac şi botine din plastic verde.

– Salut, scumpo, spuse aceasta când intră în casă.

– Mulţumesc că ai venit, zise Annie, luându-şi geanta de pe măsuţa de cafea. N-o să te reţin mult.

capitolul 11

Annie stătea pe trotuar, sub o firmă ciudată cu neoane roz pe care se puteau citi cuvintele: „Barul lui Zoe“. Semnul pâlpâia şi scotea un bâzâit surd.

Ţinându-şi strâns poşeta, se încumetă să intre. Localul era mai mare decât se aşteptase, o cameră dreptunghiulară, spaţioasă, cu un bar de lemn de-a lungul peretelui din dreapta. O lumină palidă, albăstruie, venea de la mai multe tuburi de neon prinse deasupra unei oglinzi enorme. Zeci de reclame la bere luceau palid în nuanţe de albastru, roşu şi auriu. Bărbaţi şi femei stăteau cocoşaţi pe scaunele înalte de la tejghea, bând, fumând şi pălăvrăgind. Din când în când se auzea zgomotul unui pahar trântit pe blat.

În spate de tot erau două mese de biliard luminate de piramide fluorescente. Mai mulţi bărbaţi jucau sub ochii altor câţiva spectatori. Cineva sparse configuraţia iniţială de bile. Sunetul loviturii răsună puternic în penumbră.

Annie se aventură spre mijlocul barului. În cele din urmă îl văzu pe Nick. Era aşezat la o masă în colţul din spate. Se strecură spre el prin mulţime.

– Nick?

Acesta sări în picioare:

– S-a întâmplat ceva cu Izzy?

– Izzy e bine.

– Slavă Domnului. Se trase în spate, clătinându-se. Se împiedică de ceva şi se lăsă să cadă înapoi în scaun, apoi se întinse şi îşi termină băutura dintr-o singură înghiţitură. Spuse încet: Pleacă, Annie. Nu...

Annie se lăsă pe vine lângă el.

– „Nu“, ce?

Nick vorbea aşa de încet, că trebuia să facă eforturi să-i audă cuvintele:

– Nu vreau să mă vezi aici... în halul ăsta.

– Ştii că te pândeşte în fiecare seară, Nick? Stă lângă uşa de la intrare până cade din picioare de somn, aşteptând să-ţi audă paşii pe treptele verandei.

– Nu-mi face asta...

Lui Annie îi părea rău pentru el, dar nu îndrăznea să se oprească acum că îşi găsise în sfârşit curajul de a aborda problema.

– Du-te acasă la ea, Nick. Ai grijă de fetiţa ta. Timpul vostru împreună o să treacă aşa de repede... să ştii! Nici n-o să-ţi dai seama când o să ajungi să-i faci bagajele şi să o vezi urcându-se într-un avion pornit spre cine ştie ce ţări îndepărtate.

Nick îi aruncă o privire tristă, fără speranţă.

– Nu pot să am grijă de ea, Annie. Nu ţi-ai dat seama? Doamne, nu sunt în stare să am grijă de nimeni. Se ridică în picioare cu mişcări sacadate, continuând: Dar o să mă duc acasă şi o să mă prefac. Asta fac de opt luni încoace.

Fără să se uite la ea, aruncă o bancnotă de douăzeci de dolari pe masă şi ieşi din bar.

Annie fugi după el, căutându-şi cuvintele potrivite. Nick se opri în sfârşit pe marginea drumului şi se întoarse spre ea:

– Poţi să-mi faci încă o favoare?

– Orice.

El se încruntă o clipă, făcând-o să se întrebe de ce se aşteptase să fie refuzat. De ce îi era oare aşa de greu să creadă că nu voia decât să-l ajute?

– Du-mă acasă.

– Sigur, zâmbi ea.

În dimineaţa următoare, Annie ajunse acasă la Nick cu o oră mai devreme. Urcă tiptil scările şi merse întâi în camera lui Izzy. Fetiţa dormea liniştită, aşa că Annie se îndreptă spre dormitorul lui Nick. Era gol. Trecu mai departe la camera de oaspeţi şi deschise uşa.

Draperiile grele, cu model navajo, erau trase şi nu lăsau să intre nici o rază de soare. De-a lungul unuia din pereţi era un pat în stil vechi, cu baldachin. Silueta lui Nick se vedea sub o grămadă de pături roşii de lână.

Ar fi trebuit să-şi dea singură seama că nu mai dormea în camera pe care o împărţise cu Kathy.

Era periculos să intre în camera lui, un loc unde nu era bine-venită, dar nu se putea abţine. Merse până lângă pat şi se aşeză lângă el. În somn, Nick arăta aşa de tânăr, aşa de nevinovat! Semăna mult mai mult cu băiatul pe care îl cunoscuse cu atâția ani în urmă, și nu cu bărbatul pe care îl regăsise de curând.

Își amintea vag, purtată de sunetul regulat și liniștit al respirației lui, cât de mult îl iubise odată...

Până în noaptea în care îl văzuse sărutând-o pe Kathy.

„Are nevoie de mine, Annie, nu-ți dai seama? îi spusese apoi. Ne potrivim."

„Putem să ne potrivim și noi, Nick", îl implorase ea.

„Nu." Nick o mângâiase pe obraz, iar gestul lui blând o făcuse să plângă. „Tu nu ai nevoie de cineva ca mine, Annie Bourne. La toamnă o să pleci la Stanford. O să cucerești întreaga lume."

– Ce cauți aici așa devreme?

Annie tresări și văzu că Nick era treaz și că o privea.

– Eu... m-am gândit că ai nevoie de mine, poate.

Încruntat, se ridică în capul oaselor. Păturile alunecară, dându-i la iveală pieptul acoperit cu fire aspre de păr negru.

Annie așteptă să spună ceva, dar el rămase nemișcat, cu ochii închiși. Avea pielea ca de ceară, lucru scos și mai mult în evidență de părul cărunt și încâlcit și de genele întunecate. Fruntea și buza de sus erau acoperite cu o peliculă fină de sudoare.

Annie trase un scaun și se așeză lângă pat.

– Nick, trebuie să vorbim.

– Nu acum.

– Trebuie să te străduiești mai mult cu Izzy.

– Nu știu cum să o ajut, Annie, murmură el ridicându-și în sfârșit privirea. Mă sperie. Rostise cuvintele încet. Vocea lui era plină de durere. Nu vreau să beau decât un singur pahar cu băieții după lucru, dar apoi încep să mă gândesc că o să vin acasă... o să văd iarăși dormitorul gol și pe fetița mea care crede că dispare, și un pahar se transformă în două...

– Te-ai simți mai bine dacă n-ai mai bea.

– Nu. N-am știut niciodată cum să am grijă de femeile pe care le iubesc. Întreab-o pe Kathy.

Annie simți un impuls neașteptat să-i dea la o parte părul de pe frunte. Ar fi făcut orice ca să-i arate că nu era singur.

– N-ai fi putut să o vindeci.

– Aș prefera să nu vorbim despre asta acum, oftă el. Nu mă simt bine. Îmi trebuie...

– Izzy te iubește, Nick. Înțeleg că ai inima frântă – cel puțin, atât de mult cât poate înțelege cineva prin ce treci – dar nu-ți poți permite să ai grijă doar de tine. Tu ești tatăl ei. Pur și simplu nu ai dreptul să disperi acum. Trebuie să fii tare pentru ea. Și, mai ales, trebuie să fii *aici*.

– Știu și eu asta, spuse el încet, iar Annie îi auzi durerea din voce, vinovăția de a fi dat greș. O să vin acasă mai devreme vineri seara și o să luăm cina în familie. O să fie un început bun. În regulă? Asta vrei?

Annie știa că și asta era o minciună, o promisiune pe care Nick avea să o încalce din nou. Nu mai credea deloc în el însuși, așa că rătăcea prin viață ca pe o mare tulburată, habar neavând încotro să pornească, așteptând să fie tras de curenți sub apă.

– Nu contează ce vreau eu de la tine, Nick, rosti ea blând.

Tristețea din privirea lui îi spuse că o înțelegea.

Dacă Izzy stătea foarte, foarte cuminte, îl simțea pe tăticul în casă. Percepea mirosul lui slab, de fum de țigară, care o făcea mereu să vrea să plângă.

O strânse la piept pe Domnișoara Jemmie și se furișă afară din dormitor. Auzea voci venind din camera cea nouă a tăticului și, o clipă, se simți ca și când se întorsese în timp, înainte de lucrul cel rău.

Dar tăticul nu vorbea cu mămica. Mămica era în Cer, cu îngerașii, și în pământ, iar după ce plecai acolo nu mai era loc de întors. Tăticul îi spusese asta.

Se furișă pe holul întunecat și coborî scările. Camerele erau atât de drăguțe acum; Annie aranjase flori proaspete într-o vază pe masa din bucătărie, iar ferestrele erau deschise. Și mămicii i-ar fi plăcut cum arăta casa.

Deschise ușa de la intrare și ieși pe verandă.

Soarele rozaliu atârna chiar deasupra vârfurilor copacilor. În curând avea să urce pe cerul albastru, fără nici un nor. Dar era încă mult prea devreme, așa că un strat pufos de ceață plutea pe malul lacului și printre copaci. Inima începu să-i bată mai repede. Simți că nu mai putea să respire.

Aruncă o privire înapoi în casă, să se asigure că nu o urmărea nimeni, apoi se strecură dincolo de plasa contra țânțarilor. Porni prin iarba umedă, auzind cântecul păsărelelor care se jucau în crengile de sus ale unui copac bătrân.

În cele din urmă se ghemui în ascunzătoarea ei din pădure și privi fix ceața.

– Mami?

Ascultă atentă, foarte atentă. După câteva clipe auzi vocea blândă a mamei, răspunzându-i în șoaptă.

Bună, Izzy, scumpa mea, ce faci?

Deschise larg ochii. În ceața gri văzu o siluetă de femeie cu părul de aur.

– Dispar și eu, mami, la fel ca tine.

Vocea mamei se auzi ca un oftat, ca o adiere de vânt. Izzy îi simți atingerea blândă pe creștet.

Oh, Izzy, scumpa mea...

Era pentru prima oară când mămica părea tristă, nu fericită să o vadă. Izzy scrută ceața până când privirea ei găsi ochii albaștri ai mamei. Plângea cu lacrimi roșii, ca niște picături de sânge.

Mi-e tot mai greu să vin să te văd, Izzy.

Izzy simți un val de panică.

– Dar vin eu la tine! Dispar cât de repede pot!

Din nou simți atingerea blândă a mamei în briza răcoroasă.

N-o să meargă, scumpa mea. Nu poți să vii după mine.

Ochișorii lui Izzy se umplură de lacrimi până când nu mai văzu nimic în jur. Clipi și le lăsă să cadă.

Silueta de ceață se îndepărta. Alergă după ea, urmând norul palid până la marginea lacului.

– Mami, nu pleca. Mami, o să fiu cuminte de data asta... îți promit că o să fiu cuminte. O să-mi fac curat în cameră și o să mă spăl pe dinți și o să merg la culcare când trebuie... Mami, te rog...

Dar razele soarelui căzură pe oglinda lacului și destrămară pâcla până când nu mai rămase nimic.

Izzy îngenunche pe malul rece, pietros, și începu să plângă.

Nick ieși șchiopătând din dormitor. Îi luase o grămadă de timp să se îmbrace în uniformă și nu reușise cu nici un chip să-și încheie ultimul nasture de la cămașă. Străbătu holul sprijinindu-se cu o mână de peretele de lemn, apoi se prinse de balustradă și coborî scările, având impresia că fiecare pas îi lua o veșnicie.

Își simțea trupul fragil ca o frunză iarna. Transpirația îi acoperea fruntea și îi curgea în valuri reci pe spate.

Era un miracol că reuși să ajungă jos fără să cadă sau să vomite. Strânse balustrada cu toată forța de care era în stare și se opri, trăgând aer în piept și încercând să ignore gustul amar din gură. Avea ochii înlăcrimați de la atâta efort.

Strânse din pleoape, impunându-și să ignore greața.

Când deschise iarăși ochii, începu să observe schimbările făcute de Annie în casă. Un foc vioi dansa în șemineul din piatră de râu. Cele două fotolii de piele erau lustruite și fuseseră mutate în fața canapelei, iar măsuța de cafea dintre ele strălucea și ea într-o nuanță frumoasă de maroniu-roșcat. Pe masă era o carafă de argint lustruit plină de ferigi și flori albe.

Nick visase de multe ori să aibă o cameră ca asta, plină de râs și de bucurie... în loc de tăcerea de mormânt și izbucnirile neașteptate ale lui Kathy.

Oftă din greu și se îndepărtă de scări.

Atunci o văzu pe Izzy. Stătea lângă ferestrele care se deschideau spre lac, iar lumina aurie a soarelui crea un halo în jurul fetișoarei ei. Timpul se opri în loc pentru o clipă, iar Izzy redeveni fetița care fusese odată, o păpușă de porțelan îmbrăcată în haine drăguțe și cu panglici de mătase în păr.

Auzindu-l, îl privi cu ochi mari de la locul ei.

– Bună, Izzy, spuse, încercând să zâmbească. Arăți formidabil.

Izzy clipi fără a se mișca.

Nick își linse buzele uscate. O picătură de sudoare îi alunecă pe tâmplă. Atunci apăru și Annie din bucătărie, ducând o cană cu cafea aburindă și o tavă cu capac. Când îl văzu, se opri imediat.

– Nick! Minunat, poți lua micul dejun cu noi.

Gândul la masa de dimineață îi făcu stomacul să se revolte vehement.

– Izzy, du-te și condu-l pe tăticul pe verandă. V-am pregătit micul dejun acolo. O să mai aduc un scaun la masă.

Se părea că Annie habar n-avea că Nick era gata-gata să vomite. Continuă să vorbească – nu-și dădea seama despre ce – și să alerge între bucătărie și verandă. Pălăvrăgeala ei îi dădea senzația că un roi întreg de albine îi zboară pe la urechi.

– Annie, eu nu...

– Izzy, spuse din nou Annie. Du-te și ajută-l pe tati. Nu se simte bine.

Apoi se grăbi din nou spre verandă.

Izzy își ridică privirea când rămaseră singuri. Ochii ei căprui erau mari și nesiguri.

– N-am nevoie de ajutor, spuse Nick. Sunt în regulă. Serios.

Rămase nemișcată încă o clipă, apoi se apropie încet. Nick crezu că avea să treacă pe lângă el, dar în ultima clipă fetița se opri și îl privi din nou.

Teama din ochii ei îi frângea inima, iar mănușa aia nenorocită aproape că îl făcu să-și piardă controlul. Annie avea dreptate. *Trebuia* să fie un tată mai bun. Nu mai avea voie să bea doar ca să scape de amintiri și să nu se mai simtă atât de vinovat. Trebuia să aibă grijă de fetița lui. Simțindu-se ciudat și nesigur, îi zâmbi:

– Haide, Izzy, scumpo. Hai să mergem.

Îi luă încet mânuţa fără mănuşă în mâna lui aspră, bătucită, şi se îndreptară împreună spre verandă. Paşii li se potriveau perfect. Tăcerea dintre ei era tragică: o fetiţă care nu mai vorbea şi un tată care nu ştia ce să spună.

Annie zâmbi când îi văzu. Colţul acela, închis cu pereţi de sticlă, arăta ca o fotografie dintr-o revistă pentru femei. Masa de scândură era acoperită cu o faţă de masă de un albastru strălucitor, iar în mijloc era un ornament din afine şi lemn de corn. Annie pregătise platouri cu omletă şi clătite, iar lângă farfurii era câte un pahar de lapte şi unul de suc de portocale.

– Staţi jos, le spuse amândurora.

Apoi o ajută pe Izzy să se aşeze şi îi trase scaunul mai aproape de masă.

Nick se aşeză şi el, încet, încercând să ignore tobele care parcă îi băteau în cap.

– Doar cafea pentru mine, mormăi stins. Mă simt ca un rah... Îi aruncă o privire lui Izzy şi se corectă: Mă simt rău. Am o durere de cap, asta-i tot.

Privirea fetiţei dădea de înţeles că ştie totul despre *durerile de cap* ale tatălui ei. Nick simţi un acces subit de vinovăţie punctată de ruşine.

Se întinse spre carafa cu suc de portocale, dar nu reuşi să ţintească bine şi lovi vaza cu pumnul, trântind-o. Apa se împrăştie peste tot, iar plantele dinăuntru căzură peste omletă, udând-o. Vaza se sparse pe podea cu un trosnet puternic.

Nick închise strâns ochii.

– Rahat, gemu, luându-şi capul îndurerat în mâini.

– Haide, nu-ţi face griji. Tuturor ni se întâmplă şi accidente – nu-i aşa, Izzy?

Annie se ridică şi începu să şteargă petele cu un prosop.

Nick se întoarse spre ea, pregătit să-i spună că trebuia să plece naibii de-acolo, dar surâsul ei îl opri. Arăta atât de... plină de speranţă, la naiba. Nu-l lăsa inima să o dezamăgească. Înghiţi un nod şi îşi şterse pelicula subţire de transpiraţie de pe frunte cu o mână amorţită.

Annie îi zâmbi larg şi începu să servească masa. Îşi puse o porţie enormă de omletă şi un teanc de clătite pe care nu le-ar fi putut termina nici măcar un tăietor de lemne.

Încercă să se fie atent la asta, la felurile pregătite de ea; orice era mai bun decât durerea de cap şi frisoanele care nu-i dădeau pace.

– Ai de gând să mănânci toate alea? o întrebă.

– Vin din California, râse ea. N-am mai pus gura pe omletă de cincisprezece ani, şi în ultima vreme mănânc ca o purcea. Mi-e foame tot timpul.

Zâmbi în continuare, turnându-şi sirop peste clătitele din farfurie. Apoi începu să vorbească şi să mănânce. Să vorbească şi să mănânce.

Nick îşi încleştă degetele pe ceaşca groasă de porţelan ca să nu-i mai tremure. Când crezu că se liniştise suficient, o ridică la buze şi sorbi încet, cu recunoştinţă. Cafeaua fierbinte îi linişti puţin nervii răvăşiţi şi îi mai luă din durerea de cap. Încet, încet, se lăsă pe spate în scaun şi se lăsă purtat de murmurul liniştitor al vocii lui Annie. După un timp reuşi chiar să mănânce puţin. În tot acest timp, Annie vorbi, râse şi se comportă ca şi când erau o familie care lua micul dejun împreună în fiecare dimineaţă şi nu un tată mahmur şi o fetiţă care credea că dispare. Se purta ca şi când Nick şi Izzy erau doi oameni normali.

Nick nu-şi putea lua ochii de la ea. De fiecare dată când râdea, sunetul trecea prin el şi îl făcea să-şi dorească *ceva*, până când începu să se întrebe cât timp trecuse de când *el* râsese ultima oară, de când Izzy a lui râsese... de cât timp nu mai avuseseră nici un motiv de râs, nici un moment de care să se bucure împreună...

– Mă gândeam să mergem la magazinul Feed astăzi şi să cumpărăm nişte unelte de grădinărit, spuse veselă Annie. E o zi frumoasă, numai bună ca să aranjăm straturile de flori. Dacă lucrăm toţi trei o să terminăm într-o clipită.

Grădinărit. Nick îşi amintea cât de mult îi plăcuse odată să lucreze în curte, să planteze bulbi, să adune cu grebla frunzele căzute şi să taie trandafirii ofiliţi din tufele cu spini. Iubise acea senzaţie de triumf pe care o avea de fiecare dată când vedea cum ceva plantat şi îngrijit de el prinsese rădăcini şi *creştea*. Dintotdeauna iubise primii boboci de primăvară, dar anul ăsta nici nu-i văzuse înflorind. Nu văzuse decât cireşul gol şi chircit pe care îl plantase după înmormântarea lui Kathy.

– Ce crezi, Izzy? rosti Annie în tăcerea grea. Să-i dăm voie şi tăticului să ne ajute?

Izzy luă linguriţa între două degete, singurele care credea că-i mai rămăseseră, şi o scutură aşa de tare că o lovi de masă.

Annie îl privi pe deasupra florilor.

– Asta înseamnă că fetiţei tale i-ar plăcea foarte mult să lucraţi împreună în grădină, Nick Delacroix. Poate conta pe tine?

Nick voia să se prefacă şi el că era aşa de uşor, că doar câteva vorbe aruncate la micul dejun puteau readuce lucrurile la normal. Dar trecuse mult prea mult timp de când îşi permisese ultima dată să fie atât de naiv. Încuviinţă, dar în acelaşi timp se gândi că nu era exclus să fi minţit şi de data asta. Încă o promisiune făcută de un om care fusese în stare să-şi ţină cuvântul de prea puţine ori.

capitolul 12

Nick stătea în maşina de serviciu la marginea oraşelului. Dincolo de cele şase cvartale se vedea Muntele Olimp, ridicându-se mândru ca un peisaj dintr-o legendă, cu vârful acoperit de zăpadă şi înfipt semeţ printre norii plumburii. Frunzele dansau pe trotuarul de beton, împinse de un vânt răcoros. Ca întotdeauna, Mystic arăta pustiu, obosit şi înfrânt. O coloană groasă de fum gri-deschis se ridica din direcţia gaterului. Aerul avea un miros greu de lemn crud.

Odată, demult, îi plăcuse mult să se plimbe pe străzi. Ştia tot ce era de ştiut despre oamenii pe care jurase să-i apere: când se măritau fiicele lor, când se pregăteau fiii lor pentru ceremonia de *bar mitzvah*, când se mutau bunicii în cămine pentru bătrâni şi când începeau copiii grădiniţa. Fusese mândru întotdeauna de felul în care îşi făcuse datoria. Ştia că, vorbind cu localnicii în fiecare zi, îi făcea să se simtă puţin mai în siguranţă.

În ultimele luni renunţase la toate lucrurile de care îi păsase cândva. Acum era îngrozit la gândul că ar fi putut să-i pese din nou. Dacă o dezamăgea iarăşi pe Izzy? Fetiţa lui cu ochi căprui avea nevoie de atât de multe de la el, iar el avea obiceiul jalnic de a-i dezamăgi pe toţi oamenii pe care îi iubea. Chiar şi când se străduia din răsputeri. Era vina *lui* că Izzy dispărea, vina *lui* că nu se simţea iubită şi nici în siguranţă; ştia asta. Dacă ar fi fost un om mai puternic, mai bun, ar fi putut să o ajute să treacă peste durerea ei, dar nu fusese în stare să facă absolut nimic. La naiba, nu fusese în stare să se ajute nici măcar pe el însuşi, darămite pe Kathy.

Era greu să-şi găsească drumul înapoi, dar Annie avea dreptate. Venise timpul. Pentru prima oară după luni de zile, simţi un firicel de speranţă.

Ieşi încet din maşină şi făcu precaut primii paşi în noua lui viaţă, amestecându-se discret în mulţimea de trecători. Frenezia cumpărăturilor era în toi. Oamenii intrau grăbiţi în magazine, apoi ieşeau ducând pachete şi pungi de hârtie. În jur se auzeau sunetele vieţii de zi cu zi: uşi de maşină trântite, claxoane, fise băgate în aparatele de taxat parcarea.

Toţi cei pe care îi întâlni pe drum îi făcură cu mâna şi îl salutară. Cu fiecare nou salut, Nick începu să se simtă din ce în ce mai viu. Era aproape ca în zilele bune, înainte de moartea lui Kathy. Atunci când uniforma lui era curată şi călcată la dungă şi mâinile nu-i tremurau niciodată.

Merse pe lângă magazine, făcându-le cu mâna vânzătorilor. La magazinul de haine pentru copii văzu o rochiţă roz în vitrină. Exact ce îi trebuia şi lui Izzy. Deschise uşa şi auzi sunetul unui clopoţel de deasupra.

Susan Frame chicoti din spatele casei de marcat şi se repezi spre el ca un taur în arenă, fluturându-şi în aer braţele roz şi grăsuţe.

– Doamne sfinte, nu-mi vine să cred că tu eşti.

– Bună, Susan, zâmbi el. Nu ne-am mai văzut de multă vreme.

Susan îl lovi peste umăr şi râse, făcându-şi cele trei bărbii să tremure.

– N-ai mai trecut pe aici de secole.

– Da, păi...

– Ce mai faci?

– Mai bine. Am văzut rochiţa din vitrină...

Susan îşi lipi palmele enorme.

– Oho, chiar că e o rochie frumoasă. E perfectă pentru don'şoara Isabella. Câţi ani are acum?

– Şase.

– Pun pariu că a crescut de n-aş mai recunoaşte-o. N-am mai văzut-o de când mama ei...

Susan tăcu brusc şi îl luă de braţ, apoi îl conduse prin magazin. Nick se lăsă purtat de pălăvrăgeala ei relaxantă. Nu o asculta, iar Susan ştia asta şi nici nu-i păsa. Părea să-şi dea seama că vizita lui însemna mare lucru.

Scoase rochia de pe umeraş. Era făcută din bumbac roz cu alb, cu un jupon de dantelă albă şi o platcă bleu decorată cu floricele roz şi albe. Lui Nick îi amintea de grădina lui Kathy...

„Haide afară, Nicky... au răsărit lalelele..."

Amintirea îl lovi ca o măciucă în moalele capului. Se crispă şi închise strâns ochii. „Nu te gândi la flori... nu te gândi deloc la ea..."

– Nick? Te simţi bine?

Clătinându-se puţin, scoase o bancnotă de douăzeci de dolari din buzunarul de la pantaloni şi o aruncă pe tejghea.

– Rochia e perfectă, Susan. Poţi să o împachetezi?

Vânzătoarea răspunse, dar el nu o mai asculta. Nu se putea gândi decât la barul lui Zoe, la cât de mult l-ar fi ajutat o băutură – una singură – ca să nu-i mai tremure mâinile în halul ăsta.

– Poftim, Nick.

I se părea că nu trecuse decât o clipă până să reapară lângă el, fluturându-i în față un pachet mare, învelit în hârtie lila. Nick își linse buzele uscate și încercă să zâmbească.

Susan îl atinse pe umăr.

– Nick, te simți bine?

El încuviință, iar gestul păru să dureze o veșnicie.

– Sunt bine. Bine. Mulțumesc.

Luă pachetul, apoi deschise ușa de sticlă și ieși afară. Începuse să plouă cu picături mari, care îl loviră în față. Privi cu jind spre barul lui Zoe.

Nu. Nu avea să meargă într-acolo. După ce termina de patrulat avea să se întoarcă acasă, unde îl așteptau Annie și Izzy. Nu voia să le dezamăgească. Respiră adânc, apoi se îndreptă de spate și își continuă rondul, cu o mână sprijinită ușor de bastonul de cauciuc. Cu fiecare pas se simțea mai bine, mai puternic.

În cele din urmă se întoarse la mașină și se adăposti de ploaia torențială. Se întinse spre radio, dar înainte să spună ceva auzi un apel.

Scandal pe Old Mill Road.

– Rahat.

Răspunse la apel, porni girofarul și goni afară din oraș.

Când intră pe aleea din fața casei mobile a familiei Weaver știu imediat că lucrurile stăteau prost. Printre perdeaua de copaci și șuvoaiele de ploaie vedea lumini de girofar roșu și galben. Goni pe drumul plin de gropi, cu inima bătându-i așa de tare că îi tăia respirația.

Casa era înconjurată de mașini: două vehicule de poliție și o ambulanță.

Nick trase frâna de mână cu un gest brutal și sări afară. Prima persoană pe care o văzu fu căpitanul Joe Nation, omul care îl luase în gazdă cu atâția ani în urmă.

Joe ieșea din rulotă, clătinând din cap. Cozile împletite, în nuanțe de negru și gri, se clătinară încet. Îl văzu pe Nick apropiindu-se și se opri.

– Joe? spuse Nick, cu respirația întretăiată.

Joe își lăsă mâna mare, cu vene proeminente, pe brațul lui.

– Nu intra acolo, Nicholas.

– Nu...

– Nu mai poți să faci nimic. Nimeni nu mai poate să facă nimic.

Nick se repezi pe lângă Joe și alergă pe aleea noroioasă, prin bălți. Ușa cedă la prima lovitură și se izbi de perete.

Mai multe persoane se agitau înăuntru, căutând indicii prin covorul verde. Nick trecu pe lângă ei și intră în dormitor. O găsi pe Sally întinsă pe pat, cu rochia cu model floral ridicată până peste șolduri și fața desfigurată și plină de sânge. Pe pieptul ei se lățea o pată stacojie care se scurgea încet pe cearșafurile verzi șifonate.

Nick se opri brusc, simțind cum bucăți din el se prăbușesc și dispar. Știa că se clatină ca un brad bătrân în mijlocul unei furtuni, dar nu se putea opri. Dintr-odată era într-un alt loc, cu luni în urmă, și i se cerea să identifice un alt cadavru mutilat la fel de oribil...

– La naiba, Sally, șopti aspru, cu vocea frângându-se.

Se apropie de ea, îngenunche și îi dădu la o parte părul însângerat de pe față. Pielea ei încă mai păstra o urmă de căldură. Aproape că se aștepta să o vadă ridicându-se, zâmbind și spunându-i că nu era nimic.

– N-o atingeți, domnule, îl atenționă cineva. Probele...

Nick își trase înapoi mâna tremurândă și se ridică greu. Voia să-i tragă în jos fusta, să-i ofere puțină demnitate măcar acum, dar nu putea. Nimeni nu mai putea face nimic care să mai conteze pentru Sally. Acum intrau în scenă detectivii, fotografii și medicii legiști.

Se întoarse să plece, fără să vadă pe unde mergea de fapt. Ieși afară, în ploaie. Totul arăta ca în urmă cu zece minute, dar nimic nu mai era la fel.

Joe veni şi îl trase deoparte. Se simţea, în mod straniu, ca şi când se întorsese în timp. Retrăia clipa în care Joe întâlnise un băiat de cincisprezece ani, slăbuţ, aproape îngheţat, aşteptând în staţia de autobuz din Port Angeles.

– Nu ai fi putut face nimic, Nicholas, spuse Joe. Sally n-a vrut să ne lase să o ajutăm.

Nick avea impresia că viaţa îl părăsea încet, inexorabil. Imaginile unei alte nopţi, o noapte care se petrecuse de curând, începură să-i dea târcoale. Degeaba le îngropase adânc în minte. Erau imagini tragice, violente, însângerate. Opt luni de zile fugise de ele, ascunzându-le în subconştient, dar acum veniseră înapoi să-l tortureze.

– Este prea mult, murmură, clătinând din cap. Mult prea mult.

Joe îl bătu pe spate.

– Du-te acasă, Nicholas. Du-te acasă la fetiţa care te iubeşte şi la conacul tău de pe lac şi uită de asta.

Nick nu era în stare să se mişte. Strânse orb tocul pistolului, stând în ploaie, dintr-odată conştient că doar un lucru îl mai putea ajuta.

Nick nu venise la cină nici de data asta.

Annie încercase să pretindă că nu însemna nimic. Se prefăcuse veselă în faţa lui Izzy, dar ştia că fetiţa nu avea să se lase păcălită aşa de uşor. Nu existau suficiente glume cu cioc-cioc sau suficient aluat pe lumea asta care să o facă să nu se mai uite afară...

Annie o ţinea în poală, legănându-se în balansoarul de pe verandă, îngânând încetişor un cântec şi mângâindu-i părul mătăsos.

Simţea cum trupul fetiţei tremură puţin şi, dacă asculta atentă, foarte atentă, auzea şi întrebarea nerostită din respiraţia ei agitată.

– Tăticul tău o să se întoarcă în curând, şopti, rugându-se ca într-adevăr aşa să fie. Te iubeşte foarte mult.

Izzy nu se mişcă şi nu răspunse.

– Uneori, adulţii nu ştiu ce să facă... la fel ca şi copiii. Tăticul tău nu ştie ce să facă. Nu-şi găseşte locul nicăieri, dar dacă avem răbdare și îi lăsăm suficient timp o să-și dea singur seama. E greu să ai răbdare, nu-i așa? Mai ales când așteptarea doare atât.

Vocea i se stinse. Închise ochii și se lăsă pe spate în balansoar, ascultând ritmul legănării și ecourile muzicale ale ploii pe acoperișul verandei.

– Te iubește, Izzy, spuse în cele din urmă, poate mai mult pentru ea însăși decât pentru fetița cea tăcută. *Știu* că te iubește.

După o clipă, Annie își dădu seama că Izzy scotea un sunet, o șoaptă stinsă care suna ca un *pic-pic-pic*.

Imita zgomotul stropilor de ploaie care loveau acoperișul de deasupra.

Annie zâmbi.

Izzy voia să se întoarcă.

Izzy simți iarăși țipătul. Era adânc înăuntrul ei, în acel loc întunecat unde trăiau coșmarurile. De fiecare dată când închidea ochii o vedea pe mămica și își amintea ce auzise. *Nu poți veni după mine... nu poți... nu poți...*

Dacă era adevărat? Dacă nu o putea găsi pe mămica nici după ce dispărea în ceață? Scoase un suspin slab, speriat.

Îi era teamă. Era una din nopțile în care nu i se întâmpla nimic bun în somn și se trezea cu obrajii scăldați de lacrimi. Îl visase iarăși pe doctorul cu nas ascuțit și ochelari cu rame groase care îi spusese că trebuia să vorbească, altfel nu avea să uite niciodată de mămica. Deși nu înțelesese prea bine ce voia să spună, cuvintele lui de adult o speriaseră teribil. Ultimele vorbe pe care le scosese vreodată fuseseră pentru el: „Nu vreau să uit de mămica..."

Acum, tot corpul îi tremura. Nu voia să țipe iarăși. Dădu la o parte așternuturile și se strecură afară din pat, apoi merse în picioarele goale până la ușa închisă. Se opri în fața ei și își privi mâna, cu degetul mare și degetul arătător și nimic. Brusc, își dori să nu mai dispară, să întindă mâna și să răsucească pur și simplu clanța.

Oftă și până la urmă se folosi de cele două degete. Avu nevoie de ceva vreme, dar într-un final reuși să deschidă ușa.

Scoase capul afară și văzu holul întunecat.

Camera tăticului era la stânga, trei uși mai încolo, dar știa că nu venise încă. O auzise pe Annie vorbind cu Lurlene. Credeau că Izzy plecase, dar încă mai era prin preajmă. Se ascunsese pe la colțuri, trăgând cu urechea.

Tăticul mersese în locul rău, locul de unde se întorcea mirosind a țigări deși nu fuma, locul care îl făcea să aibă o privire fioroasă și să trântească ușa de la dormitor. Locul care îl făcea să meargă ciudat.

Se furișă pe hol și privi peste balustradă. Annie dormea pe canapea. Annie, care o ținuse de mână și îi periase părul și se purtase ca și când nu conta deloc că nu vorbea. Annie, care spusese că putea să readucă la viață grădina mămicii.

Coborî încet, simțind treptele reci sub picioarele goale. Frigul o făcu să tremure, dar nu-i păsa. Se simțea mai bine acum că mergea prin casă. Țipătul alunecă înapoi în locul cel întunecat.

Aproape că voia să spună ceva, poate chiar să o strige pe Annie, dar trecuse atât de mult timp de când vrusese măcar să vorbească încât se simțea foarte straniu. Nici măcar nu-și mai amintea cum suna vocea ei.

Merse în vârful picioarelor până la canapea. Annie dormea cu gura deschisă. Părul ei scurt era lins într-o parte și înfoiat în cealaltă.

Izzy nu știa sigur cum să procedeze. Când era mică obișnuia să se strecoare în patul părinților ori de câte ori îi era frică. Era așa de cald și bine acolo. Mămica o strângea în brațe și se înveleau amândouă cu pătura, iar Izzy adormea.

Annie sforăi încet și se întinse, lăsând un loc gol pe marginea canapelei. Era suficient. Fetița dădu la o parte cu grijă pătura albastră și aspră și se cățără cu grijă pe canapea. Se întinse pe o parte, încordată, abia respirând. Se temea că Annie avea să se trezească și să o trimită înapoi. Dar nu voia să stea singură în cameră. Îi era frică de întunericul de-acolo.

Annie scoase încă un sunet şi se întoarse spre Izzy, care îşi ţinu respiraţia şi rămase complet nemişcată. Peste o clipă, femeia o strânse la piept într-un gest protector.

Izzy simţi că se topeşte. Era prima oară după luni de zile când putea să respire cum trebuie. Se cuibări în spate, lipindu-se de trupul îndoit al lui Annie, de parcă ar fi fost două linguriţe.

Oftă încet, fericită, apoi închise ochii.

La primele ore ale dimineţii, Annie fu trezită de un miros de şampon pentru copii şi simţi un trup mic şi cald lipit de ea. Asta îi aduse aminte de atâtea lucruri – zile de mult apuse, un copil care crescuse de multă vreme şi era acum departe, atât de departe. Mângâie cu blândeţe părul transpirat al lui Izzy şi o sărută pe urechea mică şi roz.

– Somn uşor, prinţesa mea.

Izzy se cuibări mai aproape. Annie auzi un sunet slab drept răspuns, atât de slab încât dacă ar fi vorbit, sau ar fi fost afară, sau ar fi plouat, nici măcar nu l-ar fi auzit.

Izzy râdea în somn.

Annie se uită la ceasul de pe marginea şemineului. Era cinci şi jumătate dimineaţa. Dădu la o parte pătura şi se strecură cât putea de încet pe lângă fetiţă. Îşi strânse braţele, înfiorată de răcoarea dimineţii, apoi merse la fereastră şi privi lacul. Zorii începeau să picteze în roz vârfurile întunecate ale copacilor.

– Lua-te-ar naiba, şopti.

De data asta, Nick nu venise acasă toată noaptea.

capitolul 13

Telefonul sună la şase fără un sfert dimineaţa. Annie se întinse peste Izzy şi răspunse încet:

– Alo?

– Alo. Cu Annie Bourne, vă rog.

Se încruntă, încercând să-şi aducă aminte unde mai auzise vocea.

– Eu sunt, spuse.

– Căpitanul Joseph Nation de la secţia din Mystic la telefon.

Annie simţi un gol în stomac. Se îndepărtă încet de fetiţa adormită şi se aşeză pe podeaua rece.

– E Nick...

– A avut un accident azi-noapte.

– Dumnezeule. A păţit...

– N-a păţit nimic. N-are decât câteva vânătăi şi... o mahmureală îngrozitoare. În rest, o să fie bine. E la spitalul Mystic Memorial.

– El conducea?

– Nu. A fost destul de deştept să lase pe altcineva să conducă – dar nu şi să-şi aleagă un şofer care să nu fi băut.

– A mai fost rănit cineva?

– Nu, oftă căpitanul Nation. Au dat într-un copac pe Old Mill Road. Şoferul n-a avut nici măcar o zgârietură. Nick s-a lovit la cap destul de rău. Are o comoţie de mică amploare. A avut noroc... de data asta. Te sun fiindcă are nevoie de cineva care să-l ducă acasă de la spital.

Annie o privi pe Izzy, dormind atât de liniştită pe canapea. Îşi aminti din nou cum fetiţa aşteptase şi tot aşteptase un tată care nu mai venea – pentru că iarăşi era la bar, îmbătându-se.

Până aici. Destul. Annie murmură:

– Sigur, o să vin să-l iau eu.

Nick gemu şi încercă să se întoarcă pe o parte, dar picioarele îi erau prinse în aşternuturi aşa de strâns că nu se putea mişca. Se ridică în coate încet, ca să nu-şi zgândăre şi mai mult durerea de cap, şi privi în jur. Lumina puternică îi înfipse două cuţite până în creier. De undeva se auzea un zgomot asurzitor de radio.

Era întins pe un pat îngust, cu ramă de metal. Pe tavan se târau viermi tubulari, fluorescenţi, iar lumina lor se reflecta din pereţii albi. O perdea galben aprins atârna în cute de la tavan şi până la podea.

Închise ochii şi se lăsă să cadă înapoi pe patul îngust, acoperindu-şi faţa cu un braţ. Se simţea ca naiba. Îl durea capul, îl dureau ochii, avea gura uscată şi stomacul îi era de parcă cineva îl curăţase cu un bisturiu ruginit. Tot corpul îi tremura şi se simţea stors de vlagă.

– Deci, Nicholas? Te-ai întors printre cei vii?

Una peste alta, nu era un semn bun să te trezeşti într-un pat de spital şi să-l ai şi pe şeful tău lângă tine. Mai ales când şeful îţi era aproape ca un tată.

Joe îi oferise lui Nick primul cămin adevărat pe care îl avusese vreodată. Nick era tânăr, speriat şi pregătit să fugă unde vedea cu ochii; mama lui îl învăţase de mic să se teamă de poliţişti. Dar nu avea unde altundeva să plece. Mama lui murise, iar singura alternativă erau cei de la Asistenţa Socială.

„Tu trebuie să fii Nicholas, spusese Joe în acea zi. Am un dormitor în plus... poate rămâi cu mine o vreme. Fetele mele s-au măritat şi au plecat. Eu şi Louise, soţia mea, ne simţim destul de singuri." Cu cele câteva cuvinte de bun venit, Nick făcuse primii paşi în noua viaţă oferită de Joe.

Se ridică iarăşi în coate. Îl durea să se mişte. La naiba, îl durea până şi să respire.

– Salut, Joe.

Joe rămase în tăcere lângă pat, măsurându-l cu o privire dezamăgită, plină de tristeţe. Avea riduri adânci pe frunte şi pe obrajii arămii. Părul lui lung, negru cu fire cărunte, atârna în două cozi subţiri, împletite, care se răsuceau pe cămaşa de poliester albastru.

– Ai fost implicat într-un accident de maşină noaptea trecută. Îţi aduci aminte ceva? Joel conducea.

Nick îngheţă.

– Dumnezeule. Am rănit pe cineva?

– Doar pe tine... de data asta.

Nick se lăsă moale, uşurat să audă asta. Îşi frecă obrajii cu o mână tremurândă. I-ar fi prins bine un duş. Mirosea a băutură, a fum de ţigară şi a vomă. Ultimul lucru pe care şi-l amintea era că băuse la Zoe – imaginea era cam de la al patrulea pahar. Nu ţinea minte deloc să se fi urcat în maşină cu Joel.

Joe trase un scaun, scoţând un zgomot asurzitor de metal frecat de linoleum, şi se aşeză lângă pat.

– Mai ţii minte ziua în care ne-am cunoscut?

– Haide, Joe, nu acum...

– *Acum*. Eu ţi-am dat tot ce am fost în stare: casa mea, familia mea, prietenia mea... iar tu aşa mă răsplăteşti? Vrei să te văd transformându-te într-un beţiv? Dacă Louise, Dumnezeu s-o odihnească, ar mai trăi încă, asta ar omorî-o iarăşi. Ţi s-a rupt filmul.

Nick se crispă. Asta era rău.

– Unde?

Era o întrebare stupidă, dar părea importantă.

– La Zoe.

Nick se lăsă moale pe pat. În public. I se rupsese filmul în public.

– Doamne, Dumnezeule, murmură.

Ar fi putut la fel de bine să i se întâmple în faţa lui Izzy. Nu voia să se gândească la asta. Dădu aşternuturile la o parte şi se ridică. Odată cu mişcarea simţi cum stomacul i se strânge şi capul îi explodează în mii de fărâme. Îşi luă tâmplele în mâini şi se aplecă în faţă, fixând podeaua cu privirea, deşi ochii îi ardeau. După un timp reuşi să respire din nou.

– Nicholas, eşti în regulă?

Nick îşi ridică încet privirea. Îşi amintea pe bucăţi ce se întâmplase: Sally Weaver... atâta sânge... vocea plângăreaţă a lui Chuck, „Nu e vina mea..."

– Ţii minte când m-ai convins să merg la Academia de Poliţie, Joe? Mi-ai spus că pot să-i ajut pe cei ca mama...

– Nu putem să-i salvăm pe toţi, Nicholas, oftă celălalt.

– Nu mai pot să fac asta, Joe. Nu ajutăm pe nimeni. Nu facem decât să curăţăm petele de sânge. Nu mai pot... nu mai...

– Eşti un poliţist al naibii de bun, dar trebuie să înţelegi că nu-i poţi salva pe toţi...

– Uiţi ce-am văzut anul trecut când m-am întors acasă într-o seară? La naiba, Joe, nu pot salva pe absolut nimeni. Şi m-am săturat până peste cap să mai încerc. Coborî din pat şi rămase pe loc, ca un idiot, clătinându-se într-o parte în alta şi încercând degeaba să rămână nemişcat. Stomacul îi pulsa dureros, aşteptând un pretext cât de mic să se golească. Strânse rama de metal a patului cu degetele moi, transpirate. Mâine îmi depun demisia.

Joe se ridică şi puse cu blândeţe o mână pe umărul lui Nick.

– N-o să ţi-o aprob.

– Mă omoară cu zile!

– Sunt de acord să-ţi iei un concediu... oricât de lung vrei. Ştiu prin ce treci. Nu trebuie să te lupţi singur cu asta. Dar trebuie să nu mai bei.

Nick oftă. Toată lumea îi spunea asta. „Ştiu prin ce treci." Dar nu ştiau; cum ar fi putut să ştie? Nici unul dintre ei nu venise acasă într-o seară doar ca să-şi găsească dormitorul plin de sânge. Nici chiar Joe, care fusese un alcoolic în toată puterea cuvântului până la optsprezece ani şi care crescuse în umbra unui tată beţiv. Nici chiar Joe nu putea înţelege întru totul.

– Te înşeli, Joe. Până la urmă toţi suntem singuri.

– Ăsta e genul de gândire care te-a coborât până unde eşti acum. Crede-mă, ştiu ce li se spune copiilor de alcoolici: nu spune nimănui, nu avea încredere în nimeni. Dar trebuie să ai încredere în *cineva*, Nicholas. Ai un oraş întreg căruia îi pasă de tine, şi ai o fetiţă care crede că tu ai pus luna pe cer. Nu te mai gândi la ce-ai pierdut. Gândeşte-te la ce ţi-a rămas. Vrei să ajungi ca maică-ta, aproape mort de foame, aşteptând pe o bancă din parc să vină cineva să te omoare? Sau vrei să ajungi ca mine, un om cu două fete frumoase care s-au mutat pe Coasta de Est să scape de tatăl lor beţiv? Scoase o carte de vizită din buzunar şi i-o întinse: Când eşti gata să laşi băutura, sună la numărul ăsta. O să te ajut. O să te ajutăm cu toţii. Dar trebuie să faci singur primul pas.

– Arăţi ca o supă din rahat încălzit.

– Frumos vorbeşti, bombăni el. Ai învăţat cuvintele astea la Stanford?

– Nu, dar m-au învăţat să nu conduc beată.

Nick privi în jur şi îşi trecu o mână tremurândă prin părul murdar.

– Unde e Izzy?

– Ah, deci îţi aduci aminte de ea.

– La naiba, Annie...

– Noi – eu şi *fiica ta* – ne-am făcut griji pentru tine noaptea trecută. Dar nu ţi-a păsat, nu-i aşa?

Brusc, Nick se simţi obosit, atât de obosit, încât se aştepta să adoarmă dintr-o clipă în alta. Trecu pe lângă ea şi se împletici afară din clădire. Maşina lui Annie era parcată chiar în faţa uşilor automate de sticlă. Gata să cadă, se prinse de mânerul de metal rece al portierei şi rămase acolo, cu ochii închişi, concentrându-se pe fiecare respiraţie.

O auzi mergând pe lângă el. Tenişii ei scoteau un sunet slab pe ciment. Annie smuci uşa de la maşină, intră şi o trânti după ea. Nick se întrebă vag dacă avea habar cât de tare auzea un tip mahmur toate astea. Avea senzaţia că o bombă micuţă îi ticăia în creier.

Annie claxonă, iar sunetul îi împunse timpanele. Deschise portiera şi se prăbuşi pe bancheta tapisată cu vinil roşu, oftând înfrânt.

Vehiculul porni cu o smucitură şi intră pe drumul plin de şanţuri. Nick avu senzaţia că Annie accelera intenţionat la fiecare groapă, la fiecare obstacol. Se agăţă de mânerul uşii până când încheieturile se albiră şi începură să transpire.

– Am vorbit cu căpitanul vostru, domnul Nation, până te-ai îmbrăcat tu. Mi-a spus că ţi-ai luat un concediu. Şi că ţi s-a rupt filmul.

– Grozav.

Annie fluieră încet.

– Şi ce ai pe tricou, în faţă? Vomă? Da, da, probabil că te-ai distrat de minune. Naiba ştie de ce-ai vrea să vii acasă la fiica ta când poţi face asta.

Nick se crispă şi închise ochii, simţindu-se groaznic de ruşinat. Cuvintele lui Joe i se întoarseră în memorie. „Vrei să ajungi ca maică-ta? Sau poate ca mine?“ Se gândi la Izzy, la cum avea să-l ţină ea minte şi unde avea să plece imediat ce avea ocazia… se gândi cum ar fi fost ca singura lui fiică să-l părăsească.

O privi pieziş pe Annie. Stătea cu spatele drept, cu mâinile aşezate cu grijă pe volan la poziţia „două fără zece“ şi privirea aţintită în faţă, spre drumul necirculat.

– Îmi faci o favoare?

– Sigur.

– Du-mă la motelul Hideaway, spuse încet. Şi ai grijă de Izzy câteva zile.

Annie se încruntă.

– Hideaway? E o zonă rău-famată acolo. De ce…

Nick simţi ca şi când ar fi bătut apa cu picioarele într-un bazin adânc, plin de noroi. Nu ar mai fi suportat încă o dispută; nu acum.

– Nu vreau să ne certăm, te rog. Am nevoie de… câtva timp.

Annie îi aruncă o privire îngrijorată, rapidă, apoi se concentră din nou la drum.

– Dar Izzy…

– Te rog? Rosti cele două cuvinte încet, implorator, nu cum ar fi trebuit să vorbească un bărbat, dar nu se putea abţine. Poţi să stai cu ea până îmi revin, te rog? Ştiu că îţi cer mult…

Ea nu răspunse. Tăcerea era stânjenitoare. După doi kilometri, semnaliză şi ieşi de pe drum. În câteva minute opri în parcarea motelului. Un semn de neon pâlpâia la fereastră. Spunea: NE PARE RĂU. LOCURI LIBERE. Era genul *ăla* de loc.

– Am ajuns, Nick. Nu ştiu…

– Casă, dulce casă, spuse el, zâmbind slab.

Annie se întoarse spre el cu o expresie neaşteptat de blândă. Se aplecă să-i dea la o parte o şuviţă din ochi.

– O să te ajut, dar să dea naiba dac-o dai în bară și de data asta, Nicky. Fetița ta nu trebuie să-și piardă și tatăl.

– Dumnezeule, Annie, șopti el agonizant.

– Știu că o iubești. Annie se aplecă și mai mult spre el. Trebuie să faci și tu un efort. Ai încredere în mine. Sau, și mai bine, ai încredere în tine însuți.

Nick își spuse că avea să dea iarăși greș, însă nu-i mai păsa. Voia să se agațe de șansa pe care i-o oferea Annie. Era sătul, atât de sătul să fie mereu singur și să-i fie teamă. Cuvintele „Aș vrea să încerc" îi stăteau grele pe limbă, dar nu avea tăria să le dea glas. Își amintea atâtea alte dăți când ceruse să i se dea o șansă... și atâtea dăți în care mama lui spusese: „Ai încredere în mine, Nicky. De data asta e pe bune". Renunțase de mult la obiceiul de a avea încredere în alții.

Se dădu jos din mașină și rămase nemișcat până când mașina lui Annie nu se mai văzu. Apoi își băgă mâinile în buzunare și se întoarse spre motel. Își scoase cardul de credit din buzunarul din față, semnă în registrul de oaspeți și luă o cameră pentru o noapte.

Încăperea era mică, întunecată și mirosea a urină. Pereții maronii, murdari, înconjurau patul dublu, plin de denivelări, într-un pătrat perfect. O cuvertură gri acoperea o saltea plină de cocoloașe, iar fereastra fără perdea se deschidea spre peretele de cărămidă al clădirii de alături. Covorul auriu, lățos, începuse să se dezlipească pe alocuri și să dea la iveală spuma poliuretanică de dedesubt. Podeaua era de ciment.

Baia minusculă era ascunsă în spatele unei uși de lemn fals care atârna la un unghi ciudat din balamalele rupte. Nick nu trebuia să intre ca să știe că înăuntru era o cabină albă de duș din plastic și un vas de toaletă bej, iar rugina forma inele de-a lungul țevii de metal a chiuvetei.

Se așeză pe pat și oftă. Trăise viața doar pe jumătate în ultimele luni, iar acum chiar și acea jumătate de care se agățase cu atâta disperare începea să-i alunece printre degetele tremurânde și amorțite ca o mână de frunze uscate care se sfărâmă. Știa că nu ar fi trebuit să se apuce niciodată de băutură, că pornise pe drumul greșit de când întinsese mâna pentru prima oară după o sticlă. Băutura îl secătuia pe dinăuntru, iar când avea să termine cu el n-avea să mai rămână decât un bătrân slăbănog, degerat, pe o bancă din parc...

Pe celălalt perete, un gândac de bucătărie țâșni de-a lungul unei aplice de plastic și dispăru sub o fotografie înrămată cu muntele Olimp.

În sfârșit, după opt luni de derivă, ajunsese la capătul călătoriei. De-aici nu mai putea face decât un singur lucru ca să se salveze. Băgă mâna în buzunar și scoase cartea de vizită pe care i-o dăduse Joe.

Annie o ținu pe Izzy ocupată toată ziua, dar când începu să se întunece nu mai reuși să se prefacă. Îi citi o poveste de culcare după cină, apoi o luă în brațe.

– Trebuie să-ți spun ceva, Izzy, începu pe un ton blând, căutând cuvintele potrivite. Tăticul tău o să... lipsească o vreme. E bolnav. Dar o să se întoarcă. Te iubește enorm de mult, și o să se întoarcă.

Fetița nu răspunse. Annie nu știa ce să mai spună, ce cuvinte ar fi putut să mai înviorze situația. O ținu în brațe mult, mult timp, fredonând cântecele și mângâindu-i părul, apoi oftă în sfârșit.

– În regulă, e ora culcării. O lăsă din brațe și se ridică în picioare, apoi porni spre scări, dar Izzy o luă de mână. Annie se uită în ochii ei triști și înfricoșați și simți că i se rupea sufletul. Nu plec nicăieri, draga mea. Sunt aici, cu tine.

Izzy o ținu de mână până sus, apoi în baie și în dormitor. Nici când se cățără în pat nu-i dădu drumul.

Annie se uită din nou în ochii ei mari și căprui.

– Vrei să dorm cu tine?

Micuța zâmbi imediat. Îi strânse mai tare mâna și dădu din cap că da.

Annie se întinse în pătuțul ei fără să-și schimbe hainele sau să se spele pe dinți. Lăsă aprinsă lampa de noapte cu Mica Sirenă. Izzy se cuibări lângă ea.

O mângâie pe obraz, amintindu-și dintr-odată cât de mult îi lipsiseră discuțiile despre mama ei când era mică. Nimeni nu mai amintise de ea după accident, ca și când nu existase niciodată. Așa că Annie începuse să uite, zi după zi. Se întrebă acum dacă sărăcuța de Izzy pățea la fel.

Căută în minte o imagine a lui Kathy, concentrându-se până când o văzu așezată în balansoarul de pe verandă.

– Mămica ta avea cel mai drăguț păr blond pe care l-am văzut vreodată. Era de culoarea porumbului copt. Și era moale, atât de moale! Când eram mici, ne împleteam părul una alteia ore întregi. Ochii ei erau aproape negri, de culoarea cerului de la miezul nopții, iar când zâmbea i se îngustau ca la o pisică. Mai ții minte asta?

Annie zâmbi. Era ciudat câte lucruri își amintea acum, după atâția ani.

– Culoarea ei preferată era galben. Se îmbrăca în galben de fiecare dată când veneau să ne facă pozele pentru albumul de sfârșit de an. La primul bal, în clasa a opta, a purtat o rochie galbenă de bumbac cu un tiv de satin bleumarin pe care o croise ea singură. Era cea mai drăguță fată din școală.

Fetița se întoarse și o privi. Avea ochii plini de lacrimi, dar zâmbea.

– N-o să o uiți niciodată, Izzy. Mai ții minte când râdea? Cum își ridica vocea chiar la sfârșit, înainte să înceapă să pufnească? Și ce parfum îi plăcea să poarte? Și cum era să te țină de mână? Ții minte cum te cuibăreai la ea în poală când îți citea o poveste de culcare? Mămica ta e toate astea. Mămica mea s-a stins de multă, multă vreme, dar de fiecare dată când simt mirosul de vanilie mă gândesc la ea. Încă mai vorbesc cu ea noaptea și sunt sigură că mă aude.

Annie dădu la o parte o șuviță de păr de pe fețișoara concentrată a lui Izzy.

– Te aude, scumpa mea. Doar că nu-ți mai poate răspunde. Dar nu contează. Când te cuibărești sub pătură cu Domnișoara Jemmie și închizi ochii și îți amintești ceva despre mămica ta – orice – o să vezi că apare lângă tine în pat. O să simţi că te încălzeşti, sau o să vezi că luna străluceşte un pic mai puternic, sau vântul şopteşte un pic mai tare, şi o să ştii că îţi răspunde în felul ei. Îi luă obrajii în mâini şi îi zâmbi: Mămica ta este cu tine, întotdeauna.

O ţinu la piept şi vorbi în continuare, râzând din când în când, ştergându-i câte o lacrimă de pe obraji. Povesti despre farsele pe care şi le făceau una alteia în copilărie, de iubirile pierdute şi regăsite, de zilele de nuntă; vorbi despre copiii care creşteau repede şi despre Natalie. Apoi povesti cât de puternic şi de chipeş era Nick şi cât de mult o iubise pe Kathy, şi explică în ce mod durerea şi doliul te închideau într-o cămăruţă rece şi întunecată din care simţeai că nu mai poţi scăpa.

Încă mai vorbea când se lăsă noaptea şi întunericul puse stăpânire pe camera lui Izzy, iar respiraţia profundă şi regulată a fetiţei îi spuse că adormise.

Primăvara alunga ultimele rămăşiţe ale iernii şi începea să picteze pădurea în culori strălucitoare. Violete graţioase, tufe de hiacint şi margarete începeau să înflorească în răsaduri, de-a lungul cărărilor şi în peticele de lumină de pe pământul umed şi plin de ace ofilite dintre arbori. Păsările începeau să se întoarcă, se aşezau în pâlcuri pe firele de telefon şi coborau în picaj ca să pescuiască paiele duse de vânt. Ciorile negre ţopăiau prin iarbă, croncănindu-şi una alteia, şi foloseau aleea din faţa casei ca pistă de aterizare.

Deşi tatăl ei o sfătuise răspicat să nu facă asta, Annie îşi împachetase câteva haine într-o valijoară şi se mutase în casa lui Nick. Asta fusese o binecuvântare pentru ea. Deşi se simţea încă singură şi neconsolată în fiecare noapte, acum avea pe cineva care să o facă să treacă mai uşor peste asta. Nu mai era singură. Când se trezea în mijlocul nopţii, cu inima bătându-i nebuneşte de la coşmarurile deja cunoscute, se cuibărea în pat lângă Izzy şi o lua în braţe.

Ea şi Izzy îşi petreceau tot timpul împreună. Mergeau în oraş, făceau prăjiturele şi improvizau cutiuţe pentru bijuterii din cartoane goale de ouă. Pregăteau pachete pentru Natalie și le trimiteau o dată la câteva zile. Lucrau din cărticele pentru grădiniță și pentru clasa întâi pentru ca Izzy să nu rămână în urmă cu instruirea. În fiecare seară, Nick suna și le spunea noapte bună.

Astăzi, Annie avea un plan special. Venise timpul să readucă la viață grădina lui Kathy.

Stăteau lângă gardul vălurit, vopsit în alb, care înconjura grădina. Pământul era de un maroniu bogat, umed de la ploaia din ajun. Din loc în loc se vedeau bălți care sclipeau argintiu în lumina soarelui.

Annie lăsă jos cutia de carton pe care o adusese și începu să scoată uneltele dinăuntru: lopeți, săpăligi, foarfeci.

– Ar fi fost bine să fiu mai atentă la grădinarii de-acasă, spuse, descoperind o grămadă de tulpini uscate care arătau promițător. Trebuie să fie ceva folositor acolo, altfel e cea mai mare tufă de buruieni moarte pe care am văzut-o vreodată. Vezi cum cresc împreună? Asta este un semn bun. Cred că ar fi bine să le tăiem, cel puțin asta a zis Hector de la magazinul Feed. Haide, Izzy.

O conduse pe fetiță de-a lungul pietrelor lătărețe care țeseau un soi de alee prin grădină. Se opriră în fața tulpinilor ofilite.

Annie îngenunche, simțind cum umezeala urcă din pământ în țesătura pantalonilor. Își puse o pereche de mănuși, atacă planta uscată și trase mai multe tulpini din rădăcină.

– Bulbi, exclamă cu un zâmbet triumfător. Știam eu. Se întoarse spre Izzy și îi aruncă o privire plină de satisfacție. Știam eu că e o floare. Niciodată nu m-am îndoit de asta. Absolut deloc.

Separă bulbii și îi plantă din nou pe fiecare, apoi atacă tulpinile ofilite de plante perene cu foarfeca, tăind totul până la pământ.

– Știi ce-mi place la grădinărit? Când pot să plătesc pe cineva ca să-l facă în locul meu.

Râse la propria ei glumă și lucră în continuare. Smulse tot ce semăna a buruiană, despărți și plantă din nou toți bulbii. În cele din urmă se întoarse spre tufele de trandafiri și începu să le tundă cu grijă, fredonând în același timp. Încercă să se gândească la un cântec pe care să-l știe și Izzy, dar singurul care îi venea în minte era cântecul alfabetului. Începu să îl cânte, falsând puțin:

– A-B-C-D-E-F-G... H-I-J-K... L-M-N-O-P. Se încruntă dintr-odată și o privi pe fetiță, ocolind instinctiv mănușa de pe mâna ei stângă. Doamne, am uitat alfabetul. Nu că ar conta. E doar un cântecel, sunt sigură că o să-mi aduc aminte imediat. L-M-N-O-P. Fir-ar să fie, iarăși m-am împotmolit la P.

Izzy se întinse încet spre o lopățică. Trecu ceva timp până reuși să o culeagă cu cele două degete firave. După primele câteva încercări stângace, Annie nu mai suportă să o privească.

Începu iarăși să cânte:

– H-I-J-K... L-M-N-O-P... măi, să fie. Am uitat. Ei bine, cred că am terminat deocamdată. Chiar că mi-e foame. Ce zici dacă...

– Q.

Annie scăpă hârlețul din mână. Unealta se lovi de pământ cu un zgomot surd. O privi pe Izzy, care stătea în genunchi și plivea buruienile cu cele două degețele „vizibile“ de parcă nu se întâmplase nimic. Momentul înflori superb, aducând cu fiecare petală noi posibilități.

Izzy vorbise.

Annie oftă încet. „Stai calmă.“ Se hotărî să se comporte ca și când a vorbi era la fel de normal ca și a nu vorbi.

– Ei, cred că ai dreptate. L-M-N-O-P... Q-R-S...

– T-U-V.

– W-X-Y... și Z.

Annie simțea că dădea pe dinafară de mândrie și dragoste. Se forță să sape în continuare la rădăcinile buruienilor, deși voia să țipe de bucurie și să o ia pe Izzy în brațe. Dar nu îndrăznea. Nu voia să riște să o sperie.

– Așa, spuse în cele din urmă. Ajunge deocamdată. Mă simt ca și când o să-mi cadă brațele dintr-o clipă în alta. Jean-Claude – instructorul meu personal din California – ar fi atât de mândru de mine! Întotdeauna se mira cum de nu transpir. Iar eu îi spuneam că dacă aş fi vrut să transpir n-aş fi purtat haine asortate care costă o mică avere. Îşi şterse fruntea umedă cu o mână plină de pământ. Am limonadă în frigider şi ne-a mai rămas nişte pui de noaptea trecută. Ce zici, luăm un picnic aici, afară, în loc de cină? Pot să pregătesc şi nişte shake-uri cu lapte...

Când Izzy o privi, avea ochii plini de lacrimi. În sfârşit, Annie o trase pe fetiţă în braţele ei.

capitolul 14

Fumul de ţigară se învârtea sub plăcile murdare de izolaţie fonică, dând impresia că se lăsa o ceaţă groasă, albăstrie.

Nick stătea la intrarea unei camere lungi, înguste, în subsolul fără ferestre al Bisericii Luterane. Două mese melaminate, pe care se aflau de-a valma cafetiere, pahare de plastic şi cutii de carton cu pliculeţe de zahăr şi frişcă instant, erau lipite de peretele din spate. În jurul automatului de coca-cola se strânsese un grup numeros. Şi mai mulţi aşteptau lângă cel de cafea. Mirosul de cafea arsă se amesteca cu fumul dezgustător de ţigări.

Participanţii erau aşezaţi pe scaune pliante de metal. Unii se întinseseră comozi, alţii se ghemuiseră neliniştiţi pe marginea scaunului. Aproape toţi fumau.

Nick nu ştia dacă era în stare să intre în camera plină de fum, să se aşeze şi să-şi expună punctele cele mai vulnerabile pentru ca oamenii ăştia – străinii ăştia – să le disece...

– Prima dată te chinuie mai rău ca focurile iadului. Toată neliniştea primei partide de sex din viaţa ta, dar fără nici un pic de distracţie. Nick se întoarse şi îl văzu pe Joe stând în spatele lui. Pe chipul arămiu al bătrânului se lăţea un zâmbet uşurat: Speram că o să apari şi tu.

Recunosc însă, e un şoc pentru mine după atâţia ani în care am sperat că *nu* o să te văd pe-aici niciodată.

– Îmi pare rău să te dezamăgesc.

Joe puse o mână pe umărul lui şi strânse uşor.

– Sunt *mândru* de tine, Nicholas. Nu dezamăgit. Ai avut atâtea nenorociri în viaţă, că un om mai slab nu le-ar fi putut duce. N-aş fi mai mândru de tine nici dacă ai fi propriul meu fiu. Dacă Louise ar fi aici, ar spune: „Îmbrăţişează-l pe băiatul ăsta, Joseph". Şi cred că asta o să fac.

De când se ştiau, era pentru prima oară când Joe îl îmbrăţişa. Nick nu era sigur cum să răspundă. Toată viaţa crezuse că era ceva în neregulă cu el, că îi lipsea ceva fundamental, şi îşi petrecuse timpul aşteptând să fie descoperit. Se ascunsese de oamenii pe care îi iubea – Kathy, Izzy, Louise şi Joe – temându-se că, dacă l-ar fi cunoscut pe adevăratul Nick, cu toţii i-ar fi întors spatele. Dar Joe văzuse adevărul, îi văzuse toate eşecurile şi slăbiciunile, şi totuşi se afla acolo, spunându-i că era mândru de el ca de un fiu.

Când Joe se trase înapoi, ochii lui negri erau umezi.

– O să fie mai rău înainte să fie mai bine. Tocmai ai sărit într-o apă adâncă şi crezi că o să te îneci. Dar eu sunt aici ca să-ţi ţin capul deasupra.

– Mulţumesc, Joe.

Nick nu adăugă *pentru tot*, dar vedea că Joe înţelesese.

– Haide, spuse acesta. Hai să stăm jos.

Intrară amândoi. În următoarele câteva minute veniră şi alţi oameni. Unii vorbeau între ei, ceilalţi tăceau ostentativ.

Nick se foi în scaun şi începu să bată cu piciorul în podea. Sunetul repetitiv nu făcu decât să-i sporească neliniştea.

– E în regulă, Nick, spuse încet Joe. Du-te şi pune-ţi nişte cafea, ce zici?

– Sigur.

Se ridică în picioare şi traversă camera, apoi pescui câteva monede de 25 de cenţi din buzunar şi îşi cumpără o sticlă de Classic Coke. Scoase capacul şi bău cu sete. Simţindu-se ceva mai bine, se întoarse la loc şi întâlnirea începu.

Un bărbat se prezentă primul:

– Salut, sunt Jim. Sunt alcoolic.

– Bună, Jim, răspunseră în cor ceilalţi, ca enoriaşii catolici la slujba de duminică.

Jim veni în faţă şi începu să vorbească. Rosti o rugăciune, apoi vorbi despre reuniuni, despre cei doisprezece paşi şi despre regăsirea seninătăţii.

O femeie tânără se ridică brusc. Era înaltă şi extrem de slabă, cu părul oxigenat şi pielea palidă ca ceara. Tremurând vizibil, merse pe lângă rândurile de scaune şi ajunse în faţa tuturor.

Arăta ca şi când nu mai mâncase de un an întreg, iar Nick era poliţist de suficient timp încât să recunoască semnele dependenţei îndelungate de droguri. Fără îndoială că braţele ei palide erau pline de urme de înţepături pe interior. Trase lung din ţigară, apoi expiră forţat.

– Sunt Rhonda, spuse, privindu-i neliniştită pe ceilalţi, şi sunt alcoolică şi dependentă de droguri.

– Bună, Rhonda, intonară ceilalţi ca la apel.

Rhonda mai trase un fum.

– Azi se fac şapte zile de când sunt trează.

Toţi aplaudară. Câţiva strigară:

– Bravo, Rhonda!

Femeia surâse găunos şi îşi stinse ţigara în scrumieră.

– Am mai încercat şi înainte... de multe ori. Dar de data asta o să fie altfel. Judecătorul mi-a zis că dacă nu iau nimic un an întreg pot să-mi văd băiatul din nou. Se opri şi îşi şterse ochii, întinzându-şi rimelul într-o dâră neagră pe obraji. Eram o fată normală şi eu. Mergeam la şcoala postliceală, lucram cu jumătate de normă ca ospătăriţă într-un mic restaurant. Apoi l-am cunoscut pe tipul ăsta, Chet, şi până să-mi dau bine seama ajunsesem să beau tequila şi să iau munţi întregi de cocaină. Oftă, cu privirea pierdută undeva afară. Am rămas gravidă şi am băut în continuare. Sammy al meu s-a născut micuţ şi dependent, însă a supravieţuit. Ar fi trebuit să-i port de grijă, dar nu mă puteam gândi decât la droguri şi la băutură. Fiul meu n-a fost destul ca să mă facă să renunţ. Buza ei de jos începu să tremure. Peste o clipă urmă: Nuuu, a trebuit să conduc maşina beată. A trebuit să rănesc pe cineva. Suspină şi până la urmă reuşi să se stăpânească. Aşa că am venit aici, şi de data asta chiar vreau să mă schimb. O să fac orice mi se cere ca să-mi văd fiul din nou. De data asta sunt trează şi o să rămân trează.

Când Rhonda termină, altcineva începu să vorbească, apoi altul şi altul şi tot aşa. Foloseau cuvinte diferite, dar poveştile lor erau esenţialmente aceleaşi: pierdere, durere, furie. Poveşti despre ghinioane şi nenorociri spuse de oameni care înfruntaseră iadul pe pământ.

Nick era unul dintre ei. Ştia asta când întâlnirea luă sfârşit. Se simţea consolat să ştie că nu era singurul om din lume care avea probleme cu băutura.

Izzy nu putea să doarmă. Merse la fereastră şi se uită afară. Era întuneric şi totul arăta înfricoşător. Singura lumină venea de la reflexiile de pe apa întunecată a lacului. Annie spunea că acolo erau stele care căzuseră din cer.

Se întoarse cu spatele la geam. Fusese speriată toată săptămâna, de când Annie îi spusese că tăticul n-o să vină acasă. Cu o zi înainte stătuse cu ochii pe alee mult timp, atât de mult, încât Annie venise la ea.

„Nu ştiu când se întoarce, Izzy, îi murmurase. Ţii minte că ţi-am spus că tăticul este bolnav, nu-i aşa? Doctorii spun că are nevoie de timp..."

Fetiţa ştia însă adevărul despre doctori. Mămica ei consultase o mulţime şi nici unul nu reuşise să o vindece. Nici pe tăticul nu aveau cum să-l ajute.

Nu se putuse opri din plâns. „Mi-e dor de el", atât îi spusese lui Annie, dar erau multe alte lucruri pe care le păstrase pentru ea. Nu-i spusese că îi era dor de el de mult, şi nici că omul cu păr argintiu nu era tăticul ei adevărat – pentru că tăticul ei nu se îmbolnăvea niciodată şi râdea tot timpul. Nu-i spusese nici că tăticul cel adevărat murise, probabil, atunci când murise și mămica, și nu avea să se mai întoarcă niciodată.

Se furișă în jos pe scări și ieși afară. Ploua încet. Ceața plutea pe deasupra ierbii, așa de deasă că nu-și vedea vârfurile picioarelor.

– Mami? șopti, strângându-și brațele.

Închise ochii și se concentră foarte, foarte tare. Când îi deschise din nou o văzu pe mămica stând lângă lac. Imaginea era neclară, tremura. Stătea cu umerii cocoșați și capul aplecat într-un unghi ciudat, ca și când ar fi pândit un sunet de pași sau un cântec de pasăre de noapte. Ploaia căpătă toate culorile curcubeului, roșu, și galben, și roz, și albastru.

Ar trebui să fii în pat, fetița mea.

– Tati e bolnav iarăși.

Mămica scoase un oftat slab, sau poate era doar sunetul brizei care bătea deasupra lacului.

O să fie în regulă. Îți promit.

– Mi-e dor de tine, mami.

Izzy întinse mâna. Simți ceva nu foarte solid în vârful degetelor, mai degrabă o adiere caldă. Își strânse degetele în jurul a... nimic.

Nu te mai pot atinge, scumpa mea.

– Mami, te iubesc, mami!

Îmi pare rău, Izzy dragă. Îmi pare atât de rău...

Fetița întinse o mână, dar era prea târziu. Mămica dispăruse.

Ținutul Jefferson se bucura de o vreme neobișnuit de caldă. Florile începeau să îmbobocească și să se întindă în sus, după lumină. Puii de pasăre cântau din cuiburile lor în copacii înmuguriți. Încă mai ploua în fiecare seară, dar zorii transformau lumea într-o bijuterie cu o mie de fațete.

Annie făcea tot posibilul să o țină ocupată pe Izzy tot timpul. Colorau ouă de Paște împreună, făceau prăjiturele și desenau pentru Nick – cadouri pe care aveau de gând să i le ofere când revenea acasă. Făceau cumpărături pe Main Street și îi trimiteau lui Natalie cadouri cu specificul locului: pixuri cu bărcuțe înăuntru, cărți de bucate cu melci, vederi cu Lacul Mystic. Citeau de două ori mai mult împreună, iar Annie era convinsă că Izzy se putea întoarce la școală. Dar când îi spuse asta și ei, fetița se sperie. „Nu vreau să mă întorc. Or să râdă de mine." Annie nu mai vorbise despre asta, știind că oricum nu era decizia ei. Spera că Nick avea să o convingă.

Deocamdată, rutina lor era liniștitoare. Izzy vorbea regulat. Nu i se mai părea așa greu să-și amintească cuvintele. Fiecare o întărea pe cealaltă.

Annie se deprinsese în sfârșit să doarmă singură. Nu părea mare lucru, dar pentru ea era o realizare colosală. Uneori, când o săruta pe Izzy de noapte bună și se întorcea în patul ei gol, nici măcar nu se mai gândea la bărbatul lângă care dormea înainte. Uneori treceau zile întregi fără să se gândească la el. Sigur, durerea era încă acolo, la fel și singurătatea, dar zi după zi învăța cum să supraviețuiască fără el. Încă nu voia, dar acum știa că poate.

În fiecare luni, cu precizie de ceas elvețian, o suna pe Natalie și întreba cum fusese ultima săptămână. În vocea fetei se auzea o maturitate care o umplea de mândrie. Natalie nu mai era un copil; acum ar fi putut face față ceva mai bine veștii că părinții ei aveau să divorțeze.

Annie înțelese în sfârșit că și ea putea să se descurce cu noua situație. Noaptea trecută o sunase iarăși Terri. După zece minute în care o bătuse la cap să-i spună cine era *Nick ăla* și de ce Annie stătea la el acasă, se liniștise și acceptase s-o asculte. Iar când Annie terminase de povestit, Terri spusese încet: „Bineînțeles că poți să te descurci, Annie. Ești singura care credea că e imposibil".

Duminica de Paște sosi aducând cu ea o vreme înnorată și ploioasă, dar Annie se hotărî să nu lase capriciile naturii să-i strice planurile. O îmbrăcă pe Izzy în haine călduroase și o duse acasă la Hank, iar apoi toți trei luară un mic dejun întârziat și porniră să caute ouă vopsite. Când se întoarseră acasă după slujba la biserică, Annie îi dădu fetiței un pacheţel mic, învelit în hârtie colorată.

– Paşte fericit, Izzy.

Copilița încercă să deschidă pachetul cu cele două degete pe care le mai folosea. Strădaniile ei fără nici un rezultat făcură inima lui Annie să se strângă dureros.

– Haide, lasă-mă pe mine, scumpa mea. E greu când ți-au dispărut degețelele.

Scoase hârtia lucioasă, apoi puse cutia pe măsuța de cafea.

Stăpânindu-şi un zâmbet, Izzy deschise capacul. Înăuntru, pe un strat de şervețele albe, era un medalion de bronz de mărimea unei monede de 25 de cenți, odihnindu-se pe un lanț încolăcit de argint. Izzy se încruntă, aşa că Annie luă busola şi i-o puse în mână.

– Când eram mică, mă simțeam pierdută tot timpul. Apoi, tata mi-a dat busola asta şi mi-a spus că, atâta timp cât o port, o să ştiu întotdeauna unde îmi este locul. Oftă. Nu purtase busola destul. Fugise în California, unde își pierduse simțul orientării. Dacă ar fi avut un mecanism intern care să arate în permanență spre nordul conştiinței de sine, ce frumos ar fi fost! Era foarte uşor să te rătăceşti în viață. Deci, spuse în cele din urmă, vrei să înveți cum funcționează?

Izzy încuviință.

– Ştiam că o să spui asta. În regulă, ia-ți cizmele şi pelerina de ploaie şi o să-ți arăt.

Fetița zâmbi şi alergă la dulăpiorul cu haine, de unde își luă pelerina încă udă şi pălăria. Amândouă se îmbrăcară în câteva clipe şi se încălțară cu cizme de cauciuc şi îşi puseseră pe cap pălării imense. Apoi, Annie îi explică lui Izzy cum funcționa busola. Când se convinse că înțelesese, îi puse lanțul la gât şi spuse:

– Hai să mergem să explorăm pe-afară.

Vremea era oribilă. Rafale de vânt biciuiau suprafața lacului, trimițând valuri înspumate într-un asalt necontenit spre țărm. Picături de ploaie mari, diamantine, tremurau pe tulpinile margaretelor galbene şi ale lalelelor care mărgineau aleile şi creşteau în pâlcuri în glastrele de la fereastră.

Se îndepărtară de lac, aleseră o direcţie şi studiară cu atenţie aleea lată, acoperită de un covor de ace ofilite, care ducea în pădure. De ambele părţi, santinelele imense de lemn stăteau de strajă, oprind picăturile de ploaie pe umerii lor laţi şi îr frunziţi. O ceaţă rece se rostogolea deasupra pământului. În unele locuri era atât de deasă că Annie nu-şi mai vedea tenişii. La fiecare meandră, Izzy se oprea şi îşi verifica busola.

Pe la mijlocul după-amiezii, fetiţa începuse să se orienteze singură şi căpătase încredere în propria persoană.

Dintr-odată, copacii se desfăcură în faţă şi ajunseră într-o poiană cu iarbă înaltă, într-una din cele mai bătrâne părţi ale pădurii. Într-un colţ se adăpostea o gheretă de pădurar, abandonată de mai mulţi ani. Ţiglele de pe acoperiş erau pline de muşchi gros şi ciuperci gri ieşeau din scândurile cu care erau întăriţi pereţii. Uşa smulsă din balamale purta urmele unor gheare de urs.

– Putem să intrăm? întrebă fetiţa.

Annie studie ghereta cu atenţie. În mod normal avea instincte de mamă, nu de exploratoare, dar când văzu anticipaţia din ochii lui Izzy, nu o lăsă inima să-i spună nu.

– În regulă, dar mergi încet, te rog... şi nu atinge nimic dezgustător.

Izzy ţipă de bucurie şi alergă spre gheretă. Annie se grăbi în urma ei. Dădură la o parte împreună uşa care abia se mai ţinea şi intrară.

Înăuntru erau două paturi acoperite de praf, pânze de păianjen şi pături putrezite, o masă de lemn care părea destul de instabilă şi două scaune; de asemenea, o plită din fier forjat de mult uitată.

Annie se simţea ca Daniel Boone[1]. Luă o cutie de cafea prăfuită, răsucind-o în mâini.

Izzy ţipă şi scoase ceva de sub pat.

---

[1] Daniel Boone (1734–1820) – explorator american din perioada colonială (n.tr.)

– Uite! Întinse mâna să-i arate ce găsise. Era o monedă de argint, datată 1899.

– Incredibil, spuse Annie, atingând suprafața de metal. Asta este o comoară adevărată. Pune-o într-un loc sigur.

Fetița se încruntă, apoi o privi cu o expresie solemnă pe chip. Fără nici un cuvânt, împinse moneda spre ea.

– E a ta, Izzy. Nu mi-o da mie.

– Annie? Întotdeauna vei fi aici, nu-i așa? Deci tu ești un loc sigur.

Annie știa că ar fi trebuit să o convingă cu blândețe să păstreze ea moneda. Ar fi trebuit să-i ofere cel mai de preț dar, adevărul. „Nu-ți pot oferi siguranță, Izzy. Nu neapărat. Asta nu e viața mea..."

Se uită însă în ochișorii ei vioi și albaștri și se pierdu în ei.

– „Întotdeauna" e mult mai mult decât o să ai nevoie de mine, Izzy, dar o să păstrez moneda până ești gata să i-o dai tăticului, bine?

– Bine. N-o pierde. Veselă, fetița se îndreptă în fugă spre ușă. La jumătatea drumului se opri brusc și se întoarse, privindu-și fix mâna dreaptă. Pot să-mi văd toate degetele de la mâna asta.

– Oh, Izzy...

Annie îngenunche lângă ea, apoi o luă în brațe, însă trupușorul ei era încordat ca un arc. Fără a-și lua privirea de la mâna dreaptă, începu să plângă:

– Mi-a spus că pot să vin și eu după ea.

– Cine ți-a spus? întrebă Annie mângâindu-i obrazul.

– Mămica. Eu... Izzy își mușcă buza tremurândă și întoarse capul.

– Spune-mi, Izzy. Pot păstra un secret.

– Promiți?

– Promit.

Copilița o scrută pe Annie în tăcere, apoi mărturisi în șoaptă:

– Uneori... uneori o văd... în ceață. Începusem să dispar ca să fiu și eu cu ea... dar ultima dată când am văzut-o... Ochii i se umplură de lacrimi mari, care îi lăsară dâre prelungi pe obraji. Ultima dată mi-a spus că nu pot veni şi eu după ea.

Inima lui Annie se strânse dureros. O luă de mână şi o conduse afară, unde se aşezară una lângă alta pe covorul de muşchi de pe mica prispă a gheretei.

– Nu poţi să te duci după mămica ta, Izzy. Ştii de ce?

– De ce?

– Pentru că i-ai frânge inima. Mămica ta e în Ceruri acum, şi vrea să te vadă crescând. Vrea să fii veselă, să-ţi faci prieteni, să mergi la şcoală – să faci toate lucrurile pe care le-a făcut şi ea când era mică. Vrea să te vadă purtând o rochie albă şi drăguţă în ziua nunţii, ţinându-ţi în braţe primul copil. Annie oftă. Vrea atât de multe pentru tine, Izzy!

– De unde ştii că mă urmăreşte?

– *Tu* ştii. În inimioara ta. De asta o vezi în ceaţă. Ştii că veghează asupra ta şi, când plouă... atunci i se face dor de tine. Picăturile de ploaie sunt lacrimile ei. Lumina soarelui e zâmbetul ei.

Izzy rămase cu privirea pierdută printre copaci mult, mult timp.

– Şi mie mi-e dor de ea.

– Ştiu, draga mea. O luă pe după umerii micuţi şi o trase mai aproape.

Rămaseră aşa multă vreme. Ploaia redesenă peisajul în nuanţe de verde şi albastru, ca un tablou de Monet. Apoi, în cele din urmă, Annie zâmbi larg şi o bătu pe Izzy pe mână.

– Cred că ai dreptate, domnişoară. Îţi văd degetele clar ca lumina zilei. Cred că putem toasta să sărbătorim.

– Îmi place pâinea prăjită cu gem[1].

– N-am pâine prăjită, dar am nişte limonadă, râse Annie. Şi dacă nu mâncăm în curând cred că o să-ţi ronţăi moneda. E timpul să ne îndreptăm spre casă.

Izzy râse. Era un sunet atât de limpede, atât de frumos şi de tulburător, încât Annie îşi permise să uite de acel fior de grijă care nu-i dăduse pace mai înainte.

---

[1] Joc de cuvinte intraductibil, de la *toast* – a toasta, dar şi pâine prăjită în lb. engleză (n.tr.)

Indiferent ce avea să facă pe mai departe, o ajutase pe fetiță să-și regăsească vocea și zâmbetul... și acum avea iarăși o mână întreagă pe care o putea vedea. Poate că a doua zi avea să se repare și cealaltă, cea ascunsă sub mănușă, dar deocamdată era destul.

capitolul 15

Ploua în ziua în care Nick se întoarse acasă.

Îl plăti pe șofer și coborî din mașină, după care urmări singurul taxi din oraș îndepărtându-se.

Își ridică gulerul jachetei de blugi Levi's și își cocoșă umerii ca să se apere de rafalele de ploaie. Sub braț avea un sac jerpelit cu hainele și obiectele de toaletă pe care le cumpărase ca să se poată îngriji cât timp era departe de casă. Sacul era ud leoarcă, dar nu putea face nimic legat de asta. Ziua tocmai se transformase într-o seară violacee și în aer pluteau adieri răcoroase. Aleea care conducea spre casă mergea în linie dreaptă cam jumătate de kilometru, apoi cotea brusc pe după un petic triunghiular de pini, pierzându-se în umbrele de pe malul lacului.

Ar fi putut să-i ceară șoferului să-l ducă până la ușa de la intrare, dar avea nevoie de timp ca să se obișnuiască cu gândul că revenise.

Porni pe lungul drum spre casă. La stânga, lacul reflecta apusul de soare. Frunzele verzi și lucioase ale copacilor, tufele de rododendroni, azalee, trillium și salal îmbrățișau aleea de ambele părți, creând un tunel umbros care îl ducea mai aproape de căminul său cu fiecare pas.

În cele din urmă ajunse în dreptul pinilor. Ferestrele casei răspândeau o lumină aurie, moale. Vălătuci de fum ieșeau pe horn și dispăreau în aerul violaceu. Așa și-o imaginase dintotdeauna...

Casa îi captivase imaginația de la început. Încă își mai aducea aminte noaptea în care Annie îl condusese până acolo. Kathy avea gripă, așa că Nick și Annie merseseră singuri la un carnaval și apoi Annie îl adusese până la casa „bântuită“ de lângă lac.

Nick o văzuse întâi prin ochii visători ai lui Annie. Ea fusese cea care aprinsese un foc în inima lui în acea noapte, iar casa cea veche devenise manifestarea fizică a acelui vis. Era perfectă pentru un băiat care locuise într-o mașină timp de doi ani și care își lua micul dejun din tomberoane.

Trecuseră ani întregi până să strângă destui bani ca să o cumpere. Semnase actele într-o vară, în august, și apoi scrisese un cec prin care plătea avansul. Cu toată căldura de afară, aleea era răcoroasă și briza de pe lac se simțea până acolo. Văzuse muntele Olimp, care se profila în zare ca un triunghi imens de granit, împungând cerul de un albastru pur. În jurul vârfului nu mai rămăsese decât o coroană subțire de zăpadă.

Amintirea era ascuțită ca un ciob de sticlă. Se grăbise să le aducă acolo și pe Izzy și Kathy, dar când ajunseseră se făcuse deja noapte și coloanele verandei erau ascunse în umbră.

„Poți să-ți imaginezi, Kath? Aici o să fie terasa închisă cu sticlă – unde o să luăm micul dejun... și acolo bucătăria, în zilele noastre nu se mai fac sobe dintr-astea... și uită-te la șemineul ăla – pun pariu că are o sută de ani...“

El percepuse speranța unui cămin și toate posibilitățile viitoare.

Ea percepuse iz de mucegai, praf și multă muncă.

Cum de nu observase? De ce nu se oprise din vorbit suficient cât să-i ceară părerea? De ce nu făcuse altceva decât să se gândească „Are una din zilele alea nasoale“ și să treacă repede peste asta?

Oftând obosit, traversă gazonul, urcă scările verandei și bătu la ușa de la intrare. Lăsă să cadă la pământ sacul umed cu lucrurile noi și inutile pe care le cumpărase și uită de el.

În spatele ușii se auziră pași grăbiți.

– Numai puțin! spuse înfundat o voce.

Apoi ușa se deschise și apăru Annie.

Tăcerea dintre ei era a ırzitoare. Fiecare sunet era amplificat la maximum: cadența ritmică a picăturilor de ploaie, șuieratul valurilor pe malul de prundiș.

Nick ar fi vrut să poată zâmbi, dar îi era teamă. Întoarse ochii în altă parte, înainte ca Annie să-i vadă dorința din ei.

– Nick.

Îi rostise numele în șoaptă. Abia îl auzise. Nick își închipui că îi simțea răsuflarea umedă pe gât. Încet, precaut, își ridică privirea spre ea.

Stătea așa aproape, încât îi vedea șirul de pistrui de pe frunte și cicatricea micuță care îi tăia o sprânceană în două.

– Merg la întâlnirile Alcoolicilor Anonimi de două ori pe zi, spuse repede, fără să se mai obosească să adauge vreun salut. N-am băut nimic de când m-ai lăsat la motel.

– Ah, Nick, e minunat. Noi... Dintr-odată, Annie își dădu seama cât de aproape erau unul de celălalt. Nick văzu cum i se colorează obrajii în lumina palidă a becurilor de pe verandă. Ea se uită în altă parte și tuși discret, trăgându-se înapoi până la o distanță respectabilă. Izzy e în camera familială. Pictăm. Intră.

– Pictați. Sună distractiv. N-aș vrea să...

– Poți face asta, Nick.

Annie îl luă de mână – avea o atingere fermă și blândă în același timp – și îl trase înăuntru. Ușa se închise cu zgomot după ei.

Casa mirosea a curat. De undeva se auzeau sunetele unui radio, dar Nick nu avu timp să observe cu atenție schimbările, fiindcă Annie îl trăgea de-a lungul holului.

„Camera familială" era locul pe care Nick îl botezase pe vremuri „camera cu rahat". Cu decenii în urmă, probabil prin anii '50, cineva încercase să o redecoreze cu bani cât mai puțini. Pereții de scândură fuseseră ascunși sub panouri de lemn fals, iar peste parchet fusese întins un covor de culoarea muștarului. Singurul lucru drăguț din încăpere era un şemineu vechi de cărămidă, în care Annie aprinsese focul.

Uşile vitrate care duceau pe verandă erau deschise. O briză răcoroasă de început de seară flutura perdelele albe, diafane, iar ploaia se întindea ca un voal argintiu între casă şi noaptea care se lăsa încet. O masă portabilă era plină de borcane cu vopsele şi pensule, iar ziarele care fuseseră întinse peste covor erau pline de pete colorate.

Izzy stătea cu spatele la ei, cu mâna stângă lăsată moale pe lângă corp. Avea în faţă un şevalet imens pe care trona o coală prinsă cu piuneze.

Brusc, Nick îşi dădu seama că Annie dispăruse. Îşi simţi mâna goală şi rece. Se răsuci şi o văzu pe hol. Annie îi făcu semnul victoriei cu degetul mare şi dispăru.

El oftă şi făcu un pas precaut înăuntru. Se aştepta ca Izzy să se întoarcă şi să se holbeze la el, dar covorul îi înăbuşea sunetul paşilor şi fetiţa picta în continuare.

– Izzy. Îi rosti numele blând, de parcă o voce liniştită ar fi putut atenua şocul surprizei.

Izzy scăpă un borcan micuţ, plin cu vopsea albastră. Lichidul colorat se lăţi pe ziarele de jos. Încet, strângându-şi pensula la piept, fetiţa se întoarse.

Arăta ca un înger. Purta o salopetă galbenă, pătată cu vopsea, dar părul şi faţa ei erau curate. Părul negru era prins în două cozi egale, legate la capăt cu panglici galbene.

Arăta ca înainte.

Gândul acesta îl determină să-şi continue mersul. Simţi cum genunchii îi cedau şi stomacul i se strângea de teamă, dar înaintă în continuare spre fetiţa lui care stătea lângă şevalet în tăcere, fixându-l cu ochii ei mari şi căprui.

Se aşeză lângă ea. Genunchii lui scoaseră un clipocit când atinseră balta de vopsea.

Izzy îl privi fără să clipească, cu buzele ei roz lipite strâns.

Nu cu mult timp în urmă, i-ar fi sărit în braţe şi l-ar fi sufocat cu sărutări. Chiar şi când era mahmur, sau când tocmai se certase cu Kathy, fiica lui îl adora. Niciodată nu-l mai privise aşa cum îl privea acum – cu expresia îngrijorată, precaută, a unui animal gata-gata să fugă la primul semn de pericol.

Nick îşi dădu seama cu o strângere de inimă cât de dor îi era de sărutările ei, de mirosul dulce al părului ei, de mânuţa ei moale ascunsă într-a lui...

– Bună, Soare, spuse, ocolind cu privirea mănuşa neagră care îi reamintea de fiecare dată cât de mult dăduse greş cu fiica lui.

Era o poreclă pe care i-o dăduse lui Izzy în prima zi în care îi văzuse zâmbetul şi constatase că era strălucitor ca o rază de soare. Nu-i mai spusese „Soare“ de multă vreme. De când murise Kathy, poate chiar înainte de asta.

Izzy, amintindu-şi, surâse cu un colţ al gurii.

Erau atâtea lucruri pe care i le-ar fi putut spune acum, atâtea promisiuni pe care le-ar fi putut face, dar până la urmă nu erau decât vorbe goale. Promisiuni făcute de un bărbat care îşi încălcase cuvântul de prea multe ori ca să mai prezinte încredere.

Zi după zi; asta învăţase la întâlnirile Alcoolicilor Anonimi.

Aşa îşi pierduse fetiţa – clipă după clipă – şi numai aşa putea să o mai recâştige. Nu-i putea cere să aibă încredere în el, deşi probabil că Izzy ar fi fost de acord fără să stea pe gânduri. Trebuia să-i *câştige* încrederea. Zi după zi.

Până la urmă decise să nu facă nici o promisiune, mulţumindu-se să întrebe:

– Ce pictezi?

Fetiţa se trase în spate. Era un amestec colorat de linii şerpuite şi picături de vopsea. Pentru că îi mai văzuse operele şi înainte, Nick reuşi să-şi dea seama că avea în faţă un autoportret: Izzy era silueta micuţă din colţ, cu părul negru şi lung până la podea. Cineva – probabil Annie, judecând după claia de păr ţepos şi castaniu – stătea lângă ea, cu un zâmbet cât toate zilele desenat dintr-o mişcare. Deasupra lor era un soare galben şi strălucitor, înconjurat de raze roşii, neregulate.

Nick luă o pensulă curată de pe masă și o înmuie într-un borcan de vopsea maronie. Încercând să nu dea pe lângă – deși habar n-avea de ce se obosea – manevră pensula cu grijă până la șevalet.

– Pot să adaug ceva?

După ce îl scrută un moment, Izzy încuviință din cap.

Nick desenă cu mișcări rapide un cerc lângă Annie. Prin câteva linii, capul primi și un corp.

– Ăsta e tăticul, anunță, fără să se uite la ea. Apoi adăugă ochi, un nas și o gură dreaptă. Nu e nevoie să pictez și părul – are aproape aceeași culoare ca hârtia. Așa că o să ni-l imaginăm doar.

Coborî pensula și o privi pe micuță.

Expresia acesteia era neschimbată. Cu incisivii lați de sus – singurii dinți permanenți pe care îi avea – își mușca neliniștită buza.

– E în regulă dacă vin înapoi acasă, Izzy?

Nick așteptă răspunsul ei o veșnicie: o încuviințare, un clipit, orice, dar Izzy rămase nemișcată, privindu-l cu ochii ei triști și maturi care păreau atât de nepotriviți pe chipul ei de fetiță.

Îi atinse obrazul moale ca o catifea.

– Înțeleg, Soare.

Începu să se ridice, dar Izzy îi luă mâna într-a ei.

Încet, Nick se lăsă la loc în genunchi. O privi, pierzându-se în ochii ei ciocolatii care odată, demult, fuseseră întreaga lui lume. În acea clipă își aminti totul: cum se plimbau la docuri, uitându-se la bărci și visând că într-o zi aveau să pornească într-o aventură în jurul lumii... Își aminti cum era să o țină de mână și să râdă cu ea, să o legene în brațe într-o zi frumoasă și însorită de primăvară...

– Te iubesc, Izzy, murmură, amintindu-și cât de simple fuseseră lucrurile odată.

Nick stătea pe verandă cu picioarele desfăcute și brațele încrucișate. Avea senzația că între el și lume nu mai era decât un singur fir. Cu toții fuseseră încordați la cină; chiar dacă Annie se străduise să înveselească atmosfera, momentele de tăcere stânjenită fuseseră limpezi ca lumina zilei. Nick observase că Izzy își folosea din nou mâna dreaptă în întregime.

De fiecare dată când își privea fiica, simțea rușinea invadându-l și avea nevoie să-și mobilizeze toată stăpânirea de sine ca să nu se uite în altă parte. Dar în seara asta nu se mai lăsase pradă lașității, și asta era o victorie. O privise pe Izzy fix în ochi și, deși ezitarea ei îl duruse, nu lăsase să se vadă asta.

Ușa de plasă din spatele lui se deschise și se închise cu zgomot.

Avu nevoie de o clipă până să găsească curajul de a se întoarce. Annie stătea lângă balansoarul pe care el i-l făcuse cadou lui Kathy când se născuse Izzy.

Degetele lui Annie atingeau ușor spătarul, iar verigheta ei strălucea în lumina portocalie a becului de pe verandă. Diamantul enorm îi reaminti lui Nick că veneau din lumi diferite. De parcă avea nevoie să i se spună iarăși asta.

Annie ținea o valijoară micuță.

– Izzy s-a spălat pe dinți. Te așteaptă în pătuț.

Vocea ei era blândă și răcoroasă, ca o ploaie de primăvară, și asta îl mai liniști puțin. Stătea lângă el, cu brațele atârnându-i pe lângă corp, purtând un tricou uzat cu însemnele Universității Statului Washington și o pereche de blugi mult prea mari, dar asta nu-i ascundea corpul. Dintr-odată, Nick și-o aminti goală, iar imaginea cu ea ridicându-și bluza peste cap îi reveniră în minte... lumina lunii care îi mângâia sânii...

– Nick? Annie făcu un pas spre el. E totul în regulă?

Nick se forță să râdă slab.

– O duc destul de bine pentru un bețiv care nu mai bea, presupun.

– O să reușești. Se întinse spre el, iar Nick se aplecă ușor spre ea. Avea nevoie de atingerea ei ca de aur, dar în ultima clipă Annie se trase înapoi. Știu că nu e ușor să o iei de la capăt...

Văzu expresia hăituită din ochii ei şi se întrebă ce îi făcuse acel bărbat care îi pusese pe deget diamantul imens. Vru să întrebe, dar ar fi fost aproape o obrăznicie din partea lui să-i zgândăre rănile.

– Mi-ai salvat viaţa, Annie. Nici nu ştiu cum să-ţi mulţumesc.

– Am ştiut de la început că o să te întorci pentru ea. N-am riscat prea mult. Ştiam cât de mult o iubeşti pe Izzy.

– Eşti atât de optimistă! Nick privi spre lacul umbrit. Am iubit-o şi pe Kathy, şi uite ce s-a întâmplat. Oftă şi se lăsă pe spate, rezemându-se de balustrada verandei. Ştii ce nu-mi dă pace? Nu mi-am înţeles niciodată soţia cu adevărat. Iar lucrul cel mai trist e că acum înţeleg în sfârşit. Ştiu cum e să-ţi pierzi orice speranţă. Credeam că ştiu asta şi înainte, dar nu făceam decât să zgârii puţin suprafaţa. Îmi spunea că nu mai simte căldura soarelui, nici chiar când stătea afară şi obrajii îi erau fierbinţi.

Rămase surprins că putea vorbi despre soţia lui atât de uşor. Era pentru prima oară când şi-o amintea *pe ea*. Nu boala sau cum se dusese de râpă căsnicia lor în ultimii câţiva ani, ci pe Kathy, Kathy a lui, fata cu ochii luminoşi şi inimă mare de care se îndrăgostise.

– Nu a mai vrut să trăiască în întuneric... Când se întoarse spre Annie o văzu plângând. Se simţi stânjenit, egoist chiar, fiindcă îi răscolise durerea. Iartă-mă, n-am vrut să te întristez.

– Ai mare noroc, murmură ea.

– Poftim?

– Nu contează ce simţeai sau nu mai simţeai pentru Kathy la sfârşit, sau de-atunci încoace. Este limpede că ai iubit-o. Indiferent ce a făcut, sau de ce a făcut-o, sunt sigură că şi ea a ştiut. Vocea lui Annie se transformă într-o şoaptă gâtuită: Cei mai mulţi oameni nu au parte de o asemenea iubire toată viaţa.

Nick simţi nevoia s-o întrebe în acel moment, deşi n-ar fi trebuit. Păşi spre ea până când ajunse puţin prea aproape.

– Dar tu? Tu ai fost iubită aşa?

– Nu. Annie zâmbi slab, cu ochii în zare. Am iubit așa... dar nu cred... că el m-a iubit la fel.

– Meriți ceva mai bun.

Ea încuviință și își șterse ochii cu un gest care se voia nepăsător:

– Cu toții merităm.

Între ei se lăsă o tăcere grea, stânjenitoare.

– Annie...

Se opri și se întoarse spre el:

– Da?

– Poate ți-ar plăcea să treci pe la noi și mâine... să petrecem ziua împreună.

– Mi-ar plăcea, răspunse ea, apoi își feri privirea.

– Mulțumesc, spuse Nick pe un ton blând, apoi se apropie de ea cât de mult îndrăzni, sperând că avea să-l sărute.

– Cu plăcere, Nicky. Annie îl privi iar. Trecu încă un moment ciudat. Să știi că Izzy a început să vorbească iarăși.

– Dar mie nu mi-a vorbit, se încruntă el.

– O să vorbească, zise ea atingându-i brațul într-un gest consolator. Are nevoie de timp. Câteva clipe se legănă de pe un picior pe altul, apoi spuse: Ar fi cazul să plec spre casă...

– Ne vedem mâine.

Annie încuviință și trecu grăbită pe lângă el. Îi făcu rapid cu mâna, apoi se urcă în Mustang și se îndepărtă.

Nick îi urmări farurile din spate, două puncte roșii, strălucitoare, clipind dintre copaci, până când mașina luă o curbă și dispăru. Apoi, fără tragere de inimă, se întoarse în casă și urcă la etaj. Se opri în fața ușii lui Izzy și bătu.

„Răspunde-mi, draga mea... poți să o faci."

Dar dinăuntru nu se auzi nimic. Nick întoarse încet clanța și deschise ușa.

Izzy stătea în capul oaselor în pat, ținând-o cu brațul drept pe Domnișoara Jemmie. Mănușa neagră de pe mâna ei stângă se vedea ca o pată pe perna îmbrăcată în dantelă albă și violet.

Se așeză lângă ea, după care se lăsă tăcerea. Cu fiecare bătaie de inimă, încrederea lui Nick în el însuși se scurgea picătură cu picătură.

– Mă gândeam să-ți citesc o poveste.

Fetița o lăsă pe Domnișoara Jemmie din brațe și scoase o carte de sub așternuturi, apoi i-o întinse.

– Ah. *Unde sunt făpturile sălbatice.* Mă întreb ce mai face Max. Probabil că s-a transformat într-un porc mistreț.

Izzy scoase un chicotit.

Tatăl ei o luă pe după umeri și o trase mai aproape. Începu să citească, ținând cartea deschisă în poală. Își folosi cea mai bună voce de spus povești, cea pe care Izzy o adorase înainte. Și, pe măsură ce se adânci în povestea bine cunoscută, începu să simtă pentru prima oară că i se mai dăduse o șansă.

Nu era însă atât de ușor. În prima săptămână, Nick fu nervos, circumspect, îngrozit la gândul că nu era nevoie decât de o singură scăpare, o singură greșeală, și avea să ajungă iarăși pe un scaun în barul lui Zoe. Fiecare clipă din fiecare zi îi punea agonizant la încercare voința.

Se trezea devreme, dorindu-și cu ardoare o băutură, și ieșea afară să taie lemne. Încă simțea nevoia de alcool, așa că tăia lemne ore în șir, transpirând și întrebându-se dacă astăzi avea să-și încalce, în sfârșit, promisiunile.

Annie sosea în fiecare zi cu un zâmbet și o nouă activitate pe care o plănuise. Avea o voință tare ca piatra și reușise să-i transforme pe toți trei într-un fel de familie. Legătura dintre ei era lucrul care îl făcea pe Nick să meargă zilnic la întâlnirile Alcoolicilor Anonimi. La naiba, n-avea de gând să le dezamăgească pe Annie și pe Izzy.

Acum se îndrepta spre locul reuniunii de la ora patru. Încetini până la limită pe Main Street, strângând volanul. Tocmai începuse să plouă. Furtuna venită din senin îi forțase pe trecători să-și caute adăpost și lăsase orașul pustiu și liniștit. În parcări nu se vedeau decât câteva mașini rătăcite.

Nu și la Zoe. În fața tavernei era plin de mașini. Nick știa din experiență că toate scaunele de la bar erau de mult ocupate. Privi ferestrele opace ale localului, auzind în minte ciocnitul discret al paharelor și clipocitul tăriei peste cuburile de gheață.

Își linse buzele uscate și înghiți un nod, încercând să nu se gândească la cât de bine i-ar fi prins o gură de whisky. Încă nu era în stare să-și imagineze restul vieții fără băutură, dar putea să treacă peste acea zi.

Călcă încet accelerația și mașina prinse viteză. Simți fiecare centimetru de drum când trecu pe lângă Zoe; până să ajungă la biserica luterană nu mai tremura așa rău, iar transpirația rece începuse să dispară.

Opri în parcarea pavată din spatele bisericii, lângă o pancartă care făcea reclamă la berea Rainier. Se opri o clipă ca să-și revină, își puse cheile în buzunar și intră.

Camera era plină de oameni pe care îi cunoștea deja. Se simțea ciudat de liniștit să-i vadă pe toți acolo.

Joe îi zâmbi și îi făcu semn să se așeze.

Nick încuviință, apoi își luă o doză de coca-cola și se așeză pe scaunul gol de lângă prietenul său.

– Nicholas, ești bine? Arăți puțin cam palid.

– Nu știu, răspunse el, recunoscător că Alcoolicii Anonimi îl învățaseră pentru prima oară în viață cum să fie sincer.

Acolo, în sala de reuniune, împreună cu niște străini pe care i-ar fi putut numi în cele din urmă prieteni, putea să-și scoată la iveală slăbiciunile și greșelile și să se lase analizat de ceilalți. Se simțea mângâiat la gândul că avea această posibilitate. Îl ajuta să fie sincer. Îl ajuta să înfrunte ideea că dependența era mai puternică decât el.

Acasă, totul se ținea într-un fir de ață. Oriunde mergea, orice spunea, simțea cum Izzy îl scruta atent, așteptând să dea în mod inevitabil greș.

Încă nu-i vorbise și, de data asta, tăcerea ei era chiar mai cruntă decât înainte, deoarece vorbea cu Annie – deși Nick n-o auzise încă. Nu auzise nici măcar o dată glasul dulce al fetiței lui.

Mesele erau cele mai rele. Uneori întindea mâna spre furculiță și degetele îi tremurau așa de rău că trebuia să mintă că îl doare capul și să fugă în dormitorul lui întunecat.

Îi zâmbi slab lui Joe:

– E mult mai greu să încerci decât să nu încerci, să știi.

– Întotdeauna e mai greu să încerci, Nicholas. Sunt gata să te ajut. Cu toții suntem.

Nu încercă să găsească alte înțelesuri cuvintelor lui Joe; pur și simplu fu recunoscător pentru ele.

– Știu.

Întâlnirea începu. Unul câte unul, oamenii din jurul lui luară cuvântul – cei care erau gata să-și împărtășească povara – relatând de cât timp nu mai băuseră, când se lăsaseră învinși, ce visau, ce sperau. Îi veni și lui rândul.

Ar fi vrut să spună ceva. „Salut. Sunt Nick. Sunt un alcoolic. N-am mai băut de douăzeci și trei de zile."

Dar până la urmă, la fel ca de fiecare dată, nu reuși să spună nimic.

capitolul 16

Zilele treceau după același ritual. De luni până vineri, Annie se prezenta dimineața devreme. Nick pregătea clătite și omletă pentru micul dejun, apoi toți trei își petreceau ziua împreună. Indiferent de vreme ieșeau afară, pescuiau de pe malurile pietroase ale râului, mergeau cu bicicleta pe potecile din jurul lacului sau se uitau în vitrinele magazinelor de pe Main Street. Astăzi merseseră pe jos prin Valea Fermecată, iar acum, după câteva ore și mai mulți kilometri, erau epuizați. Biata Izzy adormise chiar înainte să-și pună căpșorul pe pernă.

Annie se aplecă și o sărută pe frunte, murmurându-i noapte bună.

– N'pte bună, Annie, răspunse încet fetița, cu ochii închiși.

Annie se trase înapoi. Venise acel moment al săptămânii pe care îl ura: seara de vineri. Nu avea să-i mai vadă pe Nick și Izzy până luni. Deși se simțea bine împreună cu Hank, abia aștepta să se întoarcă luni dimineața. Nu reflecta la cât de mult ținea la Nick și Izzy, sau cât de *firesc* se simțea împreună cu ei. Astfel de gânduri amenințau să o ademenească pe un drum înfricoșător, întunecat și plin de meandre. Așa că le alunga de fiecare dată, închizându-le în același ungher în care își ținea toate celelalte îndoieli. Ajunsese la concluzia tristă că Blake nu avea să se răzgândească. Nu avea să-i dea telefon ca să-și ceară scuze, așa cum visase săptămâni întregi. Fără acea mică speranță se simțea plutind în derivă. Uneori, în mijlocul unei zile frumoase de primăvară, teama apărea de nicăieri, iar șocul aproape că o paraliza.

Atunci îl căuta pe Hank – însă asigurările lui („O să se întoarcă, draga mea, să nu-ți faci griji, o să se întoarcă") nu o mai linișteau. Nu mai putea să creadă în ele, iar asta o rănea mai mult decât speranțele vagi de până acum. Terri era singura care înțelegea. Un singur telefon dat celei mai bune prietene, de multe ori noaptea târziu, era suficient ca să o ajute o vreme.

Dintr-odată observă ceva prin fereastră, o mișcare. Dădu la o parte perdeaua de dantelă.

Nick stătea pe marginea lacului, iar umbra lui se vedea ca o dâră lungă de-a lungul valurilor argintii. Ca de obicei, o ajutase să spele vasele după cină, îi citise o poveste lui Izzy și apoi fugise afară ca să fie singur.

Se simțea la fel de singur ca Annie. I se vedea în privire: o tristețe care rămânea acolo chiar și atunci când zâmbea.

Dar se străduia atât de mult! În ajun jucaseră cu Izzy Țara Bomboanelor aproape două ore, deși Nick era prea înalt ca să stea comod pe tabla multicoloră de joc. De fiecare dată când micuța zâmbea, Nick părea gata să izbucnească în lacrimi.

Annie nu mai fusese niciodată atât de mândră de cineva. Nick încerca să facă totul așa cum trebuie: nu mai bea, nu mai înjura, nu-și mai încălca promisiunile. Nu făcea decât să zâmbească trist, blând, și să stea cât mai mult timp cu fetița care încă îl mai studia precaută și nu-i vorbea.

De multe ori, Annie își amintea de Blake și de ce fel de tată îi fusese lui Natalie. Avusese și ea o vină; acum își dădea seama de asta. Căsătoria lor sfârșise așa și din cauza ei. Făcuse absolut tot ce i se ceruse, fără discernământ. Totul. Renunțase la atât de multe lucruri, la atâtea părți din ea, la atâtea visuri; renunțase fără să protesteze nici măcar în șoaptă... și asta fiindcă îl iubea atât de mult.

Viața ei, sufletul ei, toate se pierduseră în el cu fiecare zi, cu fiecare hotărâre. Lucruri mici, neînsemnate, unul câte unul...

Nu se tunsese fiindcă lui Blake îi plăcea să o vadă cu părul lung. Nu cumpărase o rochie roșie fiindcă Blake spunea că e o culoare pentru vagaboande.

Făcuse ceea ce hotărâseră „de comun acord" că trebuia să facă: rămăsese acasă, devenise o soție și o mamă desăvârșită și, pierdută în căutarea perfecțiunii conjugale, îi permisese lui Blake să devină un soț și un tată rău. În tot acest timp își spusese sieși că era o soție model, dar acum își dădea în fine seama cât de mult se înșelase. Făcuse toate acele sacrificii nu fiindcă era puternică sau îl iubea, ci fiindcă era atât de slabă. Era mult mai ușor și mai sigur să se conformeze indicațiilor lui. Devenise exact ceea ce-și propusese să fie, iar acum îi era rușine de alegerile pe care le făcuse. Și totuși, încă nu vedea prea bine încotro voia s-o cârmească din acel punct.

Singură. Atâta lucru era cert. Orice avea să aleagă, era o femeie singură, între două vârste. Își dorea să fi avut tăria lui Nick, voința lui de a da trecutul la o parte și de a *încerca* din nou.

Atinse ușor sticla, simțind-o rece și netedă sub vârfurile degetelor.

– O să reușești, Nick.

Și chiar credea asta. Închise ușa de la dormitor și coborî la parter, apoi își luă geanta de pe canapea și se îndreptă spre ușă. Afară, aerul rece al nopții îi mângâie obrajii într-o adiere.

Îl urmări cu privirea pe Nick. În astfel de momente, când ziua se termina liniştită, îşi amintea iar şi iar de noaptea în care făcuseră dragoste. Închise ochii o clipă şi îşi aminti cum mâinile lui îi atinseseră pielea dezgolită... cât de moi fuseseră buzele lui...

– Annie?

Ochii i se deschiseră imediat. Nick ajunsese în faţa ei. Îl privi, convinsă că privirea îi trăda nevoia disperată de ocrotire, de iubire. Se temea că, dacă îi vorbea, dacă spunea ceva, orice, şi îi auzea vocea blândă drept răspuns, avea să-şi piardă cumpătul. Era atât de vulnerabilă, tânjind după o îmbrăţişare, după atingerea unui bărbat... chiar dacă nu era bărbatul care trebuia... chiar dacă nu ea era femeia pe care o dorea de fapt.

Se forţă să zâmbească.

– Bună, Nick... la revedere. Trebuie să plec.

Alergă la maşină înainte ca el să-i poată răspunde. Dar un kilometru mai târziu, ascultându-l pe Rod Stewart cum cânta despre inimă şi suflet şi o atracţie pur fizică, amintirile începură să-i dea din nou târcoale.

Sâmbătă dimineaţa, Izzy ieşi pe verandă îmbrăcată în noua ei salopetă şi cu cizmele de ploaie. Îşi privea tatăl care îngenunchease în curte, lângă copacul pe care îl plantase în ziua când o înmormântaseră pe mămica. Cireşul anemic care nu voia să înverzească, nici chiar acum, când toate celelalte plante înfloreau. Era mort, la fel ca şi mămica.

Tăticul era cocoşat, ca un personaj dintr-una din cărţile ei. Purta mănuşi murdare care îi făceau mâinile să arate ca nişte labe de urs. Plivea buruienile de la rădăcina copacului şi fredona un cântecel pe care Izzy nu-l mai auzise de multă vreme.

Dintr-odată, tăticul îşi ridică privirea şi o văzu. Îi zâmbi larg şi îşi dădu la o parte o şuviţă de păr argintiu de pe frunte. Mănuşa lăsă o dâră lată de noroi maroniu în urmă.

– Bună, scumpo. Vrei să mă ajuţi cu plivitul?

Fetița se îndreptă încet spre el, trecând pe lângă șirul de primule pe care Annie le plantase săptămâna trecută. Nick încă mai zâmbea când ajunse lângă el.

Izzy nu se gândea decât că tăticul se întorsese și voia o îmbrățișare mai mult decât orice altceva pe lumea asta. Cu toate astea, îi era teamă. Dacă tăticul pleca din nou? Aproape reuși să-i spună ceva. Deschise gura și încercă...

– Ce e, Izzy?

Cuvintele refuzau să se rostogolească afară. Îi stăteau în gât, dincolo de nodul pe care îl simțea dintr-odată.

„Haide, Izzy, se îndemnă. Spune doar: «Bună, tati. Mi-a fost dor de tine».“

Dar nu putea. În loc de asta, întinse mâna și arătă spre o lopățică aruncată pe jos. Nick se aplecă și o luă, apoi i-o întinse încet.

– E în regulă, Soare, murmură blând. Înțeleg.

„Te iubesc, tati.“

Izzy simți lacrimi în ochi; era rușinată și tristă că nu se străduise suficient cât să poată rosti cuvintele cu glas tare. Închise ochii înainte ca tăticul să-i vadă lacrimile alea stupide – doar nu era bebeluș. Apoi luă lopățica și se așeză lângă el.

Nick începu să vorbească despre vreme, despre flori și despre cât de frumoasă era ziua. Povesti atâta timp că Izzy uită de tristețe și de rușine și că era o fetiță mică și prostuță care nu mai era în stare să-i vorbească propriului tată.

Duminica era ziua care ademenea oamenii să vină și să trăiască într-un colț atât de umed și de noroios al țării. Era genul de zi în care turiștii se înghesuiau prin pădure, respirau adânc, se minunau și apoi se trezeau că ajunseseră cu mașinile închiriate lângă agenția imobiliară. Apoi se întindeau aproape fără să vrea după pliante cu căsuțe de vânzare și își sunau familiile îndepărtate povestindu-le că ajunseseră în paradis.

Când Nick dădu la o parte perdelele din sufragerie și se uită afară, rămase la fel de impresionat ca și străinii care veneau în vilegiatură. Soarele strălucitor şi galben tocmai răsărise de deasupra vârfurilor copacilor; raze de culoarea lămâii luminau decorul din spate, dându-i o strălucire diafană, nepământeană. Lacul Mystic acapara imaginile din jur şi le întindea pe suprafaţa lui albastră, netedă ca o oglindă. Pe malul celălalt, un singur cocostârc gri stătea într-un picior, privindu-şi cu mândrie domeniul.

Era o zi perfectă ca să-şi scoată fiica la aer curat. Urcă grăbit scările şi o trezi, apoi o ajută să se spele pe dinţi şi să se îmbrace în haine călduroase de lână. În timp ce Izzy îşi întindea adormită aşternuturile, el coborî şi pregăti un coş pentru picnic: somon afumat, proaspăt, cumpărat de la standul pe care indienii Quinault îl ridicaseră la marginea drumului, brânză topită şi biscuiţi pentru el, unt de arahide şi sendvişuri cu jeleu şi brânză la tub pentru Izzy. Annie le lăsase nişte limonadă de casă, pe care Nick o turnă într-un termos. Apoi puse totul în coş.

Peste nici o oră, maşina lor rula pe drumul de coastă care părea să taie lumea în două. Într-o parte se vedea cea mai deasă pădure din America, iar în cealaltă valurile Oceanului Pacific se fugăreau unele pe altele pe întinderea fără sfârşit. Pe partea cu ţărmul, copacii seculari fuseseră sculptaţi de sute de ani de vânturi puternice; aveau crengile contorsionate, descriind forme stranii.

Nick parcă într-unul din refugiile de unde turiştii puteau admira priveliştea, o luă de mână pe Izzy şi o conduse pe cărarea ce cobora spre plajă. Sub ei, valurile enorme, cu creste înspumate, se loveau de stânci. Când ajunseră în sfârşit pe nisip, Izzy îşi ridică privirea spre el şi zâmbi.

Oceanul albastru-argintiu se întindea o mie de kilometri înspre orizont. Uneori, vântul dinspre Pacific sufla atât de tare că îi tăia respiraţia şi unui om în toată firea. Astăzi însă, liniştea era aproape nefirească. Aerul era curat şi delicios ca un măr copt la soare. Cormorani, pelicani şi pescăruşi se învârteau deasupra lor, chemându-se unii pe alţii, răsucindu-se în aer şi poposind din când în când pe crengile modelate de vânt ale copacilor de pe malul stâncos.

– Haide, Izzy, zise Nick așezând coșul pe un bolovan cenușiu.

Se fugăriră prin nisip, râzând și lăsând în urmă singurele urme de pași care se vedeau pe o rază de câțiva kilometri. Căutau comori ascunse: dolari de nisip, pietre transparente de cuarț, crabi mici și negri. După un colț al țărmului descoperiră un intrând cu apă până la genunchi, plin de meduze albastre aduse de curenți și de vânt – un semn sigur pentru localnici că în vara asta aveau să pescuiască ton din belșug.

Când soarele se înălță destul încât să-i încălzească pe amândoi chiar și prin hainele pe care le purtau, Nick o conduse pe Izzy înapoi la locul de picnic. Aruncă o pătură enormă, roșu cu alb, peste nisipul tare și despachetă tot ce avea în coș. Apoi se așezară turcește pe pătură și luară prânzul.

Nick nu se opri nici o clipă din povestit: despre pieile roșii care cuceriseră plaja cu sute de ani înainte ca primii coloniști albi să vină dinspre Europa; despre chefurile fantastice pe care le făcuse pe malul oceanului cu colegii de liceu; despre ziua în care o adusese pe Kathy acolo când era însărcinată.

O dată crezu că Izzy avea să-i spună ceva. Se aplecase spre el, cu ochii strălucind și buzele tremurânde.

Nick își lăsă paharul cu limonadă din mână și se gândi: „Haide, Izzy, scumpo". Dar în cele din urmă ea se abținu și, orice-ar fi vrut să spună, cuvintele rămaseră nerostite.

Tăcerea ei era cumva mai rea decât cele dinainte. Îi sfredelea inima ca un cui de oțel pe care îl simțea cu fiecare respirație. Dar se strădui să zâmbească și își continuă sporovăiala, de data asta despre cum Annie se cățărase pe turnul de apă al orașului și pictase cuvintele HAIDE PANTERELE pe plăcile de metal.

După ce terminară de mâncat, strânseră resturile, le puseră în coș și urcară agale spre mașină. Pe drumul spre casă îi însoțiră ultimele raze ale apusului de soare.

Lui Nick îi era din ce în ce mai greu să mai vorbească, să-și verse sufletul în tăcerea împietrită care îl înconjura, dar se forță să o facă oricum. Când trecură pe lângă barul lui Zoe simți din nou nevoia să bea un păhărel, la fel de puternică precum fluxul. Apăsă mai tare pe accelerație și trecu în viteză pe lângă local.

Când opri pe alee, ziua lăsase loc unei seri învăluite în nuanțe de roz și auriu. O luă de mână pe Izzy și porniră în tăcere spre verandă.

– Ce zici, ne jucăm ceva? îi spuse după ce ușa de la intrare se închise în urma lor.

Izzy nu răspunse, ci o luă la fugă. În câteva clipe se întoarse ținând la pieptul ei micuț cutia uriașă, multicoloră, cu jocul Țara Bomboanelor.

Nick gemu ostentativ.

– Nu ăsta... orice altceva. Ce-ar fi să ne jucăm cu bețișoarele?

Fetița surâse, clătinând din cap.

– Crezi că nu vreau să ne jucăm Țara Bomboanelor pentru că mă bați tot timpul, nu-i așa? Nu-i adevărat. E pentru că mă adoarme. Haide... bețișoare? Te rog?

Izzy zâmbi larg și bătu cu degetul arătător în cutia pe care o ținea în brațe.

– Bine. O partidă de Țara Bomboanelor, apoi ne jucăm cu bețișoarele.

Izzy chicoti, iar sunetul fu destul cât să-i liniștească nervii răscoliți. Făcu focul în grabă, apoi pregătiră tabla de joc în mijlocul podelei din sufragerie.

După prima partidă mai jucară una, și încă una. Când Nick își simți degetele amorțite aruncă în sfârșit piesele micuțe albastre și negre în cutia alungită și spuse:

– Mă dau bătut. Ești Regina din Țara Bomboanelor. Nimeni nu te poate înfrânge. Haide, scumpo, e ora cinei. Până și gătitul e mai distractiv decât jocul ăsta.

Se ridică încet – își simțea picioarele amorțite – și se clătină puțin. Izzy se repezi și îl prinse de mână cu o expresie îngrijorată pe chip.

Nick îi zâmbi:

– Este în regulă, draga mea. Sunt bătrân, atâta tot. Bătrânii nu au un echilibru perfect. O mai ţii minte pe bunica Myrtle? Ţii minte cum se clătina ca o jucărie stricată?

Fetiţa chicoti.

Se aşezară la masa de scândură din bucătărie şi mâncară macaroane cu brânză până când pielea lor căpătă nuanţa portocalie a sosului. Apoi, Izzy îşi ajută tatăl să spele vasele şi să le pună la locul lor, după care merseră sus. Nick o ajută să se îmbrace în pijama şi să-şi perieze dinţii mici şi incredibil de albi, apoi se culcară amândoi în pătuţul ei.

Nick luă volumul jerpelit din *Alice în Ţara Minunilor* de pe noptieră, o cuprinse pe Izzy pe după umeri cu un braţ, o trase lângă el şi începu să citească.

Când închise cartea ceva mai târziu, Izzy avea pleoapele grele şi era pe jumătate adormită.

– Noapte bună, Soare, îi spuse blând, sărutând-o pe frunte. Se trase înapoi şi se ridică încet, însă fetiţa întinse brusc o mână şi o prinse pe a lui. Nick se întoarse şi o privi surprins: Izzy?

– Tati?

O clipă, Nick simţi că i se taie respiraţia. Era pentru prima oară când auzea vocea odorului său în ultimul an. Încet, încet, se aşeză pe pat lângă ea. Ochii i se umplură de lacrimi până când nu o mai văzu limpede.

– Oh, Izzy, şopti; nu se putea gândi la nimic altceva.

– Te iubesc, tati, murmură Izzy, plângând şi ea.

Nick o strânse la piept şi îşi ascunse faţa în umărul ei ca să nu-l vadă plângând.

– Izzy, scumpo, şi eu te iubesc, şopti iar şi iar, mângâindu-i părul, simţind cum lacrimile i se amestecau cu lacrimile ei pe obraji.

O ţinu strâns, întrebându-se dacă mai era în stare să-i dea drumul vreodată.

Izzy adormi în braţele lui, dar nici atunci nu o lăsă din braţe imediat. În cele din urmă o culcă blând pe pernă şi o înveli până sub bărbia mică şi ascuţită. Când îşi privi fetiţa adormită simţi un val de sentimente atât de dulci și de pure și de atotcuprinzătoare că nu exista nici un cuvânt – nici măcar *iubire* – care să le poată exprima pe toate.

Inima îi bătea cu putere, sărbătorind triumful printr-o arie veselă. Și toate astea pentru că fiica lui îi spusese „Te iubesc". Erau două cuvinte atât de simple, dar care spuneau atât de mult. Erau două cuvinte pe care învățase în sfârșit să le aprecieze la justa lor valoare.

Nu-și putea stăpâni emoțiile. Se simțea gata să dea pe dinafară de bucurie, val după val. Simțea un imbold incredibil să râdă în hohote. Voia să împărtășească momentul cu cineva la care ținea.

Annie.

Dorința bruscă să stea de vorbă cu ea, să fie cu ea, să-i împărtășească sentimentele, era un lucru periculos, știa asta. Știa, dar nu-i păsa. Nu-i putea păsa.

Merse în camera lui și ridică receptorul.

Ziua de luni era magică și plină de râsete. Încă o dată, soarele alungă norii de pe cer. Nick, Annie și Izzy se plimbară cu bicicleta, culeseră flori sălbatice și împletiră coronițe din florile mov și albe care se deschiseseră în timpul nopții.

Annie nu-și amintea ultima oară când se distrase atât de mult. Blake nu petrecuse niciodată o astfel de zi împreună cu ele, în familie; chiar și când stătea acasă o zi întreagă, lucru care se întâmpla destul de rar, nu făcea decât să stea la telefon, la calculator sau la fax. Abia acum începea să-și dea seama cât de searbădă fusese viața ei dinainte.

Pedalând pe drumul din Parcul Național, își aminti frânturi din conversația cu Nick din ajun. „Mi-a vorbit, Annie. Mi-a spus că mă iubește." Tonul lui reverențios îi umpluse ochii de lacrimi. Nick îi povestise în continuare despre ziua pe care o petrecuseră împreună, pe plajă, iar Annie se simțise dintr-odată geloasă fiindcă Nick și Izzy avuseseră parte de ceva atât de simplu, de perfect.

Deși nici unul din ei nu adusese vorba despre acea discuție, cuvintele atârnau între ei, nerostite, ca firele de praf într-o rază de soare. Ceea ce își spuseseră îi apropiase și mai mult. Distanța fizică îi ajutase să fie mai sinceri unul cu celălalt, probabil.

Annie își adusese aminte de Nick, așa cum îl cunoscuse prima dată – Nick cel tânăr – și cât de mult îl iubise. Iar când închisese ochii, ascultându-i în continuare vocea, îl văzuse din nou pe băiatul care îi dăruise primul sărut într-o noapte, sub cerul înstelat. Băiatul al cărui sărut dulce, timid, o făcuse să plângă.

Se aventura pe un teren minat. Erau atâtea lucruri care îi plăceau la Nick, dar iubirea pentru fiica lui îi strângea stomacul de emoție și o făcea să-l dorească. Deși se străduia din răsputeri să uite viața pe care o avusese în California, Nick îi răscolea iar și iar amintirile. Annie crescuse o fată care nu avea să cunoască niciodată îmbrățișarea liniștitoare a unui tată care o iubea.

Iar Annie fusese o soție îndrăgostită și singură mult prea mulți ani.

Revelația la care ajunsese după atâta cazně o făcuse să se simtă mică și neînsemnată. Ani de zile confundase rutina și afecțiunea cu iubirea adevărată, presupunând că dragostea pe care i-o dăruia lui Blake era o reflexie a iubirii lui pentru ea. Acum, fiindcă fusese atât de oarbă, era o femeie de treizeci și nouă de ani, singură, care avea să-și petreacă anii „de aur" fără un copil în casă și fără un soț în pat.

Acum erau câțiva kilometri între ea și Nick, și era recunoscătoare pentru asta. Dacă ar fi fost lângă ea, probabil că s-ar fi aruncat în fața lui, l-ar fi implorat să o țină în brațe, să o sărute și să-i spună cât e de frumoasă... chiar dacă totul era o minciună.

Pe drumul de întoarcere după mica lor escapadă, se rugă fierbinte ca Nick să nu-i fi auzit durerea și singurătatea din voce. De fiecare dată când o privise, ea întorsese capul în altă parte cât putuse de repede.

Când ajunseră acasă se simțea deja ca o epavă. Rămase tăcută la masă, cu privirea ațintită în farfurie, bătând neliniștită cu piciorul drept în podea.

Imediat ce se termină cina, se ridică grăbită de la masă şi o duse pe Izzy la culcare, lăsându-l pe Nick să spele şi să şteargă singur vasele.

– Noapte bună, draga mea, spuse, învelind-o pe fetiţă. Tăticul o să urce la tine imediat.

– N'pte bună, Annie, murmură Izzy, întorcându-se pe o parte.

Annie închise uşa dormitorului şi coborî la parter. Îl găsi pe Nick în sufragerie, cu privirea pierdută pe lac. Chiar şi de la distanţă vedea cum îi tremură mâinile. La picioare avea o cârpă umedă pentru vase.

Ultimul pas făcu o scândură să scârţâie prelung. Annie îngheţă.

Nick se întoarse spre ea. Avea pielea ca ceara în lumina lămpii, iar fruntea îi era acoperită de sudoare.

– Vrei să bei, spuse Annie.

– Vreau? Nick râse, un sunet jos, gutural. E prea puţin spus.

Annie nu ştia ce să facă. Era periculos să îl atingă, dar nu se putea întoarce, aşa că se îndreptă precaută spre el. Nick se întinse să-i prindă mâna, iar degetele lui transpirate se încolăciră în jurul degetelor ei cu o nevoie disperată.

După o clipă lungă, Annie sugeră:

– Ce-ai zice să mănânci nişte îngheţată cu mentă şi ciocolată în loc să bei un pahar?

– Sună grozav. Merg să-i spun noapte bună lui Izzy, apoi... ne vedem în faţa şemineului.

Nick zâmbi uşurat, apoi se grăbi în sus, pe scări. Annie merse în bucătărie şi pregăti două boluri cu îngheţată. Îşi spuse iar şi iar că asta nu însemna nimic, că erau pur şi simplu doi prieteni care mâncau îngheţată împreună. Când termină, el o aştepta deja jos. Se aşezară împreună pe canapea.

Mâncară în tăcere. Zgomotul metalic al linguriţelor lovite de bolurile de porţelan se auzea absurd de tare. Annie observa fiecare detaliu: bătaia neregulată din picior, felul în care îşi tot dădea după ureche o şuviţă rebelă de păr. Dintr-odată, Nick se întoarse spre ea:

– Cât timp ai de gând să rămâi aici?

Deci visul se termina. Annie oftă.

– Cam o lună şi jumătate. Natalie se întoarce pe cincisprezece iunie.

El îi prinse privirea, iar Annie simţi că se pierdea în ochii lui albaştri. I se tăie respiraţia. Se trezi aşteptând cu nerăbdare şi teamă următoarele lui cuvinte.

– Cum ţi se pare Mystic? întrebă el, urmărind-o cu atenţie. După liceu, abia ai aşteptat să pleci.

– N-am plecat din cauza oraşului.

Trecu o clipă lungă înainte ca Nick să murmure:

– N-am vrut să te rănesc.

– Ştiu.

– M-ai speriat.

Annie simţi din nou cum vorbele lui îi apropiau, la fel ca seara trecută. O speria asta, mai ales acum că erau atât de aproape. Încercă să treacă peste moment cu un râs nervos:

– Glumeşti, da?

Nick se aplecă şi lăsă bolul de îngheţată pe măsuţă, apoi se întoarse spre ea. Un braţ se strecură înspre umerii ei, urmând spătarul canapelei. Annie se simţi tentată să se lase spre el.

– Cred că vieţile noastre sunt decise cu mult înainte să ştim suficiente lucruri încât să punem întrebările care trebuie. Destinul meu a fost săpat în piatră în ziua în care tata a abandonat-o pe mama. Mama... nu a fost în stare să ia viaţa în piept. Aveam grijă de ea înainte să-mi dau bine seama ce se întâmplă. Am învăţat ce învaţă toţi copiii de beţivi: nu vorbi, nu avea încredere, nu pune suflet. La naiba, eram deja un adult la zece ani. Eu făceam cumpărăturile, eu găteam, eu făceam curat... oriunde stăteam. O iubeam, aşa că aveam grijă de ea. Când se lua de mine sau mă bătea, chiar credeam ce-mi spune – că sunt inutil şi stupid şi am mare noroc că nu mă dă afară.

Nick se lăsă pe spate.

Annie îi simţi degetele atingându-i uşor umerii. Îl privi amintindu-şi cât de chipeş fusese odată, cum i se tăiase respiraţia când îl văzuse pentru prima oară.

– Când Joe m-a luat la el am simţit că mi se îndeplineşte un vis. Cearşafuri curate, haine curate, mâncare destulă. Puteam să merg la şcoală în fiecare zi şi nimeni nu mă bătea. Nick îi zâmbi. Expresia lui caldă o făcu să tremure. Apoi v-am cunoscut pe tine şi pe Kath. Mai ţii minte?

– La A & W, după un meci de fotbal. Te-am invitat să stai lângă noi. Ascultam muzică de K-Tel.

– *Tu* m-ai invitat. Nu mi-a venit să cred... şi apoi, când am devenit prieteni toţi trei, n-am ştiut ce să mai fac. Se întâmplau atâtea lucruri noi în acel an.

Zâmbi, dar avea o expresie obosită, tristă. Ochii îi rămaseră posomorâţi. Tu ai fost prima fată pe care am sărutat-o vreodată. Ştii asta?

Annie simţi un nod periculos în gât.

– Am plâns.

– Credeam că e din cauză că *ştii*. De parcă ai fi simţit un gust acru când m-ai sărutat şi ţi-ai fi dat seama că nu sunt destul de bun pentru tine.

Simţea o dorinţă atât de puternică de a-l atinge, că simţea furnicături în vârful degetelor. Îşi strânse pumnul.

– N-am ştiut niciodată de ce am plâns. Nici acum nu ştiu.

– Vezi? spuse el cu un zâmbet. Destinele noastre sunt hotărâte înainte să ne dăm seama. Kathy era mult mai simplă. O *înţelegeam*. Ea avea nevoie de mine, chiar şi atunci, iar pentru mine asta însemna iubire. Aşa că am intrat într-un rol pe care îl ştiam deja. Adică, ce era să fac? Să îţi cer să renunţi la Stanford? Sau să te aştept, deşi nu mă rugaseşi să fac asta?

Annie nu avusese niciodată destul curaj să discute cu Nick despre sentimentele ei. La fel ca şi el, se lăsase să recadă în vechile ei obiceiuri, în rolurile pe care le ştia deja. Făcuse ce se presupunea că trebuie să facă; Annie, copilul cel cuminte. Plecase la facultate, se căsătorise cu un băiat de treabă și cu un viitor luminos... și se pierduse pe drum.

– Întotdeauna m-am gândit că o să devii celebră, pentru că erai atât de deșteaptă. Singurul copil din Mystic care a obținut o bursă academică la Stanford.

– Eu? pufni Annie. Celebră? Și ce mari realizări am avut?

– Nu face asta. Vocea lui Nick era blândă ca o atingere. Annie nu se putu stăpâni să nu se uite la el. Tristețea din ochii lui îi făcu nodul din gât să se strângă și mai tare. N-o să obții nimic bun dacă faci asta. Crede-mă. Știu. Tu poți să reușești absolut orice. Și să-i ia naiba pe toți cei care îți spun că nu poți.

Cuvintele lui de încurajare erau ca o picătură de apă în oceanul secătuit al sufletului ei.

– Chiar m-am gândit la ceva ieri...

– La ce?

Annie se trase înapoi.

– O să râzi.

– Niciodată.

Deși risca mult, se hotărî să aibă încredere din el.

– Mi-ar plăcea să deschid o mică librărie. Știi, genul de loc care are scaune cu multe perne și automate de cafea și angajați care chiar *citesc*.

Nick îi mângâie obrazul, făcând-o să se înfioare. Era prima oară când o atingea cu bună știință de când făcuseră dragoste lângă lac.

– Ar trebui să te vezi acum, Annie.

– Probabil te gândești că sunt ridicolă, zise ea roșind.

– Nu. Niciodată. Observam doar cât de tare îți strălucesc ochii când spui „librărie". Cred că e o idee grozavă. De fapt, e o casă victoriană pe Main Street. Până acum câteva luni era un magazin de cadouri acolo. Când proprietarul a murit au închis și prăvălia. De-atunci încoace tot încearcă să găsească un chiriaș. Cu puțin efort ar fi un spațiu grozav. Nick făcu o pauză și o privi fix. Dacă vrei să deschizi librăria în Mystic.

Visul se spulberă cu asta. Amândoi știau că viața ei nu era acolo, ci într-un alt stat, sub un alt soare, într-o casă albă de pe malul oceanului. Annie își privi inelul cu diamant, încercând să găsească niște cuvinte cu care să pună punct fanteziei copilăroase și să considere că nu spusese nimic.

Nick întrebă brusc:

– Ai văzut filmul *Anul viitor, la aceeași oră?*

– Filmul lui Alan Alda – cel cu amanții care au o aventură un singur weekend pe an?

– Da.

I se tăie respirația. Aerul era electrizat cu acel singur cuvânt: *aventură.*

– Din... dintotdeauna mi-a plăcut.

– Începe în zece minute. Vrei să-l vedem?

Annie răsuflă cu zgomot. Se simțea atât de prostuță că înțelesese altceva dintr-o simplă întrebare despre un film.

– Sigur.

Se cuibăriră pe canapea și urmăriră filmul împreună, dar în tot acest timp Annie avu senzația stranie că era în cădere liberă. Se tot uita spre Nick și îl surprindea uitându-se și el la ea. Nu voia să se gândească la cât de mult începuse să țină la el, dar nici nu mai putea nega ceva atât de evident.

Noaptea trecută aflase că lui Nick îi plăcea înghețata cu fulgi de ciocolată și detesta ridichile... că albastrul era culoarea lui preferată și meciurile de la televizor îl plictiseau groaznic... că îi plăcea să mănânce cartofi copți cu unt și bucăți de șuncă prăjită, dar fără sare și piper, și că uneori un sărut din partea lui Izzy, venit când o ținea în brațe, era în stare să-l facă să plângă.

Știa că de multe ori el simțea o asemenea nevoie de băutură, încât nu mai putea să respire și ochii i se împăienjeneau. Erau momente în care fugea de Annie și de Izzy și pleca de unul singur prin pădure. Se întorcea mai târziu, cu părul transpirat, pielea palidă și brațele tremurând, dar apoi îi zâmbea – un zâmbet trist, disperat, care nu i se reflecta și în privire –, iar Annie înțelegea că și de data asta Nick câștigase. Uneori, în acel moment în care privirile lor se întâlneau peste luminiș, Annie simțea pericolul care pândea dedesubt.

Nu voia să se atașeze prea mult de Nick Delacroix, și totuși cu fiecare zi care trecea se simțea tot mai apropiată de el.

Când filmul se termină, Annie nu fu în stare să se uite la el. Se temea de ce avea să vadă în privirea lui... și de ce ar fi putut trăda privirea ei. Așa că își luă cutiuța de șervețele și poșeta și fugi spre ușă. Abia dacă murmură un „La revedere".

capitolul 17

Izzy se trezi speriată. Avusese un vis cu mămica ei... asta era tot ce ținea minte. Mămica ei era lângă lac, strigând-o... plângând.

Dădu așternuturile la o parte și coborî din pat. Nu se mai obosi să-și îmbrace halatul și să-și ia papucii. Se furișă din dormitor și alergă pe hol, oprindu-se puțin în fața ușii camerei unde dormea tăticul, apoi trecu mai departe. Coborî scările, ieși afară și se uită în noaptea întunecată.

Privi lacul. La început nu văzu decât o umbră cenușie între două vârfuri de munți, dar după o vreme începu să distingă valurile și să audă murmurul apei care mângâia țărmul pietros. Ceața se îndesi, acaparând trunchiurile fantomatice ale arborilor.

Izzy, scumpo, tu ești?

Fetița se crispă. Scăpă din mână ușa de plasă, care se închise cu un pocnet.

– Mami?

O umbră albă apăru lângă țărm.

Izzy se uită spre casă și văzu că fereastra dormitorului era întunecată. Știa că ar fi trebuit să-i spună tăticului unde merge, dar apoi observă din nou umbra albă și auzi plânsetul unei femei, așa că uită de orice altceva. Alergă prin iarba udă, simțind cum noroiul îi mângâia degetele de la picioare.

Se auzeau sunete din toate părţile – croncănit de ciori, ţipătul unei bufniţe stinghere, orăcăitul broaştelor – însă, deşi gălăgia o speria, nu se opri până nu ajunse lângă lac.

– Mami? şopti.

O ceaţă fină se ridică din apă, iar în mijlocul ei o văzu pe mămica. Imaginea ei era limpede ca lumina zilei. Stătea pe apă, cu mâinile prinse în poală, iar părul ei auriu îi înconjura chipul ca un halo. Lui Izzy i se păru că zărise o clipă două aripi mari şi albe şi auzise un sunet ritmic, ca motorul unei maşini de tuns iarba, dar nu putea fi sigură că nu era o vedenie. Mămica ei strălucea atât de tare, încât o dureau ochii. Era ca şi când s-ar fi uitat direct la soare. Clipi şi încercă să-şi concentreze privirea, însă era stânjenită de pete negre care apăreau şi dispăreau. Imaginea tremura.

Izzy, scumpo, de ce m-ai chemat?

Fetiţa încercă din răsputeri să vadă ochii albaştri ai mamei.

– De data asta nu te-am chemat, spuse.

Te-am auzit chemându-mă în somn.

Izzy încercă să-şi amintească visul pe care îl avusese, dar nu-i mai rămăseseră în memorie decât teama şi nişte imagini disparate care nu mai însemnau nimic.

– Nu ştiu ce voiam. Simţi atingerea mamei, ca o adiere de vânt care îi dădu la o parte părul de pe frunte, şi o sărutare care mirosea a ploaie, a ceaţă şi a parfumul ei preferat. Mi-e dor de tine, mami.

Tăticul tău s-a întors acum.

– Dacă pleacă iarăşi?

Încă o atingere, mai blândă.

N-o să plece, Izzy, scumpo.

Când Izzy ridică privirea, mămica venise mai aproape. Era sigură că văzuse două aripi albe, ca de porumbel.

– Nu poţi să mă iei cu tine, nu-i aşa?

Ceaţa se despărţi o clipă şi o văzu. Nu avea aripi, nu mai strălucea, nu mai era ascunsă de ceaţă. Nu mai rămăsese decât o femeie blondă, cu ochii trişti, într-o cămaşă de noapte roz, de bumbac, care îşi privirea fetiţa.

O să rămân cu tine veșnic, Izzy. Nu trebuie să dispari, sau să mă urmezi, sau să mă cauți. Nu trebuie decât să închizi ochii și să te gândești la mine, și o să fiu acolo. Amintește-ți când am fost la circ și am râs așa de tare la clovni că am căzut de pe bancă. Și, când o să zâmbești amintindu-ți, o să mă găsești.

Izzy simți cum lacrimile îi alunecă pe obraji și îi cad pe mâini. Își privi mama în ochi, clipind.

– Te iubesc, mami...

Apoi, dintr-odată, mămica dispăru.

– Izzy!

Vocea plină de panică a tăticului o scoase din reverie. Se întoarse și îl văzu alergând spre ea.

– Tati?

Tăticul o luă în brațe și o strânse la piept.

– Izzy. Îi rosti numele într-un fel ciudat, de parcă alergase kilometri întregi. Of, Izzy, m-ai speriat. Nu știam unde ești...

– N-am fost în nici un loc rău, tati.

Tăticul îi zâmbi slab.

– Știu, draga mea.

Apoi o duse înapoi în casă și o culcă în pat. Izzy se făcu ghem sub așternuturi, dar nu voia să rămână singură încă. Luă o carte de pe noptieră. Era preferata ei, *Cenușăreasa*, ediția pe care mămica o primise de la bunica Myrtle și i-o dăduse ei.

– Vrei să-mi citești o poveste, tati?

Tăticul se urcă în pat lângă ea. Deschise cu grijă cartea la prima pagină. Citi cum îi citea întotdeauna, cu talent actoricesc, schimbându-și vocea în fel și chip.

Dar Izzy nu râse. Nu putea să râdă. Se rezemă de perna galbenă cu Pasărea cea Mare, urmărind desenele colorate de pe pagină. Când tăticul termină povestea, rămase tăcută. Apoi întrebă:

– Ce s-a întâmplat cu mama Cenușăresei?

Trecură câteva clipe până când tăticul răspunse:

– Cred că mama Cenușăresei a urcat în Ceruri.

– Ah.

– Și știi ce cred?

– Nu.

– Cred că e prietenă cu mămica ta acum, și că ne urmăresc de-acolo de sus ca să vadă dacă totul e în regulă.

Izzy reflectă un moment. Cam așa credea și ea.

– Annie spune că, atunci când plouă, mămica și îngerii plâng.

Tăticul îi dădu la o parte o șuviță de păr de pe frunte.

– Annie știe foarte multe lucruri.

– Încep s-o uit, tati. Fetița își se întoarse fața ca să-și ascundă lacrimile din ochi.

Tăticul o strânse la piept, mângâindu-i ușor obrazul brăzdat de lacrimi.

– Mămica avea cei mai frumoși ochi din lume. Când se uita la tine, era de parcă ploaia se oprea și soarele răsărea pe fețișoara ta. Avea un dinte ciudat în față, puțin înclinat într-o parte, și o aluniță lângă ureche. Te iubea, Izzy... te iubea ca pe viața ei.

– Ne iubea pe amândoi, tati.

Tăticul nu spuse nimic. O sărută pe vârful nasului, iar Izzy își aminti că așa o săruta tot timpul când era mică. Pentru prima oară după ce mămica murise, simți că nu-i mai era frică. Țipătul pe care îl purtase închis înăuntru luni de zile se ofili ca o stafidă și se rostogoli departe. Știu, în sfârșit, că totul avea să fie bine. Tăticul o iubea din nou.

Închise strâns ochii, foarte strâns, ca să nu plângă ca un bebeluș. Când putu să respire din nou, îi deschise încet.

– Tati? murmură.

– Da, Soare?

Izzy își ridică mâna stângă. Vedea mănușa neagră care îi apărea de sub mânecă, limpede ca lumina zilei. Își mușcă buza de jos, temându-se că era totuși o greșeală, apoi scoase mănușa încet și își văzu mâna.

– O vezi, tati?

Tăticul se uită la mânuța ei – era sigură că o vedea – însă nu zâmbi. Privind-o fix, se interesă:

– Ce *ar trebui* să văd?

– Îmi văd mâna... şi braţul, zise ea înghiţind un nod. Le vezi şi tu?

Tăticul scoase un sunet răguşit.

– Da, îţi văd mâna. Cu gesturi lente, parcă temându-se că ea avea să-l oprească, îi luă mănuşa.

Izzy chicoti şi îşi mişcă degetele.

– Deci o să rămân cu tine, tati.

– Da, scumpo, cred că da.

Tăticul suspină. Izzy îşi ridică privirea şi văzu cel mai ciudat lucru: tăticul ei plângea.

„Ne iubea pe amândoi." Întins în pat cu mâinile sub cap, Nick îşi permise în sfârşit să se gândească la cuvintele lui Izzy.

„Ne iubea pe amândoi." Era ceva ce nu fusese în stare să creadă atât de mult timp, dar fetiţa vorbise cu o convingere de nezdruncinat.

Lacrimile pe care le ascunsese un an de zile veniră iar, scăldându-i obrajii. Îşi iubise soţia. O iubise de când o văzuse prima oară. Cumva, în ultima perioadă, asta îi ieşise din minte; nu văzuse decât întunericul şi uitase lumina. Şi ea îl iubise, cu toată inima ei frântă. Îl iubise.

– Te-am iubit, Kath, şopti în tăcerea singuratică a dormitorului. Te-am iubit...

Festivalul Ploilor din Mystic începu în ziua în care era plănuit, în prima sâmbătă din luna mai. Aşa se întâmplase în fiecare an de un secol încoace. Un cer înnorat îşi etala nuanţele cenuşii deasupra oraşului. Copertinele de pânză ale magazinelor cântau sub asaltul picăturilor de ploaie. Frunze de un verde crud pluteau în apa din rigole, prinse în vârtejuri.

Annie purta o pelerină galbenă impermeabilă şi îşi trăsese cizmele de cauciuc peste blugii Levi's. Şapca ei avea însemnele echipei Seattle Mariners. Hank stătea lângă ea, mestecând o brioșă pe care o cumpărase la standul clubului Rotary[1].

Parada înainta agale pe Main Street, stropind oamenii de pe trotuar. Erau mașini de pompieri, mașini de poliție, trupe de cercetași și un grup șase fetițe în tutu-uri roz de la Clubul de Dans al Esmeraldei.

Annie era fermecată de efortul întregii comunități. Știa din experiență că parada avea să străbată tot centrul orașului, apoi să se întoarcă și să mai treacă o dată pe lângă spectatori.

Îi fusese dor de asta. Cum de nu-și dăduse seama până acum? Plecase în California și își crescuse fiica în spatele porților de fier, în camere cu aer condiționat, într-un oraș unde paradele erau conduse de vedete și sponsorizate de corporații.

Nu voia să se mai întoarcă acolo.

Decizia o surprinse, mai ales din cauza caracterului ferm. Era pentru prima oară în viață când ajunsese la o hotărâre fără să se gândească la ceilalți, și era bine așa.

Nu mai voia să locuiască în California, și nici nu trebuia. După ce divorța, după ce Natalie pleca la facultate, putea reveni în Mystic, își putea deschide chiar librăria...

Visuri. Erau ceva atât de prețios, iar Annie renunțase la atâtea fără să se lupte măcar pentru ele. Destul. Se răsuci spre tatăl ei.

– Vreau să te întreb ceva, tată. Crezi că e nevoie de o librărie în oraș?

– Sigur că da, zâmbi acesta. E nevoie de una de ani de zile. Mama ta visa să deschidă una într-o zi.

Annie se înfioră. O clipă stranie, confuză, se simți ca și când mama ei ar fi fost acolo, lângă ea.

– Serios? Și eu mă gândeam la același lucru.

Hank se întoarse spre ea și o privi atent.

– Încă te doare, Annie, și încă ești tentată să fugi, dar nu uita unde îți e adevărata viață. N-o să mai locuiești

[1] Filială locală a Rotary International, asociație de oameni de afaceri fondată în 1905 pentru a promova implicarea firmelor în viața comunității (n.tr.)

niciodată în Mystic și, în plus, nu ești un om de afaceri. Ești o femeie casnică.

Hank o luă pe după umeri și o trase lângă el.

Neîncrederea lui o durea. Pentru prima oară se întrebă de câți ani încoace tatăl ei îi alimentase îndoielile. Oare când începuse? Când era mică? Prima dată când îi spusese să nu-și facă griji în căpșorul ăla drăguț? Sau toate dățile când o asigurase că Blake avea să aibă grijă de ea?

Dacă ar fi avut altă fire, s-ar fi supărat, probabil. Așa însă nu simțea decât urme vagi de tristețe. Tatăl ei venea dintr-o altă generație și își dăduse toată silința să-și crească singura lui fiică. Dacă și mama ei ar fi trăit, lucrurile ar fi fost atât de diferite...

Mama ei murise însă, și Hank fusese aruncat într-un rol pe care nu era în stare să-l îndeplinească. Tot ce știa despre femei venea de la propria lui mamă, o femeie obosită, ștearsă, care murise de epuizare la patruzeci și șapte de ani. La fel ca și tatăl lui, Hank crescuse în Mystic și nu prea văzuse lumea de dincolo de granițele orașului. Se gândise că cel mai bun lucru pe care îl putea face pentru Annie era să o trimită la facultate ca să-și găsească un soț în stare să-i ofere o viață mai bună decât cea pe care o avusese înainte.

Iar Annie urmase drumul pe care i-l trasase el. Plecase tocmai la Stanford – unde ar fi putut cuceri întreaga lume dacă și-ar fi pus ambiția la bătaie – și nu se abătuse o clipă de la calea trasată. Ceruse prea puțin de la ea însăși... și obținuse exact ce căutase. Era ciudat cum funcționa destinul uneori.

Nu era vina lui Hank, și nici a lui Blake sau a lui Annie. Pur și simplu asta era. Annie avusese noroc să-și dea seama de adevăr. Dacă n-ar fi fost Blake ar fi rămas un nimeni toată viața, o femeie obișnuită între două vârste și, în cele din urmă, o bătrână cu aceiași ochelari de cal pe care îi moștenise de la generațiile precedente.

Îl luă de mână pe tatăl său și îl strânse ușor. Ultimii participanți la paradă, reprezentanții clubului de echitație Bits & Spurs, trecură prin fața lor călare. Alaiul dispăru după colț, iar mulțimea adunată bătu din palme și izbucni în urale. Când aplauzele se răriră, oamenii începură să plece, coborând de pe trotuar și mergând direct pe carosabil.

Annie și Hank trecură la braț pe lângă standurile cu produse de artizanat și fast-food, iar apoi pe lângă casa victoriană cu plăcuța pe care scria DE ÎNCHIRIAT la fereastră.

Hank se opri la standul Bisericii Luterane și cumpără două cafele cu lapte, apoi îi dădu una lui Annie. Mirosul puternic de cafea îi învălui pe amândoi, iar băutura caldă îi alină usturimea din gât. Nu dădură atenție ploii care se cernea mărunt. Pe Annie nu o deranjase niciodată asta. Ciudat cum uitase atâta timp. În California fugea după o umbrelă la primele semne de precipitații. Aici, singurii care foloseau umbrele erau turiștii.

– Deci Natalie vine acasă în șase săptămâni.

– Cincisprezece iunie, încuviință Annie după ce sorbi o gură de cafea. Abia aștept.

– Ce-o să-i spui lui Blake când îl vezi?

Întrebarea o surprinse. Nu voia să se gândească la asta, și nici tatăl ei nu părea sincer curios. Ridică din umeri:

– Nu știu. În primele săptămâni nu voiam decât să-l văd din nou, să-l fac să-și amintească ce aveam împreună, dar acum nici măcar nu mai știu dacă am avut ceva.

– E din cauza lui?

Annie vru să ceară precizări, dar apoi ridică privirea și îl văzu pe Nick de partea cealaltă a străzii, cu Izzy în cârcă. Amândoi mâncau înghețată. Nick se întoarse și, preț de o clipă, ochii lor se întâlniră pe deasupra capetelor mulțimii. Îi zâmbi, îi făcu vesel cu mâna, apoi porni mai departe. Annie încercă să răspundă, însă nici măcar ea nu-și putea da seama unde era locul lui Nick în toată povestea.

– Cine știe din ce cauză se întâmplă lucrurile? Nu știu decât că nu mai sunt femeia care eram înainte.

– Ai grijă, Annie.

Privi din nou spre Nick, dar nu-l mai văzu. Se simți dezamăgită.

– Știi ce, tată? M-am săturat să am grijă.

– Dacă te joci cu focul, te arzi.

– Iarăși îmi citezi din autocolantele pe care le-ai văzut pe mașini? râse ea.

– De unde crezi că-și iau oamenii ideile pentru autocolante? replică amuzat Hank. Unele lucruri sunt pur și simplu adevărate.

capitolul 18

Luni, Annie, Nick și Izzy merseră cu mașina până la izvoarele termale Sol Duc și porniră într-o drumeție prin Parcul Național Olimpic. Apoi înotară în piscina imensă din mica stațiune și se relaxară în izvoarele aburinde, cu miros de sulf. Când seara începu să se lase peste vârfurile munților, se urcară în mașină și porniră spre casă.

Era aproape miezul nopții când terminară de despachetat. Nick îi propuse lui Annie să doarmă în camera lui, iar ea acceptă. Îl sună pe Hank, care stătuse iarăși treaz așteptând-o, și îi spuse că avea să ajungă acasă la primele ore ale dimineții.

– Crezi că e prudent, Annie Virginia? întrebă tatăl ei pe un ton blând.

Annie îi spuse să nu-și facă griji și închise. Apoi însă nu mai fu atât de sigură că făcuse o alegere înțeleaptă. Adevărul era că nu se simțea bine. Voia să se facă ghem în cel mai apropiat pat și să doarmă zece ore. O durea spatele, o durea capul și îi fusese greață aproape tot drumul spre casă. În mod cert, drumețiile nu erau pentru ea.

Evitându-l cu grijă pe Nick, se repezi sus, se spălă pe dinți și căzu într-un somn adânc.

În dimineața următoare, Annie se trezi simțindu-se și mai rău. O durea capul și trebuia să stea cât se poate de nemişcată în pat, concentrându-se doar pe respiraţia ei, ca să nu vomite.

Numără încet până la zece, apoi se ridică în coate. Lumina soarelui intra pe fereastra de la dormitor. Era atât de strălucitoare că o dureau ochii, iar migrena i se înteţi. Era o dimineaţă frumoasă de mai, însă Annie nu se putea bucura de ea.

Înghiţind un nod, dădu plapuma la o parte şi se împletici până în baia de alături. Nu se obosi să aprindă lumina – vedea şi aşa cearcănele întunecate de sub ochi. Se mişcă de parcă avea o sută de ani, spălându-şi faţa şi dinţii cu o viteză de melc. Când termină, se simţea şi mai rău.

Se întoarse în pat şi se cuibări sub aşternuturi. Simţi un frison. Închise ochii.

Peste câtva timp – o oră? un minut? – auzi o bătaie în uşă. Se forţă să se ridice în capul oaselor:

– Intră.

Capul lui Izzy intră în deschizătura uşii.

– Annie? Mi-e foame.

– Bună, iubito, murmură ea cu un zâmbet fals. Intră – dar nu te apropia prea mult. Cred că am gripă.

Izzy se strecură în cameră şi închise uşa după ea.

– Te-am aşteptat să vii. Am crezut că ne-ai părăsit... dar tati mi-a spus că ai dormit aici.

Annie era înduioşată de sinceritatea fetiţei, ai cărei ochişori căprui erau atât de mari şi de îngrijoraţi.

– N-aş face asta, scumpo. N-o să plec fără să-mi iau la revedere.

– Adulţii fac asta uneori.

– Of, Izzy... Annie îşi schimbă poziţia, încercând să ignore valul de ameţeală care o cuprinse din senin. Ştiu că adulţii fac asta.

Începu să spună altceva, probabil ceva profund, dar strănută dintr-odată. Abia avu timp să-şi ducă mâna la gură înainte să strănute iar. Se lăsă să cadă înapoi în aşternuturi, încercând să-şi aducă aminte dacă se mai simţise atât de rău vreodată.

Izzy făcu ochii mari.

– Ești bolnavă?

– Nu *chiar* bolnavă. E doar o răceală. Cred că și tu pățești asta tot timpul.

Fetița se relaxă vizibil.

– Da, atunci când îmi curg chestii verzi din nas.

– Ce imagine drăguță. Cred că o să mă culc puțin. Vorbim mai târziu. Bine?

– OK. Pe mai târziu.

– Ne vedem mai târziu, dovlecel, surâse anevoie Annie.

Când Izzy dispăru, se lăsă spre noptieră și ridică receptorul. Ceru numărul cabinetului doctorului Burton, apoi sună.

La primul apel răspunse o asistentă:

– Cabinetul medicului de familie din Mystic. Sunt Madge, cum vă pot ajuta?

– Bună, Madge. Sunt Annie Colwater. Vreau să-mi fac o programare la doctorul Burton.

– E o urgență, draga mea?

„Doar dacă chestiile verzi care îmi curg din nas pot fi considerate o urgență."

– Nu.

– Doctorul e plecat din oraș, e în concediu în insulele Orcas. Se temea că o să-l suni. Mi-a zis să te trimit la doctorul Hawkins din Port Angeles. Își coborî vocea: E *psihiatru.*

Deși se simțea atât de slăbită, Annie zâmbi.

– O, nu e nevoie de asta.

– Bine, bine. Încă mai ai o rezervare pentru întâi iunie. E în regulă?

Annie uitase de asta. Depresia pe care o simțise în martie se estompase. Acum nu mai era decât o amintire ștearsă. Probabil că nu mai avea nevoie de consultație, dar cel puțin doctorului Burton avea să-i placă. Avea să fie mândru de cât de mult își revenise.

– Da, rezervarea e în regulă. Mulțumesc, Madge.

– OK. Zece și jumătate. Să nu uiți.

Annie închise ochii înainte chiar să pună receptorul în furcă.

Visa că era într-un loc rece, întunecat. Auzea sunetul unei cascade și bâzâitul monoton al unei libelule. Cineva o aștepta în umbra pădurii. Îi auzea respirația regulată în întuneric. Voia să ajungă la el, dar îi era frică. Se simțea în siguranță acolo unde era. Era un loc pe care îl știa, dar el o aștepta într-o altă lume, o lume stranie, cu reguli necunoscute. Îi era teamă că, dacă îl urmărea, avea să se rătăcească.

– Annie?

Se trezi brusc și îl văzu pe Nick așezat pe marginea patului. Încercă să zâmbească și se ridică pe jumătate:

– Bună.

– Izzy mi-a spus că ești bolnavă. Nick se aplecă spre ea și îi atinse fruntea. Ești fierbinte.

– Sunt?

Nick se apropie și mai mult și scoase de undeva un termometru.

– Deschide. Annie deschise gura ca un copil cuminte. Termometrul rece și neted alunecă sub limbă și rămase acolo. Strânse buzele, dar nu-și putu lua privirea de la el. Ți-am adus niște suc de portocale și niște omletă. Ah, și Tylenol și o carafă cu apă și gheață.

Annie îl urmări surprinsă cum intra în baie. Apoi se întoarse, împăturind cu grijă o cârpă udă din mers. Se așeză pe scaunul de lângă pat și îi puse cârpa răcoroasă pe frunte, apoi îi dădu două pastile de Tylenol.

– Poftim. Ea fixă cu privirea cele două pilule micuțe, dar nu făcu nici un gest. Nick se încruntă: Annie? Plângi.

Annie clipi greu. „La naiba!"

– Da? Nu-ți face griji. Probabil e din cauza alergiei. Sau a menopauzei. Am simțit cum hormonii îmi dau târcoale toată săptămâna. Și cred că în curând o să-mi curgă al naibii de mult...

Annie se opri înainte să spună „ciclu". Nu-l avea în față pe soțul ei, iar ciclul menstrual nu era cel mai inspirat subiect de conversație. Asta o făcu să se simtă și mai izolată. Cu acel cuvânt pe care nu reușea să-l rostească înțelese cât de pierdută era. În căsnicia ei se obișnuise să spună orice, oricând, să dea la iveală orice mic secret. Acum însă nu-şi mai putea permite asta cu nimeni.

– Ce s-a întâmplat, Annie? Tonul lui blând o făcu să plângă şi mai tare. Deşi se simţea umilită, nu se putea opri. Annie?

– O să crezi că sunt o proastă, îngăimă ea incapabilă să-l privească în ochi.

Nick râse, un sunet blând, tandru.

– Chiar te preocupă ce crede beţivul oraşului?

– Să nu aud că vorbeşti aşa despre tine, suspină ea.

– Asta fac oamenii bogaţi din California? Ar trebui să mă prefac că nu te văd plângând? Spune-mi ce s-a întâmplat.

Annie închise ochii. Avu nevoie de o veşnicie să-şi găsească vocea.

– Nimeni nu mi-a dat nici măcar o aspirină până acum – adică nu fără să le cer eu. Dumnezeule, chiar că suna jalnic. Se simţea ruşinată, oribil de vulnerabilă. Încercă să adauge o explicaţie ca să mai repare puţin lucrurile: Am fost soţie şi mamă atâta timp. Întotdeauna eu am fost cea care avea grijă de alţii când se îmbolnăveau.

– Dar nimeni n-a avut grijă de tine.

Nick rostise asta pe un ton atât de firesc. Annie voia să-l contrazică, dar ştia că spusese adevărul. Acea simplă propoziţie pusese punctul pe *i*. Făcuse tot posibilul ca să-l facă pe Blake să se simtă fericit şi în siguranţă; îl iubise, avusese grijă de el, îl protejase. Îi găsise tot felul de justificări pentru atitudinea egoistă: era obosit, era ocupat, era distras de afaceri. Dar nu erau decât straturi peste straturi de hârtie de împachetat care acopereau un adevăr oribil.

„Nimeni n-a avut grijă de tine."

Brusc, începu să plângă pentru toate, pentru momentele pe care le pierduse, pentru visurile la care renunţase. Nu avusese o căsnicie atât de bună pe cât ar fi trebuit. Niciodată nu fusese iubită realmente... nu aşa cum ar fi meritat.

Oftă adânc, răguşit, apoi îşi şterse ochii şi îi zâmbi lui Nick.

– Iartă-mă, mă port ca un copil.

Se uită la obiectele de pe noptieră: suc de portocale, apă, pastile reci, Tylenol, o farfurie cu omletă şi o bucată de pâine prăjită cu scorţişoară. Toate astea îi porniră din nou şuvoiul de lacrimi. Nu ştia ce să-i spună unui bărbat care deschisese din greşeală uşa spre trecutul ei şi îi arătase adevărul.

– Ar trebui să bei ceva.

Annie îşi şterse nasul umed şi îi zâmbi strâmb.

– Ei bine, tu-mi vorbeşti mie de băutură?

Nick păru descumpănit o secundă, apoi izbucni în râs.

Răceala mai dură încă două zile, iar la capătul ei Annie se simţi obosită şi slăbită. Încă mai avea accese de greaţă, dar refuza să le dea atenţie.

Vineri, tustrei merseră la Kalaloch şi petrecură întreaga zi pe plajă. Izzy ţipa de bucurie de fiecare dată când descoperea un crab sau un arici de mare. Se întrecură în explorări, răsturnând pietre şi crengi în căutarea comorilor ascunse. Când soarele urcă sus pe cer, luară prânzul într-o peşteră secretă, apoi se bălăciră în apa rece până când obrajii, mâinile şi picioarele li se înroşiră şi începură să usture. În cele din urmă, când se apropia apusul, porniră spre casă.

Annie stătea în scaunul din dreapta al maşinii cu o găleată de plastic plină cu scoici şi pietre în poală.

– Tati, putem lua nişte îngheţată pe drum, tati?

Nick răspunse imediat, râzând:

– Sigur, Izzy, scumpo.

Annie îl privea fermecată. În ultimele săptămâni se schimbase complet. Zâmbea tot timpul, râdea din te miri ce şi se juca ore în şir cu fetiţa lui. Uneori, ca acum, când razele soarelui îl luminau din profil, era atât de chipeş încât îi tăia respiraţia.

Asta nu era însă tot ce o fascina la Nick. Forța lui o mișca, la fel și vulnerabilitatea afișată fără complexe. Iar blândețea cu care avea grijă de ea aproape că o făcuse să-și piardă stăpânirea de sine. Niciodată nu mai cunoscuse vreun bărbat care să iubească atât de tandru și atât de profund ca Nick. De-asta îl lovise viața cu atâta sete; nimic nu era mai ușor de distrus ca pavăza fragilă a idealismului.

Încă îl mai privea câteva ore mai târziu, după ce terminase de spălat ultima farfurie de la cină și adunase ultimele creioane colorate ale fetiței. Nick stătea iarăși lângă lac, o umbră puțin mai întunecată între atâtea altele, dar Annie vedea bine diferențele subtile din jocul de lumină și întuneric, conturul palid al părului lui argintiu, silueta umerilor lui lați, capsele de metal ale blugilor care sticleau sub razele lunii.

Aruncă pe bufet cârpa umedă de vase și ieși afară. Voia să fie cu el. Deși revelația o speria, o făcea să se simtă atât de nerăbdătoare că inima îi bătea mai repede. Când era cu Nick, parcă era o altă femeie. Câte ceva din strălucirea lui se răsfrângea și asupra ei, dându-i vigoare.

Cerul era împânzit de stele, iar corul în staccato al broaștelor și al greierilor coborî treptat în intensitate. Iarba era rece și umedă sub tălpile ei goale.

Nick stătea nemișcat, cu umerii strânși și capul căzut în față.

– Bună, Nick, spuse ea blând.

Bărbatul se întoarse. Avea ochii plini de durere.

– Bună, Annie.

Avea o voce joasă și aspră, ca o cărămidă veche. Annie simți o adiere mângâind-o pe față și intrând printre nasturii bluzei de bumbac, ca degetele reci ale unui bărbat care îi atingeau pielea cu tandrețe. În ultimele săptămâni ajunsese să-l cunoască atât de bine, încât era evident ce-și dorea.

– Vrei să bei.

Nick râse, dar vocea lui era ascuțită și plină de amărăciune. O luă de mână, strângând cu putere.

Annie ştia din experienţă că Nick avea nevoie să-i audă sunetul vocii. Nu conta ce spunea. Putea vorbi despre orice. Glasul ei devenise ca o ancoră pentru el.

– Ţii minte balul de final de liceu, când Kath a dispărut vreo jumătate de oră? îl întrebă încet. Eram la lacul Crescent. Ne-am aşezat pe mal, chiar în faţa cabinei, şi am vorbit toată seara. Mi-ai spus că vrei să devii poliţist.

– Iar tu mi-ai spus că vrei să devii scriitoare.

Era surprinsă că Nick îşi amintea asta. Îşi aminti şi ea de fata care vrusese să devină scriitoare, simţind vechiul vis apăsând-o dintr-odată.

– Asta era înainte să aflu...

Nick se întoarse şi o scrută.

– Ce ai aflat?

Annie ridică din umeri. Dintr-odată nu se mai simţea în stare să-l privească.

– Nu ştiu. Cum viaţa trece pe lângă tine când aştepţi la coadă la magazin să plăteşti o jumătate de litru de lapte... cum timpul trece şi ia cu el totul – tinereţe, visuri, speranţe. Visurile... sunt cele pe care le pierzi cel mai repede.

– Uneori nici nu te mai recunosc, murmură el, luându-i bărbia între degete. Spui lucruri de genul ăsta şi habar n-am cine eşti.

Râsul lui Annie flutură în aer ca aripa unui fluture de noapte.

– Nu eşti singurul.

– Ce-ai păţit, Annie?

Întrebarea era atât de intimă, încât o descumpăni. Sunetele nopţii se estompară, de parcă firea întreagă aştepta un răspuns. Annie îşi auzea respiraţia accelerată. Rosti în grabă cuvintele otrăvite:

– Soţul meu e îndrăgostit de altă femeie şi vrea să divorţeze.

– Annie...

– Sunt bine, serios. Încercă să născocească o afirmaţie lejeră, amuzantă, dar când îl privi în ochi văzu o compătimire profundă, răscolitoare, şi asta o făcu să-şi piardă controlul. Puterea pe care o adunase în ultimele săptămâni, picătură cu picătură, o părăsi instantaneu. O singură lacrimă îi alunecă pe obraz. Cum se poate întâmpla aşa ceva? L-am iubit pe Blake din tot sufletul şi tot n-a fost destul...

Nick oftă. Tristeţea din vocea lui îi învălui pe amândoi. Annie îl văzu străduindu-se să găsească răspunsul potrivit şi îi simţi frustrarea când nu reuşi.

– Cel mai rău lucru e că n-ai cum să te aştepţi la asta, continuă ea. Nici măcar nu bănuieşti că luni e ultima zi în care o să mai vină vreodată să te sărute pe gât... sau ultima seară în care o să vă uitaţi la televizor împreună şi o să-i masezi pielea moale de la gleznă. Şi te gândeşti că poţi măcar să-ţi aduci aminte când aţi făcut dragoste ultima oară, dar nu poţi. S-a dus.

Îşi ridică privirea spre el, surprinsă de cât de uşor îi veneau cuvintele acum. În săptămânile de după mărturisirea lui Blake, îşi închisese durerea în suflet şi o păstrase acolo, întărâtându-i flăcările arzătoare cu vise şi amintiri şi coşmaruri. Dar acum descoperi că focul dispăruse dintr-odată. Nu mai rămăsese decât o durere surdă, vagă.

Şi totuşi, încă o mai durea. Probabil nu avea să se vindece niciodată, ca un os rupt care nu fusese sudat cum trebuie. Rana nu avea să se închidă niciodată cu totul. Odată cu anotimpul rece, sau cu amintirea unui moment care nu avea să se mai întoarcă, Annie avea să rememoreze iubirea pe care i-o purtase lui Blake şi să sufere din nou. Însă flacăra turbată de până atunci se mistuise. Nu mai rămăsese decât un tăciune cenuşiu, rece.

Nick nu ştia cum de se întâmplase totul, sau cine făcuse prima mişcare, ci doar că avea nevoie de Annie. Se întinse spre ea. Degetele lui alunecară sub gulerul de bumbac şi îi prinseră ceafa, ţinând-o în loc. Încet, privind-o, se aplecă şi o sărută. La început fu un sărut blând, o îmbinare de buze şi răsuflări şi şoapte. Dar apoi

Annie se înghesui în el şi îi simţi mâinile fine mângâindu-l pe spate cu mişcări circulare, liniştitoare.

O sărută mai adânc. Limba lui îi exploră gura, mângâind, gustând-o. O sărută până când se simţi ameţit de pasiune, după care se trase încet în spate.

Annie îl privea fix. Îi văzu tristeţea din ochi, dar mai era ceva acolo – poate chiar acea minunăţie stranie pe care o simţise şi el.

– Îmi pare rău, spuse, chiar dacă nu era adevărat. Nu am nici un drept...

– Să nu-ţi pară rău, şopti Annie. Te rog... să nu-ţi pară rău. Am vrut să mă săruţi. Am... am vrut-o de multă vreme, cred.

Deschisese uşa în calea pasiunii şi nu o mai putea închide. Lui Nick nu-i păsa că se purta prosteşte, că risca mult sau că ar fi putut avea probleme mai târziu. Nu ştia decât că o voia pe femeia din faţa lui cu trup şi suflet. O luă de după gât şi o trase aproape, atât de aproape că îi simţea respiraţia agitată pe buze.

– Te vreau, Annie Bourne. Mă simt de parcă te doresc de-o viaţă.

O lacrimă curse pe obrazul lui Annie şi, în picătura strălucitoare şi umedă, Nick văzu reflectată întreaga distanţă dintre ei. Încă mai arăta ca fata de şaisprezece ani de care se îndrăgostise, dar viaţa pe care o dusese şi alegerile pe care le făcuse îi rămăseseră întipărite pe chipul ei frumos într-o plasă de linii fine.

– Ştiu, rosti ea simplu.

Cuvântul plin de tristeţe dădu la iveală un adevăr, anume că uneori nu era destul să vrei ceva.

Nick se întinse şi o luă de mână, ridicând-o. Diamantul de pe inel arunca în jur flăcări reci sub lumina argintie a lunii. Privi inelul multă vreme, fără să spună nimic, apoi se întoarse cu spatele.

– Noapte bună, Annie, murmură, îndepărtându-se înainte să se facă de râs.

Înapoi în camera lui, Nick se dezbrăcă şi se întinse în patul nefăcut. Spre surprinderea lui, tremura. De data asta, nu era din cauză că îi lipsea băutura, ci din cauză că îi lipsea o femeie.

„Nu te gândi la ea... gândeşte-te la Alcoolicii Anonimi şi la sfaturile lor. Nu ai voie să intri într-o relaţie cât timp eşti în convalescenţă..."

Dar nu-l ajuta prea mult să se gândească la cei Doisprezece Paşi. Închise ochii şi şi-o imagină pe Annie. Probabil că ajunsese deja în oraş. Se întrebă ce melodie se auzea la radioul din maşina ei, la ce se gândea.

Avusese nevoie de toată tăria şi stăpânirea de sine ca să plece după acel sărut, când nu voia decât să o ia în braţe şi să o posede atunci, pe loc. Să se piardă şi să-şi piardă trecutul în întunericul dulce al trupului ei. Dar nu era corect, şi n-ar fi îndrăznit... din atâtea motive. Aşa că ajunsese, din nou, singur.

Annie îşi dădu seama că se impunea să plece imediat, însă nu se putea gândi decât la Nick şi la felul în care o sărutase. Atingerea lui, felul în care o ţinuse de mână, o dăduse peste cap. Iar când se terminase, când spusese: „Te vreau, Annie Bourne", atunci ştiuse că era pierdută.

Privi spre fereastra dormitorului lui. O clipă văzu o umbră acolo, apoi umbra dispăru. Nick credea că se întorsese acasă... şi Annie ştia că asta ar fi trebuit să facă.

În loc de asta, îşi privi inelul de pe mâna stângă. Diamantul strălucea viu în lumina becului din maşină. Inelul pe care îl purtase ani de zile. Blake i-l pusese pe deget când făcuseră zece ani de căsnicie, cu un şuvoi de vorbe romantice.

Îl scoase încet de pe deget.

– Adio, Blake.

Cuvintele o dureau, ar fi durut-o până şi să le gândească, dar se simţea în acelaşi timp curios de uşoară. Se simţea eliberată, independentă poate pentru prima oară în viaţă. Nu avea pe nimeni care să-i îndrume alegerile sau să-i hotărască drumul în viaţă. Nu se mai avea decât pe ea.

Înainte să se răzgândească, se repezi în casă şi urcă scările, oprindu-se în faţa uşii lui Nick. În timpul de care avu nevoie ca să-şi liniştească respiraţia simţi cum curajul o părăsea. Toate motivele pentru care venise până acolo dispărură, unul câte unul, ca nişte şobolani fugind de pe un vas care se scufundă. Brusc, nu se mai simţea sexy; se simţea singură, vulnerabilă, o femeie între două vârste care îşi implora vechiul prieten să facă dragoste...

Era pe cale să se întoarcă şi să plece când auzi muzica. De partea cealaltă a uşii, un aparat de radio răspândea notele răguşite ale melodiei *Unforgettable* a lui Nat King Cole.

Asta îi linişti nervii răvăşiţi, cu atât mai mult cu cât Nick era cel care alesese cântecul. Nu era un adolescent virgin, ci un bărbat de vârsta ei, la fel de rănit în dragoste şi în viaţă ca şi ea. El o putea înţelege. El nu avea să-i ceară nimic. Aveau să împartă momentul pur şi simplu.

Bătu la uşă cu putere.

Urmă o pauză, apoi muzica se opri.

– Intră, Izzy.

– Eu sunt... Annie.

Încă o pauză, un foşnet de haine.

– Intră.

Împinse uşa, care se deschise cu un scârţâit prelung, şi-l văzu pe Nick în pat.

Înghiţi un nod şi se îndreptă spre el. Neliniştea o cutremură din cap până-n picioare; era stingheră, de parcă ar fi avut iarăşi şaisprezece ani. Se gândi că se îngrăşase în ultimele săptămâni şi se întrebă dacă lui Nick avea să-i placă de ea. Blake avea întotdeauna câte o remarcă tăioasă pregătită când Annie punea un kilogram în plus...

Nick o privi atât de intens, încât se simţi cuprinsă de un val de căldură. Tremură.

– Eşti sigură? rosti el simplu; era singura întrebare care mai conta.

Și Annie era sigură. Absolut, în mod cert, sută la sută sigură. Se simți atrasă inexorabil spre el. N-avea să-și amintească niciodată cine atinsese pe cine prima oară, sau cum ajunseseră amândoi goi în patul imens, cu baldachin, dar nici n-avea să uite vreodată felul muzical în care Nick îi șoptise numele când o sărutase prima oară sau căldura brațelor lui încolăcite în jurul ei, strângând-o atât de aproape că uneori nu mai putea respira, sau intensitatea năucitoare a pasiunii care îi consumase. Nu-și mai amintea decât că, atunci când ajunsese pe culmile plăcerii, strigase numele *lui*. Nu al lui Blake.

capitolul 19

O lampă cu gaz pâlpâia ușor lângă pat. O panglică de fum negru se ridica leneș din pâlnia de sticlă.

Annie stătea întinsă lângă Nick, iar piciorul ei gol era încolăcit peste șoldurile lui. Erau împreună de ore în șir, vorbind în șoaptă, râzând, făcând dragoste. La miezul nopții, Annie își sunase, de voie, de nevoie, tatăl și îi spusese că nu mai venea acasă în noaptea asta – Izzy era puțin răcită și avea nevoie de ea. Dar Hank nu se lăsase păcălit. Ascultase scuza ei dezlânată, apoi pusese întrebarea deja obișnuită:

– Crezi că e prudent, Annie Virginia?

Îl expediase cu un chicotit școlăresc și îi spusese să nu-și mai facă griji. Nu voia să se gândească dacă ceea ce făcea era prudent sau nu. Pentru prima dată în viață se simțea păcătoasă și sălbatică și vie. Fusese o fată cuminte mult prea mult timp, la naiba...

Atâtea lucruri se schimbaseră într-o singură seară. Până și faptul că își scosese verigheta o transformase. Devenise mai tânără, mai curajoasă, mai aventuroasă. Nu-și imaginase niciodată că sexul poate fi atât de... distractiv. Orele petrecute în brațele lui Nick scoseseră la iveală o cu totul altă femeie.

Când terminaseră – pentru prima oară – Annie presupunea că avea să se simtă vinovată. Se încordase în așteptarea regretelor, gândindu-se la scuze pentru purtarea ei rușinoasă, dar nu fusese nevoie decât de un cuvânt din partea lui Nick, un zâmbet, un sărut, și toate scuzele dispăruseră. „Să nu fugi de mine“, murmurase el, și asta fusese destul.

Acum erau încurcați amândoi în cearșafuri. Cu o oră înainte coborâseră în bucătărie și umpluseră o farfurie cu brânză, fructe și biscuiți, pe care o luaseră cu ei în pat. Nici unul din ei nu voia să reintre în lumea care îi pândea de afară.

Nick o luă pe după umeri și o trase aproape. Pentru prima oară, Annie îi văzu tristețea din ochi.

– Cincisprezece iunie, zici?

Annie își ținu respirația. Privirile lor se întâlniră și simți cum zâmbetul îi dispare.

În mai puțin de o lună avea să se întoarcă acasă – așa cum era casa ei. Avea să-i părăsească pe Nick și Izzy, să plece din Mystic, să se întoarcă în lumea maronie a vieții ei adevărate... sau cel puțin la ce mai rămăsese din ea.

Nick îi atinse fața cu o blândețe care îi frânse inima.

– N-ar fi trebuit să spun asta.

– Avem ce avem, Nicky. Hai să nu ne stricăm buna dispoziție meditând la ce o să fie. Nu-mi place să mă gândesc la viitor.

Palma lui se așeză posesivă pe mâna ei stângă. Se gândea la inelul pe care Annie nu-l mai purta – și la liniuța fină, palidă, care rămăsese acolo unde fusese. Când o privi în sfârșit, zâmbea iarăși.

– O să primesc tot ce vrei să-mi oferi, și...

– Și ce?

Nick avu nevoie de mult timp ca să răspundă, atât de mult încât Annie crezu că se răzgândise. Apoi, încet, rosti:

– Și sper că o să fie destul.

Se simțeau mai aproape unul de celălalt cu fiecare zi. În ultima săptămână din mai, vara începu să-și întindă plasa multicoloră deasupra pădurii. Trecură zile întregi fără nici o picătură de ploaie. Temperaturile se învârteau pe la douăzeci și unu de grade. Era un val de căldură neobișnuit pentru luna mai și toată lumea din Mystic se bucura de vremea splendidă. Copiii își scoteau de la naftalină bicicletele și pantalonii scurți. Păsările se înghesuiau pe stâlpii de telefon și coborau în picaj după viermi și insecte, croncănind și cântându-și una alteia.

Annie stătea tot mai puțin acasă la Hank și tot mai mult în pat cu Nick. Știa că se juca imprudent cu focul, dar nu se putea stăpâni. Se simțea iarăși ca la șaisprezece ani, consumată de prima ei iubire. De fiecare dată când se uita la Nick – adică la fiecare cincisprezece secunde – își amintea cum făcuseră dragoste. Nu-i venea să creadă cât de dezinhibată ajunsese.

În timpul zilei aveau grijă să nu se atingă, dar abstinența forțată nu făcea decât să le mărească dorința. Annie abia aștepta să se facă seară ca să se poată strecura iarăși cu el în pat.

Astăzi se distraseră de minune la lacul Crescent. Jucaseră volei pe plajă și închiriaseră bărcuțe cu vâsle. Pe drumul lung de întoarcere cântaseră împreună melodiile de la radio. Acasă, Annie pregătise un vas mare cu macaroane. După cină rămăseseră la masa din bucătărie și o ajutaseră pe Izzy să-și exerseze cititul.

Mai târziu, când urcară la etaj, se cocoțară cu toții în patul fetiței. Venise ora poveștilor.

Annie refuza să se gândească la cât de *firesc* se simțea acolo. Se întinse peste capul lui Izzy și îi atinse umărul lui Nick, strângându-l atât de tare încât îl făcu să-și ridice privirea. La început zâmbi, dar apoi expresia i se șterse de pe chip când îi văzu teama din ochi, dorința care avea să-i rănească pe toți trei.

Annie tresări, concentrându-se asupra cărții deschise.

Nick abia citise prima pagină când fu întrerupt de țârâitul unui telefon.

– Mă duc să răspund.

– O să te așteptăm, tati, spuse Izzy, cuibărindu-se lângă Annie.

Nick îi puse cartea în braţe şi ieşi în grabă. Se întoarse câteva minute mai târziu cu o expresie solemnă.

Annie simţi un firicel de teamă. Îşi îndreptă spatele şi se aplecă spre el.

– Nick?

El se întinse înapoi în pat, de cealaltă parte a fetiţei.

– M-a sunat profesoara ta, scumpo. Mi-a zis că se organizează o petrecere la şcoală vineri... şi că toţi copiii vor să vii şi tu.

Izzy părea speriată.

– Ah.

Nick îi zâmbi blând, înţelegător, un zâmbet care îi merse la inimă lui Annie.

– A zis ceva de brioşe.

– *Îmi plac* brioşele, se încruntă micuţa.

– Ştiu că-ţi plac, Soare. Nick o strânse la piept cu un braţ puternic. E normal să-ţi fie teamă, ni se întâmplă tuturor. Dar nu e bine să nu încercăm nimic doar pentru că ne e teamă. Nu ne putem ascunde de lucrurile care ne sperie.

Annie auzi şi lucrurile nerostite din vocea lui, toate rămăşiţele lecţiilor pe care le învăţase pe propria piele. Simţi un val de mândrie şi se întrebă încă o dată unde avea să găsească tăria de a-l părăsi pe acest om, cum avea să fie în stare să se întoarcă la viaţa ei rece şi sterilă, unde trebuia să se uite în oglindă ca să se convingă de faptul că încă mai exista.

– Presupun că o petrecere ar fi OK, oftă Izzy. O să mă duceţi tu şi Annie?

– Sigur că da.

– În regulă. Fetiţa îşi ridică privirea şi îi zâmbi şovăitor lui Nick. Tati, îmi mai citeşti o poveste, tati?

El zâmbi, se întinse şi luă de pe podeaua de lângă pat o altă carte, spunând:

– Mă gândeam eu că o să mă rogi.

Citi ca un actor, folosindu-şi vocea groasă, de bas, pentru monştri, şi vocea subţire de băieţel în rest. Izzy stătu complet nemişcată, cu ochii plini de adoraţie aţintiţi asupra tatălui ei. Când el zâmbea, zâmbea şi ea; când el se încrunta, se încrunta şi ea.

Nick întoarse pagina şi o privi pe Annie. Ochii lor se întâlniră deasupra părului brunet al lui Izzy. Nu era nimic sexual în privirea lui, ci doar plăcerea simplă a unui bărbat care îi citea fiicei lui o poveste la culcare. Arăta de parcă acel moment era încununarea tuturor visurilor şi speranţelor pe care le avusese vreodată. Annie simţi că i se rupe sufletul şi îi veni din senin să plângă.

După ce povestea se încheie, Nick se duse în camera de oaspeţi şi aşteptă. De două ori scoase capul să se uite pe hol, şi de două ori nu văzu decât strălucirea slabă a celor câteva aplice prinse prost de perete.

Se plimbă prin încăperea micuţă cu paşi mari, lovindu-se cu capul de acoperişul înclinat aproape de fiecare dată când se întorcea.

Apoi auzi o bătaie în uşă.

Se repezi şi o deschise dintr-o mişcare. Annie purta un tricou mult prea larg şi o pereche de şosete bleumarin până la genunchi.

Abia ajunseră în pat. Se prăbuşiră pe teancul de cearşafuri şifonate sărutându-se, pipăind şi râzând. Salteaua veche scârţâi sub greutatea lor.

Nick nu mai dorise niciodată vreo femeie cu atâta ardoare, iar Annie părea şi ea cuprinsă de o pasiune irezistibilă. O ţinu în braţe, o mângâie, o atinse şi o alintă cum ştia mai bine. Annie se rostogoli peste el, sărutându-l cu o lăcomie care îi tăie respiraţia. Îi atrase limba adânc în gura ei. Făcură tot ce le trecea prin cap, se aduseră reciproc la extaz, aşteptară puţin, apoi o luară de la capăt.

Când se termină totul, Nick se prăbuşi epuizat în aşternuturi, cu un braţ lipit de perete şi înconjurând şoldurile lui Annie cu celălalt. Annie rămase cuibărită lângă el, cu sfârcurile lipite de pieptul lui.

Nick simţea urmele pasiunii lor în pelicula fină de transpiraţie de pe pielea ei, putea să o adulmece în aer. Capul ei se odihnea pe umărul lui, iar respiraţia ei îi mângâia pielea.

Dintr-odată i se făcu teamă că Annie avea să plece acum, să-i fugă din brațe și să se întoarcă acasă la Hank, iar lui n-avea să-i mai rămână decât mirosul ei dulce și aerul rece.

– Vorbește-mi, Annie, spuse blând, mângâindu-i pielea catifelată de pe spate.

– E periculos să vorbim, râse ea. Mulți oameni care mă cunosc vor să mă facă să tac.

– Eu nu sunt ca Blake.

– Iartă-mă. Annie se cuibări mai aproape de el. Un deget palid începu să se joace cu părul lui de pe piept, apoi să-i mângâie ușor pielea. Tu... scoți la iveală ceva din mine. Ceva ce n-aș fi crezut niciodată că există.

– A, da? Ce e?

Se rostogoli până ajunse cu bazinul lipit de șoldul lui. Sânii ei frumoși se balansau ademenitor în fața lui și era al naibii de greu să fie atent la ce spune.

– Eram... organizată. Eficientă. Dădeam de mâncare la toată lumea, mergeam la cumpărături, întocmeam liste și țineam agende de întâlniri. Eu și Blake făceam sex vineri seara la unsprezece patruzeci și cinci, între primul și al doilea invitat al lui Jay Leno, asta dacă aveam noroc. Întotdeauna era... sex misionar, confortabil. Mă simțeam bine. Aveam orgasme. Dar nu era așa cum este cu tine. Niciodată nu m-am simțit de parcă sunt gata-gata să-mi ies din piele.

Annie râse – un hohot contagios, care părea să vină din adâncul ființei ei. Kathy nu-l făcuse niciodată să se simtă așa, de parcă avea întreaga lume la picioare și nu trebuia decât să întindă mâna și să-și prindă visurile în palmă.

Visuri. Nick închise ochii. Visa atât de des acum, visuri pe care le lăsase baltă cu ani și ani în urmă. Își aminti din nou cât de mult conta pentru el să aibă o familie, cum își imaginase că viața lui avea să curgă înainte pe un drum strălucitor și însorit, cum avea să îmbătrânească înconjurat de copii veseli și surâzători.

Dacă ar fi ales-o pe Annie atunci, cu atâția ani în urmă, poate că viața lui ar fi fost altfel...

– Cum de tu și Kathy n-ați avut mai mulți copii? întrebă ea brusc.

Întrebarea ei îl descumpăni o clipă, făcându-l să se întrebe dacă nu cumva Annie îi citise gândurile.

– Întotdeauna am vrut mai mulți. La naiba, voiam vreo șase! Dar după ce s-a născut Izzy am văzut clar că Kathy nu s-ar fi putut descurca. Am făcut vasectomie când Izzy avea doi ani. Nick se uită la ea cercetător. Dar tu? Ești o mamă minunată.

Annie răspunse după o tăcere lungă.

– Adrian ar fi împlinit paisprezece ani anul ăsta. A fost fiul meu.

– Annie...

Ea nu-l privi.

– S-a născut prematur și n-a trăit decât patru zile. Apoi am încercat tot ce am fost în stare, dar n-am mai rămas niciodată însărcinată. De obicei nu e decât un zâmbet venit de nicăieri, sau o lacrimă, dar uneori... uneori îmi e mai greu. Aș fi vrut mai mulți copii.

Nick nu voia să-i spună că îi părea rău. Știa din proprie experiență cât de false păreau cuvintele uneori, ca un leucoplast peste o arteră deschisă. O luă în brațe și o ținu cât de aproape era în stare, atât de aproape că îi simțea bătăile inimii.

Știa că se abandonează momentului, că se pierde în Annie, dar nu-i păsa. Era prea târziu să se mai gândească la siguranță, prea târziu ca să n-o iubească.

Școala generală Jefferson R. Smithwood era cocoțată pe un deal ierbos, înconjurat de brazi seculari. O alee lungă de ciment începea de la ușile duble, negre, și cobora șerpuit până în parcare, unde erau mai multe mașini aliniate de-a lungul unui gard înalt din plasă de sârmă.

Nick stătea aproape de marginea drumului, cu Izzy lângă el. Annie stătea de partea cealaltă.

Fetița lui era speriată și el era cel care trebuia să-i dea încredere, dar habar n-avea cum să facă asta. Îi aruncă o privire neajutorată lui Annie pe deasupra părului brunet al lui Izzy.

„Poţi să o faci", rosti ea, mişcându-şi doar buzele. Apoi zâmbi.

Nick înghiţi un nod, apoi îşi îndoi genunchii şi o privi pe Izzy. Fetiţa încercă să zâmbească, dar nu reuşi decât o grimasă ştearsă, strâmbă, iar ochii îi rămaseră posomorâţi. Nick se întinse şi prinse între degete panglica de mătase galbenă care atârna la capătul codiţei împletite.

Buza de jos a lui Izzy începu să tremure.

– O să râdă de mine.

– Atunci o să-i caft... Annie îl strânse de umăr şi Nick se abţinu. N-or să râdă de tine, se corectă.

– Sunt... altfel.

Nick clătină din cap.

– Nu. Ai fost... foarte tristă. Uneori, asta poate face pe cineva să... înnebunească puţin. Dar de data asta o să fii în regulă. Îţi promit.

– O să veniţi să mă luaţi după petrecere?

– Da.

– *Imediat* după?

– Imediat după.

– OK, spuse în sfârşit Izzy.

– Bravo, scumpo, o felicită Nick. Încet, simţind cum îi pocneau genunchii, se îndreptă şi o privi pe Annie. Zâmbea, deşi ochii ei erau ciudat de umezi.

Tustrei începură să urce aleea de ciment care ducea spre şcoală.

– Lei şi tigri şi urşi, o, vai[1]! exclamă dintr-odată Annie.

Nick aproape că izbucni în râs. Era ridicol, dar în acea clipă era lucrul cel mai potrivit pe care l-ar fi putut face. Începu şi el să ţină isonul:

– *Lei şi tigri şi urşi, o, vai!*

Izzy şovăi la început, dar cu fiecare nou refren deveni mai puternică, până când toţi trei ajunseră să cânte cât

---

[1] Melodie a cântăreţei de R&B Jazmine Sullivan care face trimitere la o scenă din *Vrăjitorul din Oz* (n.red.)

îi țineau puterile. Urcară aleea, apoi treptele, până ajunseră la intrare.

Nick împinse poarta neagră și intrară pe holurile liniștite ale școlii. La stânga se vedea o masă lungă de pal melaminat pe care erau stivuite jachetele și pachețelele cu mâncare ale copiilor.

Izzy se opri și spuse în șoaptă:

– Vreau să merg singură. Ca să nu creadă că sunt un bebeluș.

Le aruncă lui Nick și Annie o ultimă privire înfricoșată, apoi porni înainte pe coridor.

Nick se abținu să nu fugă după ea, iar Annie își strecură mâna într-a lui. Nick oftă, urmărindu-și fetița cum se îndepărta. Văzu cât de mult ezita cu fiecare pas și știu cât de tare se străduia să fie curajoasă. Trecuse și el prin asta, mersese înainte deși nu voia decât să se târască într-un colț întunecos și să se ascundă. În cele din urmă își întoarse privirea. Nu și-ar fi închipuit vreodată că era atât de greu să-și vadă fetița înfruntându-și teama.

– O să fie bine, spuse Annie. Ai încredere în mine.

Nick se uită la ea și îi văzu siguranța plină de duioșie din privire. Simți cum ceva în piept i se umfla și începea să doară.

– Am încredere în tine, Annie. Am încredere.

O ușă se deschise la capătul coridorului. De partea cealaltă se auzi o voce de femeie:

– Izzy! Ne-a fost dor de tine.

Apoi răsunară aplauze. Izzy se uită în urmă, le mai zâmbi o dată lui Nick și Annie, apoi alergă în clasă.

capitolul 20

– Ei bine, acum n-o să-mi mai fac griji pentru Izzy, spuse Nick atunci când reuși în sfârșit să vorbească.

Se rostogoli de pe Annie, dar își lăsă un braț în jurul ei și o trase la piept. Apoi se așeză cu spatele la perete și își rezemă obrazul transpirat în palmă, privind-o.

Îi părea incredibil de frumoasă, luminată cum era de soarele care se strecura prin fereastra întredeschisă. Părul ei ţepos se aricea în toate părţile. Gâfâia puţin şi, cu fiecare sunet slab, Nick îşi amintea că era a lui. Cel puţin pentru o vreme. Mâna lui îi găsi sânul ascuns sub pătura subţire de bumbac şi îl strânse.

Voia să rămână cu ea în pat ore în şir, vorbind de tot felul de nimicuri, împărtăşind şi alte lucruri, nu doar trupurile lor. Ştia că era periculos să-şi dorească mai mult de la Annie decât i se oferea. Degeaba se chinuia să uite; mereu îşi reamintea că avea să plece pe cincisprezece iunie - adică peste mai puţin de trei săptămâni. Se întorcea la adevărata ei viaţă.

O ţinu strâns, ştiind că ar fi fost mai bine să-şi ţină gura. Dar nu reuşi.

– Cum era căsnicia voastră?

– Din punctul cui de vedere? Eu credeam că am petrecut nouăsprezece ani minunaţi cu singurul bărbat pe care l-am iubit vreodată. Apoi, într-o bună zi, soţul meu a parcat pe alee şi mi-a spus: „Iubesc pe altcineva. Te rog nu mă face să ţi-o repet". Annie râse scurt, amar. De parcă aş fi vrut să-l mai aud spunând asta o dată.

– Îl mai iubeşti?

– Dacă îl *iubesc*? Cum aş putea? Annie oftă, iar Nick simţi cum pieptul ei urca şi cobora lin. Însă iubirea e ceva greu de pierdut. El este... a fost cel mai bun prieten al meu, iubitul meu, *familia* mea timp de douăzeci de ani. Cum să nu-ţi iubeşti familia?

– Şi dacă... dacă te vrea înapoi?

– Blake nu e genul de om care să facă asta. Ar însemna să-şi recunoască în primul rând greşeala. În toţi anii noştri împreună nu l-am auzit niciodată spunând că-i pare rău. Nimănui.

Annie zâmbi slab şi îşi mută privirea, fixând un punct de pe perete deasupra umărului lui. Nick o strânse în braţe, întorcând-o ca să se poată pierde în ochii ei verzi.

– Încă mai ţin minte o poveste pe care ai scris-o pentru ora de engleză din clasa a douăsprezecea. Era despre un câine care ajutase un băiețel rătăcit să se întoarcă acasă. Întotdeauna m-am așteptat să ajungi o scriitoare renumită.

– Se numea *Găsiți-l pe Joey*. Nu-mi vine să cred că ți-ai amintit.

– Era o poveste frumoasă.

Annie rămase tăcută multă vreme. Într-un final, când vorbi, avea o voce răgușită.

– Ar fi trebuit să am încredere în mine, dar Blake... spunea că scrisul e o îndeletnicire prostească, așa că am lăsat-o baltă. Nu e vina lui. Eu sunt răspunzătoare pentru asta. Am renunțat prea ușor. Apoi am încercat de toate – caligrafie, judo, pictură, sculptură, aranjamente florale, design interior. Pufni în derâdere: Nici nu-i de mirare că Blake făcea haz de mine. În mod clar eram pierdută.

– Nu-mi pot închipui așa ceva.

– E adevărat. Mi-am împachetat cele două romane neterminate în cutii roz și drăguțe și le-am ascuns sub cutia cu lenjerie intimă. I-am permis lui Blake să mă descumpănească prin comentariile lui acide despre „preocupările mămicii". După câțiva ani am și uitat că avusesem vreun vis vreodată. Am devenit doamna Blake Colwater. Fără el m-am simțit un nimeni. Până acum. Tu și Izzy m-ați ajutat să mă regăsesc.

Nick îi atinse fața.

– Nu, Annie. Tu te-ai regăsit singură. La naiba, te-ai *luptat* ca să te regăsești.

Annie îl fixă cu privirea.

– M-am pierdut o dată, Nick. Mă îngrozește gândul că s-ar putea întâmpla din nou.

Nu era nevoie să-i ceară amănunte. Cumva, Annie reușise să afle secretul pe care se străduise atât de mult să-l ascundă. Se îndrăgostise de ea, și nu le mai rămăsese decât foarte puțin timp împreună. Asta înțelesese Nick în sfârșit, după ce se culcase cu o femeie măritată, chiar dacă era pe cale să divorțeze. Annie o avea încă pe Natalie, și o întreagă viață din care el nu făcea parte.

– În regulă, Annie, spuse. În regulă, deocamdată.

Însă nu era în regulă. Știa asta, iar acum și Annie începuse să-și dea seama.

Annie stătea pe veranda casei lui Hank, uitându-se la panglica șerpuitoare a râului plin de somoni. Violete de un albastru strălucitor dansau pe tulpinile lor fragile la malul apei. Undeva, o ciocănitoare lovea ritmic într-un trunchi de copac, scoțând un *ra-ta-ta-tat* ce răsuna în toată pădurea.

Auzi ușa deschizându-se cu un scârțâit în spatele ei, apoi plasa de țânțari izbindu-se la loc.

– Ce se întâmplă, Annie Virginia?

Știa după tonul calm al vocii lui că asta era întrebarea pe care venise să i-o pună.

– Ce vrei să spui? murmură cu un aer inocent.

– Știi ce vreau să spun. Roșești ca o fată mare de fiecare dată când pronunți numele lui Nick și abia dacă te-am văzut în ultimele două săptămâni. Nu te îngrijești numai de Izzy în casa aia. Noaptea trecută te-am auzit vorbind la telefon. Îi spuneai lui Terri că Nick este doar un prieten. Deci presupun că nu sunt singurul care a observat.

– Nu sunt îndrăgostită, răspunse încet Annie, dar în același timp începu să se întrebe.

Când era cu Nick se simțea tânără și plină de adrenalină. Își vedea iarăși visurile și se simțea de parcă ar fi putut să le îndeplinească a doua zi. Când fusese împreună cu Blake nu se simțise deloc așa. Își spusese că visurile erau ca jucăriile din copilărie, bune de pus deoparte când intrai în jocurile reale ale vieții.

– O faci ca să te răzbuni pe Blake?

– Nu. De data asta chiar nu mă mai gândesc la Blake și la Natalie. O fac pentru mine.

– Și e corect?

Annie se întoarse spre el.

– De ce femeile trebuie să fie întotdeauna corecte?

– Mă gândesc la Nick. Îl știu de multă vreme. Și când era tânăr avea o privire care te băga în sperieți. Când a început să iasă cu Kathy i-am mulțumit lui Dumnezeu că nu erai tu în locul ei. Apoi însă și-a întemeiat o familie și a devenit cel mai bun polițist din oraș. Am văzut cu toții cât de mult a iubit-o pe Kathy, și fetița lui îi era mai scumpă ca ochii din cap. Apoi s-a... întâmplat acel lucru cu Kathy, și Nick... s-a prăbușit. I-a albit părul din cap și de fiecare dată când îl vedeam îmi aminteam ce pățise. Parcă purta un semn la gât. Nimeni nu îl acuza de nimic, îți dai seama; dar el se acuza singur. Era evident. Nici nu puteam să mă uit la el.

– De ce-mi spui toate astea?

– Pentru că tu ești o luptătoare, Annie, și...

– Ha! Lasă-mă, tată. Sunt un preș de calitatea întâi.

– Nu. Niciodată nu te-ai văzut așa cum ești de fapt. Ai un miez de oțel, Annie, dintotdeauna l-ai avut. Vezi lumea în culori frumoase. Paharul tău e întotdeauna plin pe jumătate.

– Când Blake m-a părăsit, am fost distrusă, îi reaminti ea.

– Cât timp? O lună? Bătrânul țâțâi din buze. Asta nu-i nimic. Când mama ta a murit, nu m-am ascuns două săptămâni ca să apar apoi mai puternic decât eram la început. Hank făcu o pauză și clătină din cap. Nu mă pricep la vorbe mari. Ceea ce încerc să-ți spun, draga mea, e că nu înțelegi ce-i aia slăbiciune și disperare, nu înțelegi deloc. Nu-ți poți închipui cum e să-ți pierzi orice speranță.

Annie rămase cu privirea pierdută spre râu.

– Presupun că ai dreptate.

– Încă ești o femeie măritată, și dacă crezi că Blake o să te părăsească pentru o flușturatică ești nebună. O să se întoarcă la tine. Când își dă seama ce a făcut, Blake o să se întoarcă la tine.

– Nu mă simt ca o femeie măritată.

– Ba da.

Annie nu găsi nici un răspuns. Era adevărat și nu era. Deși crescuse și se schimbase în ultimele luni, Hank avea dreptate: *se simțea* încă soția lui Blake. Fusese soția lui timp de aproape douăzeci de ani... și o astfel de legătură emoțională nu dispărea cu câteva cuvinte repezite, chiar dacă acele cuvinte erau „Vreau să divorţez".

Hank veni lângă ea şi îi atinse obrazul.

– O să-l răneşti pe Nick, şi Nick nu e genul de om care să reziste la aşa ceva. Nu vreau sa-ţi dau indicaţii. Niciodată n-am făcut asta şi nici n-am de gând să încerc acum. Dar toată povestea asta... o să se termine urât, Annie. Pentru voi toţi.

În seara următoare, mult după ce terminase de spălat vasele şi Izzy plecase la culcare, Annie rămase în balansoarul de pe verandă. Urmări un păianjen micuţ şi negru care ţesea o pânză transparentă pe o tufă de rododendron. Sunetul slab al leagănului îi ţinea companie. Ştia că ar fi trebuit să intre în casă; Nick o aştepta sus. Dar era atât de linişte acolo, iar ecoul cuvintelor lui Hank părea atât de distant acum că era singură. În casă, uitându-se în ochii albaştri ai lui Nick, ştiuse că sfatul tatălui ei avea să-i dea târcoale, prea puternic şi prea insistent ca să-l ignore.

Nick şi Izzy suferiseră deja cumplit. Annie nu voia să-i rănească şi ea la rândul ei, dar ştia cu certitudine că exact asta avea să facă în cele din urmă. Avea o altă viaţă, într-un alt oraş; o altă fată care urma să aibă şi ea nevoie de o mamă, la fel cum Izzy avusese nevoie de ea. Viaţa ei reală era departe, pe ţărmurile acoperite de smog ale Californiei de Sud, şi avea să şi-o regăsească peste câteva săptămâni. Momentul acela avea să o pună la încercare mai mult decât orice altceva până atunci. Avea să-i pună la încercare toate hotărârile pe care le luase de când venise în Mystic.

Cineva deschise plasa de ţânţari de la uşă.

– Annie?

Închise ochii o clipă, adunându-şi puterile.

– Bună, Nick, spuse încet, cu privirea aţintită în poală.

Uşa se închise şi Nick veni lângă ea. Îi puse o mână pe umăr cu blândeţe, apoi se lăsă pe vine.

– Ce faci aici, de una singură?

Annie își ridică privirea. O clipă simți un val de panică la gândul îngrozitor că trebuia să renunțe la el. Dar trebuia să se gândească la Nick, nu la ea.

– Nu vreau să-ți fac rău, Nick.

Îi luă mâna stângă într-a lui, mângâind urma palidă a inelului cu vârful degetului.

– Ai puțină încredere în mine, Annie. Știu că nu este destul să-ți dai jos inelul.

Îl privi multă vreme. Simțea un imbold năvalnic să facă promisiuni imposibile, să-i spună cât de mult îl iubea, însă era conștientă că în două săptămâni avea să plece. Era mult mai bine să ia vorbele cu ea.

– Nu avem o eternitate, Annie. Știu asta.

Auzi ceva în vocea lui, o mică nesiguranță atunci când rosti cuvântul „eternitate“, însă refuză să-și imagineze ce simțea.

– Da, șopti.

Nick o luă în brațe și o duse în pat. Ca întotdeauna, odată lipită de pieptul lui, Annie nu se mai gândi la viitor, ci se lăsă cuprinsă de prezent.

Marți dimineață plănuiră o excursie la plajă. Annie privi coșul de picnic pe care îl pregătise, verificând pentru a zecea oară dacă luaseră tot, apoi se uită la ceas. Era deja zece și jumătate. Coborî scările și țipă la Nick și la Izzy să se grăbească. Apoi, fredonând de una singură, se întoarse în bucătărie. Telefonul sună chiar când trecea pe lângă el. Se aplecă și ridică receptorul la al doilea apel.

– Alo?

– Vă fac legătura cu domnul Blake Colwater, vă rog să așteptați.

Annie avu un moment de dezorientare în care nu reuși să lege numele de viața ei. Nick se ivi pe scări. Îi aruncă o privire confuză.

– E Blake.

Nick îngheță între doi pași.

– Atunci... o să te las singură.

– Nu. Vino aici. Te rog.

Se apropie, iar Annie se întoarse puțin și îl luă de mână. În cele din urmă se auzi vocea autoritară a lui Blake:

– Annie... tu ești?

Când auzi vocea, își aminti totul. Rămase complet nemișcată.

– Salut, Blake.

– Ce mai faci, Annalise?

– Sunt bine. Annie făcu o pauză, gândindu-se ce să mai spună. Apoi întrebă: Tu cum ești?

– Sunt... bine. Am primit numărul ăsta de la Hank. Știi că Natalie o să vină acasă în curând.

– Pe cincisprezece iunie. Vrea să o luăm amândoi de la aeroport, zise ea accentuând puțin cuvântul „amândoi".

– Sigur. Avionul ei aterizează la...

Îl ura fiindcă nu știa asta.

– Cinci și zece dimineața.

– Sigur, știam.

Minciunea evidentă fu urmată de o tăcere încordată. Blake râse ușor, de parcă ar fi trecut trei ore de când vorbiseră ultima oară, nu trei luni.

– Trebuie să purtăm o discuție înainte să dăm ochii cu Natalie. Aș vrea să vii în Los Angeles în weekendul ăsta.

– O, da?

Tipic pentru Blake: voia să stea de vorbă, așa că Annie trebuia să se urce în avion.

– O să-ți trimit un bilet prin curier.

Annie trase în piept o respirație șuierată.

– Nu sunt pregătită să te văd încă.

– *Ce?* Dar credeam...

– Mă îndoiesc. N-avem nimic de vorbit acum.

– Ba da.

– Cât de amuzant că spui asta tocmai tu.

– Annalise, oftă Blake. Vreau să vii acasă în weekendul ăsta. Trebuie să vorbim.

– Îmi pare rău, Blake, dar n-am nici o intenție să vin acasă în weekendul ăsta. Știu că am căzut de acord să discutăm despre divorţ în iunie. Hai să rămânem la asta, OK? O să vin acasă pe treisprezece.

– La naiba, Annalise, vreau...

– La revedere, Blake. Ne vedem în două săptămâni.

Închise şi rămase cu ochii pironiţi pe receptor.

– Eşti în regulă, Annie?

Vocea lui Nick o trase înapoi din întunericul care începea să o înconjoare. Se forţă să zâmbească şi se întoarse în braţele lui:

– Sunt bine.

Nick o privi multă, multă vreme. O clipă se gândi că urma să o sărute şi se ridică pe vârfuri ca să-i întâlnească buzele. Însă el rămase nemişcat, privind-o, de parcă memora absolut toate detaliile acelui moment.

– N-o să fie destul timp.

capitolul 21

În timp ce conducea pe Main Street ocolind cu atenţie gropile, Blake îşi aminti cât de mult detesta orăşelul acela ponosit. Semăna prea mult cu locul în care crescuse el, o comunitate sărăcăcioasă de fermieri din Iowa pe care se străduise din răsputeri s-o uite.

Opri Cadillacul pe care-l închiriase la o staţie de benzină, îşi ridică gulerul hainei – cine naiba voia să trăiască într-un oraş în care aveai nevoie de haină la sfârşitul lunii mai? – şi merse prin ploaie până la o cabină telefonică. Înăuntru, zgomotul ploii care se lovea de acoperiş era asurzitor. Abia se putea auzi gândind.

Avu nevoie de un minut până să-şi amintească numărul lui Hank. Nu îşi formase singur numerele de ani de zile. Băgă o fisă de douăzeci şi cinci de cenţi, formă şi aşteptă soneria.

La al treilea apel, Hank răspunse:

– Alo?

– Bună, Hank. Eu sunt, Blake... din nou. Vreau să vorbesc cu soţia... cu Annie.

– A, da? Ca să vezi.

Blake oftă.

– Dă-mi-o la telefon, Hank.

– Nu e aici. Nu e *niciodată* aici în timpul zilei.

– Ce vrei să spui?

– Ți-am dat un număr ieri. Poți vorbi cu ea acolo.

– Unde e, Hank?

– Își vizitează niște... prieteni la conacul Beauregard.

– Conacul Beauregard. M-ai lămurit.

– Mai ții minte casa cea veche de pe malul lacului? Un vechi prieten de-al ei locuiește acolo acum.

Blake simți un gol curios în stomac.

– Ce se petrece, Hank?

Bătrânul ezită o clipă, apoi spuse:

– O să trebuiască să te lămurești singur, Blake. Noroc.

„Noroc." Ce naiba voia să spună cu asta?

Până să ceară informații despre traseu și să se întoarcă în mașină, Blake era deja cu capsa pusă. Se petrecea ceva ciudat acolo.

Dar se întâmplau lucruri ciudate de ceva timp. Prima dată când își dăduse seama că nu era în regulă fusese cu o lună în urmă. Nu mai reușea să se concentreze. Începuse să aibă probleme la muncă.

Era vorba de lucruri mici, neînsemnate. De pildă, cravata pe care o purta astăzi. Nu se potrivea deloc cu ținuta.

Era un lucru stupid, fără sens, și nimeni altcineva n-ar fi observat, dar *el* știa. Când Annie îi cumpărase costumul negru Armani, de două mii de dolari, tot ea îi alesese o cămașă albă cu monogramă și o cravată de mătase cu dungi gri, albe și roșii care se asorta cu restul. Formau un set și întotdeauna le purtase împreună. Cu câteva săptămâni în urmă se trezise că nu-și mai găsea cravata. Făcuse praf dormitorul căutând-o.

– Sper că ai de gând să strângi toate rahaturile alea, bombănise Suzannah când văzuse dezastrul.

– Nu-mi găsesc cravata de la costumul ăsta.

Suzannah îi aruncase o privire pe deasupra ceștii de cafea și spusese ironic:

– O să dau anunț la ziar.

Ei i se părea foarte amuzant că lipsea cravata și că Blake se îndârjea atât să o caute. Iar Blake se gândise că poate cravata lui preferată, *necesară*, rămăsese pierdută pe la vreo curățătorie.

„Annie ar ști unde este“, își zisese. De-aici începuse practic totul.

Porni radioul Bose de la mașină, crispându-se când auzi o melodie country în difuzoare. Încercă să schimbe canalul, dar nu se mai prindea nimic clar. Dezgustat, închise aparatul cu totul.

Șoseaua spălată de ploaia argintie era cufundată în umbra deasă. După câțiva kilometri, Blake începu să vadă porțiuni din lac printre trunchiurile copacilor. Asfaltul lăsă loc unui drum acoperit cu pietriș care îl duse în cele din urmă într-un luminiș enorm. O casă galbenă, strălucitoare, se vedea chiar în mijloc, înconjurată de flori în culori vii. Un Mustang roșu și o mașină de poliție erau parcate sub un arțar bătrân.

Parcă și ieși din Cadillac, ridicându-și iarăși gulerul de la haină. Traversă curtea, urcă scările și bătu cu putere în ușa de la intrare. Se deschise aproape imediat, iar în prag apăru o fetiță. Purta o salopetă Gortex și o șapcă de baseball. Ținea în brațe o păpușă jerpelită de cârpe.

Blake îi zâmbi:

– Bună, sunt...

Un bărbat apăru dintr-odată în spatele fetiței, cu o mână așezată protector pe umărul ei. O trase puțin mai în spate și întrebă:

– Da?

Blake îl studie pe bărbatul înalt, cu păr cărunt, apoi se întinse ca să se uite înăuntru.

– Bună, îmi cer scuze de deranj. O caut pe Annalise Colwater. Tatăl ei, Hank, mi-a spus că e aici.

Celălalt se încordă vizibil. Ochii lui albaștri și ciudați se îngustară și îl studiară pe nou-venit din cap până-n picioare. Blake era sigur că nu ratase nici un detaliu, nici cât de scump era costumul Armani, nici chiar că purta o cravată care nu se asorta cu restul.

– Tu ești Blake.

– Da, și tu ești...

Blake auzi zgomot de pași de undeva din casă. Cineva cobora scările în fugă:

– Sunt gata, băieți!

Recunoscu vocea lui Annie. Trecu pe lângă bărbatul și fetița care îi priveau în tăcere și intră.

Annie îl văzu și se opri imediat.

Aproape că nu o mai recunoștea. Purta haine galbene de ploaie și o pălărie mare, moale, care îi acoperea aproape toată fața. Cizmele pe care le avea în picioare arătau de parcă ar fi fost cu cel puțin patru numere prea mari pentru ea. Blake se forță să zâmbească larg și își deschise brațele:

– Surpriză!

Annie îi aruncă o privire ciudată bărbatului cu păr cărunt, apoi se întoarse încet spre soțul ei.

– Ce cauți aici?

Blake se uită la cei doi străini; amândoi îl priveau. Își lăsă brațele să cadă încet.

– Aș prefera să nu discutăm asta în public.

Annie își mușcă buza de jos și oftă apăsat.

– În regulă, Blake. Putem sta de vorbă. Dar nu aici.

Fetița scânci și bătu din picior:

– Dar ai spus că mergem să mâncăm înghețată!

– Îmi pare rău, Izzy, îi zâmbi ea. Trebuie să stau de vorbă cu omul ăsta puțin. O să mă revanșez, bine?

„Omul ăsta." Stomacul lui Blake se strânse. Ce naiba se petrecea aici?

– Încearcă să o înțelegi pe Annie, bine, Soare? Trebuie să plece.

Asta spusese bărbatul.

– Dar se întoarce... nu-i așa, tati?

Se lăsă o tăcere stranie. Nimeni nu răspunse.

Annie trecu pe lângă fetiță și ajunse lângă Blake.

– Ne vedem la Cafeneaua și Frizeria lui Ted în zece minute. Este chiar în centrul orașului. N-ai cum să o ratezi.

Blake se simțea de parcă lumea se răsturnase. Se uită la acea femeie pe care abia dacă o mai recunoștea.

– În regulă. Atunci ne vedem în zece minute.

Rămase locului un moment care păru să nu se mai termine, simțindu-se straniu și stânjenit, apoi se forță să zâmbească. După o discuție în patru ochi, totul avea să fie în regulă. Cel puțin așa își spuse în sinea lui când se întoarse să plece. Zece minute mai târziu, când parcă în fața celei mai jerpelite și murdare cafenele pe care o văzuse vreodată, încă își mai spunea asta. Se așeză pe o bancă tapisată cu vinilin și comandă o ceașcă de cafea. Când primi cafeaua, își verifică Rolexul: 11:15.

De data asta chiar își făcea probleme. Își șterse palmele transpirate pe pantaloni. Își privi încă o dată ceasul – 11:25 – și se întrebă dacă Annie mai avea de gând să vină. Era un gând nebunesc pe care îl abandonă aproape imediat. Annie era cea mai serioasă persoană pe care o cunoscuse în viața lui. Dacă promitea că vine la o întâlnire, venea negreșit. Cu întârziere, probabil, și de multe ori agitată. Dar tot venea.

– Bună, Blake.

Întoarse grăbit capul când îi auzi vocea. O văzu stând lângă masă, cu un șold scos în afară și brațele încrucișate. Purta o pereche de blugi spălăciți și o bluză pe gât fără mâneci. Părul ei... arăta de parcă cineva i-l ciopârțise cu o mașină de tuns iarba.

– Ce ți-ai făcut la păr?

– E evident, nu crezi?

– Oh. Blake se încruntă, descumpănit de răspunsul ei și de felul în care arăta. Nu semăna deloc cu Annie pe care o știa. Își imaginase momentul reîntâlnirii – se temuse de el și îl așteptase cu nerăbdare în același timp – săptămâni în șir. Dar ori de câte ori se gândise cum avea să decurgă revederea și-o imaginase pe vechea Annie, cea îmbrăcată impecabil, zâmbind șters și puțin neliniștită. N-o recunoștea pe femeia care stătea în fața lui. Ei bine, o să-ți crească la loc. Își aminti cu întârziere să se ridice în picioare. Mă bucur să te văd, Annie.

Ea îi aruncă un zâmbet rezervat, care nu-i lumină și privirea. Se strecură de partea cealaltă a mesei și se așeză.

Blake făcu cu mâna unei ospătăriţe îmbrăcate în poliester, care se grăbi spre ei. O privi pe Annie:

– Cafea?

– Nu.

Annie bătu cu degetele în masă. Blake observă că unghiile ei erau scurte, tocite şi fără ojă, de parcă şi le rosese. Iar pe mâna stângă, în locul inelului de la el, nu avea decât o fâşie subţire de piele nebronzată. Annie îi zâmbi ospătăriţei:

– Eu o să iau un Budweiser.

Blake o privi şocat:

– Tu nu bei bere.

Era cel mai stupid lucru pe care ar fi putut să-l spună, dar nu se putea gândi decât la inelul pe care nu-l mai purta.

Iarăşi un zâmbet fals:

– O, nu?

Ospătăriţa încuviinţă şi plecă.

Annie se întoarse spre soţul ei, care se întrebă ce vedea această femeie nouă şi neobişnuită când se uita la vechiul Blake. Aşteptă să spună ceva, dar nu făcu decât să stea acolo şi să-l privească fix, cu tunsoarea ei cea nouă, fără machiaj şi, îngrozitor, fără inelul lui.

– Mă gândeam să stăm de vorbă... începu el, apoi se gândi că iarăşi spusese ceva stupid.

– Mda.

Iarăşi se lăsă tăcerea. Ospătăriţa veni la masă. Lăsă o halbă cu bere rece pe un şerveţel mic, pătrat, şi Annie îi zâmbi larg:

– Mulţumesc, Sophie.

– Cu plăcere, domnişoară Bourne.

„Domnişoară Bourne?" Blake simţi că se sufocă.

– Deci, spuse în cele din urmă Annie, sorbind o gură de bere, ce mai face Suzannah?

Blake făcu o grimasă la tonul ei glacial. Ştia că o merită, dar tot nu se aştepta să o vadă atât de furioasă. Annie nu se înfuria niciodată.

– Nu mai stau cu ea.

– Serios?

– Da. De asta voiam să stăm de vorbă.

Annie îl privi pe deasupra halbei.

– Serios?

Blake îşi dorea să fi repetat conversaţia din timp, dar nu se aşteptase să întâmpine asemenea dificultăţi. Ori de câte ori se gândise la revederea lor, şi-o imaginase la fel: el intra în cameră, Annie ezita puţin, apoi zâmbea, izbucnea în plâns şi îi spunea cât de dor îi fusese de el. Apoi el deschidea braţele, ea se arunca în ele... şi gata. Erau iarăşi împreună.

Încercă să-i citească emoţiile, dar ochii pe care îi cunoştea atât de bine erau reci şi plini de suspiciune. Se împiedică în propriile lui cuvinte, ceea ce nu i se întâmpla de obicei:

– Am făcut o greşeală.

Întinse mâna peste masă.

– O greşeală, repetă Annie, trăgându-şi mâna înapoi.

Blake îi auzi acuzaţia nerostită din glas şi ştiu ce voia să spună. „O greşeală" era atunci când întârziai cu ratele de la cardul de credit. Ceea ce făcuse el era cu totul altceva. Felul în care îl privea, sunetul moale şi rezervat al vocii ei începură să-i roadă încrederea în sine. Blake se simţea de parcă esenţa vitală îl părăsea, picătură cu picătură.

– Vreau să vin acasă, Annie, murmură, implorând-o aşa cum nu o mai implorase niciodată. Te iubesc, Annalise. Acum ştiu asta. Am fost un nenorocit, un idiot. Poţi să mă ierţi?

Annie îl privi în tăcere, cu buzele lipite.

Blake simţi o scânteie de speranţă. Se ridică şi se strecură pe bancheta de lângă ea, uitându-se în ochii ei, punându-şi inima şi sufletul în privire şi sperând că soţiei lui încă îi mai păsa. Îşi aminti de viaţa lor împreună, şi asta îi mai dădu puţină încredere. Îşi aminti că o rănise de zeci de ori – când uitase de ziua ei de naştere sau „uitase" să vină acasă ca să ia cina împreună. Annie îl iertase de fiecare dată. Aşa era ea. Nu se putea să se fi schimbat chiar atât de mult.

Annie privea fix înainte, cu o expresie plină de durere. Blake își dori să o facă să se uite la el. Dacă o făcea, dacă se uita la el chiar şi numai o clipă, poate că ar fi reuşit să-i citească răspunsul din ochi.

– Annie? Îi luă mâna într-a lui. Era rece. Te iubesc, Annie, spuse el cu vocea întretăiată. Uită-te la mine.

Annie se întoarse încet, agonizant de încet, şi Blake văzu că avea ochii plini de lacrimi.

– Ai impresia că poţi să spui că îţi pare rău şi gata? Crezi că poţi să ştergi cu buretele ce-ai făcut?

Blake o luă de mână, simţindu-i pielea moale și oasele delicate.

– O să-mi petrec tot restul vieţii încercând să mă revanşez.

Annie strânse pleoapele, iar o lacrimă îi alunecă pe obraz. Apoi deschise ochii şi îl privi.

– Mi-ai făcut o favoare, Blake. Femeia care am fost... Își trase mâna dintr-a lui și își șterse lacrima. Mi-am permis să devin un nimic. Dar nu mai sunt acea femeie.

– Încă eşti Annie a mea.

– Nu. Sunt Annie *a mea.*

– Întoarce-te la mine, Annie. Te rog. Mai dă-ne o şansă. Nu poţi să arunci totul...

– Să nu îndrăzneşti să spui asta. *Eu* n-am aruncat nimic. Tu ai făcut-o, tu și egoismul tău și minciunile tale şi femeile cu care umblai. Iar acum ţi-ai dat seama că micuţa de Suzannah vrea să-ţi fie amantă, nu preş şi soţie şi mamă, şi te-ai întors la mine cu coada între picioare. Crezi că încă mai sunt femeia care să-ţi accepte orice cu un zâmbet şi să-ţi ofere un loc sigur unde n-ai nici o responsabilitate şi toate lucrurile se întâmplă cum vrei tu.

Blake rămase fără cuvinte. Nu se aşteptase la o asemenea vehemenţă sau un asemenea limbaj.

– Annie...

– Ţin la altcineva.

Blake rămase cu gura căscată.

– Un bărbat?

– Da, Blake. Un bărbat.

Se întoarse la locul lui și luă o înghițitură mare de cafea caldă, încercând să treacă peste șocul revelației. „Un bărbat? Annie cu un alt bărbat?"

Bărbatul cu păr cărunt și ochii triști și albaștri.

De ce nu se gândise niciodată la asta în toate lunile cât fuseseră despărțiți? Dintotdeauna și-o imaginase ca Annie cea liniștită, serioasă, care are grijă de toată lumea, râde, zâmbește și își încearcă talentul la cine știe ce hobby ciudat. O vedea cosând sau decorând sau făcând tablouri din ace cu gămălie. La naiba – crezuse că îi era dor de el, că era de neconsolat. O privi întrebător:

– Te-ai... te-ai culcat cu el?

– Of, pentru numele lui Dumnezeu, Blake!

Deci se culcase cu el. Annie – Annie a lui, *soția* lui – se culcase cu un alt bărbat. Blake simți o furie bestială, oarbă, cum nu mai simțise niciodată. Voia să-și dea capul pe spate și să urle, dar rămase absolut nemișcat, cu pumnii strânși dureros sub masă. Lucrurile erau foarte, foarte diferite acum. Trebuia să fie extrem de precaut.

– O aventură, spuse încet, crispându-se când acel simplu cuvânt îi evocă o serie de imagini neplăcute. Annie gemând de plăcere, sărutând buzele altui bărbat, atingându-i trupul. Făcu un efort și nu se mai gândi la asta. Presupun că ai făcut-o ca să te răzbuni pe mine.

– Nu totul în lumea asta se învârte în jurul tău, îl atenționă ea cu un râset amar.

– Deci...

Cum naiba trebuia să reacționeze? Voia să spargă un geam cu pumnul, nu să stea la masă ca un gentleman și să se prefacă demn că nu era rănit, că soția lui nu-i smulsese inima din piept și nu o călcase în picioare.

– Presupun că... Presupun că ne putem ierta unul pe celălalt, zise într-un final ridicând din umeri.

– Nu-mi trebuie iertarea ta.

Blake făcu o grimasă. Erau aceleași cuvinte pe care i le aruncase și el în față cu câteva luni în urmă, și îl dureau. Dumnezeule, cum îl dureau.

– Iartă-mă, Annie, șopti.

Pentru prima oară, Blake înțelese exact ce-i făcuse. Fusese egoist, arogant, nu se gândise nici o clipă la suferința pe care i-o provocase. Își justificase scăpările cu clișee din anii nouăzeci: Am nevoie de spațiu; nu avem nici un motiv să rămânem împreună dacă nu ești fericită; o să fii mai fericită fără mine; ne-am îndepărtat unul de altul". Și crezuse absolut toate prostiile astea. Acum își dădea seama cât de mult greșise. Cuvintele lui erau doar scuzele unui bărbat care nu crezuse că regulile i se aplicau și lui. Se comportase de parcă mariajul lor era un simplu obstacol pe care îl putea elimina, o ipotecă enervantă asupra unei proprietăți pe care voia să construiască altceva. Dăduse la o parte cuvintele care contau într-adevăr – „o să te iubesc, o să te cinstesc, o să fiu alături de tine până când moartea ne va despărți" – de parcă nu însemnau absolut nimic.

Pentru prima oară în viață, se simți rușinat.

– N-am știut niciodată cât de mult doare. Însă te iubesc, Annie... poți să mă crezi. Și o să te iubesc pentru tot restul vieții. Indiferent ce faci, unde pleci sau ce îmi mai spui. O să fiu întotdeauna aici, așteptând să mă ierți. Iubindu-te.

Văzu un fulger dureros în ochii ei și observă cum buzele i se relaxaseră. Fusese o clipă de slăbiciune și, ca orice avocat, Blake știa să profite de ea. Îi atinse ușor obrazul, forțând-o să se uite la el.

– Crezi că nu te iubesc cu adevărat, că sunt același ticălos egoist care am fost dintotdeauna, și că te vreau înapoi doar ca să-mi fac viața mai ușoară... dar nu e adevărat, Annie. Tu mă faci să mă simt ca un om întreg.

– Blake...

– Ții minte cum eram înainte? Când stăteam în casa de pe plajă din laguna Niguel? Abia așteptam să vin acasă de la muncă și să te văd. Iar tu mă întâmpinai întotdeauna la ușă – mai ții minte? – și-mi săreai în brațe. Sau când s-a născut Natalie și m-am băgat în pat lângă tine? Am încercat să rămân peste noapte, până când asistenta aia bătrână și slabă a venit să mă dea afară. Sau atunci când am ieșit pe plajă la miezul nopții și am făcut castele de nisip și am băut șampanie și am visat amândoi la casa pe care o voiam împreună? Ai spus că vrei un dormitor alb cu albastru, iar eu ți-am spus că poți să-l vopsești și în violet dacă vrei, atâta timp cât îmi promiți că o să fii în patul meu pentru totdeauna...

Annie plângea deja.

– Nu, Blake, te rog...

– Nu, ce? Să nu-ți aduc aminte cine suntem și de cât timp suntem împreună? Scoase o batistă din buzunarul de la piept și îi șterse lacrimile. Suntem o *familie*. Ar fi trebuit să-mi dau seama de asta înainte, dar am fost orb, egoist și idiot. Am crezut că mi se cuvin toate lucrurile de pe lumea asta. Coborî vocea și continuă răgușit, privind-o printre lacrimile care îi apăruseră în ochi: Te iubesc, Annie. Trebuie să mă crezi.

Annie se frecă la ochi și își întoarse privirea.

– Te-am crezut douăzeci de ani, Blake. Nu mai este așa ușor.

– Nici nu mă așteptam să fie ușor.

– Ba da.

Blake zâmbi trist.

– Ai dreptate. Credeam că o să-mi cer scuze și o să sari în brațele mele și o să dispărem amândoi într-un apus de soare. Oftă. Deci, ce facem acum?

– Nu știu.

Cel puțin era o deschidere.

– Trebuie să-mi mai dai – să *ne* mai dai o șansă. Când tu mi-ai cerut mie una, am fost de acord. Am încercat să-mi dau seama unde am greșit și iată-mă. Îmi datorezi același lucru, Annie. O datorezi familiei noastre.

– O, fantastic: o predică *de la tine* despre valorile de familie. Annie scoase o trusă compactă de machiaj din geantă și se privi în oglindă. Perfect. Arăt ca fata din reclamele de la Pillsbury Dough.

– Ești frumoasă.

– Dar o să-mi crească părul la loc, ripostă ea.

– N-ar fi trebuit să spun asta.

Annie închise trusa cu un pocnet.

– Nu, n-ar fi trebuit. Îl privi în ochi, ceea ce îl făcu să se simtă iarăşi nesigur. Îşi aminti încă o dată că, după aproape douăzeci de ani de căsnicie, nu o recunoştea mai deloc pe femeia din faţa lui. Ne vedem acasă pe paisprezece iunie. Putem să discutăm... atunci... despre asta.

Se ridică, iar Blake văzu că se clătina puţin. Era clar că abia se putea stăpâni.

Asta îi dădea şi lui un firicel de speranţă.

– N-o să renunţ, Annie. O să fac tot posibilul ca să te recâştig.

– Întotdeauna ai ţinut neapărat să câştigi, Blake, oftă ea.

Cu această ultimă remarcă tăioasă se răsuci pe călcâie şi ieşi din local.

capitolul 22

Nick o aşteptă pe Annie să se întoarcă. Timp de o oră, îşi spuse că era un idiot. Ştia că era imposibil ca întâlnirea să dureze mai puţin de două ore.

Dar cele două ore se transformaseră în trei, apoi patru, apoi cinci.

Se străduise să zâmbească şi pusese în scenă un adevărat spectacol la cină, de dragul lui Izzy. Reuşise cu chiu, cu vai, să gătească una din reţetele lui Annie: piept de pui pane cu fulgi de porumb şi cartofi prăjiţi. Uitase să pună orezul la fiert în timp util, aşa că servi puiul cu felii de banană şi bucăţi de brânză. Făcuse tot posibilul să întreţină o conversaţie, dar şi el, şi Izzy ştiau că era un loc gol la masă.

Totul mersese destul de bine până când Izzy îl privise, cu o mustăcioară de lapte pe buza de sus, şi îl întrebase:

– Tati, o să se întoarcă, nu-i aşa, tati?

Furculiţa lui Nick lovise marginea farfuriei cu un *ping*. Nu ştia cum naiba trebuia să-i răspundă, aşa că folosise o tehnică standard de părinte: eschiva.

– Nu vorbi cu gura plină, spusese, întorcându-și brusc privirea.

După ce terminase de spălat vasele, îi făcuse baie lui Izzy și o dusese la culcare, începuse să tremure din toate încheieturile. Nici nu era în stare să se concentreze destul cât să-i citească fetiței o poveste. O sărutase pe frunte și apoi fugise din camera ei.

Blake nu era deloc așa cum se așteptase Nick; dimpotrivă, era exact așa cum se temuse. Când îl văzuse pe bărbatul chipeș, plin de sine și, evident, de succes, îmbrăcat într-un costum negru și scump, se simțise de parcă era mai puțin decât nimic. Își văzuse imediat propriile defecte: blugii ieftini, de provincial, care nici măcar n-aveau tiv, tricoul care fusese odată albastru dar se decolorase într-un gri spălăcit, centura ruptă pe care nu se obosise niciodată să o coasă. Și nici măcar nu voia să se gândească la halul în care arăta – cu ridurile adânci de sub ochi pe care le avea din cauza lui Kathy și părul atât de neobișnuit.

Blake era tot ce Nick nu avea să fie niciodată.

Ar fi vrut să nu-și mai facă griji, să se gândească la altceva – la orice altceva. Dar cu cât încerca să-și limpezească ideile, cu atât o vedea mai clar pe Annie. Ea era cea care îi ținea inima și sufletul în palmă, și nici măcar nu știa.

Nu mai simțise niciodată că făcea parte dintr-o familie la fel de mult ca acum.

Dar ea era soția altcuiva.

Annie îl văzu stând lângă lac. Ieși din mașină și închise încet portiera în urma ei, apoi porni agale prin iarbă.

Ajunse lângă el fără nici un cuvânt și așteptă să o atingă, să se apropie de ea suficient de mult încât să simtă căldura liniștitoare a prezenței lui. Însă Nick nu făcu asta, ci rămase la locul lui, nemișcat.

– Cum a mers?

N-avea rost să-l mintă.

– A făcut o greșeală groaznică și mă iubește.

– Într-adevăr *a făcut* o greşeală. Vocea lui Nick se frânse şi Annie îi simţi durerea. Ce ai de gând să faci? o întrebă încet.

– Nu ştiu. Am stat două luni şi jumătate încercând să nu-l mai iubesc pe Blake, iar acum, când aproape că reuşisem, vrea să se întoarcă la mine. Nu pot să mă deprind cu schimbarea atât de repede.

Nick tăcu, iar Annie îşi dădu seama ce spusese. „Aproape că reuşisem." Aproape că nu-l mai iubea pe soţul ei. Vru să găsească un pansament rapid cu care să-şi repare greşeala, dar *aproape* era tristul adevăr. Asta simţea pentru Blake. Orice altceva ar fi fost o minciună.

Apa lacului foşnea în surdină pe malul pietros. Vântul şoptea dintre crengile unui arţar bătrân, uriaş.

Gândul că trebuia să plece de acolo o îngrozea. Se gândi la casa ei mare şi goală din California şi la tot timpul pe care urma să-l petreacă de una singură.

– Şi dacă...

Nick se întoarse spre ea:

– Şi dacă ce?

Annie respiră adânc.

– Şi dacă... m-aş întoarce aici? După... după ce rezolv totul? Mă gândesc tot mai mult să deschid o librărie. Aveai dreptate, casa de pe Main Street ar fi perfectă. Şi Dumnezeu ştie că oraşul ăsta are nevoie de aşa ceva...

Nick nu se clinti.

– Ce vrei să spui?

– După divorţ... şi după ce Natalie pleacă la facultate, o să rămân de una singură în California de Sud...

– Nu-mi face asta, Annie. Nu-mi arunca o speranţă de parcă aş fi un câine care să-şi îngroape oasele în curte. Nu-mi pot petrece tot restul vieţii aşteptându-te pe tine, cu ochii aţintiţi la drum, gândindu-mă, „azi, poate că azi"... Mi-ar frânge ce mi-a mai rămas din inimă. Nu-mi promite lucruri pe care nu le poţi respecta. Îmi e... mult mai uşor aşa.

Annie oftă şi îşi lăsă umerii să cadă. Nick avea dreptate, ştia asta. Viitorul ei era un mister impenetrabil.

Nu putea anticipa ce avea să se întâmple după întoarcerea acasă. Nu era sigură nici măcar de ce ar fi vrut să se întâmple.

– Iartă-mă, șopti.

Voia să adauge o scuză, să-i reamintească faptul că-l știa pe Blake de o viață, că Natalie era fiica lor, că fusese de la început o femeie măritată, dar nu mai conta nimic din toate astea.

Nick nu mai spuse nimic. Se clătină puțin, privind-o de parcă o pierduse deja.

În dimineața următoare, Annie se simți atât de deprimată că nici măcar nu mai merse la Nick. În loc de asta, rămase în pat, plângând și uitându-se la tavan.

Mintea ei era prea plină. Simțea că înnebunește de la toate lucrurile la care trebuia să se gândească. Soțul ei – omul pe care îl iubise de când avea nouăsprezece ani – îi ceruse încă o șansă pentru căsnicia lor. Îi părea rău. Făcuse o greșeală.

Dar ea îl *implorase* să mai acorde o șansă căsniciei lor cu câteva luni în urmă, nu-i așa?

Telefonul de lângă pat sună. Annie se apleacă și ridică receptorul:

– Alo?

– Annie Colwater? Sunt Madge de la cabinetul doctorului Burton. În dimineața asta ai o programare, la zece și jumătate. Te-am sunat să-ți aduc aminte.

Uitase complet de asta.

– Ah, nu știu...

– Doctorul Burton m-a avertizat să nu cumva să te las să spui nu.

Annie oftă. Cu o săptămână înainte crezuse că ieșise din depresie, dar acum suferea iarăși. Înota printr-o mare de confuzie, incapabilă să mai iasă la suprafață. Poate că i-ar fi făcut bine să stea de vorbă cu doctorul. Cel puțin avea ceva de făcut, un loc în care să meargă. Probabil că avea să se simtă mai bine până și prin faptul că se dădea jos din pat.

– Mersi, Madge, murmură. O să vin.

Oftă obosită, apoi merse agale să facă un duș. La ora zece și un sfert era deja îmbrăcată într-o pereche de blugi și o bluză spălăcită. Nu se mai obosi să-și pieptene părul – ce rost avea? –, ci își luă geanta și cheile de la mașină și plecă.

Hank stătea pe verandă, așezat într-un balansoar și citind o carte. Își ridică privirea când o auzi ieșind în grabă și remarcă:

– Ai întârziat în dimineața asta.

– Am o programare la doctor.

Zâmbetul lui păli.

– E totul în regulă?

– Sunt deprimată și rețin mai multă apă ca bazinul de foci de la Lumea Acvatică, dar în afară de asta sunt bine. Doctorul Burton mi-a făcut programarea când ne-am văzut ultima dată. Voia să se asigure că nu mai sunt posomorâtă înainte să... plec acasă.

Posomorâtă. Ce cuvânt simplu pentru goliciunea care pusese iarăși stăpânire pe ea.

Se forță să zâmbească, se aplecă și îl sărută pe frunte.

– Pa, tată.

– Pa.

Apoi coborî scările în grabă și urcă în mașină.

Odată ajunsă în centrul orașului, parcă la umbra unui ulm și nu se mai obosi să încuie mașina. Urcă în grabă treptele de beton și intră în clădirea de cărămidă pe care o vizitase de atâtea ori când era mică.

– Bună, draga mea, o întâmpină Madge. Domnul doctor te așteaptă. Cabinetul numărul doi.

Annie încuviință și porni pe coridorul cu pereți albi. Găsi o ușă pe care era imprimată cifra 2 și intră, apoi se așeză pe patul acoperit cu hârtie sterilă și începu să răsfoiască revista *Știri din pescuit*.

Cinci minute mai târziu, doctorul Burton bătu la ușă și o deschise.

– Bună, Annie. Tot te simți deprimată?

Se întrebă cum naiba să-i răspundă. Ba era fericită, ba era așa de tristă că se simțea de parcă ar fi fost în cădere liberă într-un abis, mai ales de când o sunase Blake. Aruncă revista pe un scaun gol și rosti:

– Uneori.

– Marge mi-a spus că ai încercat să-ți faci o programare cât timp am fost plecat. Despre ce era vorba?

– Am avut o gripă. Mi-a trecut, dar... în ultimele două zile am început să am iarăși grețuri.

– Ți-am spus că trebuie să ai mare grijă de tine. Când te prinde o depresie, organismul tău slăbește. Ce-ar fi să-ți iau puțin sânge și să vedem ce se întâmplă acolo? Dacă totul este bine, putem povesti despre cum te simți cu adevărat.

Trei ore mai târziu, Annie stătea în fața casei tatălui ei. Tremurând, făcu un pas înainte. Picioarele nu voiau să o asculte; se simțea de parcă mergea printr-o ceață gri, deasă, care îi stânjenea mișcările.

Urcă încet scările și intră. Hank stătea în fața șemineului, rezolvând un rebus. Își ridică privirea când o auzi:

– Nu mă așteptam să te întorci până...

Annie izbucni în lacrimi. Hank veni lângă ea într-o clipă. O luă în brațe și o ținu strâns, mângâindu-i părul. O conduse până la canapea și o ajută să se așeze. Ușa se închise cu zgomot în spatele lor, iar restul lumii rămase afară.

– Ce e, draga mea?

Annie suspină din greu și își șterse nasul cu mâneca. Se întoarse spre el, dar cuvintele refuzau să iasă.

– Annie?

– Sunt însărcinată, șopti ea, reîncepând să plângă.

Ar fi vrut să se bucure de asta; era însărcinată în trei luni. După ani și ani în care își luase temperatura, ținuse o evidență riguroasă a ciclurilor de ovulație și stătuse în cap după sex, reușise să conceapă un copil fără nici un efort.

Copilul lui Blake.

Nu se mai simțise niciodată atât de confuză și de zguduită, nici chiar când el îi ceruse să divorțeze. Când doctorul Burton îi dăduse rezultatele analizelor, Annie crezuse că era o greşeală. După ce primise confirmarea, avusese un moment de teroare pură care o paralizase. Se întrebase al cui era copilul.

Apoi înoă îşi amintise ce-i spusese Nick: făcuse o operaţie de vasectomie când Izzy avea doi ani. La ecograf se văzuse că era însărcinată în trei luni.

Era copilul lui Blake, cu siguranţă.

Hank îi atinse obrazul şi o întoarse cu blândeţe spre el.

– E un miracol, spuse.

Annie ştia că e adevărat. *Simţea* sămânţa de viaţă care îi creştea în pântece. Îşi puse mâna pe burtă. Era încântată, dar în acelaşi timp îngrozită.

– Asta schimbă totul, murmură ea.

Şi asta o speria cel mai mult. Nu voia să se întoarcă la viaţa rece şi sterilă din California. Voia să rămână acolo, în Mystic, să facă parte din lumea aceea umbrită şi sălbatică. Voia să-l iubească în continuare pe Nick. Brusc, simţi o dorinţă năvalnică să o vadă pe Izzy purtându-şi primul aparat dentar, alegându-şi o nouă tunsoare, învăţând să danseze. Voia să-şi deschidă propria ei librărie, să trăiască în propria ei casă şi să nu răspundă în faţa nimănui.

Cel mai mult voia să fie îndrăgostită pentru tot restul vieţii; să se trezească în fiecare dimineaţă lângă Nick şi să adoarmă în fiecare noapte în braţele lui. Dar nu putea face asta. Pe o rază de o sută de kilometri nu era nici măcar un singur neonatolog şi nici un spital care să ofere terapie intensivă pentru nou-născuţi. Îşi sunase ginecologul din Beverly Hills, care îi recomandase ferm să vină acasă. Trebuia să stea în pat. La fel ca şi atunci când fusese însărcinată cu Adrian. Dar de data asta, Annie avea aproape patruzeci de ani; nu voia să-şi asume absolut nici un risc. Doctoriţa o aştepta s-o examineze peste trei zile – nici măcar cu o zi mai târziu, aşa îi spusese.

– I-ai spus lui Blake?

De data asta Annie simţi nevoia să plângă, dar nu reuşi. Îşi privi tatăl, conştientă că tot ce îşi dorise până atunci îi era interzis dintr-odată.

– Of, tată, Blake o să vrea...

– Dar *tu* ce vrei?

– Îl vreau pe Nick, șopti Annie.

Hank îi zâmbi trist.

– Deci acum crezi că te-ai îndrăgostit de el. Annie, ești împreună cu el de câteva luni. Pe Blake îl iubești de când erați adolescenți. Nici n-au trecut două luni de când erai așa distrusă de divorțul vostru că nu erai în stare să te dai jos din pat. Acum vrei să arunci toate astea la gunoi?

Annie îi dădu dreptate în sinea ei. Avea ceva special cu Nick, ceva magic, dar aventura lor nu se baza pe o fundație trainică, spre deosebire de căsnicia ei.

– Eu și Blake am încercat din răsputeri să avem încă un copil. După Adrian, am făcut tot posibilul să rămân însărcinată din nou, dar au trecut ani de zile și... nimic. Când află de copil...

– O să te întorci la soțul tău, spuse Hank, și Annie simți cum siguranța liniștită din vocea lui îi sfâșie inima.

Asta era alegerea corectă, era singura alegere acceptabilă, și Annie știa asta. Nu-i putea răpi copilul lui Blake ca să se mute înapoi în Mystic. Un bebeluș avea nevoie și de mamă, și de tată.

Era adevărul pur, adevărul care îi făcea sufletul să se strângă de durere, care nu-i lăsa decât visuri sfărâmate și promisiuni pe care nu le mai putea respecta.

Dădu frâu liber lacrimilor. Se gândea iar și iar la ce avea să urmeze – clipa în care avea să-i spună lui Nick despre copil – și o durea atât de tare, încât i se tăia respirația. Nu voia să fie puternică sau corectă față de ceilalți. Nu-i păsa de onoare.

Se gândi la timpul pe care îl petrecuseră împreună, la toate clipele în care el o ținuse în brațe, o atinsese, o sărutase cu o blândețe pe care nu și-ar fi putut-o imagina vreodată. Se gândi la Izzy, la cât de multe pierduse biata fetiță deja. Apoi se gândi că avea să se întoarcă în California, în patul lui Blake, într-un oraș unde aerul era maroniu și pământul uscat. Cel mai mult însă se gândi cât de singură avea să se simtă fără Nick...

*

Annie conduse în neștire până când nu mai era în stare să controleze volanul. În cele din urmă se întoarse acasă la Nick, pe care îl găsi în grădină cu Izzy.

Toate astea aveau să continue și fără ea, casa, familia. Izzy avea crească și să învețe să danseze și să plece la prima întâlnire, dar Annie nu avea să fie acolo ca să o vadă.

Îl privi pe Nick și descoperi îngrozită că avea lacrimi în ochi.

– Annie?

Respiră adânc, tremurat. Nu voia decât să i se arunce în brațele lui mari și puternice, să spună cuvintele cele mai scumpe: „Te iubesc". Dar nu îndrăznea. Știa că Nick i-ar fi promis că aveau să fie fericiți pentru totdeauna dacă ar fi fost în stare, însă nici unul din ei nu mai era atât de naiv. Amândoi învățaseră că viața se poate schimba într-o clipă, iar jurămintele pline de patos dintre doi îndrăgostiți sunt atât de fragile, încât, odată sfărâmate, lasă în urmă tăieturi ce sângerează veșnic.

Nick se ridică și porni spre ea. Îi atinse bărbia cu un deget plin de pământ, atât de tandru și delicat de parcă ar fi fost o aripă de fluture.

– Draga mea, ce s-a întâmplat?

Annie se forță să zâmbească – puțin prea larg, știa asta, dar măcar reușise.

– Am ceva în ochi. Nu-i nimic. Lasă-mă să mă schimb, apoi o să vin să vă ajut.

Înainte ca Nick să aibă timp să răspundă, sau să-i rupă sufletul adresându-i o altă întrebare plină de dragoste, Annie fugi în casă.

Nick și Annie stăteau unul lângă altul în pat, abia atingându-se, cu cearșafurile mototolite la picioarele goale. Un ventilator de lemn se învârtea leneș deasupra, tăind aerul în felii egale cu un sunet monoton.

Își tot dăduseră târcoale de când o trimiseseră pe Izzy la culcare, ezitând să-și spună lucrurile care păreau să plutească în aerul dintre ei. Acum, Nick o ținea strâns, mângâindu-i pielea moale și umedă de pe sân. Annie fusese tăcută toată seara. Din când în când, el o privise atent și îi văzuse tristețea din ochi. Tăcerea ei bruscă, neașteptată, îl speria. Începea iar și iar să o întrebe ce se întâmplase, dar de fiecare dată când cuvintele îi urcau pe limbă le înghițea înapoi, temându-se de ce se ascundea de fapt în spatele tăcerii.

– Trebuie să vorbim, murmură ea într-un târziu.

– Dumnezeule, astea sunt cele mai nasoale cuvinte pe care le poate rosti o femeie, încercă el să glumească.

– E ceva serios.

– Știu că e serios, oftă Nick.

Annie își înclină corpul până ajunse aproape deasupra lui. Ochii ei păreau mult prea mari pe fața ei palidă, ovală. Erau imenși, plini de tristețe.

– Azi am fost la doctor.

Nick simți că inima i se oprește în piept.

– Ești bine?

Annie zâmbi, dar era un zâmbet obosit, șters.

– Sunt sănătoasă.

– Slavă Domnului, exclamă el ușurat.

– Și sunt însărcinată în trei luni.

– O, Doamne... Nick simțea că se sufocă.

– Am încercat ani de zile să rămân însărcinată.

Copilul lui Blake. Copilul soțului ei, al bărbatului care spusese că făcuse o greșeală groaznică și își voia soția înapoi. Nick se topea în cearșafurile fierbinți, șifonate, care aminteau de parfumul ei și de pasiunea pe care o consumaseră împreună.

„Dintotdeauna mi-am dorit și alți copii." Așa spusese Annie, iar Nick îi auzise durerea de-o viață în voce. Știa că un copil era singurul lucru pe care nu mai putea să i-l ofere. Dar acum nu mai conta.

O cunoștea mult prea bine: era o femeie iubitoare și o mamă îndârjită. Simțul onoarei era unul din lucrurile pe care le iubea atât de mult la ea. În mod sigur avea să spună că Blake merita șansa de a-și crește propriul copil.

Acum nu mai puteau avea nici un viitor împreună. Nu mai aveau cum să întâmpine anii aşezaţi unul lângă celălalt pe balansoarele de pe verandă.

Ar fi vrut să spună ceva care să transforme ca prin minune acel moment, să creeze o amintire care să nu-l doară pentru tot restul vieţii. Dar nu putea.

Cântecul lor de iubire se termina înainte chiar să fi început.

capitolul 23

Annie se pregătea să se întoarcă acasă, dar avea grijă când era preajma lui. Închidea telefonul de fiecare dată când el intra în cameră.

Nick încercă să ridice o barieră între ei, ceva care să-i mai aline durerea inevitabilei despărţiri, însă era imposibil. În ajun, el şi Annie merseseră până la Seattle să se consulte cu un doctor specialist în sarcini cu risc ridicat. Nick nu putea să stea pe margine. Fusese alături de ea în fiecare clipă, încurajând-o să bea apă chiar şi când spunea că nu mai poate sorbi nici măcar o picătură, ţinând-o de mână în timpul ecografiei. Când zărise copilul – liniuţa minusculă, şerpuită, abia vizibilă din marea de pete negre – fusese nevoit să iasă aproape în fugă, bălmăjind ceva de mersul la toaletă.

În fiecare zi încerca să nu se gândească la ce avea să urmeze. În fiecare zi simţea mersul tăcut, de neoprit, al orelor şi al secundelor care-l îndepărtau tot mai mult de ceea ce îşi dorea cel mai mult pe lumea asta.

Uneori, când o rază de soare aluneca prin fereastra deschisă, luminând părul tuns scurt al lui Annie, frumuseţea ei îl lăsa mut. Apoi însă, Annie îi adresa acel zâmbet trist, blând, care spunea atât de multe, iar Nick îşi reamintea dintr-odată totul şi iarăşi auzea ticăitul orelor şi al secundelor în minte.

Annie a lui îl schimbase total. Îi oferise o familie şi îl făcuse să creadă că iubirea e ca o haină groasă de iarnă care ţine de cald tot anul. Îi dovedise că putea să se elibereze de obiceiurile proaste pe care le avusese o viaţă întreagă; putea să nu mai bea, putea să aibă grijă de fetiţa lui. Annie îi oferise tot ce visase vreodată. Mai puţin un viitor.

Când erau împreună nu vorbeau nici despre copil, nici despre viitor.

Acum, Annie stătea în sufragerie, uitându-se la fotografiile de pe marginea şemineului şi mângâindu-şi absentă abdomenul încă plat.

Nick coborî scările, întrebându-se la ce se gândea. Treptele scârţâiră sub paşii lui. Când auzi sunetul, Annie se întoarse şi îi zâmbi obosită.

– Salut, Nicky, spuse.

Merse lângă ea, o luă pe după umeri şi o trase aproape. Annie îşi lăsă capul pe umărul lui. Nick întinse o mână şi o aşeză încet pe pântecele ei. O clipă, doar o clipă, îşi permise să viseze că era de fapt copilul lui, că *Annie* era a lui şi că erau la început, nu la sfârşit.

– La ce te gândeşti? murmură, urând teama cu care toţi iubiţii din lume pun această întrebare.

– Mă gândeam la serviciul tău. Annie se răsuci în braţele lui ca să-l privească. Vreau... să ştiu că o să te întorci la lucru.

Era o dovadă de iubire care îl durea. Nick ştia ce trebuia să-i ofere în acel moment: un zâmbet, o glumă, un gest care să o asigure că avea să se descurce şi fără ea. Însă nu avea o asemenea tărie, oricât şi-ar fi dorit.

– Nu ştiu, Annie...

– Ştiu că erai un poliţist bun. N-am mai întâlnit nici un bărbat în stare să-i pese atât.

– Asta... aproape că m-a distrus.

Cuvintele lui aveau două sensuri diferite. Ştia că Annie le înţelegea pe amândouă.

– Dar n-ai renunţa la toate astea... la dragoste, la compasiune, la îndârjire... doar fiindcă la capătul drumului te aşteaptă suferinţa, nu-i aşa?

Nick îi atinse blând faţa.

– Nu mă întrebi de serviciul meu...

– E același lucru. Nu avem decât timpul și străduința noastră. Sfârșitul... suferința... nu le putem controla.

– Nu?

O singură lacrimă se rostogoli pe obrazul lui Annie. Nick tânjea să o șteargă, dar se temea să nu-i pârjolească degetele. Știa că acel moment avea să-i rămână întipărit în minte pentru totdeauna.

– N-o să uit niciodată de noi, Annie.

De data asta nu-i mai păsa de durere; își permise să viseze că era copilul lui.

Annie apăru la casa tatălui ei dimineața devreme. Coborî din mașină, apoi rămase o clipă privindu-și căminul părintesc de parcă acum îl vedea pentru prima oară. Ferestrele străluceau în nuanțe aurii și răsadurile care înconjurau veranda erau o explozie multicoloră. Nu avea să vadă crizantemele înflorind la vară și, deși nu le mai văzuse de ani de zile, gândul o întristă.

Avea să-i fie dor de tatăl ei. Era ciudat; în California vizitele fuseseră atât de rare – uneori trecea chiar și un an fără să se vadă – și niciodată nu simțise un dor atât de apăsător, de parcă ar fi avut o piatră pe coșul pieptului. Aproape că se simțea iarăși ca o fetiță, temându-se să plece singură de acasă pentru prima oară.

Oftă, apoi trânti portiera și se îndreptă spre casă.

Nici măcar nu ajunse pe verandă; ușa de la intrare se deschise și apăru Hank.

– Era și timpul! Nu te-am mai văzut de zile întregi. Eram...

– E timpul, tată.

– Deja?

Annie încuviință:

– Plec mâine-dimineață.

– Oh.

Hank veni să se așeze pe o canapea din nuiele împletite, făcându-i semn lui Annie să i se alăture.

Ea se așeză pe balansoarul mamei sale și se lăsă pe spate. Amintirile din copilărie erau la tot pasul acolo, iar scârțâitul ritmic al leagănului era ca o cheie care le elibera. Aproape *auzea* vocea mamei, chemând-o să vină în casă.

Hank rămase cu privirea pierdută în desişul înverzit.

– Îmi pare rău, Annie. Pentru tot.

Annie simţi un nod în gât.

– Ştiu, tată.

– Am meşterit ceva pentru tine.

Hank dispăru în casă şi reveni după o clipă cu un cadou.

Annie luă cutia subţire, învelită în hârtie albastră, şi o deschise. Înăuntru era un album gros, legat în piele. Pe prima pagină văzu un instantaneu Kodak în alb-negru care părea să fi trecut prin multe peripeţii. Avea colţurile îndoite şi era plin de zgârieturi micuţe, albicioase, ca o hartă.

Era una din puţinele fotografii cu Annie şi mama ei, una pe care Annie n-o mai văzuse niciodată. Mama ei purta o pereche de pantaloni trei-sferturi şi o bluză albă fără mâneci, şi avea părul prins într-o coadă la spate. Zâmbea. Lângă ea, o Annie slăbuţă stătea lângă noua ei bicicletă.

Annie încă mai ţinea minte acea bicicletă. O primise de ziua ei, într-un şuvoi de baloane, de dulciuri şi de râsete. Îşi amintea cât de mândră fusese mama ei când o văzuse pedalând singură pentru prima oară. „Bravo, Annie, scumpo, eşti pe drumul tău acum."

Întoarse paginile încet, savurând fiecare poză. Iat-o... de când era ştirbă, la grădiniţă, până când începuse să poarte bluze decoltate ca adolescentă.

Viaţa ei i se întindea în faţa ochilor, clipă cu clipă, şi fiecare fotografie îi aducea o amintire dulce-amară. Lady, căţeluşa pe care o aduseseră acasă de la băcănie... ornamentul de Crăciun pe care îl făcuse la ora profesorului Quisdorff... rochia albă de mătase, fără mâneci, pe care o purtase la Balul Bobocilor din liceu.

Amintirile năvăliră una după alta, cerând să fie îmbrăţişate, savurate, şi Annie se întrebă cum de uitase atât de multe. Se vedea pe ea însăşi în fiecare fotografie, observa cum fetiţa cu pistrui şi cu o strungăreaţă cât toate zilele se transformase, încet-încet, în femeie. Pe ultima pagină a albumului trona poza de familie pe care ea, Blake și Natalie o făcuseră cu nici doi ani în urmă.

„Uite-mă“, se gândi, privind-o pe femeia zâmbitoare, cu ochi strălucitori, îmbrăcată într-un pulover negru de la St. John... „și acum nu mai sunt“.

– N-am găsit prea multe fotografii cu mama ta, spuse Hank. Am căutat prin toate cutiile din pod. Cam asta e tot ce a mai rămas. Îmi pare rău.

Annie fu surprinsă să-i audă vocea. Fusese atât de pierdută în propriile gânduri încât uitase de prezența lui. Îi zâmbi slab:

– Așa suntem noi, mamele. Facem fotografiile, dar nu avem grijă să fim și noi în ele. Este o greșeală de care nu ne dăm seama până nu e prea târziu...

Reveni la începutul albumului, la poza în alb-negru care o înfățișa pe mama ei în ziua în care terminase liceul. Arăta atât de tânără. Deși n-ar fi crezut nimeni, Annie își amintea exact nuanța de căprui pe care o avuseseră ochii ei. Mângâie fotografia. „Te-ai căutat vreodată prin oglinzi, mamă? Erai și tu ca noi? De-asta visai să deschizi o librărie?“

Se întrebă, pentru prima oară după ani de zile, cum ar fi arătat mama ei astăzi. Oare și-ar fi vopsit părul, sau și-ar fi lăsat nuanța de blond să se schimbe în argintiu odată cu trecerea vremii? Oare ar mai fi purtat farduri de un albastru electrizant, în stilul anilor șaptezeci? Și-ar mai fi legat părul în cozi cu bucățele de mohair roz și pufos? Sau ar fi trecut la o tunsoare severă, până la umeri?

– Era frumoasă, murmură Hank, și te iubea foarte mult. Atinse obrazul lui Annie cu mâinile lui uscate, de om bătrân. Ar fi trebuit să-ți spun asta – și să-ți dau fotografiile – cu ani în urmă. Dar eram tânăr și prostuț și n-am știut...

Vocea lui era răgușită, plină de emoție. Cuvintele o luară prin surprindere pe Annie.

– Ce nu știai?

Hank ridică din umeri.

– Credeam că ai ţinut doliu câteva luni şi apoi ţi-ai văzut de viaţa ta. N-am ştiut cât de... cât de *profundă* era iubirea ta, cât de intimă. Era în sângele tău, în inima ta. Acelaşi sânge ca şi ea. Credeam că e mai bine pentru tine să o uiţi. Ar fi trebuit să-mi dau seama că aşa ceva nu se poate.

Inima lui Annie se strânse de durere. Tatăl ei nu-şi mai dăduse niciodată pe faţă iubirea şi durerea într-un asemenea fel. Îi atinse mişcată obrazul.

– Mama a fost norocoasă că am iubit-o, tată. Şi tu, şi eu.

– Încă o mai iubim... şi încă îi simţim lipsa. Pentru mine, cel puţin, nimeni altcineva nu-i poate lua locul. Decât poate tu, Annie. Tu eşti tot ce am avut mai bun în noi şi eu, şi Sarah. Uneori, când zâmbeşti, o văd pe mama ta chiar aici, lângă mine.

Annie ştia că o să-şi amintească acel moment pentru totdeauna. Avea să cumpere o canapea din nuiele împletite şi să se aşeze pe terasă, cu copilul ei nou-născut, reamintindu-şi toate lucrurile pe care le uitase odată.

– De-acum încolo o să te vizitez mai des, îi spuse. Îţi promit. Şi vreau să vii şi tu pe la noi de Ziua Recunoştinţei sau de Crăciun anul ăsta. Nu accept nici o scuză. O să-ţi trimit un bilet.

– Sper să fie la clasa a doua.

Annie zâmbi. Exact asta s-ar fi aşteptat să audă de la el.

– La naiba, tată, o să te urc în autobuz dacă asta vrei.

– O să fii bine, Annie Virginia?

– Nu-ţi face griji pentru mine, tată. Aici, în Mystic, am înţeles în sfârşit un lucru: că sunt mult mai puternică decât aş fi crezut vreodată. Întotdeauna o să fiu bine.

Ploua în ziua în care Annie plecă. Ea şi Nick stătuseră treji în pat toată noaptea dinainte, vorbind, atingându-se, încercând să-şi întipărească amintirea în suflet în toate felurile în care erau în stare. Urmăriseră în tăcere cum soarele urca deasupra muntelui Olimp, transformând gheţarii în cioburi de sticlă rozalie atârnând de piscurile de granit. Văzuseră cum norii se rostogoleau obturând lumina soarelui, apoi primele picături de ploaie dansând în cercuri pe suprafața lacului și unindu-se brusc într-un adevărat torent care, până la urmă, se liniști din nou. Se priviseră unul pe celălalt, cu ochii plini de dorință și de teamă, și nu-și spuseseră nimic.

Când ea se ridică în sfârșit dintre cearșafurile calde, care miroseau a pasiune, Nick se întinse și o luă încet de mână. Annie îi așteptă cuvintele, dar el rămase tăcut. Încet, urând fiecare mișcare, își scoase tricoul și se îmbrăcă într-o pereche de pantaloni strâmți și o bluză lungă.

– Bagajele mele sunt în mașină, spuse în sfârșit. O să... îmi iau la revedere de la Izzy, iar apoi... plec.

– Deci ne-am spus deja la revedere, constată Nick. Apoi zâmbi, un zâmbet blând, emoționat, care îi încreți ridurile de la colțurile ochilor. Annie simți că îi venea să plângă. La naiba, continuă el, presupun că ne-am tot luat la revedere de când ne-am întâlnit.

– Știu...

Rămaseră așa o clipă îndelungată, privindu-se unul pe celălalt. Annie simți că îl iubea și mai mult, dacă era posibil. În cele din urmă, nemaiputând suporta durerea, își trase mâna dintr-a lui și merse la fereastră. Nick veni în spatele ei. Annie ar fi vrut să o ia în brațe, dar el rămase departe, tăcut și rece.

– Sunt căsătorită de aproape douăzeci de ani, zise ea, urmărindu-și propria imagine reflectată în sticla de la geam.

Își văzu buzele mișcându-se și auzi cuvintele pe care le rostise, dar avea impresia că vorbise o altă femeie. Iar acea femeie era Annalise Colwater. Se întoarse lent spre el.

– Te iubesc, Annie. Nick pronunță cuvintele pe un ton solemn, de parcă ar fi concentrat tot adevărul din lume. Mă simt de parcă te iubesc de-o viață. Nu mi-am închipuit niciodată că se poate întâmpla așa ceva... că iubirea poate să te ajute să te ridici după ce cazi atât de jos...

Mărturisirea lui o făcu pe Annie să se simtă fragilă, de parcă ar fi fost alcătuită din sticlă veche de sute de ani şi s-ar fi putut sfărâma la cea mai slabă adiere de vânt.

– O, Nick...

El se apropie suficient cât să o sărute, dar nici măcar nu o atinse. O privi doar cu ochii lui albaştri şi trişti şi îi zâmbi cu toată bucuria şi tristeţea, cu toate speranţele şi toate temerile pe care le simţise vreodată.

Ştia. Ştia că dragostea nu era nici pe departe ceva atât de simplu pe cât se spunea. Uneori, dragostea îţi frângea inima.

– Trebuie să ştiu, Annie... sunt singurul care este îndrăgostit?

– Nu vreau să-ţi răspund, Nick, murmură ea cu ochii închişi. Te rog...

– O să rămân singur, amândoi ştim asta. Cu fiecare lună care trece o să te uit din ce în ce mai mult... o să uit cum ţi se încreţesc colţurile ochilor când zâmbeşti, cum îţi muşti buza de jos când eşti neliniştită, cum îţi rozi unghia de la degetul mare când te uiţi la ştiri. Îi atinse faţa cu o tandreţe care îi frânse inima. Nu vreau să te fac să plângi. Vreau să ştiu doar că n-am înnebunit. Te iubesc. Şi dacă e nevoie să te las să pleci ca să te fac fericită, o să mă supun şi n-o să mai auzi niciodată de mine. Dar Dumnezeule, Annie, trebuie să ştiu ce simţi şi tu...

– Te iubesc, Nick. Annie surâse amar. Sunt înnebunită după tine. Mi-ai luat minţile. Dar nu contează. Amândoi ştim asta.

– Te înşeli, Annie. Dragostea contează. E, poate, singurul lucru care contează.

Nick nu aşteptă un răspuns, ci se aplecă şi o sărută tandru – ultimul lor sărut, un sărut cu gust de lacrimi şi regrete, un sărut care spunea la revedere.

Mergând prin casă, Annie îşi dădu seama că ar fi trebuit să lase ceva în urmă, un pulover uitat pe un umeraş sau o pereche de pantofi ascunşi sub pat. Acum nu mai rămăsese nimic din ea în casa asta, nici un suvenir al momentelor când râseseră împreună sau dormiseră îmbrăţişaţi.

Intră în camera lui Izzy şi o găsi aşezată pe pat, cu picioarele balansându-se deasupra podelei. Purta puloverul ei alb, cel din caşmir cu nasturi de perle. În poală ţinea o cutie lăcuită, drăguţă.

– Bună, Izzy, scumpo, spuse blând Annie. Te superi dacă intru?

Fetiţa îşi ridică privirea. Încercă să zâmbească, dar ochii ei căprui erau deja plini de lacrimi.

– Vrei să ne mai uităm odată prin colecţia mea?

Annie se aşeză pe pat lângă ea şi arătă spre un inel cu piatră violet.

– Inelul ăla e foarte frumos.

– A fost al bunicii Myrtle... şi nasturii ăştia au fost ai mămicii.

Izzy luă un nasture mare, crem, cu patru găuri în mijloc, şi i-l întinse:

– Miroase-l.

– Miroase ca dormitorul mămicii, zise Annie adulmecându-l. Lăsă nasturele din mână încet, apoi scoase din buzunar o brăţară împăturită. Era roz, cu monograma AVC cusută cu aţă roşie în partea de jos. Ce zici, e potrivită pentru colecţia ta?

Izzy şi-o apăsă peste nas şi hotărî:

– Miroase ca tine.

– Aşa e? Annie era gata să izbucnească în plâns.

Fetiţa scoase o panglică roz, decolorată, din cutie.

– Poftim. Asta e una din panglicile pe care mi le leg în păr. Ţi-o dau ţie.

– Mulţumesc, dovlecel.

Izzy închise cutia şi se căţără în poala lui Annie. Aceasta o ţinu strâns, bucurându-se de ea, de mirosul părului ei.

În cele din urmă, copiliţa se trase înapoi. Ochii ei căprui erau parcă prea mari pentru feţişoara palidă. Annie observă că şi Izzy se stăpânea din greu să nu plângă.

– Azi e ziua aia, nu-i aşa? Azi ne părăseşti.

– Într-adevăr, scumpo.

Izzy înghiți un nod.

– Dar cine o să-mi mai împletească părul? Cine o să-mi mai facă unghiile ca să fiu drăguță?

Annie nu reuși să-i întâlnească privirea întrebătoare. Zâmbi slab și luă mâna fetiței într-a ei, spunând:

– Vino cu mine.

O conduse până afară. Merseră prin iarba umedă, apoi Annie deschise noua poartă albă care ducea spre grădină. Urmară aleea pietruită până la banca din mijlocul florilor, unde se așezară să le privească în tăcere. Annie se gândi că și Izzy își amintea de ziua în care le plantaseră împreună. Când primul boboc se deschisese, stătuseră tustrei în grădină într-o noapte întunecată și povestiseră despre Kathy. Râseseră, plânseseră și vorbiseră. De atunci, fetița spusese că fiecare floare îi aducea aminte de mămica ei.

Izzy se trase mai aproape. Annie încercă să-și adune curajul pentru ce avea să urmeze. Oftă, apoi vârî mâna în buzunar și găsi moneda cea veche. Își strânse degetele umede în jurul discului rece de metal, cu privirea pierdută în simfonia de culori a florilor.

– O să-mi fie nemaipomenit de dor de tine, Izzy.

– Știu, dar acum trebuie să fii cu fetița ta.

Trecu o clipă înainte ca Annie să-și regăsească vocea:

– Da.

– Aș vrea... aș vrea să fiu și eu fetița ta.

– Of, scumpo... mămica ta te-a iubit foarte, foarte mult. Și tăticul tău te iubește din tot sufletul.

– Dar Natalie ar putea să vină aici, nu? Aș lăsa-o să doarmă în camera mea. Și când se naște copilul ar putea să doarmă cu mine. Și... l-aș lăsa să se joace cu Domnișoara Jemmie. Serios. O să fiu cuminte, promit. O să mă spăl pe dinți și o să-mi fac patul și o să mănânc toate legumele din farfurie.

– Deja ești un copil cuminte, Izzy. Annie atinse fețișoara ei plină de lacrimi. Eu și Natalie avem o casă în California. Și copilul are un tată căruia îi e dor de mine.

– Știu, oftă micuța. Lângă Disneyland.

– Mda. Annie o strânse de mână. Dar asta nu înseamnă că nu te iubesc, Izzy. O să mă gândesc la tine și o să te sun des, foarte des... Vocea i se frânse. O clipă, durerea deveni de nesuportat și Annie se temu că avea să strice totul și să izbucnească în lacrimi. O să te iubesc mereu, Izzy, scumpo.

– Da, murmură ea cu un suspin abia auzit.

– Vreau să faci ceva pentru mine până mă întorc.

– Ce?

– Vreau să ai grijă de tăticul în locul meu. E mare și puternic, dar uneori o să aibă nevoie de tine.

– O să fie foarte trist.

– Într-adevăr, oftă Annie. Îi dădu moneda pe care o găsiseră în ghereta abandonată a pădurarului, cea pe care fetița i-o încredințase atunci. Cred că ar fi bine să îi dai asta tăticului. El poate să ți-o păstreze în siguranță acum, Izzy. Poți să ai încredere în el cu orice.

Izzy studie moneda din palma lui Annie, apoi își ridică încet privirea. Lacrimile îi făceau ochii căprui să pară chiar mai mari.

– Păstreaz-o tu.

– Nu pot.

– Păstreaz-o tu, Annie, o rugă fetița izbucnind în plâns. Ca să știu că o să vii înapoi.

Annie, plângând și ea, o luă în poală și o îmbrățișă. Începu să plouă. Picăturile alunecau pe șipcile albe din gard și apoi pe iarba umedă, încet, la fel de încet ca lacrimile unei femei sau ca o inimă care se frângea în tăcere.

– Te iubesc, Izzy, șopti Annie, mângâindu-i părul. Apoi, și mai încet, mai spuse: La revedere.

Nick o lăsă pe Izzy la Lurlene și o urmări pe Annie până la ieșirea din oraș, menținând mașina de patrulare la o distanță de unde nu putea fi observată. Se simțea ca un psihopat din aceia care se țineau după câte o femeie, dar nu se putea înfrâna. O urmări tocmai până la podul peste Canalul Hood.

Apoi opri și ieși din mașină, privind cum Mustangul roșu trecu podul în viteză, apoi se făcu mai mic, tot mai mic.

În cele din urmă, la fel de brusc cum reapăruse în viața lui, Annie nu mai era.

Cu colțul ochiului văzu o floare galbenă, frumoasă, care creștea pe marginea drumului.

„Uite, Annie, crinii de gheață au început să înflorească." Gândul apăru de nicăieri și lăsă o rană dureroasă. Annie nu mai era lângă el ca să-i poată împărtăși orice îi trecea prin cap. În plus, ea se îndrepta spre un oraș unde florile abundau tot anul.

Simți instantaneu o nevoie disperată să bea.

Închise ochii. „Doamne, te rog, ajută-mă să merg mai departe..." Dar rugăciunea era inutilă. Simți cum începea să cadă, iar de data asta nu mai era nimeni care să-l prindă. Se repezi în mașină și, peste o clipă, vehiculul porni cu scrâșnet de roți înapoi spre oraș, derapând puțin când intră pe autostradă.

Scaunul lui favorit din barul lui Zoe era gol, de parcă acel colț întunecat îl așteptase. Era liniștea caracteristică orei prânzului. Nu se auzeau decât bâzâitul televizorului și, din când în când, clinchetul unui pahar greu care se lovea de tejghea.

Cârciuma arăta la fel ca întotdeauna. Nick era surprins, deși n-avea nici un motiv. Același bar de stejar, mărginit de scaune înalte, goale. Aceleași ventilatoare ieftine rotindu-se anemic deasupra, abia împrăștiind fumul din aer. Erau puțini clienți, vechea gardă, oameni care își aveau locul lor și stăteau, fumând, cu un pahar sau o sticlă în mână și cu privirea pierdută.

– Sfinte, Nick, pe unde ai umblat?

Nick își ridică privirea și o văzu pe Zoe lângă el. Aceasta îi așeză un pahar în față, apoi dădu din cap și se întoarse la bar.

Luă paharul în mână. Era rece, neted și liniștitor. Îl roti puțin, urmărind cum băutura tremura în lumina slabă de la becurile de sus.

Duse paharul la buze, inhalând mirosul dulce, familiar, de whisky. *Bea... bea*, spuse o voce dinăuntrul lui. *Ştii că o să-ţi ia durerea...*

Era o voce seducătoare care încerca să-l atragă înapoi în aroma de whisky, promiţându-i un leac pentru durere, o lentilă strâmbă prin care să şi-o amintească pe Annie.

Voia să dea peste cap paharul, apoi să mai ceară unul, şi încă unul şi încă unul, până uita că o iubise vreodată.

Dar apoi se gândi la Izzy.

„Pot să mă întorc acasă, Izzy?" Când o întrebase asta, încrederea ei era cel mai preţios lucru de pe lume. Şi aşa rămăsese.

Băutura nu-l putea ajuta. Partea raţională a minţii lui ştia asta. Avea să se îmbete – să devină iarăşi un beţiv – şi apoi? Băutura n-o putea aduce pe Annie înapoi, şi nici nu voia să o dezamăgească pe Izzy încă o dată.

Trânti paharul pe bar, aruncă o bancnotă de zece dolari şi se ridică anevoie. Îi făcu semn cu mâna lui Zoe:

– Am plecat.

Proprietăreasa localului luă un prosop umed de sub tejghea şi începu să şteargă plăcile de lemn, privindu-l.

– Eşti bine, Nick?

El încercă să zâmbească, dar nu reuşi.

– Sunt bine, Zoe. Ca întotdeauna.

Apoi ieşi în fugă. Mâinile îi tremurau şi îşi simţea gâtul uscat, dar era bucuros că scăpase de-acolo.

Alergă până când începu să aibă junghiuri într-o parte şi să gâfâie. Văzu cum soarele apunea încet dincolo de Main Street. Cu fiecare respiraţie simţea cum panica îi dispare. Durerea era încă acolo, pulsându-i în piept ca o rană deschisă, şi ştia că nu avea să dispară prea curând, dar Annie îl schimbase. Îl ajutase să se vadă pe sine într-o altă lumină, să fie mai blând cu el însuşi. Nu-şi putea permite să-şi piardă controlul acum.

Până să înceapă întâlnirea Alcoolicilor Anonimi, nevoia lui de alcool se transformase într-un bob mic şi întunecat, într-un ungher ascuns din sufletul lui. Intră în camera plină de fum împreună cu cei care îi deveniseră prieteni.

Joe era chiar în spate. Îi simţi mâna pe umăr şi îi auzi vocea răguşită:

– Ce mai faci, Nicholas?

– Sunt bine, Joe, zise el reuşind să zâmbească. Mulţumesc mult.

Se aşeză pe un scaun pliant de metal, iar Joe luă loc lângă el, privindu-l.

– Eşti sigur că eşti bine?

Nick îşi imagina că arăta palid şi obosit.

– Sunt bine, repetă, foindu-se pe scaunul tare.

Joe zâmbi şi îl bătu uşor pe umăr.

– Sunt mândru de tine, Nicholas.

Nick închise ochii, se lăsă pe spate şi oftă profund. La început nu observă că cineva îl atingea blând pe spate. Când îşi dădu seama, aproape că sări în picioare. Simţi cum inima îi bătea nebuneşte. Annie se răzgândise, Annie se întorsese la el. Se răsuci în scaun...

Şi o văzu pe Gina Piccolo. Avea ochii obosiţi şi faţa palidă. Nu purta machiaj. Nick observă că inelul din nas dispăruse, la fel şi rujul negru. Părea la fel de tânără şi de inocentă ca în ziua în care o văzuse pentru prima oară plimbându-se cu bicicleta în jurul terenului de golf Ţara Minunilor. Trecuseră ani buni de-atunci.

– Gina, spuse el ridicându-se. Ce faci aici?

– Drew a murit săptămâna asta. Supradoză. Vorbea încet, iar glasul îi tremura. Ochii i se umplură de lacrimi care i se revărsară peste obrajii traşi. Ai spus că dacă am nevoie de ajutor... adică... nu cunosc pe nimeni altcineva... la secţie mi-au spus că se poate să fii aici...

– E în regulă, Gina.

– Nu vreau să mor, domnule Delacroix.

Cu un anotimp în urmă, lui Nick i-ar fi fost frică de un asemenea moment. N-ar fi văzut decât o altă tragedie gata să se întâmple, un alt eşec care avea să-l urmărească o viaţă. Acum însă o simţi pe Annie lângă el, puternică şi caldă, ca o rază de soare. Îi auzi vocea în mintea lui, ca o şoaptă: „Dar n-ai renunţa la toate astea... la dragoste, la compasiune, la îndârjire... numai fiindcă la capătul drumului te așteaptă suferința, nu-i așa?"

Poate dădea greș – probabil că avea să dea greș –, dar nu mai voia să se lase înfrânt. Trebuia să încerce. Doar asta îl mai putea salva, și poate reușea să o salveze și pe fata disperată de lângă el. O luă de mână.

– Ai venit la locul potrivit, Gina. Știu că ți-e frică. Știu cât de greu e să scapi de dependență. O să fiu alături de tine. N-o să te las de izbeliște dacă nici tu nu renunți.

Un zâmbet se lăți pe chipul ei, făcând-o să pară inocentă și plină de speranță.

– Mă duc să-mi iau o cola, apoi stau cu tine.

– Sigur.

Nick o privi strecurându-se prin camera aglomerată, apoi se așeză.

– Deci, Nicholas, despre ce era vorba? se interesă Joe.

Nick se întoarse spre mentorul lui, zâmbind larg.

– E vorba de un polițist care încearcă să ajute o puștoaică înainte să fie prea târziu.

Joe zâmbi și el.

– Bine ai revenit, Nicholas. Ne-a fost dor de tine.

Nick se lăsă pătruns de cuvintele afectuoase, simți cum își fac loc înăuntrul lui și se cuibăresc acolo.

– Și mie mi-a fost dor de mine, murmură. Presupun că poți să mă treci din nou pe lista de patrule. Ce zici, încep de luni dimineață?

– Ah, dragule, nici nu te-am șters de-acolo.

Nick zâmbi și se lăsă pe spate. O clipă mai târziu, Gina se așeză pe scaunul de lângă el.

Începu reuniunea. Nick ascultă poveștile celorlalți. Se simțea mai puternic cu fiecare istorisire care îi reamintea de lucrurile prin care trecuse și el. Când întâlnirea era aproape de sfârșit, îi făcu semn președintelui.

– Aș vrea să vorbesc și eu.

Ceilalți îl priviră cu surprindere. Mai mulți oameni se întoarseră spre el cu tot cu scaun, scoțând sunete metalice pe podea.

– Numele meu este Nick, continuă în liniștea care se lăsase.

Următoarele cuvinte refuzară să iasă la început, așa că încercă din nou:

– Numele meu este Nick. Sunt alcoolic.

– Salut, Nick, răspunseră toți ceilalți la unison, zâmbindu-i.

Erau mândri de el. Nick văzu în ochii lor, în felul în care încuviințau unul către altul, îl priveau sau se aplecau în față, că înțelegeau. „E în regulă, îi spuneau, fără cuvinte. Știm."

– Cred că am fost alcoolic cu mult înainte să gust o băutură prima oară. Dar am scăpat de sub control acum un an, când a murit soția mea...

Cuvânt cu cuvânt, Nick își retrăi întreaga poveste, căutând printre ruinele vieții sale de până atunci, scoțând la iveală toate greșelile, slăbiciunile, victoriile și durerile. Se împărtăși cu totul celor prezenți, care îl ascultau atent, dând aprobator din cap. Ei erau cei care aveau să-i ia durerea în palme și să o modeleze în altceva. Datorită lor avea să vadă lumea cu alți ochi și să reușească să treacă peste nopțile lungi, singuratice, fără Annie. Pe măsură ce li se confesa, simți cum greutatea trecutului începea să i se ridice de pe umeri. Dar nu plânse decât atunci când ajunse la Izzy, la scumpa lui Izzy, și își aminti de ziua în care îi spusese în sfârșit: „Te iubesc, tati".

Partea a treia

Dumnezeu ne-a dat amintirile ca să ne putem bucura de trandafiri în decembrie.

JAMES M. BARRIE

capitolul 24

Căldura se ridica în valuri diafane din panglica neagră de asfalt, topindu-se în aerul maroniu, încărcat de smog. Annie se lăsă pe spate, scufundându-se în tapiseria de velur a taxiului, şi oftă, lăsându-şi o mână pe pântece.

Deja nu mai suporta să fie departe de Nick şi Izzy. Se simţea ca şi când o parte esenţială din ea fusese ciopârţită şi aruncată să se ofilească altundeva.

Viaţa ei nu mai era acolo, printre clădiri de beton. Oraşul i se părea o viziune apocaliptică a unui viitor în care verdele copacilor, albastrul cerului şi albul norilor aveau să fie înlocuite de o mie de nuanţe artificiale de gri.

Taxiul coborî de pe autostrada care mergea paralel cu coasta Pacificului şi intră pe drumul ei (cât de straniu, încă îl mai considera „drumul ei"). Dincolo de poarta cu gheretă a Coloniei erau alte case pe plajă, fiecare ascunsă cu grijă, fiecare modelată după aceleaşi principii de design contemporan. Erau imobile mari, cu mai multe etaje, construite practic unul peste altul. Majoritatea nu aveau nici doi metri de pământ în jur. Fiecare era un regat minuscul care se voia izolat de restul lumii.

Intrară pe aleea ei. Pereţii albi ai casei se ridicau spre cerul albastru, iar florile din curte erau o explozie de culori: hibiscus roz şi roşu, frunze de un verde crud. Era o frumuseţe atât de... artificială. Dacă nu o mai uda nimeni, toată grădina s-ar fi ofilit într-o clipită.

Taxiul se opri în faţa garajului, iar şoferul se duse să deschidă portbagajul.

Annie coborî încet. Privi aleea, amintindu-şi cum stătuse pe capul muncitorilor când aşezaseră pavelele.

„Cea de-acolo nu e bine pusă. E înclinată. Poţi să o pui cum trebuie înainte să se întărească cimentul?"

– Doamnă? E totul în regulă? Şoferul stătea lângă valizele ei Luis Vuitton.

– Da, mulţumesc. Îşi deschise poşeta şi scoase suma de plată, apoi un bacşiş generos. Poftim!

Bărbatul înşfăcă banii şi îi băgă în buzunar.

– Sunaţi-mă dacă mai aveţi nevoie de vreun drum la aeroport, spuse.

„La aeroport", remarcă ea în gând.

– Mulţumesc, aşa o să fac.

După ce taxiul începu să se îndepărteze, Annie se întoarse spre casa ei. O clipă crezu că nu era în stare să traverseze aleea până la uşa sculptată din lemn scump, să o deschidă şi să intre înăuntru. În clipa următoare însă, trupul ei se mişca parcă de unul singur. Trecu pe sub arcada de la intrare, care mirosea a iasomie, apoi scoase mănunchiul de chei din geantă.

Cheia se potrivea perfect. La ce se aştepase? Crezuse cumva că toate îi urmau exemplul şi nu se mai potriveau acolo? Uşa se deschise cu zgomot şi Annie simţi un miros stătut.

Trecu prin casă, cameră cu cameră, aşteptând să simtă ceva... tristeţe, bucurie, depresie... orice. Ferestrele înalte cât un perete încadrau cerul şi oceanul de un albastru strălucitor.

Avea impresia că se plimba prin casa unui străin. Se gândea la Nick şi la Izzy. Amintirile o implorau să le dea atenţie, să le privească, să le retrăiască, dar nu îndrăznea. Îşi concentră întreaga atenţie asupra detaliilor: pianul pe care îl cumpărase la o licitaţie Sotheby's, colecţia de statui Lladró pe care o inaugurase când Natalie începuse gimnaziul, candelabrul pe care îl salvase dintr-un vechi hotel din San Francisco.

Obiecte.

Merse în dormitor. Dormitorul lor. Acolo avea să simtă *ceva* cu siguranţă, nu? Avu însă impresia că se plimba printre ruinele unei civilizaţii de mult apuse.

Era camera lui Annie *Colwater*, şi asta era tot ce mai rămăsese din ea.

Dulapul ei era plin de haine scumpe de mătase, de lână şi de caşmir, de fuste în toate culorile şi mărimile, de pantofi în cutii care mai purtau încă etichete cu preţuri exorbitante.

Luă telefonul de pe măsuţa de lângă pat şi ascultă tonul multă vreme. Voia să-i sune pe Nick şi Izzy, dar nu o făcu. Formă cu grijă numărul de la birou al lui Blake. Nu aşteptă să i se facă legătura, ci îi lăsă doar un mesaj că venise acasă. Apoi închise şi se lăsă să cadă pe partea ei de pat.

În curând urma să-l revadă pe Blake. Înainte s-ar fi străduit să se îmbrace perfect pentru ocazie, dar acum nu-i mai păsa. Nimic din dulapul imens şi scump nu mai conta pentru ea. Avea senzaţia că erau hainele unei străine. Metri întregi de haine aparţinând altcuiva.

Biroul îi semăna perfect lui Blake: scump, sobru şi radiind putere. Blake îşi imaginase sediul de pe colţul clădiri Century City cu ani de zile înainte să şi-l poată permite, cu vederea lui largă spre clădirile de beton şi sticlă din oraş. Ştiuse de la început că biroul lui avea să fie spartan, fără vreun detaliu care să spună: „Intră, ia loc şi spune-mi ce probleme ai". Nu-şi propusese niciodată să fie un asemenea avocat, şi nici nu era. Biroul lui îl făcea pe client să se foiască în scaun şi să-şi aducă aminte, cu fiecare ticăit al ceasului, câţi bani îl costa să fie acolo.

De fapt, bineînţeles, Annie i-l dăruise. Ea petrecuse ore întregi alegând draperiile şi lambriurile. Tot ea schiţase şi comandase masa de lucru din lemn african, la fel şi accesoriile de piele.

Oriunde se uita, o vedea pe ea.

Oftă şi se lăsă pe spate în scaun. Teancul de hârtii din faţa lui se contopi într-o singură pată urâtă. Le dădu la o parte şi văzu depoziţia în cazul Beaman căzând pe podeaua de marmură.

Se simțea straniu, de parcă n-ar fi fost el însuși. Și asta de când cu cafeneaua aia de rahat din Mystic.

Crezuse că era suficient să-și ceară scuze și se putea întoarce apoi bine-mersi la vechea lui viață comodă. Dar Annie nu mai era Annie, și el habar n-avea ce să spună ca să o recâștige.

Interfonul de pe birou scoase un sunet metalic. Blake apăsă butonul cu un gest nerăbdător.

– Da, Mildred?

– V-a sunat soția...

– Dă-mi-o la telefon.

– N-a lăsat decât un mesaj. Vrea să știți că a ajuns acasă.

Lui Blake nu-i venea să creadă.

– Anulează-mi toate întâlnirile, Mildred. O să fiu plecat tot restul zilei.

Ieși în fugă din clădire și sări în Ferrariul lui, apoi accelera nebunește pe drumul spre casă, unde se năpusti pe treptele de la intrare și deschise larg ușa. La baza scărilor era o grămăjoară de valize.

– Annie?

Ea stătea la marginea arcadei care separa livingul de camera unde luau cina în familie. Se întorsese acasă. *Acum*, în sfârșit, totul urma să fie în regulă.

Blake se apropie precaut, însă ea îi întoarse spatele și intră în sala de mese, unde rămase singură la o fereastră.

– Am ceva să-ți spun, Blake.

Neliniștea îl cotropi. Annie refuza să-l privească. Avea o postură înțepată, de femeie care nu ierta nimic. Își aminti din nou că nu mai avea în față aceeași femeie pe care o părăsise cu doar câteva luni în urmă. Își simți gâtul uscat.

– Ce e?

– Sunt însărcinată.

Primul lui gând fu *nu*, nu din nou. Nu mai putea trece încă o dată prin asta. Apoi își aminti de celălalt bărbat, de bărbatul cu care se culcase Annie, și simți că i se taie respirația. Era de parcă cineva i-ar fi strecurat un cub de gheață pe șira spinării.

– E al meu?

Annie oftă, un sunet slab, trist, care nu-l liniști câtuși de puțin.

– Da. Sunt însărcinată în trei luni.

Blake nu era în stare să analizeze implicațiile veștii. Clătină din cap, oftând.

– Un copil... Dumnezeule, după atâția ani! Annie se întoarse și îi zâmbi ciudat. Asta era, în sfârșit. Annie a lui. Blake își dădu seama de altceva: copilul o adusese înapoi la el. Un copil. Copilul *nostru*.

– În toți anii ăștia am crezut că Dumnezeu nu ne ascultă. Se pare că Dumnezeu are un simț ciudat al umorului. Vrea să trec prin menopauză și să-mi învăț copilul la toaletă în același timp.

– De data asta o să meargă, spuse el blând.

Annie se crispă, iar Blake se întrebă dacă nu cumva ar fi fost mai bine să transforme cuvintele într-o întrebare.

– Blake...

Însă el nu voia să audă ce avea de spus.

– Ce-a fost în Mystic s-a terminat, Annie. Ești însărcinată cu copilul nostru. Al *nostru*. Trebuie să fim din nou o familie. Te rog, mai dă-mi o șansă.

Annie nu răspunse. Privi fix mâna pe care Blake o așezase pe abdomenul ei, apoi își întoarse privirea fără să zâmbească.

„Te rog, mai dă-mi o șansă."

Strânse din pleoape. Dumnezeule, câte nopți nu stătuse singură în pat, rugându-se să-l audă spunând exact aceleași cuvinte? Acum însă le simțea ca pe niște pietre aruncate într-o fântână secată, scoțând un zgomot care nu însemna absolut nimic.

Și ce-i spusese ea cu câteva luni în urmă? „Suntem o familie. Nu poți arunca la gunoi douăzeci de ani..."

– Annie...

– Nu acum, Blake, îl opri ea cu vocea tremurândă. Nu acum. Îl auzi oftând, un sunet obosit, dezamăgit, pe care îl știa atât de bine. Blake era nervos și confuz; nu știa cum să piardă, cum să aibă răbdare sau cum să-și ţină gura.Trebuie să stau la pat, ca atunci când am fost însărcinată cu... Adrian. O să fie nevoie să faci şi tu un efort. De data asta nu mai pot fi Annie cea bună, cea care are grijă de toată lumea. O dată în viaţă va trebui să mă pui pe mine pe primul loc.

– Pot face asta, murmură el fără a o convinge. Ştiu că n-o să-ţi fie uşor să ai încredere în mine din nou. Am dat-o în bară...

– Puţin spus.

Vocea lui coborî, transformându-se într-o şoaptă plângăreaţă.

– Nu-mi vine să cred că nu mă mai iubeşti...

– Nici mie, spuse abia auzit Annie, şi ăsta era adevărul. Undeva în sufletul ei trebuia să fi rămas o umbră a iubirii pe care i-o purtase. Fuseseră îndrăgostiţi douăzeci de ani. Nu era un sentiment care dispărea pur şi simplu. Încerc să cred în ce am avut şi mă rog să regăsim undeva iubirea noastră, dar nu te iubesc acum. La naiba, nici măcar nu-mi *placi* prea mult.

– O să-ţi placă de mine, răspunse el cu asemenea încredere în sine, că Annie strânse din dinţi. Apoi, Blake se aplecă spre ea. Hai să mergem în pat.

– Alo, chiar nu m-ai ascultat deloc? Nu sunt pregătită să mă culc cu tine încă... şi, în plus, doctorul North a spus că e riscant. Ţii minte? Contracţii premature.

Blake arăta ridicol de dezamăgit.

– A, da. Am crezut doar că, dacă tot ne împăcăm, tu ar trebui să...

– Nu-mi mai spune ce trebuie şi ce nu trebuie să fac, Blake. Nu mai sunt femeia pe care o ştii. Şi mi-e o teamă cumplită că tu eşti bărbatul pe care îl ştiu.

– Nu sunt. Serios, nu sunt. Şi eu m-am schimbat. Acum ştiu cât de preţioasă era viaţa noastră de dinainte. N-o să mai repet aceleaşi greşeli.

– Sper că nu.

Blake se apropie de ea.

– Întotdeauna spuneai că cea mai lungă călătorie începe cu un singur pas.

Avea dreptate; era una din zicalele ei favorite. Dar de data asta nu mai era atât de optimistă.

Era clar că Blake aştepta un răspuns, însă acesta nu veni.

– Ce zici, atunci, ne uităm puţin la televizor? Pot să pregătesc nişte popcorn şi nişte ciocolată caldă, ca pe vremuri.

„Pe vremuri."

Odată cu cele două cuvinte, Annie îşi văzu întreaga viaţă trecându-i prin faţa ochilor. Primăvara asta se chinuise să o dezgroape pe adevărata Annie din mormântul ei, iar acum Blake voia să o afunde iarăşi sub ţărâna vechilor obiceiuri. De a doua zi încolo ştia că trebuie să facă un efort, un *adevărat* efort, ca să se împace cu soţul ei, dar în seara asta era mult prea obosită ca să mai înceapă.

– Nu, mulţumesc, spuse. Cred că o să mă culc. A fost o zi lungă. Poţi să dormi în camera de oaspeţi, cea verde. Am pregătit cearşafuri curate de dimineaţă.

– Ah. Credeam...

– Ştiu ce credeai şi n-o să se întâmple.

În alte condiţii, Annie ar fi râs văzându-i expresia – părea atât de surprins, de confuz – dar nu era nimic amuzant acolo. Blake era soţul ei, tatăl copiilor ei, omul pe care jurase să-l iubească, să-l onoreze şi să-l preţuiască tot restul vieţii. Deşi erau în casa pe care o împărţiseră atâţia ani, nu se putea gândi la nici un lucru pe care să i-l spună.

Blake o întâmpină pe Natalie la punctul vamal din aeroport. Fata îl îmbrăţişă prelung, apoi se trase înapoi, privind în jur:

– Unde e mama?

– N-a putut ajunge. O să-ţi povestesc în maşină, în drum spre casă.

– Ai venit cu Ferrariul?

– Cu ce altceva?

– Pot să conduc eu?

Blake se încruntă.

– Ți-a zis cineva că m-am lovit la cap recent? Nu las niciodată...

– Hai, te rog, tată! N-am condus de luni de zile.

– Asta nu-ți ajută deloc cauza.

– Haide, tată. *Te roooooog!*

Blake își imagină ce față ar fi făcut Annie aflând că o lăsase pe fiica lor să conducă. Încet, scoase cheile din buzunar și le aruncă în aer. Natalie le prinse cu o mână.

– Haide, tată!

Îl luă de mână și îl târî după ea prin terminal. În câteva clipe erau amândoi în Ferrari, cu centurile de siguranță puse, grăbindu-se spre casă.

Ca întotdeauna, Blake se simțea stânjenit în preajma fiicei lui. Încercă să se gândească la un subiect de discuție, la o modalitate de a sparge tăcerea grea dintre ei.

Natalie schimbă postul de radio. O melodie alertă, rock'n'roll, începu să bubuie din difuzoare.

– Dă-l mai încet, spuse el automat.

Fata opri muzica, apoi semnaliză și trase brusc pe prima bandă, ajungând în spatele unui Mercedes negru, decapotabil. Înainte ca Blake să-i mai dea vreo indicație, încetini și rămase în urmă.

– Deci, tată, ce mai face bunicul Hank?

– De unde să știu?

Natalie îi aruncă o privire.

– *Ai fost* în Mystic?

Blake se foi pe scaun, recunoscător că ochii ei se mutaseră înapoi la drum. Nu se pricepea să poarte genul ăsta de discuții. Era treaba lui Annie să prezinte separarea lor într-o lumină favorabilă.

– Am fost... foarte ocupat. Am avut un proces între un star rock și...

– Deci, ai fost foarte ocupat, conchise Natalie, strângându-și mâinile pe volan și păstrându-și privirea ațintită înainte.

– Epuizat.

– De-asta nu m-ai sunat, corect?

Tatăl ei îi auzi durerea din voce și nu știu cum să răspundă. Niciodată nu o mai auzise vorbind așa, dar se întrebă dintr-odată dacă nu cumva pur și simplu nu-i acordase atenție.

– Ți-am trimis flori în fiecare vineri.

– Mda. Te-ai gândit la mine suficient cât să-i spui secretarei să-mi trimită flori în fiecare săptămână.

Blake oftă. Fusese clar prins în ofsaid. Nu avea nici cea mai vagă idee cum să-i spună fiicei lui adolescente că dăduse familia la o parte – pentru câteva luni de sex pasional cu o femeie care nu se născuse încă atunci când Kennedy fusese asasinat?

Ce să-i spună? Adevărul, o minciună, sau ceva pe jumătate?

Annie ar fi știut cum să abordeze problema. Întotdeauna îl îndrumase în relația cu Natalie. Îi arătase subtil, cu o privire, o șoaptă sau o atingere, când să se apropie de fiica lui și când să o lase în pace.

Acum însă trebuia să spună *ceva*. În mod clar, Natalie aștepta o explicație.

– Mama ta... e supărată pe mine. Am făcut câteva greșeli, și... ei bine...

– V-ați separat în primăvară.

Rosti asta pe un ton plat, fără să-l privească.

– Doar o mică pauză, atât, zise el cu o grimasă. Totul va fi bine de-acum înainte.

– Serios? Te-ai operat cât timp am lipsit? Ți-ai făcut un transplant de personalitate? Sau ai ieșit la pensie? Haide, tată, de ce zici că o să fie totul bine? Nu suporți să stai acasă.

Blake se încruntă văzându-i expresia severă. Era un lucru ciudat, venind din partea ei.

– Nu-i adevărat.

– Da, sigur. De-asta n-am nici o amintire cu tine până în liceu.

Se adânci și mai mult în scaun. Probabil *de asta* păstrase distanța. Annie și Natalie erau maestre când venea vorba să-l facă să se simtă vinovat.

– Totul va fi bine, Natalie. O să vezi. Mama ta... este însărcinată.

– *Însărcinată?* O, Doamne, cum de nu mi-a spus? Natalie râse. Nu mi vine să cred...

– Este adevărat. Trebuie să stea iarăși la pat – la fel ca și atunci, cu Adrian. Și o să aibă nevoie de ajutorul nostru.

– Ajutorul *nostru?*

Natalie nu mai continuă, iar Blake se bucură în sinea lui că renunțase să-i amintească de perioada în care el și Annie fuseseră despărțiți. După o vreme însă, tăcerea deveni supărătoare. Se gândi iarăși la acea acuzație ridicolă: „N-am nici o amintire cu tine". Revenea din nou și din nou, deși încerca să scape de ea.

Privi pe geam, derulându-și în minte întreaga viață. Cu ani în urmă, când Natalie era o fetiță durdulie care vorbea fără întrerupere și îl privea cu ochii plini de adorație, lucrurile stătuseră altfel între ei. La un moment dat însă, fata lui începuse să nu mai creadă că el era cel care atârna luna pe cer în fiecare seară. Iar Blake renunțase și el, deși nu-și putea da seama de ce. Era întotdeauna atât de ocupat, la naiba.

Într-adevăr, niciodată nu-și făcuse prea mult timp pentru ea; dar asta era treaba lui Annie, și Annie fusese o mamă atât de bună, încât Blake își spusese că nu mai era nevoie de el. Treaba lui era să aducă banii acasă. Când își dăduse seama în sfârșit că Natalie nu-i mai povestea problemele ei – un dinte care se clătina, un ursuleț rătăcit pe undeva – era prea târziu. Deja aproape că nu o mai recunoștea. Parcă ieri fusese un copilaș știrb, iar acum pleca la mall cu o gașcă de fete pe care nu le mai văzuse niciodată.

Din păcate, dacă stătea bine să se gândească, nici el nu avea prea multe amintiri cu Natalie. Da, erau momente; imagini, categoric. Dar nu și amintiri, ore și zile petrecute împreună.

Annie auzi țipătul răsunător:

– *Maaaaamiiiiii!*

Se ridică în pat, ridicându-și pernele la spate.

– Sunt aici, Nana!

Natalie dădu buzna în dormitor. Râzând fericită, sări în patul imens să-și îmbrățișeze mama. Blake intră câteva clipe mai târziu și rămase ceva mai departe.

În cele din urmă, Natalie se trase în spate. Ochii ei frumoși și albaștri erau plini de lacrimi, dar zâmbea cu gura până la urechi.

– Mi-a fost dor de tine, Nana, șopti Annie savurând imaginea.

Natalie își lăsă capul pe o parte, studiind-o cu o privire critică.

– Ce ți-ai făcut la păr?

– M-am tuns.

– Arată *fantastic*. Am putea fi surori! Făcu în glumă o expresie îngrozită. Sper că asta nu înseamnă că vii cu mine la facultate...

Annie își luă un aer ofensat.

– N-am crezut că o să te superi. M-am angajat pe postul de supraveghetor al căminului.

Natalie își dădu ochii peste cap:

– Dacă ar spune asta mama altcuiva aș ști că e o glumă. Apoi se uită la Blake. N-o lași să plece, nu-i așa, tată?

Annie își ridică privirea și văzu că Blake se uita la ea. Soțul ei se apropie și îi puse o mână pe umăr într-un gest posesiv.

– Fac tot posibilul ca să o țin acasă, rosti pe un ton măsurat.

– Tata mi-a spus că ești însărcinată. Privirea lui Natalie fu străbătută de un fior de durere care dispăru imediat. Nu pot să cred că nu mi-ai spus și mie.

Annie îi atinse obrazul cu blândețe.

– Abia am aflat, draga mea.

– Șaisprezece ani la rând te-am tot rugat să-mi faci o surioară, și ai reușit să rămâi însărcinată chiar înainte să plec la facultate. Mersi mult!

– A fost un „accident". Absolut. Crede-mă, dintotdeauna am vrut să umplu casa asta cu copii – dar nu înainte să-mi iau prima pensie.

– Nu ești chiar așa bătrână. Am citit despre o femeie de șaizeci de ani care a născut.

– Ce frumos. Să știi că regulile s-au schimbat acum. N-ai voie să faci un copil până când sora sau frățiorul tău nu termină liceul. Și va trebui să mă prezinți ca mama ta vitregă.

Natalie râse.

– Te prezint așa de ani de zile, mamă. De când ai plâns în hohote când am dansat pe scenă și au trebuit să te scoată afară din sală.

– Aveam o alergie.

– Da, sigur! Hei, ghici ce, mamă! Tata m-a lăsat să conduc Ferrari-ul până acasă.

– Glumești.

– Bine că n-ai fost acolo. M-ai fi făcut să port o cască și să conduc pe banda de urgență – probabil cu avariile aprinse.

Annie râse. Nu reuși să scape de sentimentul că toate astea erau atât de *firești* – șicanele, glumele, atmosfera degajată. Erau o familie. O familie.

Blake se aplecă înspre pat și murmură atât de încet, că doar ea îl auzi:

– Oamenii se schimbă, Annalise.

Acea propoziție simplă, care părea să promită soarele și luna de pe cer, o speria teribil.

Era conștientă de propria vulnerabilitate. Bărbatul pe care îl iubise atâta timp știa exact ce să spună, ce să facă. Putea să o aducă din nou pe marginea prăpastiei. Dacă nu avea grijă, vârtejul vechii ei vieți avea să o atragă iarăși spre pierzanie, transformând-o într-o simplă casnică, la fel ca atâtea altele.

capitolul 25

Din rămășițele familiei lor răsări surprinzător de repede o nouă viață. Micile fisuri nu se vedeau decât atunci când Blake și Annie rămâneau singuri, ca o vază care fusese spartă și lipită apoi cu grijă. Erau ca niște soldați, dându-și târcoale cu grijă, negociind un armistițiu straniu și aproape intangibil.

Annie dusese aceeași viață timp de douăzeci de ani, iar acum reveni cu ușurință la vechile obiceiuri. Se trezea devreme, se îmbrăca într-un halat scump de mătase cu o fundiță veselă în talia care începuse să i se îngroașe, apoi își accentua trăsăturile machiindu-se cu grijă și își acoperea cearcănele de sub ochi cu fond de ten și corector. Nu se odihnea bine noaptea.

În zilele de luni făcea o listă de cumpărături și o trimitea pe Natalie la magazinul de la colț. Marți plătea facturile casei. Miercuri vorbea cu menajera și cu grădinarul. Joi o ruga pe Natalie să se ocupe de diverse treburi, folosindu-se de ea ca să strângă laolaltă fragmentele vieții lor. Casa devenise din nou o mașinărie bine unsă.

Îl ajuta pe Blake să aleagă costume și cravate și îi reamintea când să-și ia hainele de la curățătorie. În fiecare dimineață îl săruta la despărțire – un sărut cast, uscat, pe obraz – și în fiecare seară îl întâmpina cu un zâmbet. Iar Blake se așeza pe marginea patului ei și vorbea scorțos despre ziua care tocmai se încheiase.

De fapt, se bucura că își petrecea zilele în pat, departe de realitatea propriei căsnicii. În majoritatea zilelor, când Blake era la lucru, ea și Natalie vorbeau ore în șir, râzând și depănând amintiri împreună.

Află că Blake nu-și sunase deloc fiica la Londra. Îi auzi durerea și dezamăgirea din voce, dar nu putea face absolut nimic ca să repare lucrurile.

– Îmi pare rău.

Atât reuși să spună, iar și iar.

Observa că Natalie se schimbase. Era mult mai matură acum. Din când în când reușea să-și surprindă mama cu o remarcă venită din senin. Ieri, de exemplu, spusese: „Nu te gândești decât la fericirea noastră. Dar pe tine ce te-ar face fericită, mamă?“

Sau: „Astă-primăvară păreai mai altfel. Mai fericită.“

Și, cel mai surprinzător: „Îl iubești pe tata?“

Annie aproape că răspunsese din reflex: „Da, bineînțeles că îl iubesc pe tatăl tău“. Însă, uitându-se în ochii lui Natalie, văzuse că o înțelegea, ca un adult, așa că îi vorbise femeii și nu fetiței.

„L-am iubit pe tatăl tău de când eram adolescenți. Trecem printr-o perioadă mai dificilă, atâta tot."

„Te iubește, spusese Natalie. La fel cum mă iubește și pe mine, dar... iubirea lui... nu e caldă... adică... nu e ca și iubirea ta, mamă."

Ochii lui Annie se umpluseră de lacrimi auzind asta. Era tristă la gândul că Natalie nu avea să cunoască niciodată iubirea de tată, nu în întregime. Era o pierdere irecuperabilă...

Spre deosebire de Izzy.

Închisese ochii și se lăsase pe spate, amintindu-și cum juca Țara Bomboanelor cu Nick și Izzy, iar Nick era aplecat deasupra tablei de joc... sau cum se jucau cu păpușile Barbie pe podeaua din sufragerie, iar Nick spunea pe un ton pițigăiat: „Mi-ai văzut pantofii albaștri?"

În ziua precedentă, când ea și Natalie merseseră împreună la doctor, Annie nu reușise să se mai lupte cu amintirile. Era prea dureros totul. Soțul ei nu era acolo să o țină de mână și să râdă de ea fiindcă trebuia neapărat să meargă la baie. Sau să se uite la minunea de pe ecranul ecografului, la viața care creștea în ea.

Cât timp avea să mai sufere așa? se întrebase. Oare avea să-și petreacă tot restul vieții simțindu-se de parcă își lăsase o parte esențială din ea însăși într-un alt loc, într-un alt timp?

Prima scrisoare care ajunse, în sfârșit, era mică și șifonată. O ștampilă ștearsă, cu cerneală albastră, pe care abia se putea citi: *Mystic, WA*.

Annie stătu câteva momente cu plicul roz în mână, apoi îl deschise încet și scoase bucata de hârtie. Era un desen cu muntele Olimp, în creion și cerneală. Înăuntrul lui era o scrisoare de la Izzy.

Dragă Annie,

Ce mai faci? Eu fac bine.

Florile sunt frumoase. Azi am învățat să merg cu bicicleta. A fost frumos.

Îmi e dor de tine. Când vii acasă?
Cu drag, Izzy.
P.s. Tati m-a ajutat să scriu scrisoarea.

Annie strânse hârtia în mână, simțind cum i se rupe sufletul. Rămase nemișcată în pat, privind cerul albastru, atât de albastru de dincolo de geam. Își dorea să plouă. Știa că ar fi trebuit să-i răspundă lui Izzy, dar ce putea spune? Câteva cuvinte fără speranță care nu promiteau nimic? Sau un șir de platitudini fără rost care să dea de înțeles că încă mai erau prietene? Doar prietene... iar uneori, prietenii se îndepărtau.

Nu erau decât șapte cuvinte care contau, și erau cele mai sincere dintre toate: „Și mie mi-e dor de tine, Izzy..."

Deschise sertarul noptierei și scoase panglica pe care i-o dăduse fetița, mângâind-o. A doua zi avea să răspundă la scrisoare înșirând o mulțime de cuvinte pe coală, însă nu avea să spună ce conta cu adevărat și ceea ce Izzy voia de fapt să audă.

Ridică telefonul fără fir de pe masă și ascultă multă vreme tonul, apoi închise încet. Nu era corect să-i sune pe Nick și pe Izzy. Nu era corect să-și aline singurătatea cu vocile lor. „Nu-mi face asta, Annie, îi spusese Nick. Nu-mi arunca o speranță de parcă aș fi un câine care-și îngroapă oasele în curte..."

– Mamă? Capul lui Natalie apăru în deschizătura ușii. Ești bine? Annie suspină și întoarse capul. Natalie se repezi înăuntru și se lăsă pe vine lângă pat. Mamă? Ești bine? repetă ea.

„Nu, voia să spună Annie, nu, nu sunt bine. Mi-e dor de bărbatul pe care îl iubesc și de fata lui, mi-e dor de orașul în care plouă atât de mult și părul nu ți se usucă niciodată și adulții se joacă «Șerpi pe scări» după-amiaza cu o fetiță de șase ani..."

Dar nu putea să-i spună nimic din toate astea unei adolescente, indiferent cât de matură părea.

– Sunt bine, draga mea. Sunt bine.

Deşi încerca din greu să se comporte ca înainte, nu reuşea. Oricât s-ar fi străduit să-şi urmeze vechile rutine, tot avea senzaţia că o parte din ea aluneca inevitabil spre schimbare. În fiecare zi vedea cum se apropie un viitor înconjurat de regrete, de ocazii pierdute şi de şanse care nu aveau să se mai întoarcă.

California de Sud era asaltată de căldura verii. Dealurile din Malibu se uscau şi se transformau în mase enorme şi maronii. Frunzele se chirceau şi mureau, una câte una, căzând peste peluzele de un verde artificial ca nişte bucăţi de hârtie arsă.

Blake stătea pe terasă, bând un pahar de whisky cu sifon. Lemnul era cald sub picioarele lui goale, o rămăşiţă a unei zile surprinzător de fierbinţi.

Nu dormise bine în noaptea trecută. De fapt, nu dormea bine de săptămâni întregi. De când îi ceruse scuze lui Annie şi descoperise că ei nu-i mai păsa.

Annie încerca să repare căsnicia lor. Îi vedea efortul, în felul în care se machia în fiecare dimineaţă şi purta culorile care-i plăceau lui. Îl atingea chiar, din când în când – gesturi mici, scurte, cu care încerca să-l facă să se simtă mai bine şi reuşea exact contrariul. De fiecare dată când Annie îl atingea, Blake simţea o durere surdă în coşul pieptului amintindu-şi cum fusese căsnicia lor înainte, când Annie îl atingea tot timpul, râdea la glumele lui sau îi dădea părul la o parte de pe frunte. Îl durea să-şi aducă aminte.

În mod evident, Annie nu mai era Annie. Stătea singură în patul lor conjugal ca o fantomă tăcută, însărcinată, iar zâmbetul ei era o grimasă fragilă, trecătoare, care nu amintea nicicum de soţia pe care o cunoscuse. În lipsa unui cuvânt mai grăitor, Annie... dispărea.

Înainte, Annie râdea şi vorbea tot timpul. Se bucura de nebunia vieţii. Acum nu o mai interesa nimic. Nu mai arăta nici o emoţie. Era atât de calmă, încât nu se mai vedea nimic din femeia care fusese în fiinţa tăcută care îi ţinea companie în fiecare seară, când se uitau împreună la televizor.

Săptămâna trecută plouase, iar Annie stătuse singură în pat, uitându-se prin fereastra brăzdată de picături argintii. Când Blake o strigase, Annie se întoarse spre el cu ochii plini de lacrimi. Ţinea o panglică jerpelită de parcă ar fi fost Sfântul Graal.

Blake nu mai avea de gând să suporte asta mult timp. Nu era genul de bărbat care să se lupte atât pentru ceea ce voia. Destul.

Lăsă paharul pe masă şi intră înăuntru. Bătu la uşa lui Annie – repede, înainte să-şi piardă curajul.

– Intră, strigă ea.

Blake deschise uşa şi intră. Camera era la fel de primitoare ca întotdeauna, cu pereţii zugrăviţi în albastru marin, covor asortat şi aşternuturi albe.

Annie era în pat, citind o carte cu titlul *Cum să-ţi conduci propria afacere*. Lângă ea era un teanc de volume cu titluri asemănătoare.

Sfinte, se gândea cumva să se angajeze?

Dacă Annie încerca să-şi găsească de lucru, Blake s-ar fi simţit umilit. Îşi exprimase ritos opinia despre o soţie care lucrează. Mai ales una care nu are nici o aptitudine. Ce voia să facă – să toarne cafele şi să aleagă croasante dintr-o vitrină?

Cine era femeia asta care stătea în pat şi citea ghiduri de afaceri? Blake simţea că între el şi Annie se căscase un hău; trebuia să găsească o cale de a ajunge din nou la ea.

Annie îşi ridică privirea, iar Blake îi observă cearcănele de sub ochi şi paloarea pielii. Se îngrăşase mult în ultima lună, dar faţa ei era chiar mai slabă ca de obicei. Părul începuse să crească şi să se onduleze la vârfuri. Iarăşi arăta ca o străină.

– Bună, Blake, spuse ea închizând cartea. A început deja filmul? Credeam...

Blake se aşeză pe marginea patului, privind-o în ochii ei verzi şi frumoşi.

– Te iubesc, Annie. Ştiu că putem rezolva asta, dacă suntem... împreună.

– Suntem împreună.

– Unde ți-e verigheta?

Annie își înclină capul spre comoda de lemn.

– E în cutia mea cu bijuterii.

Blake se ridică și merse până la comodă, unde deschise cu grijă cutia artizanală în care erau toate comorile pe care i le dăruise de-a lungul anilor. Acolo, printre sulurile de catifea neagră, era diamantul de trei carate pe care i-l dăduse când împliniseră zece ani de căsnicie. Lângă el era verigheta de aur simplu pe care o purtase înainte. Luă cele două inele, se întoarse și se așeză din nou lângă soția lui. Privi diamantul strălucitor.

– Ții minte când am fost în concediu la hotelul Del Coronado? Natalie abia avea un an...

– Șase luni, îl corectă ea.

– Am luat cu noi pătura albastru cu roșu – cea pe care o aveam pe pat în cămin, la facultate – și am întins-o pe plajă. Eram singurii de-acolo. Doar noi trei.

Annie aproape că zâmbi. Spuse:

– Am mers să înotăm, deși era atât de frig.

– O țineai pe Natalie și intraseși în apă până la șolduri. Aveai buzele albastre și piele de găină, dar râdeai și râsul tău mă făcea să-mi dau seama cât de mult te iubesc. Mă durea sufletul de fiecare dată când mă uitam la tine.

Annie își coborî privirea spre mâinile din poală.

– Asta a fost acum multă vreme.

– Am găsit un arici de mare. Mai ții minte? Ți l-am dat ție. Natalie se târa înainte și înapoi pe pătură. Cred că încerca să învețe cum să meargă de-a bușilea.

Annie închise ochii, iar Blake se întrebă la ce se gândea. Oare își amintea și restul zilei? Cât de des o atinsese... cum se aplecase și o sărutase pe gât. „Bună, Godiva, îi șoptise. Sunt cai de închiriat puțin mai departe..."

Iar Annie spusese râzând: „Bebelușii nu pot merge pe cal".

– De când nu ne mai distrăm împreună, Annie? De când? Încerca să o seducă folosindu-se de amintirile lor și vedea că funcționează. Își dădea seama după felul în care ea își privea insistent mâinile, după pelicula fină de lacrimi din ochi. Se întinse încet și îi puse cele două inele înapoi pe degete. Iartă-mă, Annie, murmură.

Annie își ridică privirea. O singură lacrimă îi curse pe obraz și căzu pe cămașa de noapte, lăsând o pată umedă, cenușie.

– Vreau să te iert.

– Lasă-mă să dorm cu tine în noaptea asta...

Ea oftă. Trecu multă vreme până să răspundă, timp în care Blake simți cum speranța îl părăsea.

– Da, rosti în cele din urmă.

Blake își zise că nu conta decât răspunsul. Nu se sinchisi de nesiguranța din vocea ei, nici de lacrimile din ochi, nici de felul în care evita să-l privească. După ce se culcau împreună, totul avea să fie bine. În sfârșit, viața lor avea să fie la fel ca înainte.

Voia să o strângă în brațe cu toată puterea, dar își cumpăni gesturile. Se ridică să-și pună pijamaua, apoi, foarte încet, se întoarse în pat, dădu la o parte plapuma și se strecură între așternuturile albe și reci de bumbac.

Era atât de liniștitor să o țină din nou în brațe, de parcă se încălța cu perechea de papuci favorită după o zi lungă la birou. O sărută blând și, ca întotdeauna, Annie îi acceptă sărutul în tăcere și nu ceru mai mult. În cele din urmă, Blake se întoarse pe o parte. Așa începea ritualul lor nocturn. După o clipă prelungă, Annie se cuibări în spatele lui.

Trupul ei lipit de al lui, burta ei apăsându-i spatele. Așa dormiseră dintotdeauna, însă de data asta Annie nu-l luă în brațe.

Rămaseră așa, abia atingându-se, în patul care le cunoscuse pasiunea timp de atâția ani. Annie nu zise nimic în afară de noapte bună, iar Blake nu reuși să găsească nimic altceva de spus.

Trecu mult timp până să adoarmă.

Natalie așeză pe noptieră un castron uriaș de metal plin de popcorn, apoi se urcă în pat și se cuibări lângă mama ei. Era vineri după-amiaza: ziua fetelor. Annie,

Natalie şi Terri îşi petrecuseră toate după-amiezile de vineri împreună de când Annie se întorsese acasă. Râdeau, vorbeau, jucau cărţi şi se uitau la filme.

– Am lăsat uşa de la intrare descuiată pentru Terri, spuse fata, ridicându-şi bolul cu popcorn în poală.

Annie zâmbi.

– Ştii ce-ar spune tatăl tău. Crede că hoţii pândesc din tufişuri toată ziua şi *abia aşteaptă* ca cineva să lase uşa descuiată.

Natalie râse. Vorbiră despre asta şi despre toate celelalte lucruri. Conversaţia lor urmări anii care trecuseră, schimbând cu naturaleţe subiectele. Râseră împreună la poveşti care erau mai bătrâne ca Natalie sau se întâmplaseră abia ieri. Annie era uimită de iuţeala cu care se maturizase: adolescenta care plecase la Londra se întorsese o tânără femeie. Parcă trecuseră ani-lumină de când Natalie îşi tunsese părul, se vopsise în acea nuanţă oribilă de blond platinat şi îşi făcuse trei găuri în urechi.

– De ce tata nu vorbeşte niciodată de copil?

Întrebarea veni de nicăieri şi o lovi puternic pe Annie. Încercă să nu-i compare pe Nick şi Blake, dar era imposibil. Nick i-ar fi stat alături în fiecare zi, împărtăşind cu ea miracolul noii vieţi, urmărind cum burta ei devine din ce în ce mai mare. Annie s-ar fi agăţat de mâna lui în timpul amniocentezei, lăsându-se distrasă glumele lui ca să nu mai vadă acul... şi ar fi râs împreună aflând că era o fetiţă, iar apoi s-ar fi uitat prin tot felul de cărţi cu nume pentru copii şi ar fi ţesut visuri împreună...

Oftă din rărunchi.

– Tatăl tău nu se simte comod lângă o femeie însărcinată. Aşa a fost dintotdeauna. Mulţi bărbaţi sunt aşa. O să fie mai bine după ce se naşte copilul.

– Fii serioasă, mamă. Tata nu se pricepe decât să facă ce vrea. Adică, presupun că încercaţi să treceţi peste „problemele“ pe care le-aţi avut, dar tata lipseşte încontinuu. Tot mai lucrează şaptezeci de ore pe săptămână, tot mai joacă baschet joi seara, tot mai iese prin baruri *cu băieţii* în fiecare vineri seara. Când o să vă rezolvaţi problemele? În timp ce vă uitaţi la David Letterman?

Annie zâmbi trist.

– Când o să creşti mai mare o să înţelegi cât de... în siguranţă te simţi atunci când urmezi o rutină.

– Nu am aproape nici o amintire cu tata – ştii asta? Ţin minte doar câteva săruturi în grabă în loc de „la revedere" şi sunetul unei uşi trântite. Când aud cum porneşte o maşină sau se închide o poartă de garaj mă gândesc la tata. Natalie se întoarse spre Annie. Ce-o să se întâmple la vară... după ce plec?

Annie se înfioră, deşi era cald în cameră. Îşi feri privirea; nu era în stare să înfrunte certitudinea tristă din ochii fiicei ei.

– După ce pleci, o să învăţ copilul să meargă la baie şi o să mut jocul de baccarat de pe masa din sufragerie. O să-mi fac o operaţie estetică, probabil, pentru că sânii o să mi se lase până la buric. O să fac lucrurile obişnuite.

– Şi o să fii singură.

Annie voia să nege. Voia să fie mama perfectă, să spună exact ceea ce Natalie aştepta să audă. Dar de data asta nu reuşi să se gândească la nici o minciună.

– Un pic, poate. Viaţa e aşa uneori, Nana. Nu primim tot timpul ceea ce ne-am fi dorit.

Natalie îşi privi mâinile.

– Când eram mică, mi-ai spus că viaţa *ne dă* ceea ce ne dorim, dacă suntem în stare să ne luptăm pentru asta şi să credem în asta. Mi-ai spus că paharul este pe jumătate plin.

– Ţi-am spus asta ca de la o mamă la copilul ei. Acum mă adresez unei femei aproape mature.

Natalie o scrută insistent, apoi întoarse capul.

Brusc, Annie se simţi departe de fiica ei. Îşi aminti cum, în urmă cu patru ani, aceasta se schimbase peste noapte. Gusturile lor începuseră să nu mai semene deloc: dacă lui Annie îi plăcea un lucru, Natalie ajungea să-l deteste. Crăciunul din acel an fusese încordat, oribil; Natalie deschisese fiecare cadou împachetat cu grijă şi apoi murmurase sarcastic: „Uau, mersi".

– Nana? Ce e?

Natalie se răsuci lent spre mama ei.

– Să ştii că nu trebuie să fii aşa.

– Ce vrei să spui?

Tânăra femeie scutură din cap şi îşi mută din nou privirea.

– Nu contează.

Annie înţelese într-un târziu ce voia să spună, iar odată cu înţelegerea veni şi durerea. Înţelese totul: de ce Natalie voia să studieze biochimia la Stanford, de ce plecase brusc la Londra, de ce nu voia să stea împreună cu un băiat mai mult de câteva luni. În spatele tuturor acestor lucruri se ascundea un mesaj trist: nu vreau să fiu ca tine, mamă. Nu vreau să depind de un bărbat pentru tot restul vieţii.

– Înţeleg, murmură.

Natalie se întoarse în sfârşit spre ea. Avea lacrimi în ochi.

– Ce înţelegi?

– Nu contează.

– Ba *da*. La ce te gândeşti?

– Mă gândesc la faptul că nu vrei să ajungi ca maică-ta şi... deşi mă doare, să ştii că sunt mândră de tine. Vreau să te bizui pe tine în viaţă. Presupun că, în cele din urmă, asta e tot ce are fiecare dintre noi.

Natalie oftă.

– N-ai fi spus niciodată asta înainte ca tata să-ţi frângă inima.

– M-am mai deşteptat în ultima vreme. Viaţa nu are doar zile frumoase şi însorite.

– Dar întotdeauna m-ai învăţat să caut jumătatea plină a paharului. Asta faci şi tu, mamă? Vrei să fii fericită?

– Bineînţeles că da, răspunse repede Annie, dar amândouă ştiau că era o minciună. Mă bucur că nu vrei să fii ca mine, Nana.

Chipul fetei se posomorî.

– Nu vreau să am o căsnicie ca asta și nu înțeleg de ce mai rămâi cu el. N-am înțeles niciodată. Asta nu înseamnă că nu vreau să fiu ca tine. Sunt doar două persoane în lumea asta care nu te respectă... din câte știu, cel puțin.

Annie clătină ușor din cap, de parcă asta ar fi putut opri tirada.

– Doar două, repetă Natalie. O lacrimă îi curse pe obraz și o șterse, nerăbdătoare, continuând: Tata... și tu însăți.

Tu. Annie simți brusc o dorință năvalnică să dispară, să se topească în așternuturile scumpe și să nu mai existe. Știa că Natalie așteaptă un răspuns, dar nu știa care era răspunsul potrivit. Se simțea de parcă ea ar fi fost fiica și Natalie mama – și, ca fiică, își dezamăgise mama.

Deschise gura să spună ceva – nu știa ce –, dar chiar atunci se deschise ușa și Terri se năpusti înăuntru ca un taur multicolor, îmbrăcată în straturi peste straturi de lamé roșu și auriu.

Se opri lângă pat gâfâind, apoi își înfipse pumnii în șoldurile cărnoase și privi bolul cu popcorn.

– Deci unde sunt floricelele mele? E destul acolo pentru două slăbănoage ca voi, probabil, dar femeile adevărate vor castroane mari cât o barcă de salvare. Și le vor cu unt.

– Bună, Terri, zâmbi Natalie.

Terri zâmbi și ea; genele machiate strident mai aveau puțin și-i acopereau cu totul ochii strălucitori.

– Bună, prințesa mea.

– Mă duc să mai fac încă un rând de popcorn.

– Du-te, scumpo, spuse Terri, desfăcându-și turbanul auriu de pe cap.

După ce Natalie dispăru în grabă, Terri se așeză la capătul patului și se rezemă de placa de lemn, oftând:

– Doamne, ce zi. Scuze că am întârziat.

Annie zâmbi slab la toată scena.

– Ce s-a întâmplat?

– Personajul meu e pe fugă – din nou – dar de data asta au urcat-o într-un avion. Terri clătină din cap: Vești proaste.

– De ce?

– Pentru că singurul lucru mai nasol decât să te urci în avion într-un serial e să te urci în mașină. Nici nu știi când încep sirenele... apoi muzica de înmormântare. Dacă mâine se indică numărul zborului, personajul meu e mort.

– O să te ridici la loc.

– Da, mersi. Terri se cățără în pat și se întoarse ca să se așeze lângă prietena ei. Deci, scumpo, ce-ți mai face burtica?

– Suntem bine amândouă, răspunse Annie privindu-și abdomenul.

– Grozav. Vin aici în fiecare vineri de săptămâni întregi și vorbim des la telefon. Cred că am avut al naibii de multă răbdare cu tine.

– Ce vrei să spui?

Terri îi aruncă o privire sfredelitoare.

– Ce vreau să spun? Haide.

– Nick, oftă Annie.

– Ce altceva? Am așteptat cu atâta răbdare – și știm amândouă că răbdarea nu e una dintre virtuțile mele – să-l pomenești tu singură. E clar că n-ai de gând să o faci. M-am săturat să-ți respect intimitatea. Mărturisește: l-ai sunat?

– Bineînțeles că nu.

– De ce nu?

Annie se întoarse spre cea mai bună prietenă a ei.

– Haide, Terr!

– Ah... vrei să fii onorabilă. Am citit despre asta. Nu se întâmplă prea des în California de Sud. Și *niciodată* în seriale. Dar ești îndrăgostită de el?

– Nu cred că vreau să vorbesc despre asta.

– N-are rost să minți o târfă bătrână ca mine. Haide, Annie, m-am îndrăgostit de mai multe ori ca Liz Taylor și m-am culcat cu destui bărbați cât să iasă o armată întreagă. Deci: îl iubești?

– Da, șopti Annie, încrucișându-și brațele. O durea să spună asta cu glas tare și imediat îi păru rău. Dar o să-mi treacă. *Trebuie* să-mi treacă. Blake face tot posibilul să refacă familia. Avem... probleme acum, dar o să fie bine.

Terri îi zâmbi trist.

– Sper că asta o să se întâmple, scumpo. Pentru cei mai mulți dintre noi, dacă iubirea dispare, dispare. Iar apoi poți să-ți dorești și să te prefaci cât vrei, nimic n-o să o mai aducă înapoi.

– Ce să aducă înapoi?

Era vocea lui Natalie, care stătea în ușă cu încă un castron de popcorn și o sticlă cu apă plată.

– Nimic, scumpa mea, spuse încet Annie.

Natalie scoase o casetă de la spate.

– Am închiriat un film. Introduse caseta în aparatul video, apoi se urcă în pat lângă Terri, care se interesă în timp ce lua un pumn întreg de popcorn:

– Ce film vedem?

– *Anul viitor, tot la ora asta.*

– Filmul lui Alan Alda? Terri îi aruncă o privire plină de înțelesuri lui Annie.

Întotdeauna am crezut că este o idee grozavă. O aventură, o dată pe an. Soțul lui Ellen Burstyn e un ticălos, probabil – unul care nu știe decât să muncească și n-are integritate morală nici cât un cotoi vagabond. Probabil că și-a bătut joc de Ellen și apoi s-a întors la ea în patru labe, ca un câine. Asta și e. Iar pentru că Ellen e o scumpă, l-a primit înapoi și a încercat să se prefacă elegant că nu s-a întâmplat nimic. Și totuși, Ellen se întâlnește cu amantul ei secret în fiecare an, un singur weekend, pe coasta sălbatică din Oregon. Da, parcă e raiul pe pământ.

– Sst, făcu Natalie. Începe.

Annie întoarse privirea. Încercă să nu simtă nimic, dar când auzi muzica deja cunoscută și începu genericul se cufundă și mai mult între perne, de parcă distanța ar fi fost în stare să-i mai aline durerea.

capitolul 26

Pentru Nick, vara trecu zi după zi. În fiecare seara, înainte de culcare, se ducea pe malul lacului. Aici simțea cel mai puternic amintirea lui Annie. Uneori îi era atât de dor de ea încât simțea un junghi în coșul pieptului. Erau nopțile în care simțea o nevoie disperată să bea, iar asta îi aducea aminte de slăbiciunea lui din trecut.

Era însă pe cale să reușească. Pentru prima oară după douăzeci de ani, trăia după propriile lui reguli. Annie avusese dreptate în toate privințele. Se întorsese la serviciu și asta îi dăduse un scop în viață. Își făcea meseria cât mai bine posibil. Dădea totul pentru oamenii pe care îi apăra, dar când i se termina schimbul își lăsa toate grijile în urmă. Învățase în sfârșit să accepte că uneori dădea greș, și nu era nimic rău în asta atâta timp cât încerca oricum.

Așa se întâmplase și cu Gina: încă se mai lupta să scape de vechile obiceiuri care îi făcuseră atâta rău în trecut. Ceilalți copii erau teribil de cruzi cu ea. Copiii „buni" nu voiau să fie văzuți în compania unei ratate, iar copiii „răi" încercau să o atragă înapoi în cercul lor bazat pe vagabondaj și droguri. La fel ca Nick, Gina își vedea de viața ei. Se întorsese în casa părinților, în vechea ei cameră, și toți trei învățau din nou cum să fie o familie. Luna trecută se înscrisese iarăși la școală.

Apoi mai era și Izzy, Izzy care îl aștepta la sfârșitul fiecărei zile cu un zâmbet, un desen sau un cântecel pe care îl învățase. Deveniseră inseparabili. Cei mai buni prieteni. Nick nu mai considera că i se cuvine absolut nimic de-a gata de la fetița lui.

În timpul săptămânii lucra de la nouă la cinci; în secunda în care i se termina schimbul pleca să o ia pe Izzy de la școala Raintree, apoi porneau amândoi spre casă. Își petreceau împreună tot timpul liber.

În acea zi, Nick ieșise de la serviciu în urmă cu trei ore și apoi începuse ritualul lor de fiecare seară: mai întâi luară cina pe verandă (lasagna și salată verde de la Vittorio), apoi spălară vasele împreună.

Acum, Nick stătea turcește pe podea, uitându-se la tabla multicoloră pe care jucau Țara Bomboanelor. În caseta de început erau trei piese micuțe: una roșie, una verde și una albastră.

„Dar suntem doar doi, Izzy", o atenționase când Izzy pusese jos al treilea omuleț.

„Ea e Annie, tati."

Iar Nick o urmărise cu tristețe dând cu zarul și mutând piesa albastră a lui Annie din pătrățel în pătrățel.

– Vino aici, scumpo, zise în cele din urmă, dând la o parte tabla de joc.

Izzy se târî pe podea și i se cuibări în poală. Nick o privi. Cuvintele i se înțepeniră în gât. Cum să-i spună să nu mai creadă?

– O să vină înapoi, tati, îi susură ea cu glasul subțire și absolut convins al unui copil nevinovat.

Nick îi mângâie părul.

– Poate să-ți fie dor de ea, Soare, dar nu trebuie să te mai gândești că o să vină înapoi. Are o altă viață... de la început a avut o altă viață. Am fost norocoși că a stat la noi atâta timp.

Izzy se lăsă pe spate, rezemându-și ușor ceafa de palmele lui.

– Te înșeli, tati. O să vină înapoi. Așa că nu fi trist.

Trist. Un cuvânt rostit într-o singură răsuflare, care nu cuprindea nici pe departe oceanul dezolant în mijlocul căruia rămăsese pierdut Nick de când Annie plecase.

– Te iubesc, Izzy, scumpo, îi șopti.

– Și eu te iubesc, tati, murmură ea sărutându-l pe obraz.

Nick își privi fiica. Era întinsă în brațele lui, îmbrăcată în pijama și cu papucii în formă de iepure. Părul încă umed i se lipea de obraji. Ochii ei mari și căprui îl urmăreau nerăbdători.

Își dădu seama încă o dată că, indiferent ce avea să se întâmple mai departe, avea să o iubească pe Annie veșnic pentru ce îi dăruise.

*

În dimineața următoare, aerul era proaspăt și răcoros și mirosea a toamnă. Florile începuseră să se ofilească acum că vara era pe sfârșite, iar culorile noului anotimp – portocaliu, verde și vișiniu – începuseră să se ivească în locul nuanțelor vii ale lunii august. Cerul înnorat desena umbre deasupra cimitirului. Pe pământ, hectare întregi de iarbă se rostogoleau blând spre copacii de la margini. Cimitirul era bine îngrijit; aici își găseau odihna veșnică majoritatea locuitorilor din Mystic.

Nick se îndreptă încet spre colțul estic al împrejmuirii. Izzy pășea lângă el, ținându-l de mână. Cu fiecare pas simțea cum i se strânge stomacul. Când ajunse la destinație, cu gâtul uscat, simți o nevoie sfâșietoare să bea.

Privi piatra funerară. *Kathleen Marie Delacroix. Soție și mamă iubitoare.*

Oftă. Patru cuvinte care îi rezumau întreaga viață. Patru cuvinte greșite; știa asta de când comandase monumentul, dar fusese atât de devastat de durere încât lăsase totul în seama directorului scund, grăsuț, de la firma de pompe funebre. Oricum n-ar fi știut ce alte cuvinte să aleagă. Nici acum nu știa. Cum ar fi putut să povestească o viață întreagă în câteva rânduri cioplite în piatra cenușie?

Își coborî privirea până o întâlni pe a lui Izzy.

– Ar fi trebuit să te aduc aici acum mult timp.

Fetița își trase mâna dintr-a lui. Căută în buzunar, apoi scoase o foaie mototolită de hârtie. Seara trecută, când Nick îi spusese că aveau să meargă la cimitir, Izzy luase o coală și creioane colorate și urcase în camera ei. Se întorsese cu un desen cu florile preferate ale mămicii. „Tati, o să-i las astea. Așa o să știe că am vizitat-o."

Nick încuviințase solemn.

Izzy merse și se așeză pe banca din fier forjat, apoi netezi hârtia în poală și rămase cu privirea ațintită la piatra funerară.

– Tati a spus că pot vorbi cu tine, mami. Mă auzi? Respiră adânc, tremurat. Mi-e dor de tine, mami.

Nick își plecă fruntea, gândindu-se la zece lucruri deodată și la nici unul în același timp.

– Bună, Kath.

Aștepta un răspuns, dar, bineînțeles, nu se auzea decât foșnetul copacilor și trilul ascuțit al unei păsări.

Locul ăsta nu-i amintea deloc de Kathy a lui. Ultima oară când fusese aici văzuse cum sicriul ei de mahon era coborât încet sub pământ. Nu suporta să vadă gazonul tuns, nu când știa că soția lui era acolo, dedesubt, soția lui căreia îi fusese dintotdeauna teamă de întuneric...

Atinse piatra rece cu vârful unui deget, urmărind literele sculptate.

– Am venit să-mi iau la revedere, Kath, spuse încet.

Simți cum ochii i se umplu de lacrimi și strânse pleoapele. Vocea i se frânse. Continuă în gând. „Te-am iubit aproape toată viața, și știu că m-ai iubit și tu. Ce... ce-ai făcut a fost altceva, ceva ce n-am înțeles niciodată. Am vrut să știi că te-am iertat și m-am iertat. Am făcut tot posibilul, amândoi..."

Atinse piatra din nou, simțind-o caldă sub degete. O clipă – o clipă pe care avea să o ducă în suflet pentru eternitate – și-o imagină lângă el, cu părul auriu strălucind în lumina soarelui și colțurile ochilor încrețite într-un zâmbet. Își aminti ziua în care se născuse Izzy. Kathy stătea în capul oaselor într-un pat de spital, cu părul vâlvoi, pielea palidă de la atâta efort și nasturii de la halatul roz de flanel închiși anapoda. Era adorabilă. Iar când își privise bebelușul adormit în brațe, îi dăduseră lacrimile.

– Isabella, spusese, gustând parcă numele. Apoi se uitase la Nick: Putem s-o numim Isabella?

De parcă el i-ar fi putut refuza ceva.

– E perfect.

Kathy îl privise în continuare cu obrajii brăzdați de lacrimi.

– O să ai grijă de ea pentru totdeauna, da, Nicky?

Până și atunci simțise întunericul care se întindea să o cuprindă.

Dar Kathy știuse oare că Nick o iubea, că o iubise dintotdeauna și că avea să o iubească pentru totdeauna? Era o parte din el, poate cea mai mare parte, și uneori – chiar și acum – îi auzea râsul într-o adiere de vânt. Săptămâna trecută, când văzuse două lebede albe pe lac, se oprise să le privească și se gândise: „Uite-le, Kath... s-au întors iarăși..."

Izzy își strecură mâna într-a lui.

– E în regulă, tati. Știe.

Nick o strânse în brațe, ridicându-și privirea spre cer. Avea ochii plini de lacrimi. „Cea mai bună parte din noi e aici, cu mine, Kath – și o să am grijă de ea pentru totdeauna."

Lăsară în iarbă un coș plin de crizanteme înflorite, apoi merseră acasă.

– Mă duc să văd ce mai e prin grădină, spuse Izzy când Nick parcă pe alee.

– Să nu întârzii. Cred că o să plouă în curând.

Izzy încuviință, apoi ieși din mașină și alergă până la gardul din șipci albe. Nick trânti ușa și se îndreptă spre casă. După cum se așteptase, chiar începu să plouă înainte să ajungă pe verandă.

– Tati, tati, vino aici, tati!

Se răsuci brusc. Izzy țopăia pe lângă cireșul pe care îl plantase anul trecut, fluturându-și brațele ca o pasăre agitată.

Nick traversă gazonul în fugă. Când ajunse la ea, fetița îi zâmbi printre stropii mari de ploaie.

– Uite, tati.

Văzând despre ce era vorba, Nick se lăsă încet să cadă în genunchi în iarba deja umedă.

Pe una din crengile cireșului apăruse un singur boboc roz, perfect.

Toamna readuse culoarea în California de Sud. Iarba maronie începu să înverzească. Aerul cenușiu, măturat de brizele de septembrie, reveni la un albastru primăvăratic. Posturile de radio începură să vorbească despre fotbal la nesfârșit. Peste tot, oamenii își strângeau frunzele din curte.

Era anotimpul schimbărilor bruște și acute. Zilele călduroase, strălucitoare, erau urmate de nopți reci și înstelate. Bluzele cu mânecă scurtă, de vară, erau împachetate și puse deoparte, lăsând locul celor groase, cu mânecă lungă. Păsările dispărură una câte una, lăsându-și cuiburile de izbeliște. Californienii, care erau obișnuiți să se îmbrace tot anul în haine subțiri și minuscule, începură să simtă frigul. Tremurau când vântul sufla cu putere, smulgând ultimele frunze roșietice din copaci. Uneori treceau minute întregi între două mașini pe drumul spre plajă. Turiștii parcă se evaporaseră. Doar cei mai stoici se mai aventurau în apele reci ale Oceanului Pacific. Surferii care înfruntau valurile pe plaja publică se răriseră și ei.

Venise timpul ca Annie să-și lase fiica să plece. Dar cum să facă asta? În ultimii șaptesprezece ani o apărase de restul lumii, iar acum toată ocrotirea aceea se concentra în dragostea ei de mamă, în cuvintele pe care i le spusese, în exemplul pe care i-l oferise.

Exemplul.

Oftă, amintindu-și dezamăgirea suferită când devenise conștientă că nu fusese un model bun pentru fiica ei. Era prea târziu să mai schimbe asta. Vremea ei trecuse.

– Mami?

Capul lui Natalie apăru în deschizătura ușii.

– Bună, Nana, răspunse Annie, încercând să se prefacă veselă. Intră.

Natalie se cățără în pat și se întinse lângă ea.

– Nu-mi vine să cred că plec.

Annie își strecură un braț pe după umerii ei. Făptura asta superbă n-avea cum să fie fetița care nu de mult linsese un stâlp de telegraf de pe muntele Mammoth... sau care venise să doarmă cu părinții ei fiindcă avusese un vis urât deși îi mai rămăsese doar un an până să devină adolescentă.

Şaptesprezece ani trecuseră cât ai clipi. Prea repede. Nu avuseseră destul timp...

Annie îşi trecu degetele prin părul ei lung şi blond. Se pregătea pentru ziua asta de multă vreme, de când o lăsase pentru prima oară pe fiica ei la grădiniţă. Şi totuşi, încă nu era gata.

– Ţi-am spus cât de mândră sunt de tine?

– De vreun milion de ori, probabil.

– Atunci ţi-o mai spun o dată.

Natalie se cuibări şi mai aproape şi mângâie pântecele mamei sale.

– Ce ţi-au spus la ultimele analize?

– Că o să am o fetiţă sănătoasă. Chiar nu ai de ce să-ţi faci griji.

– E norocoasă că te are pe tine ca mamă.

Annie îşi puse mâna peste a lui Natalie. Erau atâtea lucruri pe care ar fi vrut să le spună. Venise ziua când fetiţa ei avea să pornească singură în aventura vieţii, şi Annie ştia că timpul ei trecuse. Spusese toate lucrurile importante pe care le avusese de spus; dacă nu, acum era prea târziu. Şi totuşi, ar fi vrut să găsească măcar un sfat inedit, un sfat pe care să i-l poată lăsa ca o moştenire.

– Ce-o să faci după ce plec? se interesă aceasta.

„Plec." Un cuvânt atât de crud, atât de rece şi de nemilos, la fel ca „moarte" sau „divorţ". Annie înghiţi un nod.

– O să-mi fie dor de tine?

Natalie se întoarse spre ea.

– Mai ţii minte când eram mică... şi mă întrebai tot timpul ce vreau să fiu când o să fiu mare?

– Ţin minte.

– Dar tu, mamă? Ce-i spuneai bunicului Hank când te întreba asta?

Annie oftă. Cum ar fi putut să-i explice un lucru pe care ea însăşi nu-l înţelesese până în vara trecută, la aproape patruzeci de ani? Hank n-o întrebase niciodată asta. Fusese un tată singuratic, pierdut, prins între epocile

Donna Reed[1] și Gloria Steinem[2], și își învățase fata că bărbații din jurul ei îi confereau valoarea. Lui i se spusese dintotdeauna că fetele nu aveau nevoie de aspirații, și i se părea firesc; băieții erau cei care trebuiau să viseze și să facă bani.

Annie făcuse multe greșeli în viață, majoritatea deoarece se oprise la mijlocul drumului și refuzase să meargă mai departe. Acum însă știa că e imposibil să trăiești fără să-ți asumi riscuri și că, dacă întâmplător ai parte de o viață sigură și senină, e din cauză că oricum nu aveai nimic plănuit dinainte.

În sfârșit, Annie avea un scop, un risc pe care era pregătită să și-l asume. Se întoarse spre fiica ei.

– Când eram în Mystic m-am gândit la un moment dat că vreau să deschid o librărie. Am văzut o casă victoriană foarte frumoasă, pe Main Street, al cărei parter era de închiriat.

– De-asta tot citești cărți de afaceri!

Annie își stăpâni un zâmbet și încuviință. Se simțea iarăși ca un copil, o fetiță care tocmai îi împărtășise celei mai bune prietene o comoară de preț ca să se bucure amândouă de ea.

– Da.

– Bravo, mamă! Te-ai descurca *excelent*. Ai putea să-i faci concurență librăriei din Malibu. Poate aș veni și eu să lucrez pentru tine în vacanțele de vară.

Annie își întoarse privirea. Visul ei nu însemna să deschidă o librărie *acolo*, sub privirea critică a lui Blake. Deja îi auzea comentariile...

Nick fusese altfel.

Dintr-odată, cineva bătu la ușă.

Annie se încordă. „E timpul", își zise.

– Intră! strigă.

---

[1] Actriță americană, protagonista serialului *The Donna Reed Show* (1958–1966) în care întruchipează soția casnică perfectă (n.red.)

[2] Personalitate de prim rang a feminismului, extrem de activă în mișcarea de emancipare a femeii de la sfârșitul anilor '60 și începutul anilor '70 (n.red.)

Blake păşi în cameră, îmbrăcat într-un costum negru de mătase şi zâmbind larg.

– Bună, fetelor. Natalie este gata? Sally şi doamna Peterson au venit să o ia.

Annie reuşi să râdă slab.

– Întotdeauna mi-am imaginat că o să-ţi car bagajele pe scările din cămin şi o să-ţi despachetez eu hainele. Voiam să începi facultatea cu lucrurile organizate, cel puţin.

– Ar fi trebuit să chem paza să scape de tine. Natalie începu să râdă şi sfârşi suspinând prelung.

– O să-mi fie dor de tine, fata mea, oftă Annie.

– Să nu uiţi de librărie cât timp sunt plecată, da? şopti Natalie agăţându-se de ea.

Annie fu prima care se trase înapoi, conştientă că ei îi revenea această răspundere. Atinse obrazul moale al fetei şi se uită în ochii ei albaştri şi dragi, amintindu-şi pentru prima oară după ani de zile că la început fuseseră gri. Trecuse atâta timp...

– La revedere, Nana-banana, murmură.

– Te iubesc, mamă. Era o voce firavă, de copil. Însă Natalie era o femeie tânără, gata să dea singură piept cu viaţa. Îşi trase nasul şi, cu buzele tremurând, se trase în spate şi îi zâmbi slab lui Blake: În regulă, tată. Poţi să mă conduci afară.

Annie rămase cu privirea pierdută până când uşa se închise încet. Spre surprinderea ei, nu plângea.

Da, ştia că în nopţile întunecate şi în zilele care aveau să urmeze, un nou fel de singurătate avea să o urmărească prin casa goală. Dar ştia de asemenea că avea să supravieţuiască. Era mai puternică decât fusese în martie. Era pregătită să-şi lase fiica mai mare să plece în lume.

– La revedere, Nana, şopti.

Annie intră în travaliu în prima săptămână din noiembrie. Se trezi în mijlocul nopţii, simţindu-şi pântecele în flăcări. A doua crampă o duru atât de tare că îi tăie respiraţia. Se ghemui în faţă.

– O... Doamne...

Își concentră toată atenția asupra mâinilor ei până când durerea dispăru. Apoi, ținându-se de burtă, dădu așternuturile la o parte și se rostogoli din pat. Începu să țipe, dar o a treia crampă îi transformă vocea într-un șuierat slab:

– Blake...

– Annie? tresări acesta ridicându-se în capul oaselor.

– E prea... devreme, șuieră ea, trăgându-l de mâneca pijamalei. Cuprinsă de panică, se gândi la Adrian. O, Doamne, e prea devreme...

– Dumnezeule! Blake sări din pat și se repezi la hainele pe care le lăsase mototolite pe un scaun. În câteva minute erau în mașină și se îndreptau spre spital, iar el repeta neîncetat: Fii tare, Annie. Fii tare, da?

Închise strâns ochii. „Imaginează-ți că ești pe o plajă cu nisip alb."

Încă o crampă.

– Rahat, șuieră ea.

Era imposibil. Nu se putea gândi decât la durere, la agonia care îi mesteca burta cu dinți de fier și amenința viața dinăuntru. *Copilul ei*. Își strânse pântecele cu amândouă mâinile.

– Fii tare, fetița mea... fii tare.

Dar se gândi la Adrian, la micuțul Adrian, conectat la zeci de aparate, apoi coborât în pământ într-un sicriu cât o cutie de pâine...

„Nu din nou, se rugă în tăcere, iar și iar. Doamne, te rog... nu din nou."

Blake se simțea încolțit de pereții albi și sterili din spital. Se plimba înainte și înapoi, ca un leu în cușcă, uitându-se la ceas, răsfoind o revistă idioată despre celebrități și problemele lor infantile.

Trăia în minte iar și iar scena la care luase parte: Annie era dusă cu targa în camera de nașteri, cu ochii mari și îngroziți, repetând cu o voce frântă, tremurată: „E prea devreme".

În acea clipă îngrozitoare în care o puseseră pe targă și o luaseră de-acolo, Blake retrăise totul, de la începutul căsniciei lor și până acum. Toate certurile, toate amintirile frumoase. Își aminti cum o văzuse pe Annie transformându-se dintr-o studentă veselă într-o femeie însărcinată la treizeci și nouă de ani.

– Domnule Colwater?

Se întoarse de la fereastră și o văzu pe obstetriciana lui Annie, doctorița North, la ușă. Purta un halat de un alb strălucitor și zâmbea obosită.

– Copilul...

– Cum e Annie?

Doctorița se încruntă o clipă, apoi spuse:

– Soția dumneavoastră a adormit. Puteți să o vedeți acum.

Blake se simți cuprins de ușurare.

– Mulțumesc lui Dumnezeu. Să mergem.

O urmă pe coridorul tăcut până în salonul particular în care era Annie.

Înăuntru, perdelele erau trase și camera era învăluită în umbre albastre. Patul era îngust, cu balustrade de fier pe margini, ascuns de o perdea în formă de L. Pe noptieră erau un telefon și o cană de plastic cu numărul salonului scrijelit pe o parte – de parcă ar fi vrut cineva să o fure. Suporturile de perfuzii înconjurau patul ca un stol de vulturi înalți și slabi. Între pungile de plastic și încheieturile palide ale lui Annie se întindea o rețea de tuburi transparente.

Întinsă cum era în patul de spital, părea tânără, fragilă. Blake își aminti îndurerat de fiul lui care murise.

– Când o să se trezească? o întrebă pe doctoriță.

– N-ar trebui să dureze prea mult.

Blake nu era în stare să se miște. Rămase în mijlocul camerei, privindu-și soția. Aproape că o pierduse. Nu se putea gândi decât la asta. Aproape că o pierduse.

Trase un scaun lângă pat și se așeză, uitându-se la femeia care îi fusese soție timp de aproape douăzeci de ani. Doctorița spuse ceva – nu știa ce – apoi ieși din cameră.

După o eternitate (Blake nu mai ținea de mult socoteala timpului care trecuse) Annie deschise ochii.

– Blake?

Tresări și o văzu în capul oaselor, uitându-se la el. Arăta speriată, înfrântă.

– Annie, șopti, întinzându-se să o ia de mână.

– Copilul meu, spuse ea. Ce face fetița noastră?

„Rahat." Blake nici măcar nu întrebase de asta.

– Mă duc să văd.

Ieși în fugă din salon și alergă pe coridor. O găsi pe doctoriță în salonul asistentelor și o rugă să vină.

Când o văzu intrând, Annie se ridică. Se străduia din răsputeri să nu plângă; Blake vedea de cât efort avea nevoie pentru asta.

– Bună ziua, spuse ea încet, înghițind un nod.

Medicul se apropie și îi atinse mâna.

– Fiica ta e bine, Annie. E în salonul de terapie intensivă pentru nou-născuți. Au fost niște complicații; abia dacă avea două kilograme și jumătate și asta poate fi o problemă. Suntem îngrijorați că...

– Trăiește?

Doctorița încuviință.

– Încă mai are multe obstacole de depășit, Annie, dar trăiește. Vrei să o vezi?

Annie își astupă gura cu o mână și dădu din cap. Plângea prea tare ca să răspundă altfel.

Blake se dădu la o parte și doctorița o ajută pe Annie să se așeze în scaunul cu rotile de la colțul salonului. Apoi, simțindu-se complet ignorat, le urmă pe coridoare până la salonul de terapie intensivă pentru nou-născuți.

Annie se făcuse ghem lângă incubator. Înăuntrul cutiei transparente de plastic era întinsă fetița lor, nemișcată, de parcă era moartă. Câteva tuburi și ace îi înțepau brațele subțiri și învinețite.

Blake veni lângă ea și îi puse o mână pe umăr.

Annie își ridică privirea.

– Aș vrea să-i spunem Kathleen Sarah. E în regulă?

– Sigur. Blake privi în jur – sus, jos, într-o parte, oriunde, dar nu în incubator. Mă duc să cumpăr ceva de mâncare.

– Nu vrei să rămâi cu noi?

Blake nu voia să se uite la copil.

– Nu... pot.

Annie nu știa de ce era atât de surprinsă, și nici de ce refuzul lui o durea atât. Blake nu știa cum să gestioneze teama sau durerea; niciodată nu fusese bun la asta. Dacă sentimentele lui nu se potriveau într-o cutiuță cu etichetă, se prefăcea că nu există și gata. Deci ea trebuia să treacă prin asta la fel ca și până atunci: singură. Încuviință slab.

– Bine. Cumpără-ți ceva. Nu mi-e foame. A, și sun-o pe Natalie. O să vrea să știe ce se întâmplă.

– În regulă.

După ce Blake plecă, Annie întinse o mână prin deschizătura acoperită cu material steril și își luă fetița de mână. Deși nu-i simțea pielea, știa că era moale, catifelată. Încercă să nu se gândească la Adrian și la cele patru zile în care rămăsese în zadar lângă el într-un salon identic, rugându-se iar și iar, plângând fără nici un rost.

Mânuța lui Katie era atât de mică, atât de fragilă. Annie își strânse ușor degetele în jurul încheieturii subțiri. În următoarea oră vorbi cu ea, sperând că sunetul cunoscut al vocii ei era destul ca să o aline și să-i transmită faptul că, deși era într-o lume orbitoare, plină de ace și aparate și oameni străini, mama ei era alături de ea.

Annie nu-și amintea despre ce vorbise, ce reușise să scoată din inima ei îngrozită pentru a împărtăși cu ființa din cutia îngrozitoare de plastic. Cuvintele se stinseră într-un final, iar falsul ei optimism dispăru odată cu ele.

În cele din urmă, asistentele veniră și o duseră înapoi în salon, amintindu-i că trebuia să-și recapete puterile, să mănânce şi să se odihnească. Annie încercă să protesteze - nu ştiau că nu poate să mănânce şi nici să doarmă când copilul ei nou-născut se chinuia să trăiască?

Se supuse însă; revenită în cameră, se urcă în patul îngust şi incomod şi rămase cu privirea aţintită pe pereţii albi. Sună la Stanford şi vorbi cu Natalie, care îşi luase un bilet de avion pentru vineri seara - imediat după examenul la Oceanografie. Apoi vorbi cu Hank şi Terri.

Când termină cu toate astea, se simţi epuizată. Îşi amintea iar şi iar de pumnişorii învineţiţi, de piciorușele ca nişte fire de macaroane. Închise ochii. Durerea din piept era atât de puternică, încât se întreba cât timp o mai putea suporta. Oare nu cumva inima ei bătrână avea să cedeze?

Un telefon sună tare de undeva, făcând-o să tresară violent. Clipi, uitându-se în jur, şi văzu aparatul de pe noptieră. Ridică receptorul şi răspunse cu o voce ştearsă:

- Alo?

- Annie? Sunt Nick. Prietena ta, Terri, m-a sunat...

- Nick? Abia reuşi să-i rostească numele înainte ca sentimentele să o inunde. Nu mai reuşi să se stăpânească. Terri ţi-a povestit de copil, nu? Fetiţa mea frumoasă... O, Nick... Are două kilograme şi jumătate. Are plămânii subdezvoltaţi. Sunt atâtea ace şi...

Plânse până când rămase fără lacrimi, până când se simţi epuizată, stoarsă şi incredibil de bătrână.

- Unde eşti?

- La spitalul Memorial din Beverly Hills, dar...

- Vin la tine.

Annie închise ochii.

- Nu trebuie să faci asta. O să fiu bine, serios... Blake e aici.

Între ei se lăsă o tăcere lungă, care zgâria pe suflet. În cele din urmă, Nick spuse:

– Ești mai puternică decât crezi, Annie. Indiferent ce se întâmplă, poți să treci cu bine de asta. Poți să o faci. Dar să nu uiți.

– Ce să uit?

– Ploaia. Sunt lacrimile îngerilor. Și fiecare pahar din lumea asta e plin pe jumătate. Să nu uiți asta. Știu ce se întâmplă când cineva... uită că în lumea asta mai există și speranță.

Annie aproape că spuse: „Te iubesc, Nick". Se opri chiar la timp.

– Mulțumesc.

– Te iubesc, Annie Bourne.

Cuvintele lui îi amintiră de ce avuseseră împreună odată, aducându-i iarăși lacrimile în ochi. „Colwater, voia să spună. Sunt Annie Colwater, iar tu iubești o femeie care se stinge cu fiecare clipă." În loc de asta zâmbi slab, ușurată la gândul că Nick nu era acolo să o vadă.

– Mulțumesc, Nick, șopti. Mulțumesc mult. Spune-i lui Izzy că o să o sun în câteva zile, când... când o să știu cum stau lucrurile.

– O să ne rugăm pentru... voi toți.

Annie oftă adânc, simțind că iarăși îi venea să plângă.

– La revedere, Nick.

capitolul 27

Se făcuse miezul nopții, dar Annie nu putea să doarmă. Deși nu mai era internată, teoretic, spitalul îi pusese la dispoziție o cameră în care să stea pentru a fi aproape de Katie. Încercase să citească, să mănânce, să scrie – orice ca să nu se mai gândească la micuță. Nimic nu părea să meargă.

Petrecuse ore întregi ghemuită lângă incubator, citind, cântând, rugându-se. Își storsese niște lapte într-o sticlă, dar când privise lichidul crem se întrebase dacă fetița ei avea să-l guste vreodată. Sau dacă avea să devină suficient de puternică încât să scape din cutia aceea sterilă, să crească mare, să meargă la școală, să doarmă cu mama ei...

„O să trecem peste asta", își zise îndreptându-și spatele, dar de fiecare dată când auzea vreun piuit de aparate, un alt gând nu-i dădea pace: „Asta este. Nu mai respiră".

Blake încercase să o ajute în felul lui, dar degeaba. Repetase: „O să fie bine", însă chiar și atunci ochii lui rămăseseră goi și temători.

Adevărul era că Annie se bucurase când soțul ei părăsise spitalul.

„Pur și simplu nu pot să mai stau aici", îi spusese.

„Bine." Atât rostise Annie; în atmosfera liniștită a salonului, cuvântul fusese plin de amărăciune și de regrete.

Blake încercase să treacă peste moment cu o glumă. „Nu e nevoie să dorm într-un scaun ca să-ți arăt cât de mult te iubesc – nu-i așa?"

„Sigur că nu, mințise ea. Du-te și ia-o pe Natalie. Avionul ei aterizează la ora nouă."

Blake profitase imediat de ocazie, exact cum se așteptase Annie. Ar fi preferat să fie oriunde altundeva, dar nu într-o lume rece și necunoscută în care soția lui plângea tot timpul.

Coborî din pat și merse încet până la fereastră. Operația o durea, dar se bucura de asta. Se lăsă pe pervaz și își lipi fruntea de sticla rece a geamului. Parcarea de dedesubt era un pătrat gri, imens, presărat cu mașini negre.

În cele din urmă se întoarse în pat. Abia apucase să se întindă că telefonul sună. Ridică receptorul:

– Alo?

– Annie? Sunt eu, Nick.

– Nick.

Îi rosti numele într-o șoaptă plină de dorință.

– Mă gândeam că ai nevoie de mine.

Era o frază simplă care se înfășură în jurul inimii ei ca o tulpină de iederă. Annie trecuse prin toate crizele vieții de una singură. Ea era întotdeauna cea puternică, cea care controla situația. Nu-și dăduse seama cât de mult își dorea să fie și ea răsfățată.

– Ce mai face? întrebă Nick.

– Rezistă, oftă ea trecându-și mâna prin părul tuns scurt. Doctorul spune că o să fie bine dacă... mai trăiește câteva săptămâni. Lacrimile o năpădiră iarăși. Iartă-mă, Nick. Sunt obosită și mi-e frică. Nu fac decât să plâng toată ziua.

– Vrei să-ți spun o poveste?

Annie simțea o nevoie disperată să scape de realitate, așa că se agăță de sunetul vocii lui.

– Da, te rog...

– E despre un bărbat care și-a început viața ca un sărăntoc, un puști care mânca din tomberoane și locuia pe bancheta din spate a unui Chevrolet Impala. După ce mama lui a murit, lumea i-a dat o șansă. Așa că băiatul s-a mutat într-un oraș micuț, umed, de care nu auzise niciodată. Nimeni de-acolo nu-i știa trecutul. S-a înscris la liceu, iar după un timp s-a îndrăgostit de două colege. Una era soarele, cealaltă era luna. Băiatul era tânăr, așa că a ales luna, crezând că e un loc sigur și liniștit – și știind că soarele ar fi putut să-l ardă și să-l distrugă. Când soția lui a murit, el și-a pierdut sufletul. I-a întors spatele propriului copil, și-a lăsat visurile de izbeliște și a început să bea. Voia să moară, dar nu avea curaj.

– Nick, nu...

– Așa că bețivul aștepta să vină cineva și să-i curme viața pentru că nu era în stare să o facă singur. Aștepta să vină cineva și să-i ia copilul. Atunci, se gândea, atunci ar fi putut să o facă. Dar nimic din toate astea nu s-a întâmplat până la urmă, fiindcă în viața lui a apărut o zână fermecată. Încă mai ține minte ziua aia. Începuse să plouă, iar apa lacului era nemișcată ca o oglindă. Încă mai ține minte ziua în care zâna fermecată a apărut în viața lui.

– Nick, te rog... Annie voia să-l oprească înainte ca povestea să-i prindă inima în mrejele ei romantice şi să nu-i mai dea drumul.

– Ea a fost cea care i-a schimbat întreaga lume, deşi nu o rugase nimeni. Ea a scos la iveală tot ce avea mai bun în el. L-a făcut să renunţe la băutură şi i-a îndrumat primii paşi înapoi spre casă. Iar el s-a îndrăgostit – pentru a doua şi ultima oară în viaţă.

– Mă copleşeşti, Nick, şopti Annie cu vocea frântă.

– Nu asta vreau să fac. Vreau doar să ştii că nu eşti singură. Iubirea poate să depăşească orice tragedie şi să te conducă înapoi acasă. Tu m-ai învăţat asta. Acum e nevoie să-ţi reamintesc şi eu ce mi-ai spus odată.

Zilele lui Annie treceau într-un şir monoton. Stătea lângă incubator ore întregi, confuză şi fără nici o speranţă. Spitalul îi dăduse o altă cameră, aşa că era în permanenţă aproape de Katie. Dar noaptea, când stătea întinsă în pat, singură, se simţea de parcă oamenii ei dragi erau la sute de kilometri depărtare.

Măsura zilele folosindu-se de lucruri mărunte: Natalie venea în weekenduri, iar în timpul săptămânii era la facultate; Hank apăruse neanunţat şi o vizita zilnic la spital. Terri şi Blake treceau pe la ea în fiecare zi când ieşeau de la lucru. Ceasul ticăia implacabil. Rosie O'Donnell apărea negreşit pe ecranul televizorului din colţul camerei. Cu fiecare nouă emisiune, Annie ştia că mai trecuse o zi. Veni şi Ziua Recunoştinţei, iar Annie şi ceilalţi mâncară curcan la conservă de pe tăvile de plastic din cantina goală şi sinistră.

Însă Annie nu observa mai nimic din toate astea. Uneori, când se aşeza lângă incubator, Natalie se transforma în Adrian şi Adrian se transforma în Katie. În acele clipe, dacă închidea ochii, Annie nu mai vedea decât sicriul micuţ, acoperit cu flori. Dar apoi suna un ceas undeva, sau intra o asistentă, şi Annie îşi amintea: în cazul lui Katie încă mai avea o speranţă.

Vorbea constant cu bebelușul ei. „Sunt aici, sunt lângă tine. Poți să mă simți? Poți să-mi auzi respirația? Te ating. Mă simți?"

Mamă?

Annie își șterse ochii și privi spre ușă. Veniseră Natalie și Hank. Tatăl ei arăta cu zece ani mai bătrân.

– Am adus zaruri, spuse el.

Zâmbi obosită. Mai trecuse o săptămână; Natalie venise înapoi acasă.

– Bună, băieți. Cum a mers cu examenul la psihologie, Nana?

Natalie își trase un scaun.

– Examenul a fost acum două săptămâni, mamă. Deja ți-am spus că l-am luat cu notă maximă. Ții minte?

Annie oftă. Nu-și amintea deloc conversația.

– Ah. Scuze.

Natalie și Hank se așezară lângă pat și începură să pregătească jocul de zaruri. Vorbeau fără oprire, dar Annie nu se putea concentra. Nu putea decât să se uite dincolo de marginea patului, unde era leagănul în care aveau să o așeze pe Katie după ce se însănătoșea. Își amintea că-i aduseseră leagănul atunci când se născuse Natalie, dar nu și când se născuse Adrian.

Hank se aplecă spre ea și îi atinse obrazul.

– O să fie bine, Annie. Trebuie să crezi asta.

– Ia în greutate pe zi ce trece, mamă. Am vorbit cu Mona – asistenta din schimbul de noapte de la terapie intensivă – și mi-a zis că surioara mea e o campioană.

– Încă n-a ținut-o nimeni în brațe... se mai gândește cineva la asta, sau doar eu mi-am dat seama?

Gândul o bântuia, o ținea trează noaptea. Copilașul ei, plin de ace și de tuburi, nu simțise niciodată alinarea îmbrățișării unei mame, nu adormise niciodată cu un cântec de leagăn...

– În curând, mamă, spuse Natalie, strângându-i încheietura. O să fie bine. Poate...

Se auzi o bătaie în ușă și doctorița Norton intră în salon. Doctorul Overton, neonatologul, stătea lângă ea, purtând haine verzi de operație.

Annie simți că inima îi stă în loc când îi văzu pe amândoi. O luă de mână pe Natalie, strângând-o fără să-și dea seama până îi simți oasele subțiri trosnind. Hank sări în picioare și o apucă de umăr.

– Dumnezeule, șopti Annie.

Ușa se deschise din nou și o asistentă solidă, îmbrăcată în alb, pe nume Helena, intră în cameră în foșnet de poliester. În brațe ducea o mogâldeață roz.

Doctorița North veni lângă pat.

– Vreți să vă îmbrățișați fiica?

– Dacă vreau...

Annie nu reușea să respire cum trebuie. Nu crezuse că avea să se întâmple asta vreodată. Sperase, da, dar nu crezuse. Se temuse că, dacă pierdea și acel copil, nu avea să-și mai revină niciodată.

Nu reuși să răspundă, dar întinse mâinile. Asistenta îi așeză fiica în brațe.

Mirosul de bebeluș le învălui pe amândouă, cunoscut și neobișnuit în același timp. Annie dădu la o parte pătura roz și își mângâie fiica pe frunte, minunându-se cât de moale îi era pielea.

Katie își deschise gurița roșie, căscă larg, apoi scoase o mânuță de sub pătură. Zâmbind, gângurind, Annie dădu la o parte pătura și mai mult și își privi fiica îmbrăcată într-un scutec mic, ca de păpușă. Trupul ei palid era străbătut de o rețea de vene albăstrii.

Katie deschise gura și scoase un sunet furios, ascuțit. Annie simți o furnicătură în sfârcuri și halatul i se umezi. Desfăcu repede cordonul și o îndrumă pe Katie spre unul din sâni. După câteva încercări nereușite, buzele micuței se strânseră în jurul sfârcului și începu să sugă.

– Oh, Katie, șopti Annie, mângâind căpșorul moale, atât de moale, râzând încet, bucurându-se de miracolul care îi fusese dăruit. Bine ai venit acasă.

Primele zile după ce Annie și Katie se întoarseră acasă fură o nebunie. Hank și Terri nu o părăsiră aproape nici o clipă, aproape obligând-o să le primească ajutorul.

Pregătiră împreună decorațiunile de Crăciun, cărând cutie după cutie din pod și chicotind de fiecare dată când descopereau încă o comoară. Împodobiră un brad înalt de trei metri în sufragerie, cu un teanc imens de cadouri dedesubt. Natalie îi suna după fiecare curs și întreba ce mai face Katie. Annie se simțea copleșită. Nu voia decât să-și privească fetița, micul ei miracol. Hank se întoarse acasă în cele din urmă – dar numai după ce promise solemn că avea să-i viziteze din nou de Crăciun.

Rămași din nou singuri, Blake și Annie încercară să-și regăsească vechea rutină, dar nu mai era la fel de ușor ca înainte. Annie își petrecea tot timpul ghemuită pe canapea cu Katie, iar Blake stătea tot mai mult la birou.

În a treia săptămână din decembrie, Hank și Natalie se întâlniră pe aeroportul din San Francisco și zburară împreună până în Los Angeles. În seara de Crăciun mâncară împreună, simțind cu toții tensiunea din aer, ceea ce îi aminti lui Annie cât de rău mergea relația lor acum. Nu reușiseră să se bucure nici măcar când deschiseră cu toții cadourile de Crăciun.

Hank îl urmărea pe Blake în fiecare secundă. Annie auzea întrebările pe care i le punea mereu: „Unde pleci? De ce nu vii acasă în seara asta? Ai vorbit cu Annie înainte?"

Blake se simțea ca un străin în propria lui casă. Natalie îl urmărea cu atenție, așteptându-se să îl vadă luând-o pe Katie în brațe, dar el nu o făcea niciodată. Annie înțelegea. Mai trecuseră o dată prin asta. Blake nu era genul de om care să se atașeze imediat de nou-născuți. Îl speriau și nu știa cum să se poarte cu ei, iar teama și confuzia erau două sentimente cu care nu se descurca deloc. Natalie, în schimb, nu putea pricepe. Annie îi vedea dezamăgirea de fiecare dată când o întindea pe Katie spre tatăl ei, iar Blake clătina din cap și pleca în altă parte.

Acum era ghemuită pe marginea saltelei. Blake se lățise cu un braț întins spre ea și un genunchi înfipt în șoldul ei. Acaparase tot patul, așa cum făcea de obicei. Annie îi auzea respirația. Era un sunet ritmic, cu care adormise atâția ani.

Coborî încet din pat și merse la ușile vitrate, pe care le deschise. Perdelele de mătase albă îi mângâiară gleznele goale, prinse într-o adiere de vânt.

Se trezea des, căutând cu disperare o alinare în întuneric, dar nu mai era nici o alinare în căsnicia lor. Încercaseră, era adevărat, fiecare în felul lui. Blake îi făcuse cadouri și promisiuni și încercase să vorbească despre lucrurile care o interesau pe ea; Annie zâmbise iar și iar, închiriase filme la care să se uite împreună și pregătise cina pentru amândoi. Însă nu mergea. Erau ca doi fluturi prinși de o parte și de alta a unei ferestre. Fiecare încerca cu disperare să treacă prin sticlă, dar degeaba.

Blake oftă obosit, lăsă la o parte reportofonul și strecură fișele înapoi în dosarul lor. În ultima vreme abia dacă se mai putea concentra. Începuse să aibă probleme din cauza asta. Katie dormea câteva ore pe noapte și, de fiecare dată când îl trezea cu plânsetele și scâncetele ei, nu mai reușea să adoarmă.

Se ridică și își turnă un pahar de whisky. Răsuci lichidul de culoarea chihlimbarului în paharul Waterford, apoi merse la fereastră și privi afară. Orașul era cenușiu, șters, ca în fiecare ianuarie. Câteva decorațiuni ponosite de Anul Nou încă mai atârnau de stâlpii de iluminat.

Nu voia să se întoarcă acasă la soția pe care abia o mai recunoștea și la bebelușul care făcea zgomot în permanență. După cum se așteptase, întreaga viață a lui Annie se învârtea acum în jurul copilului. Nu mai avea timp de soțul ei; după ce reușea în sfârșit să o adoarmă pe fetiță se împleticea orbește până la pat, prea obosită ca să-i mai dea ceva în afară de un sărut rapid pe obraz și un mormăit de noapte bună.

Blake era prea bătrân ca să fie iarăşi tată, la naiba. Fusese un tată de două parale în tinereţe şi acum nu-i mai păsa de asta nici atât.

Cineva bătu la uşă. Lăsă paharul din mână şi zise:

– Intră.

Uşa se deschise. Tom Abramson şi Ted Swain, doi dintre partenerii lui, îşi făcură apariţia.

– Salut, bătrâne. Este şase jumate, spuse rânjind Ted. Ce zici, mergem la bar să sărbătorim verdictul din cazul Martinson?

Blake ştia că ar fi trebuit să refuze. Simţea că era cazul să se întoarcă acasă fiindcă avea ceva de făcut, dar nu-şi putea aminti ce.

– Sigur, spuse, întinzându-se după haină. Dar numai un pahar. Trebuie să ajung acasă.

– Nici o problemă, râse Tommy. Cu toţii avem familii.

Asta era adevărat. Toţi trei aveau neveste şi copii care îi aşteptau acasă, dar cumva ora unsprezece îi prinse totuşi la bar, râzând, strigând şi ciocnind pahare.

Ted plecă la unsprezece şi jumătate, iar Tom îl urmă imediat. Blake rămase singur pe scaunul de la bar. Le spusese prietenilor lui că vrea să-şi termine băutura, însă adevărul era că stătea cu acelaşi cocktail în faţă de o oră. Se uita spre uşă iar şi iar, gândindu-se: „Ar trebui să plec". Apoi însă îşi amintea de patul cel mare de acasă şi de soţia lui care dormea chircită pe margine, şi nu se mai simţea în stare să se ridice.

Annie pregătise masa cum ştiuse mai bine. Pusese faţa de masă din dantelă Battenberg, iar lumânările de deasupra aruncau în jur licăriri vesele, jucăuşe. În vasele de argint erau toate felurile de mâncare preferate ale lui Natalie: macaroane cu brânză, cornuleţe cu unt şi miere, porumb fiert. La un capăt al mesei era un teanc micuţ de cadouri împachetate în hârtie multicoloră, iar deasupra fiecărui scaun pluteau baloane multicolore, umplute cu heliu.

În seara asta, Natalie împlinea optsprezece ani. Cu toţii se reuniseră ca să o sărbătorească. Annie era hotărâtă să readucă familia lor la ce fusese odată, cel puțin în cele câteva ore cât avea să dureze petrecerea.

Studie încă o dată masa cu un ochi critic, atentă la cele mai mici detalii. Hank o luă pe după umeri și o trase lângă el. Natalie și Terri râdeau în bucătărie, iar chicotelile lor se auzeau prin arcada deschisă. Annie se rezemă de tatăl ei.

– Mă bucur că ai reușit să vii aici de sărbători, tată. Înseamnă mult pentru mine și Natalie.

– N-aș vrea să le ratez pentru nimic în lume. Hank privi în jur și întrebă: Deci? Unde e soțul tău cel mereu ocupat? Petrecerea e gata să înceapă.

– Nu a întârziat decât un sfert de oră. Asta nu-i nimic pentru Blake. I-am spus să vină la șase și jumătate ca să ajungă la șapte.

Hank își trase încet brațul și se îndreptă spre fereastra de deasupra aleii. Annie îl urmă.

– Tată?

Trecu un minut până când bătrânul vorbi din nou, iar vocea îi era mai blândă decât o auzise vreodată.

– Când mi l-ai prezentat prima oară pe Blake am rămas impresionat, să știi. Era tânăr, slăbănog și sărac lipit, dar se vedea deja că într-o bună zi avea să devină un bărbat. Era genul de soț pe care orice tată și l-ar fi dorit pentru fiica lui, inteligent, ambițios. Nu semăna deloc cu băieții pe care îi știam din Mystic. Mi-am spus: uite un băiat care o să aibă grijă de fetița mea...

– Știu povestea, tată...

Hank se întoarse spre ea.

– M-am înșelat, nu-i așa?

– Ce vrei să spui?

– De fapt, îmi prezentai un băiat de care voiai tu să ai grijă. Hank se încruntă. Trebuia să mă preocupe mai mult inima ta și mai puțin bunăstarea ta materială. Dacă mama ta ar fi fost în viață... ea ar fi știut după ce să se uite. Eu am vrut să te bucuri de un trai mai bun decât cel pe care ți l-aș fi putut oferi.

– Știu, tată.

– Sunt... Vocea lui Hank tremură. Ezita să o privească. Mă doare să te văd aşa. Primăvara trecută erai atât de fericită. Mi-e dor să te aud râzând. Cred că... ţi-am dat nişte sfaturi greşite când ai venit în Mystic. La naiba, ţi-am dat sfaturi greşite toată viaţa. Ar fi trebuit să-ţi spun că te-ai pricepe de minune să vinzi cărţi. Ar fi trebuit să-ţi spun asta de ani de zile. Bătrânul se întoarse spre ea în sfârşit. Ar fi trebuit să-ţi spun că eşti cea mai deşteaptă, cea mai talentată, cea mai înzestrată persoană pe care am cunoscut-o vreodată... şi că sunt mândru de tine. Asta ţi-ar fi spus mama ta.

– Of, tată... Annie ştia că, dacă încerca să spună ceva, ar fi izbucnit în lacrimi.

– Un tată îşi învaţă copilul despre responsabilităţi şi răspunderi, dar o mamă... ah, o mamă îşi învaţă copilul să viseze, să creadă în poveşti, să zboare până la stele. Cel puţin, asta ţi-ar fi dăruit Sarah. Dar eu? Ce să ştie un tăietor de lemne bătrân şi neşcolit despre visuri şi poveşti şi stele? Hank oftă cu lacrimi în ochi. Aş vrea să o putem lua de la capăt, Annie Virginia...

Annie se cuibări în braţele mari şi puternice ale tatălui ei şi se agăţă de el.

– Te iubesc, tată, şopti, ascunzându-şi faţa în umărul lui. După câteva clipe, când se trase înapoi, simţi cum rimelul începea să-i alunece pe faţă. Zâmbi: Cred că arăt ca un personaj din *Rocky Horror Picture Show*. Mă duc în baie să mă aranjez puţin.

Se răsuci pe călcâie şi trecu în fugă pe lângă Terri şi Natalie, care aranjau lumânările de pe tort în bucătărie. Fiica ei îşi ridică privirea:

– Eşti bine?

Annie încuviinţă.

– Da. Mă jenează rimelul, atâta tot.

– A ajuns şi tata?

– O să încerc să-l sun pe telefonul din maşină. Probabil că acum intră pe alee.

Terri îi aruncă o privire exasperată pe deasupra creştetului lui Natalie. Annie ridică din umeri într-un gest neajutorat, merse la telefon și formă numărul lui Blake. Apelul intră imediat în căsuța vocală, fără să mai sune.

Se întoarse, înfruntându-le privirile nerăbdătoare.

– Nu e în mașină.

Așteptară încă patruzeci de minute, apoi căzură tacit de acord să înceapă petrecerea fără Blake. Se așezară la masă, iar adulții începură să pălăvrăgească încontinuu ca să acopere dezamăgirea care plutea în aer. Totuși, era greu să ignori scaunul gol din capul mesei.

Annie se forță să zâmbească tot timpul mesei. Terri le povesti anecdote amuzante de pe platoul de filmare – și despre cum mureau personajele care călătoreau cu avionul – făcându-i pe toți să râdă. După cină se așezară în fața șemineului și Natalie își deschise cadourile.

La ora zece, Terri se pregăti să plece. O îmbrățișă pe Natalie, apoi o ținu de mână pe Annie până la ușa de la intrare.

– E un măgar, îi șopti furioasă.

Se îmbrățișară, își luară rămas-bun, apoi Annie se întoarse încet înapoi în sufragerie.

Hank se ridică imediat.

– Cred că o să mă duc la culcare. Bătrânii trebuie să se odihnească. O strânse de umăr pe Natalie și se aplecă să o sărute pe obraz. La mulți ani, draga mea.

Cu o privire frustrată în direcția lui Annie, ieși din cameră.

Se așternu tăcerea.

Natalie merse la fereastră. Annie veni lângă ea.

– Îmi pare rău, Nana. Aș vrea să pot schimba ce s-a întâmplat.

– Nici nu știu de ce mă mai aștept să se comporte altfel...

– Te iubește. Doar... Annie nu-și mai găsi cuvintele. Spusese același și același lucru de prea multe ori. În seara asta nu putea să se mai prefacă

– La ce-mi trebuie iubirea lui?

Întrebarea pusă pe un ton atât de blând lăsă o cicatrice adâncă în sufletul lui Annie.

– El e cel care pierde, scumpo.

Ochii lui Natalie începură să se umple de lacrimi.

– Când eram mică mă prefăceam că nu e tatăl meu adevărat. Știai asta?

– O, Nana...

– De ce mai rămâi cu el?

Annie oftă. Nu se simțea în stare să poarte discuția asta. Nu acum.

– Ești tânără și sentimentală, draga mea. Într-o bună zi vei înțelege că în viață apar obligații și responsabilități care se tot depun, ca tartrul dentar. Trebuie să faci ceea ce trebuie. Trebuie să te gândești și la ceilalți.

Natalie pufni.

– Poate că sunt tânără și sentimentală, dar tu ești cea naivă, mamă. Mereu ai fost naivă. Uneori *eu* mă simt de parcă sunt adultul aici. Întotdeauna crezi că totul se va termina cu bine.

– Credeam asta. Acum nu mai cred.

Natalie îi aruncă o privire solemnă.

– Ar fi trebuit să te auzi primăvara trecută, mamă. Păreai atât de... fericită. Acum știu de ce. Blake nu era acolo, nu te făcea să sari în picioare și să-i faci toate poftele de fiecare dată când apărea pe ușă.

Annie avu nevoie de o clipă până să-și regăsească vocea. Spuse pe un ton slab, rănit:

– Așa mă vezi tu?

– Te văd așa cum ești, mamă: cineva care iubește din tot sufletul și vrea mereu să ne facă fericiți. Dar primăvara trecută, altcineva te-a făcut *pe tine* fericită. Annie înghiți un nod. Se întoarse înainte ca Natalie să vadă că era gata-gata să plângă. Povestește-mi despre Izzy, o rugă aceasta. Sunt sigură că ai adus-o cât ai bate din palme pe calea cea bună.

– Izzy. Deși Annie știa că deschide larg ușa camerei în care își încuiase durerea, își permise să-și amintească de data asta. Gândurile ei se întoarseră în grădina cu flori, la cele câteva margarete și la mânuța înmănușată. Izzy era specială, Natalie. Ți-ar fi plăcut de ea.

– Și el?

– Cine?

– Tatăl lui Izzy.

– E un vechi prieten din liceu. Annie auzea şi ea cum i se înmuiase vocea. Zâmbi amintindu-şi: A fost primul băiat pe care l-am sărutat vreodată.

– Iarăşi ai făcut-o, mamă.

Annie se încruntă.

– Ce-am făcut?

– Ai vorbit pe acelaşi ton ca primăvara trecută, când eram la Londra. El e cel care te-a făcut fericită?

Annie se simţi vulnerabilă, expusă, o femeie singură traversând un pod şubred. Nu-i putea spune adevărul. Poate într-o zi, când Natalie avea să fie şi ea femeie, când avea să înţeleagă mai multe din viaţă şi despre iubire, avea să-i povestească. Atunci ar fi înţeles şi ea.

– Multe lucruri m-au făcut fericită în Mystic.

Trecu o clipă lungă, apoi Natalie răspunse:

– Poate îi inviţi pe-aici pe el şi pe Izzy. Sau poate mergem noi în vizită.

– Nu, spuse încet Annie. Vru să mai adauge ceva, să explice acel cuvânt care nu avea nici un sens de unul singur, dar nu reuşi. O luă pe Natalie în braţe şi o strânse cu putere. Îmi pare rău că tatăl tău a uitat de petrecere.

– Nu, mie îmi pare rău de tine.

– De ce?

– Peste optsprezece ani o să-i spui acelaşi lucru şi lui Katie.

capitolul 28

Undeva după miezul nopţii, o femeie se apropie de Blake. Purta un costum mulat, negru, cu o centură uriaşă de argint şi pantofi cu toc cui. Zâmbi lasciv, apoi se aşeză lângă el şi bătu în bar cu o unghie lungă.

– Votcă şi martini, cu două măsline, te rog, îi spuse barmanului.

De undeva începu să se audă un cântec răguşit al lui Dwight Yoakam, ceva despre buzunarul unui clovn.

Femeia se întoarse spre Blake şi, mestecând o măslină, îl întrebă dacă voia să danseze.

Blake se ridică de pe scaun şi se trase înapoi, împiedicându-se, cât mai departe.

– Scuze, murmură. Sunt căsătorit.

Dar nu se întoarse să plece. Nu putea. Rămase acolo ca un om posedat, holbându-se la necunoscută. Nu se putea abţine să nu se întrebe cum era să-i ţină sânii în palmă – sâni tineri, fermi, de femeie care nu avusese copii, cu sfârcuri mici şi roz de care nu trăsese nici un sugar.

Simţi cum ceva înăuntrul lui se prăbuşise. Acceptă în sfârşit un adevăr pe care îl nega de luni întregi: o iubea pe Annie, dar asta nu era destul. Avea să o înşele din nou. Poate nu în seara asta, poate nici chiar anul ăsta, dar mai devreme sau mai târziu avea să revină la vechile lui obiceiuri. Era o chestiune de timp.

Era suficient să înşele o dată ca să o apuce pe calea pierzaniei. Ştia cât de mare era tentaţia de a poseda o străină, de a face dragoste la miezul nopţii cu o femeie fără nume. Dar după ce se termina totul, se simţea ruşinat, înfrânt, şi nu era în stare să-şi privească soţia în ochi.

Simţindu-se cutremurat până în măduva oaselor, se întoarse cu spatele la femeia atrăgătoare şi ieşi afară. Conduse repede până acasă şi parcă în garaj, apoi intră obosit în holul întunecat. Nu se obosi să aprindă lumina, ci merse direct în camera de zi.

O găsi pe Annie aşteptându-l; era aşezată pe canapea cu picioarele strânse sub corp.

– Bună, Blake, rosti pe un ton blând, vlăguit, care îi înfipse un cuţit în inimă.

Rămase nemişcat. Deşi nu avea nici un motiv să creadă asta, îşi închipui că Annie îl văzuse, că ştia ce fusese la un pas să facă.

– Bună, spuse, forţându-se să zâmbească.

– Ai întârziat.

– Am mers cu nişte colegi la barul de pe bulevardul patru. Am câştigat un proces...

– În seara asta a fost ziua lui Natalie.

Blake se crispă.

– Ah. *Rahat*. Am uitat să-mi notez data în calendarul de la birou.

– Sunt sigură că lui Natalie o să-i placă la nebunie răspunsul ăsta.

– Ar fi trebuit să mă suni și să-mi aduci aminte.

– Nu da vina pe mine, Blake. Tu ești cel care a dat-o în bară. Ții minte când unul din clienții tăi uită să plătească o pensie alimentară, dar nu și când e ziua fiicei tale. Annie oftă. Du-te la ea acum... sunt sigură că e trează.

– Probabil e obosită...

– Merită o explicație.

Blake merse la masa elegantă de piatră așezată de-a lungul unui perete și se privi în oglinda cu ramă scumpă.

– Natalie e supărată pe mine. Când era în Londra n-am sunat-o, dar i-am trimis flori în fiecare săptămână. O femeie adoră să primească flori, asta mi-a spus Suz...

Își dădu seama de gafă și închise gura.

– Dar Suzannah se înșela, spuse imediat Annie, citindu-i gândurile. O fată de șaptesprezece ani nu are nevoie doar de flori de la secretara tatălui ei în fiecare vineri.

Blake își trecu o mână prin păr.

– Fără tine... nu știam ce să fac cu Natalie. Mă tot gândeam că trebuie să o sun, apoi venea o depoziție sau aveam un proces și uitam. O să mă revanșez față de ea. Chiar în seara asta. Se răsuci spre Annie, care se ridicase în picioare. Stătea cu brațele încrucișate, purtând o pereche de pantaloni jerpeliți și o bluză veche cu Universitatea din Washington. Arăta ca o adolescentă fugară, nu ca soția pe care o știa. O să-i cumpăr un laptop, promise.

– Pleacă la facultate duminică și n-o să o mai vedem până la vacanța de primăvară. În curând... n-o să o mai vedem aproape deloc. O să-şi găsească locul ei în lume şi n-o să mai vină pe la noi la fel de des.

„La noi." Blake încercă să găsească un strop de curaj în acel cuvânt simplu, dar nu reuşi.

– Deci? Ce să-i spun?

– Nu ştiu.

– Bineînţeles că ştii. Mereu...

– Ajunge. Dacă ai de gând să fii un tată pentru fiica ta, depinde de tine. Nu-ţi mai dau nici o fiţuică pentru asta.

– Haide...

– Cum îl cheamă pe prietenul ei, Blake?

– Nu are prieten.

– Serios? Săracul Brian o să fie foarte surprins. Şi ce vrea să înveţe la facultate?

Lui Blake îi era greu să-şi adune gândurile când Annie îl privea aşa.

– Dreptul, la fel ca mine. Vrea să lucreze la firma noastră într-o bună zi.

– Serios? Când aţi vorbit ultima oară despre asta?

– Anul trecut? Din expresia ei, Blake îşi dădu seama imediat că n-ar fi trebuit să răspundă tot cu o întrebare. Acum doi ani, atunci?

– Serios? rosti Annie pentru a treia oară, aruncându-i acelaşi cuvânt ca pe o săgeată otrăvită.

Blake se simţea ca un înecat care se întinde după un fir de pai. Renunţă în sfârşit să mai caute o minciună şi spuse sincer:

– Nu ştiu.

– Trebuie să stai de vorbă cu ea, Blake. Dar e mult mai important să asculţi. Îi aruncă un zâmbet trist şi murmură: Ştim amândoi că nu ştii să asculţi.

– Bine. Mă duc să stau de vorbă cu ea.

Blake pronunţase cuvintele încet, folosind un ton potrivit, dar amândoi ştiau adevărul. Avuseseră aceeaşi discuţie de sute de ori înainte, când Annie îl implorase să petreacă mai mult timp cu Natalie.

Ştiau amândoi că Blake nu-şi găsea niciodată timp pentru asta.

*

În ultima zi din ianuarie, Terri veni dis-de-dimineață cu o sticlă de Moët & Chandon și o pungă cu croasante.

– Când o femeie împlinește patruzeci de ani, spuse veselă, trebuie să înceapă să bea de dimineață. Și să nu te plângi că alăptezi și n-ai voie să bei pentru că alcoolul trece în lapte. Șampania e pentru mine. Croasantele sunt pentru tine. Se așezară împreună pe terasă. Lângă ele, apa din jacuzzi bolborosea monoton. Deci, spuse Terri, sorbind niște șampanie. Arăți ca naiba, să știi.

– Mulțumesc mult. Sper că o să vii și când împlinesc cincizeci de ani, atunci *chiar* că o să am nevoie de cineva care să mă înveselească.

– Nu dormi noaptea.

Annie făcu o grimasă. Era adevărat. Nu se odihnise cum trebuie de săptămâni întregi.

– Katie a fost răcită.

– Ah, pufni Terri. Deci Katie e problema.

– Nu... nu neapărat, doctore Freud.

Annie își lăsă privirea să rătăcească pe suprafața strălucitoare a oceanului, urmărind valurile înspumate care se spărgeau la țărm. Nu trebuia să închidă ochii ca să-și amintească de un alt loc, un loc unde iernile erau ierni în adevăratul sens al cuvântului. Acolo, natura pusese din nou stăpânire pe pădurile ei. Turiștii plecaseră de mult, alungați de nopțile lungi și întunecate. Pe munți, zăpada ajungea chiar și la doi metri. Și totuși, floricelele violet creșteau și înfloreau în mijlocul ei, sfidând toate legile naturii. Adânc în pădure, unde pământul nu fusese încă rănit de mâna omului, copacii se strângeau tot mai mult, țesând o perdea impenetrabilă și întunecată cu urme de verde din loc în loc. Acolo era întuneric chiar și în miezul zilei, și nici măcar soarele strălucitor de iarnă nu ajungea până la pământul tare și înghețat. Oricine ar fi fost suficient de nebun sau de disperat să pornească prin sălbăticia neagră și cenușie s-ar fi rătăcit pentru totdeauna.

Annie tânjea să revadă acel peisaj, să simtă aerul rece de iarnă pe obraji. Voia să se înfășoare în haine groase și să se culce în zăpadă, să-și vadă respirația cristalizându-se în aerul argintiu.

– De ce mai rămâi cu el?

Oftă abătută. Se așteptase la o asemenea întrebare în fiecare zi de la aniversarea lui Natalie. Era aceeași întrebare pe care și-o punea și ea în fiecare noapte, întinsă lângă soțul ei, în pat, nefiind în stare să adoarmă.

Se gândea mult la Natalie în ultima vreme. Crescuse acum, era aproape o femeie în toată puterea cuvântului. Se gândea și la Katie, care avea atâția ani înainte. De multe ori, simțindu-se groaznic de singură, își contempla propria viață, căutându-se din nou pe sine și regăsindu-se într-o fată slăbuță, cu păr castaniu, care făcea întotdeauna ce i se spunea.

Îi era dor de femeia care fusese pe țărmurile lacului Mystic, femeia care îndrăznise să viseze că într-o bună zi avea să deschidă o librărie și riscase totul într-un joc pasional al iubirii. Îi era dor de Nick, de Izzy, de familia pe care o încropiseră împreună din rămășițele disparate ale vieților lor.

Era genul de familie la care visase dintotdeauna... familia pe care Katie o merita.

„Știi că n-am nici o amintire cu tata?"

Terri o atinse pe umăr.

– Annie? Plângi...

Annie ținuse frustrarea în ea prea mult timp, se prefăcuse că totul era bine, că toată lumea conta cu excepția ei. Dar nu mai putea să îndure.

– Și eu contez, spuse încet.

– Doamne, mulțumescu-Ți, șopti Terri, trăgând-o în brațele ei puternice.

– Nu mai pot să trăiesc așa. Annie se lăsă îmbrățișată și legănată ca un copil.

– Sigur că nu.

Annie se trase înapoi, dându-și la o parte părul din ochi.

– Nu vreau să o aud pe Katie spunându-mi într-o zi că nici ea nu are vreo amintire cu tatăl ei.

– Dar *tu*, Annie?

– Merit mai mult decât atât... Eu și Blake nu mai avem nimic în comun. Nici măcar miracolul celor doi copii ai noștri.

Era adevărul pe care ezitase să-l privească în față în tot acest timp. Iubirea lor dispăruse, dispăruse pur și simplu, se stinsese ca o lumânare al cărei miros acru de fum era singurul lucru care dovedea că flacăra fusese aprinsă vreodată. Nici măcar nu mai ținea minte zilele când fuseseră îndrăgostiți unul de celălalt, cu atâția ani în urmă.

Nu putea să nu-i pară rău de flacăra pe care o pierduseră, și știa că amândoi erau la fel de vinovați. Își petrecuse toată viața în umbră, temându-se prea mult să dea greș sau să rămână singură, și nu îndrăznise să aprindă nici măcar o lumânare. Căsnicia lor era exact așa cum o plămădiseră– iar ăsta era cel mai trist adevăr.

În mod clar, nici Blake nu era fericit. Nu era gata să renunțe la Annie, dar Annie pe care o voia era Annalise Bourne Colwater, femeia ștearsă care crescuse în umbra căsniciei lor.

Blake voia ceva ce nu mai putea să aibă.

Din dormitor se auzeau acordurile vagi ale unei melodii. Blake stătea în fața leagănului lui Katie, uitându-se la fetița învelită în așternuturi roz.

Scoase din buzunar o cutie neagră, subțire, de catifea. Urmări cu degetul materialul moale, amintindu-și zecile de cadouri pe care i le făcuse lui Annie în trecut: cadouri de Crăciun, aniversări, zile de naștere.

Îi dăduse întotdeauna lucruri pe care credea că trebuie să le aibă. Inelul ei cu diamant, de exemplu. Când împliniseră zece ani de căsnicie îi cumpărase un inel cu un diamant de trei carate, nu fiindcă Annie ținuse neapărat – era mai mult decât mulțumită cu verigheta de aur pe care i-o cumpărase când nu-și putuseră permite altceva – ci pentru că îl punea pe el într-o lumină bună. Toţi cei care îi vedeau inelul ştiau imediat că Blake era un om bogat şi de succes.

Nu-i oferise niciodată un lucru pe care îl dorise sau de care avea nevoie. Şi niciodată nu i se dăruise pe sine.

– Blake?

Se întoarse când îi auzi vocea şovăitoare. Annie stătea sub arcadă, purtând halatul de mătase albastră pe care i-l făcuse cadou cu ani şi ani în urmă. Arăta superb.

– Trebuie să vorbim, spuse ea.

– Ştiu. O clipă, Blake simţi un imbold să o ţină strâns şi să nu-i permită să-l mai părăsească niciodată. Dar învăţase că dragostea sufocantă era la fel de rea ca aceea aproape inexistentă. Am ceva pentru tine. Un cadou de ziua ta.

Îi întinse cutia. Rămase cu ea în palmă o clipă, de parcă ar fi fost o cicatrice neagră.

Cu ochii în ochii lui, Annie luă cutia şi o deschise. O brăţară de aur gravată cu numele ei strălucea de pe un strat de mătase albastră.

– O, Blake!

– Întoarce-o.

Annie scoase brăţara din cutie cu mâini tremurânde, o întoarse şi citi inscripţia de pe partea cealaltă.

„Te voi iubi mereu."

Îşi ridică privirea. Avea ochii plini de lacrimi.

– N-o să meargă, Blake. E prea târziu.

– Ştiu, şopti el. Îşi dădu seama că tonul său plângăreţ nu avea nimic masculin, însă nu-i păsa. Poate că, dacă nu i-ar fi păsat de asta nici în trecut, n-ar fi ajuns să-şi ia rămas-bun de la singura femeie care îl iubise vreodată cu adevărat. Aş fi vrut...

Nu ştia ce să spună. Ar fi vrut oare ca Annie să fi fost altfel? Ca el să fi fost altfel? Ca amândoi să-şi fi dat seama de asta cu ani în urmă?

– Şi eu, răspunse ea.

– O să... ţii minte cuvintele de pe brăţară?

– Nu-mi trebuie o brăţară ca să ţin minte cât de mult te-am iubit. Douăzeci de ani ai fost viaţa mea. Ori de câte ori mă uit înapoi, mă gândesc la tine. Obrajii lui Annie erau brăzdați de lacrimi. Și Katie?

– O să vă ajut cu banii, desigur...

Blake își dădu seama imediat că răspunsul lui o jignise.

– Nu mă referearn la bani, ripostă ea.

Blake se apropie și o mângâie pe obraz. Știa ce voia Annie de la el, însă nu putea să-i dăruiască asta. Nu putuse niciodată. Nu avea să fie un tată bun pentru Katie, la fel cum dăduse greș și cu Natalie. Dintr-odată se simți groaznic de trist – pentru clipele pierdute, bune și rele, pentru alegerile pe care nu le făcuse, pentru viețile de care se îndepărtase fără să-i pese. O privi posomorât.

– Vrei să te mint?

– Nu.

O luă încet în brațe. O ținu la piept, știind că imaginea ei avea să-l însoțească toată viața.

– Deci chiar s-a terminat, șopti, mirosindu-i cu încântare aroma dulce a părului.

După o clipă, Annie răspunse încet, cu un glas tremurat:

– Da.

Camera de cămin a lui Natalie era plină cu amintiri din Londra. Pe birou erau o mulțime de poze cu noii ei prieteni, amestecate cu poze de familie și teancuri de teme. Pe patul uriaș cu ramă de metal erau așternuturi scumpe, marca Laura Ashley, iar în mijloc trona perna roz pe care Annie brodase cu ani în urmă cuvintele: AICI DOARME PRINȚESA.

Natalie stătea turcește pe pat, cu părul ei lung și blond curgându-i pe umeri. Era deja îngrijorată – o reacție firească de adolescent care află că *amândoi* părinții vin în vizită.

Annie și-ar fi dorit să-i poată spune că divorțează fără cuvinte, să o facă să înțeleagă adevărul trist într-un alt fel.

Blake stătea în colţul camerei cu aceeaşi expresie calmă pe care o avea în sala de judecată, dar Annie îi vedea neliniştea în felul în care se tot uita la ceas.

Nu avea rost să mai amâne inevitabilul. Se aşeză pe pat, lângă Natalie. Blake făcu câţiva paşi nesiguri spre ele, apoi rămase în mijlocul camerei.

– Ce s-a întâmplat, mamă? vru fata să ştie.

– Trebuie să-ţi spunem ceva, eu şi tatăl tău. Annie o luă de mână şi îi privi degetele subţiri şi inelul cu piatra zodiei pe care i-l cumpăraseră când împlinise şaisprezece ani. Cu un efort considerabil, îşi păstră expresia neschimbată. Respiră adânc, apoi se încumetă: Eu şi tatăl tău ne-am hotărât să divorţăm.

Natalie rămase nemişcată.

– Presupun că n-ar trebui să mă surprindă.

Vorbise pe un ton blând, în care Annie auzi atât copilul care fusese, cât şi femeia care era pe cale să devină. Îi mângâie părul, descurcându-l cu degetele, aşa cum obişnuise când Natalie era mică.

– Îmi pare rău, draga mea.

Natalie îşi ridică privirea. Avea lacrimi în ochi.

– O să fii bine, mamă?

Annie se simţi mândră de fiica ei.

– Sunt bine, şi nu vreau să-ţi faci nici o problemă. N-am aranjat încă toate detaliile. Nu ştim unde o să locuim. Trebuie să rezolvăm cu adresele, cu concediile, cu vacanţele. Dar ştiu un lucru: o să fim o familie întotdeauna – doar că o să fim o familie mai specială. Vei avea două locuri pe care să le poţi numi „acasă", nu doar unul.

Natalie încuviinţă încet, apoi se întoarse spre tatăl ei. Blake se apropie şi îngenunche în faţa ei. O dată în viaţă nu mai arăta a avocat care cere trei sute cincizeci de dolari pe oră. Era pur şi simplu un bărbat speriat, vulnerabil.

– Am făcut câteva greşeli... Îi aruncă o privire lui Annie şi îi zâmbi uşor, apoi se întoarse spre Natalie. Şi faţă de mama ta, şi faţă de tine. Iartă-mă, bobocel.

Îi atinse obrazul. Natalie începu să plângă.

– Nu mi-ai mai spus așa de când am căzut de pe balansoar în clasa a treia.

– Sunt multe lucruri pe care nu le-am mai spus și nu le-am mai făcut de ani de zile. Însă vreau să-mi iau revanșa. Vreau să facem niște lucruri împreună – dacă vrei și tu.

– În mai o să fie o reprezentație cu *Fantoma de la operă*. Am putea să mergem.

– Mi-ar plăcea.

– Pe bune de data asta? Să cumpăr două bilete?

– Vorbesc serios, spuse Blake.

După felul în care rostise cuvintele, Annie îl crezu. Bineînțeles, îl credea întotdeauna.

Blake se ridică încet și se trase în spate.

– Încă suntem o familie, spuse Annie, dându-i o șuviță după ureche lui Natalie. Vom rămâne o familie pentru totdeauna.

Îl privi pe tatăl copiilor ei și zâmbi. Într-adevăr, Blake avea să facă parte din ea pentru totdeauna. El fusese întreaga ei tinerețe. Crescuseră împreună, se îndrăgostiseră unul de altul și întemeiaseră o familie. Nimic nu putea șterge asta, nici chiar o bucată de hârtie și o hotărâre judecătorească. Divorțul nu avea să le ia decât lucrurile la care amândoi erau dispuși să renunțe, iar Annie avea de gând să țină de toate amintirile – bune, rele, așa și așa. Toate făceau parte din ei. Toate îi făcuseră oamenii care erau acum.

Întinse mâna, iar Blake i-o luă într-a lui. O îmbrățișară amândoi pe Natalie. Când Natalie era mică, numiseră asta o „îmbrățișare de familie". Annie se întrebă de ce nu o mai făcuseră de atâta timp. Auzi plânsul înăbușit al fetei și știu că avea să regrete asta toată viața.

Era de parcă s-ar fi întors în timp. Annie și Blake se plimbau iarăși prin campusul universității Stanford. Bineînțeles, Annie avea patruzeci de ani și ajunsese la jumătatea vieții... și, în plus, împingea un cărucior.

– E ciudat că ne-am întors aici, remarcă el.

Își petrecuseră întreaga zi cu Natalie, iar în acea după-amiază fuseseră o familie mai unită decât fuseseră vreodată în ultimii ani. Acum însă venise vremea să se despartă. Annie venise cu Cadillacul, iar Blake luase avionul și închiriase o mașină până în campus.

Când ajunseră lângă Cadillac, Annie se aplecă și o scoase pe Katie din cărucior.

– Ce ai de gând să faci acum? se interesă Blake.

Annie nu răspunse imediat. Blake o mai întrebase asta o dată, când Natalie plecase la facultate. Întrebarea lui o îngrozise atunci. Acum însă, după atâtea luni, aceleași cuvinte îi deschideau în față un drum care ducea spre o lume plină de posibilități.

– Nu știu. Încă mai am o grămadă de lucruri de făcut acasă. Trebuie să sortez douăzeci de ani, să-i etichetez și să îi împachetez. Vreau să vând casa. Nu... nu mă mai regăsesc acolo. Sau o vrei tu?

– Fără tine? Niciodată.

Annie privi în jur. Nu era sigură ce ar mai fi putut spune. Ajunseseră la o răscruce în viață; după atâția ani, Blake avea să o apuce pe un drum, iar ea pe celălalt. Nu știa când urma să se revadă. Probabil în fața unui avocat, potrivit clișeului: un cuplu amabil care venise să semneze hârtiile de divorț...

Blake o privi trist, iar Annie se simți tentată să se apropie de el. O întrebă încet:

– Ce o să-i spui lui Katie despre mine?

Annie îi auzi durerea din voce. Îi atinse obrazul, mișcată.

– Nu știu. Așa cum eram înainte, i-aș fi spus o minciună frumoasă ca să nu o supăr. Poate i-aș fi spus că ești un agent secret și că n-ai voie să iei legătura cu noi ca să nu ne pui în pericol. Acum însă... nu știu. O să mă gândesc la ceva când vine momentul, presupun. Dar să știi că n-o să mint.

Blake întoarse privirea, iar Annie se întrebă la ce se gândea. Oare la cât de mult îl costaseră minciunile după atâția ani? La fiica de optsprezece ani pe care nu o cunoștea deloc? Sau la fiica pe care nu avea să o cunoască niciodată? Sau poate se gândea la viitor, la zilele de singurătate care îl așteptau, la viața tăcută, fără nici un râset de copil. Annie se întrebă dacă Blake își dădea seama că, atunci când va ajunge un bătrân cu părul cărunt și ochii încețoșați, nu va avea în jur nici un nepot pe care să-l legene pe genunchi, nici o fată care să îngenuncheze în iarbă lângă scaunul lui cu rotile și cu care să depene amintiri. Trebuia să facă un efort acum, în zilele care contau, altfel nu avea să învețe niciodată că unele lucruri, odată pierdute, nu mai pot fi regăsite niciodată, că dragostea cere timp și efort... că o viață trăită sub lumina soarelui nu va cunoaște niciodată un curcubeu.

– O să-ți fie dor de mine? întrebă el în cele din urmă.

Annie îi zâmbi trist.

– O să-mi fie dor de cine am fost – deja mi-e dor. Și o să-mi fie dor de cine am fi putut să fim.

Ochii lui Blake începură să se umple de lacrimi.

– Te iubesc, Annie.

– Iar eu o să-l iubesc întotdeauna pe băiatul de care m-am îndrăgostit, Blake. Întotdeauna...

Annie se apropie de el și se ridică pe vârfuri, apoi îl sărută. Era un sărut cum nu mai avuseseră de ani de zile, încet, tandru, venit din inimă. Nu era nimic sexual în el. Era sărutul perfect, o emoție pură – pe care o lăsaseră cu atâta neglijență să se piardă. Annie nu mai ținea minte de când săruturile lor deveniseră ceva automat, fără nici o valoare. Poate că, dacă s-ar fi sărutat așa în fiecare zi, n-ar fi ajuns să-și spună la revedere în mijlocul campusului de la Stanford deși își promiseseră să rămână împreună toată viața.

Când Blake se trase înapoi arăta obosit și trist.

– Presupun că am dat-o în bară urât de tot.

– O să mai ai o șansă, Blake. Bărbații ca tine găsesc întotdeauna încă o șansă. Ești bogat și frumos; o să ai parte numai de femei care vor să-ți dea șansa asta. Depinde de tine ce o să faci cu ea.

Blake își trecu o mână prin păr și întoarse privirea.

– La naiba, Annie. Amândoi știm că o s-o dau în bară și cu asta.

– Probabil, râse ea.

Se priviră un moment lung, iar Annie văzu arcul iubirii lor. Începea strălucitor, cu atâția ani în urmă, și se eroda treptat, cu fiecare noapte petrecută în singurătate.

În cele din urmă, Blake se uită la ceas și spuse:

– Trebuie să plec. Am avionul la ora șase. Se aplecă deasupra căruciorului și o sărută fugar pe Katie, apoi se îndreptă de spate zâmbind stingher: E greu...

– Drum bun, murmură Annie îmbrățișându-l pentru ultima oară.

Blake încuviință, urcă în mașină și plecă.

Annie rămase privindu-l până când mașina nu se mai văzu. Se așteptase să fie pe culmea tristeții, dar de fapt se simțea aproape euforică. Săptămâna trecută făcuse un lucru de care nu s-ar fi crezut în stare: călătorise de una singură. Doar ca să se distreze. O lăsase pe Katie cu Terri o zi întreagă – împreună cu două foi de instrucțiuni și un raft întreg de lapte – iar apoi plecase cu mașina. Ajunsese la granița cu Mexicul înainte să-și dea bine seama ce face. Simțise un ghimpe de teamă când văzuse autobuzul roșu și dărăpănat oprind la marginea drumului, dar nu se lăsase învinsă. Se urcase în autobuz cu toți ceilalți turiști și plecase în Mexic. De una singură.

Fusese o zi magică, superbă. Se plimbase pe străzile mult prea aglomerate, ronțăind *churros* cumpărate de la tarabe. Găsise un loc liber într-un restaurant și mâncase ceva exotic la prânz, iar fiecare îmbucătură fusese delicioasă. Când începuse să se întunece și neoanele începuseră să se aprindă, Annie înțelesese în sfârșit de ce îi fusese atât de teamă să călătorească singură. Excursiile te schimbau pe nesimțite – nu asta era rostul lor, până la urmă? Să ajungi într-un loc atât de diferit și să afli că poți să negociezi prețul unei bijuterii artizanale într-o limbă străină, iar apoi să ții bijuteria lângă inimă fiindcă e un simbol al micii tale victorii. Fiecare peso pe care nu-l cheltuise devenise un trofeu. Când se întorsese în sfârșit acasă în acea noapte și urcase scările, epuizată, iar apoi se cuibărise cu fetița ei mofturoasă în patul enorm, știuse că, în sfârșit, la patruzeci de ani, viața ei începuse cu adevărat.

– Haide, Katie Sarah. Hai să mergem.

Annie își luă fiica aproape adormită în brațe și o așeză în scaunul pentru bebeluși de pe bancheta din spate. Apoi aruncă bagajul cu scutece pe scaunul din dreapta, se urcă și porni motorul. Înainte să plece găsi un post de radio cu muzica ei preferată. Fredonând în același timp cu Mick Jagger, intră pe autostradă și acceleră până la 110 kilometri pe oră.

„Ce-o să faci acum?"

În California avea responsabilități care se întindeau pe luni întregi. Trebuia să închidă casa și să o vândă, să decidă unde voia să locuiască și ce urma să facă. Nu era obligată să lucreze, desigur, dar nu voia să cadă din nou în capcana unei vieți de lâncezeală. *Avea nevoie* să lucreze.

Se gândi iarăși la o librărie în Mystic. Avea destui bani să încerce – iar casa victoriană de pe Main Street avea și un apartament la etaj în care putea locui. Ea și Katie puteau duce un trai foarte comod acolo. Doar ele două.

Mystic. Nick. Izzy.

Iubirea pe care o simțea pentru Nick și Izzy era uluitor de puternică. Uneori se trezea noaptea și se întindea după Nick – dar Nick nu era acolo. În acele ore tăcute, când îi era atât de dor de el, o durea pieptul.

Știa că, odată ce își punea viața în ordine, avea să se întoarcă la el. Plănuise revederea iar și iar în ultimele câteva săptămâni.

Voia să cumpere o mașină decapotabilă și să conducă pe autostrada 101 de-a lungul plajelor sălbatice, cu părul în vânt. Voia să asculte melodii celebre și să cânte din toate puterile, liberă în sfârșit să facă orice o tăia capul. Să conducă ziua, sub soarele strălucitor, și noaptea, sub lumina stelelor. Să apară la ușa lor fără să-i anunțe și să spere că nu era prea târziu.

Voia să se întoarcă la Nick primăvara, în acea săptămână fermecată când aerul începea să se schimbe, când totul mirosea a nou și a proaspăt.

Într-o zi avea să apară pe veranda lui, purtând doar o pelerină galbenă de ploaie care să-i acopere aproape toată fața. După o clipă de retrăire a amintirilor, avea să se întindă și să sune la ușă, cu Katie în brațe – Katie, care până atunci avea să învețe să meargă de-a bușilea, îmbrăcată într-o salopetă albastră și pufoasă pe care i-o cumpărase special pentru Mystic.

Iar când Nick avea să deschidă ușa, Annie voia să-i spună că în tot timpul cât fuseseră despărțiți simțise că este în cădere liberă și că nimeni nu o s-o mai prindă vreodată...

Ajunse la o bifurcație. Deasupra se vedeau două semne de un verde strălucitor pe fundalul cenușiu al cerului. Erau două variante: I-5 Sud și I-5 Nord.

„Nu."

Era un gând nebunesc. Nu era gata încă. Avea mult prea multe lucruri de rezolvat în California și nici măcar nu-și luase periuța de dinți cu ea. În Mystic era iarnă, era rece, umed și cenușiu, iar Annie era îmbrăcată în haine de mătase...

Spre sud era Los Angeles – și o casă frumoasă de pe malul oceanului cu toate rămășițele vechii ei vieți.

Spre nord era Mystic – iar în Mystic erau un bărbat și o fetiță care o iubeau. Pe vremuri, Annie crezuse că iubirea i se cuvenea. Nu mai voia să facă aceeași greșeală. Iubirea însemna soarele, luna și stelele dintr-o lume care era rece și întunecată fără ele.

Nick știuse asta. Era unul din ultimele lucruri pe care i le spusese. „Te înșeli, Annie. Dragostea contează. E, poate, singurul lucru care contează."

Annie își privi fiica în oglinda retrovizoare. Katie era aproape adormită.

– Ascultă-mă bine, Kathleen Sarah. O să te învăț prima lecție din cartea vieții după Annalise Bourne

Colwater. Nu le-oi fi ştiind eu pe toate, dar am patruzeci de ani şi o experienţă pe măsură, aşa că fii atentă. Uneori trebuie să faci totul aşa cum trebuie şi să respecţi toate regulile. Trebuie să aştepţi până când toate piesele sunt pregătite şi abia apoi să faci o mutare. Annie continuă zâmbind larg: Iar alteori... cum ar fi acum, de exemplu... trebuie să spui: „Şi ce dacă?“ Şi apoi să faci ce vrei.

Râzând în gura mare, Annie semnaliză, schimbă banda...

Şi porni spre nord.

mulţumiri

Să scrii unele cărţi e ca şi când te-ai lupta într-o bătălie. Alteori te simţi ca în război. Le sunt recunoscătoare generalilor mei, Ann Patty, Jane Berkey şi Linda Grey, pentru că mi-au cerut întotdeauna să dau tot ce am mai bun. Îi mulţumesc lui Stephanie Tade pentru că a crezut în această carte încă de la început. Elisa Wares şi toţi oamenii minunaţi de la Ballantine Books merită toate mulţumirile mele pentru că m-au sprijinit şi m-au încurajat. Colegelor mele – Megan Chance, Jill Marie Landis, Jill Barnett, Penelope Williamson şi Susan Wiggs – le mulţumesc pentru că au fost întotdeauna alături de mine, m-au ascultat şi au râs cu mine; şi îngerului meu păzitor care îmi este în acelaşi timp *über*-agent, mentor şi prieten, Andrea Cirillo, îi mulţumesc pentru tot.

ADULȚI

FICȚIUNE

Premium

Amprenta omului, Sebastian Faulks	39,90
Cântarea Asasinului, M.G. Vassanji	29,90
Clopotele, Richard Harvell	39,90
Cum să pictezi un mort, Sarah Hall	29,90
Curs special de fizica dezastrelor, Marisha Pessl	29,90
Fata cu picioare de sticlă, Ali Shaw	29,90
Femeia albă pe bicicletă verde, Monique Roffey	29,90
N-ai să mori, Kathrin Schmidt	29,90
Nuanţe de cenuşiu, Jasper Fforde	29,90
O femeie la doctor, Ray Kluum	29,90
O zi, David Nicholls, ed. a III-a	34,90
Oamenii delfin, Torsten Krol	29,90
Olive Kitteridge, Elizabeth Strout	29,90
Palma, Christos Tsiolkas	39,90
Prea multă fericire, Alice Munro	29,90
Regina Sudului, Arturo Perez – Reverte	39,90
Să tai în piatră vie, Abraham Verghese	44,90
Se numea Sarah, ed. a II-a, Tatiana de Rosnay	39,90
Ținutul pustiit, Samantha Harvey	29,90
Tony şi Susan, Austin Wright	29,90
Vieţi secrete, ed. a II-a, Tatiana de Rosnay	29,90
Violoncelistul din Sarajevo, Steven Galloway	29,90
Wolf Hall, Hilary Mantel	29,90
Aici ne despărţim, Jonathan Tropper	29,90
Lumea ce va să vină, Dara Horn	29,90
Perfecţiune. Însemnări despre trădare şi renaştere, ed. a II-a, Julie Metz	29,90
Când Dumnezeu era iepure, Sarah Winman	29,90
O săptămână în decembrie, Sebastian Faulks	39,90
Vieţi de tinichea, Paul Harding	29,90

Thriller

Ancheta, Lee Child	19,90
Angelologia, Danielle Trussoni	39,90
Aştept răspuns, Dan Chaon	39,90
Aurul spartanilor, ed. a II-a, Clive Cussler, Grant Blackwood	19,90
Aurul spartanilor, Clive Cussler, Grant Blackwood	39,90
Câmpul cu iarbă neagră, Belinda Bauer	29,90
Corbii, George Dawes Green	34,90

Cu sufletul la gură, Dean Koontz	34,90
Dimiter, William Peter Blatty	34,90
Dincolo de sânge, Val McDermid	39,90
Fără îndurare, Dean Koontz	39,90
Febra oaselor, Val McDermid	39,90
Hoţul de trupuri, James Bradley	34,90
Imperiul pierdut, Clive Cussler, Grant Blackwood	39,90
Imperiul pierdut, ed. a II-a, Clive Cussler, Grant Blackwood	19,90
În întuneric, Mark Billingham	39,90
Legea conspiraţiei, Christopher Reich	39,90
Legea conspiraţiei, ed. a II-a, Christopher Reich	19,90
Legea răzbunării, Christopher Reich	39,90
Molima, Guillermo Del Toro, Chuck Hogan	39,90
Moştenirea Stonehenge, Sam Christer	34,90
Moştenirea Stonehenge, ed. a II-a, Sam Christer	19,90
Profesorul, John Katzenbach	39,90
Răzbunare la Paris, Steve Berry	19,90
Regatul, Clive Cussler	39,90
Safari însângerat, Deon Meyer	39,90
Sfinxul, T.S. Learner	39,90
Sora, Rosamund Lupton	39,90
Treisprezece ore, Deon Meyer	39,90
Vecinul, Lisa Gardne	39,90
Anii pierduţi, Mary Higgins Clark	24,90
Ars, Thomas Enger	29,90

Lady

Aproape căsătoriţi, Jane Costello	34,90
Ceva de împrumut, Emilly Griffin	34,90
Perfecţiune. Însemnări despre trădare şi renaştere, Julie Metz	34,90
Petrecerea lui Ralph, Lisa Jewell	34,90
Valentine, Adriana Trigiani	34,90

Biblioteca pentru toţi

Maitreyi, Mircea Eliade	7,90
Pânza de păianjen, Cella Serghi	7,90
Lorelei, Ionel Teodoreanu	7,90
Craii de Curtea Veche, Mateiu I. Caragiale	7,90
Îngerul a strigat, Fănus Neagu	7,90
Adam şi Eva, Liviu Rebreanu	7,90
Rusoaica, Gib. I. Mihăescu	7,90
Nuntă în cer, Mircea Eliade	7,90
Cartea Mironei, Cella Serghi	7,90
Viaţa la ţară. Tănase Scatiu. În război, Duiliu Zamfirescu	7,90
Cişmigiu & Comp. Bună dimineaţa, băieţi!, Grigore Băjenaru	7,90
Maidanul cu dragoste, George Mihail Zamfirescu	7,90
Romanul adolescentului miop, Mircea Eliade	7,90
Adela, Garabet Ibrăileanu	7,90

Romanţe pentru mai târziu, Ion Minulescu	7,90
Donna Alba, Gib I. Mihăescu	7,90
Viaţa pe un peron, Octavian Paler	7,90
Plumb, George Bacovia	7,90
Cronică de familie, vol. 1, Petru Dumitriu	7,90
Cronică de familie, vol. 2, Petru Dumitriu	7,90
Cronică de familie, vol. 3, Petru Dumitriu	7,90
Ciocoii vechi şi noi, Nicolae Filimon	7,90
Calea Victoriei, Cezar Petrescu	7,90
La Medeleni, vol. 1, Ionel Teodoreanu	7,90
La Medeleni, vol. 2, Ionel Teodoreanu	7,90
La Medeleni, vol. 3, Ionel Teodoreanu	7,90
Poezii, Mihai Eminescu	7,90
Noaptea de sânziene, vol. 1, Mircea Eliade	7,90
Noaptea de sânziene, vol. 2, Mircea Eliade	7,90
Costandina. *Uruma. Ce mult te-am iubit*, Zaharia Stancu	7,90
Voica. Pontiful, Henriette Yvonne Stahl	7,90
Enigma Otiliei, George Călinescu	7,90
Concert din muzică de Bach, Hortensia Papadat-Bengescu	7,90
Pădurea spânzuraţilor, Liviu Rebreanu	7,90
Momente. *Povestiri. Schiţe*, I.L. Caragiale	7,90
Zilele şi nopţile unui student întârziat, Gib. I. Mihăescu	7,90
Cireşarii. *Cavalerii Florii de Cireş*, vol. 1, Constantin Chiriţă	7,90
Cireşarii. *Castelul fetei în alb*, vol. 2, Constantin Chiriţă	7,90
Cireşarii. *Roata norocului*, vol. 3, Constantin Chiriţă	7,90
Cireşarii. *Aripi de zăpadă*, vol. 4, Constantin Chiriţă	7,90
Cireşarii. *Drum bun, cireşari!*, vol. 5, Constantin Chiriţă	7,90
Iubim, vol. 1, Octav Dessila	7,90
Iubim, vol. 2, Octav Dessila	7,90
Iubim, vol. 3, Octav Dessila	7,90
Întoarcerea din rai, Mircea Eliade	7,90
Întunecare, vol. 1, Cezar Petrescu	7,90
Întunecare, vol. 2, Cezar Petrescu	7,90
Poezii, Octavian Goga	7,90
Proză, Mihai Eminescu	7,90
Şatra, Zaharia Stancu	7,90
Huliganii, Mircea Eliade	7,90
Poemul Invectiva şi Alte Poeme, Geo Bogza	7,90
Teatru, I.L. Caragiale	7,90
Frumoşii nebuni ai marilor oraşe, Fănuş Neagu	7,90
Cântece ţigăneşti. *Poeme*, Miron Radu Paraschivescu	7,90
Domnişoara Christina. Şarpele, Mircea Eliade	7,90
Dumineca orbului, Cezar Petrescu	7,90
Hagi Tudose. Nuvele şi schiţe, Barbu Delavrancea	7,90
Ţări de piatră, de foc şi de pământ, Geo Bogza	7,90
Povestea vorbii, Anton Pann	7,90
Sfârşit de veac în Bucureşti, Ion Marin Sadoveanu	7,90

Cartea Oltului, Geo Bogza	7,90
Poezii, Mihai Eminescu	7,90
Accidentul, Mihail Sebastian	7,90
Gorila, Liviu Rebreanu	7,90
Jar amândoi, Liviu Rebreanu	7,90
Raftul de cultură generală	
Set *Film* (3 vol.)	39,90
Set *Istorie* (3 vol.)	39,90
Set *Arhitectură* (3 vol.)	39,90

DICȚIONARE

Dicţionar universal ilustrat al limbii române

Dicţionar universal ilustrat al llimbii române - set 12 vol. + cutie cadou	169,00

Dicţionar englez-român ilustrat

Dicţionar englez-român ilustrat, vol. 1	19,90
Dicţionar englez-român ilustrat, vol. 2	19,90
Pachet *Dicţionar englez-român ilustrat* (2 vol.)	29,90

ISTORIE

Marea istorie ilustrată a lumii

Set *Marea istorie ilustrată a lumii, 2 vol. - România*, Teodora Stănescu Stanciu	49,90
Marea istorie ilustrată a lumii, vol. I	24,90
Marea istorie ilustrată a lumii, vol. 2	24,90
Marea istorie ilustrată a lumii, vol. 3	24,90
Marea istorie ilustrată a lumii, vol. 4	24,90
Marea istorie ilustrată a lumii, vol. 5	24,90
Marea istorie ilustrată a lumii, vol. 6	24,90
Marea istorie ilustrată a lumii, vol. 7	29,90

Cronica ilustrată a omenirii

Cronica ilustrată a omenirii. Set 16 vol. + cutie cadou	99,00

LIMBI STRĂINE

Diverse

Gramatica limbii engleze	24,90
Verbele limbii engleze	24,90
Vocabularul limbii engleze	24,90
Învaţă uşor limba engleză, 3 vol. *Gramatica, verbele, vocabularul*	69,90

Berlitz

Limba engleză. Ghid de conversaţie	19,90
Limba franceză. Ghid de conversaţie	19,90
Limba germană. Ghid de conversaţie	19,90

Limba spaniolă. Ghid de conversaţie	19,90
Limba italiană. Ghid de conversaţie	19,90

15 Minute

Franceza în 15 minute. Ghid de conversaţie, Caroline Lemoine	29,90
Engleza în 15 minute. Ghid de conversaţie, ed. a II-a	29,90
Germana în 15 minute. Ghid de conversaţie, ed. a II-a	34,90
Italiana în 15 minute. Ghid de conversaţie, Francesca Logi	29,90
Spaniola în 15 minute, Ghid de conversaţie, Ana Bremon	29,90

English Today

Colecţia *English Today*. 26 vol.	299,00
Colecţia *English Today*. 26 vol.	399,00

CULTURĂ GENERALĂ

Bestseller Biografii

Benito Mussolini, Fortunato Minniti	26,90
Adolf Hitler, Hedwig Gusto	26,90
Stalin, Elena Dundovich	26,90
Mao Zedong, Enrico Fardella	26,90
Ernesto Che Guevara, Ernesto Bata	26,90
John Fitzgerald Kennedy, Marilena Gala	26,90

Bestseller

365 de zile care au marcat istoria omenirii, W.B. Marsh, Bruce R. Carrick	44,90
Armata de teracotă, John Man	39,90
Asasini şi asasinate care au schimbat istoria lumii, Paul Donnelley	39,90
Cea mai lungă săptămână, Nick Page	39,90
Cele mai proaste decizii din istorie, ed. color, Stephen Weir	49,90
Chipul neştiut al lui Iisus, Mariano Fernandez Urresti	39,90
CIA - o istorie secretă, Tim Weiner	44,90
Ciocnirea civilizaţiilor, Samuel P. Huntington	39,90
Clubul Bilderberg. Stăpânii lumii, ed. de lux, Cristina Martin	29,90
Confesiunile unui asasin economic, ed. de lux, John Perkins	29,90
Criza de un trilion de dolari, Charles R. Morris	29,90
Ghid de cultură generală	24,90
Infernul, Pierre Bellemare, Jean-François Nahmias	39,90
Istoria lumii de la Big Bang până în prezent, Cynthia Stokes Brown	34,90
Istoria societăţilor secrete, Michael Streeter	39,90
Mari enigme ale istoriei. De la Masca de Fier la monstrul din Loch Ness, Pierre Bellemare, Jean-François Nahmias	39,90
Misiuni speciale. Memoriile unui maestru al spionajului sovietic, Pavel şi Anatoli Sudoplatov	49,90
Nostradamus. Profeţiile complete 2001-2105, Mario Reading	39,90
Podul spionilor, Giles Whittell	39,90
Profeţiile maya pentru 2012, Gerald Benedict	29,90
Putin şi noua Rusie, Michael Sturmer	39,90

Războinicii lui Hitler, Guido Knopp	39,90
Sfârşitul secolului american, Paul Starobin	39,90
Şi totuşi Biblia are dreptate, Werner Keller	34,90
Spioni la Vatican, John Koehler	39,90
Steagul roşu, David Priestland	49,90
Următorii 100 de ani. Previziuni pentru secolul XXI, George Friedman	39,90
Următorul deceniu, George Friedman	39,90
Wall Street, Gordon Thomas, Max Morgan Witts	39,90
Zona 51, Annie Jacobsen	39,90

FAMILIE

Albumul albastru. Primul an al băieţelului meu	29,90
Albumul bebeluşului meu, ed. a III-a	44,90
Albumul copilului nostru - primii cinci ani, ed. a II-a, Ash Caroline	44,90
Albumul roz. Primul an al fetiţei mele	29,90
Cartea nunţii perfecte, Mindy Weiss, Lisbeth Levine	74,90
Cele şapte vârste ale femeii, dr. Rosemary Leonard	9,90
Desenele copilului tău. Interpretări psihologice, Evi Crotti	44,90
Jurnalul unei mămici. Un gând pe zi timp de 5 ani	39,90
Mamă sau femeie, Elisabeth Badinter	24,90
Ordinea naşterii, Linda Blair	29,90
Supernanny. Sfaturi practice şi eficiente pentru educarea copilului, Jo Frost	39,90
Terapie sexuală pentru cuplu, Victoria Zdrok Wilson, John Wilson	24,90
Totul despre inteligenţa sexuală, Kim Cattrall	54,90
Zodiacul copiilor, Cristina Malacarne	9,90
Mama şi copilul. Ghid de creştere a copilului mic, dr. A.J.R. Waterston	99,00
Sarcina şi naşterea. Ghidul femeii însărcinate, Anne Deans	99,00
Secretele îmblânzitoarei de bebeluşi, Tracy Hogg, Melinda Blau	29,90
Recuperarea după cezariană, Chrissie Gallagher-Mundy	39,90
Masajul pentru bebeluş. Ghid practic, Sophie Dumoutet	34,90
Limbajul secret al bebeluşilor, Sally & Edwin Kiester	49,90
Cel mai fericit bebeluş din lume, Harvey Karp	24,90
Alimentaţia copilului de la naştere la 3 ani, Patrick Holford	19,90
Alimentaţia copilului de la naştere la 3 ani, Ruth Yaron	39,90
Boli de nutriţie ale copilului, dr. Kelly Dorfman	24,90

SĂNĂTATE

Lasă-te de fumat în 30 de zile. Fără stres! Definitiv!, dr. Daniel F. Seidman	9,90
150 de alimente esenţiale pentru imunitate, Kirsten Hartvig	9,90

Alergii alimentare. Prevenire, depistare, tratare, Patrick Holford, James Braly	9,90
Alimente pentru o viață sănătoasă. Ghid de prevenție și terapeutică, G. Puia Negulescu, G. Mencinicopschi	19,90
Antibiotice din plante, Stephen Harrod Buhner	14,90
Anatomia unui corp perfect. Ghid pentru dezvoltarea musculaturii, Frédéric Delavier	79,90
Antologia dietelor, Ulrike Raise	24,90
Biblia alimentară, ed. a II-a, Gheorghe Mencinicopschi	14,90
Ciocolata *- un element esențial pentru sănătatea ta*, Michel Montignac	19,90
Cu douăzeci de ani mai tânăr, Bob Greene	29,90
Detoxifierea ficatului în 9 zile. Dupa metoda revoluționară Holford, Patrick Holford	14,90
Dieta cu încărcătură glicemică, Nigel Denby	19,90
Dieta cu sucuri naturale, Christine Bailey	49,90
Terapia Gerson, Charlotte Gerson	44,90
Dieta Montignac pentru femei, Michel Montignac	13,90
Dieta Montignac. Mănâncă de plăcere, menține-te în formă, Michel Montignac	64,90
Ghidul alimentelor sănătoase, Michael Van Straten	44,90
Ghidul căloriilor, carbohidraților și colesterolului, ed. a II-a, M. Schueneman	19,90
Ghidul călăriilor, carbohidraților și colesterolului, M. Schueneman	44,90
Ghidul alimentelor sănătoase, Michael Van Straten	19,90
Ghidul sănătății tale, Michael Van Straten	19,90
Ghidul microbilor. Cum să ne ferim de virusuri, ciuperci, bacterii și paraziți, dr. Bonnie Henry	9,90
Ghidul sănătății tale, ed. color, Michael Van Straten	44,90
Obezitatea la copii. Metode de prevenție și tratament, Michel Montignac	19,90
Spune nu cancerului, Patrick Holford, Liz Efiong	29,90
Secretele oamenilor care nu se îmbolnăvesc niciodată, Gene Stone	19,90
Montignac: *Mănânc sănătos și rămân tânăr*, Michel Montignac	13,90
Mănânc, slăbesc și mă mențin cu dieta Montignac, Michel Montignac	17,90
Nutriție și biotratamente, vol. 1, Phyllis A. Balch	14,90
Nutriție și biotratamente, vol. 2, Phyllis A. Balch	14,90
Nutriție și biotratamente, vol. 3, Phyllis A. Balch	14,90
Nutriție și biotratamente, vol. 4, Phyllis A. Balch	14,90
Plante medicinale. Recunoaștere și uz terapeutic, alimentar, aromatizant, cosmetic.	49,90
Prevenirea bolilor cardiovasculare, Michel Montignac	19,90
Rețeta sănătății perfecte. Schimbă-ți viața în 6 săptămâni, P. Holford	9,90
Uleiul de măsline - un element esențial pentru sănătatea ta, Michel Montignac	19,90

Vinul - un element esenţial pentru sănătatea ta,
Michel Montignac 19,90
Ghid complet de combinaţii alimentare sănătoase 24,90

Sport

Sport, dietă şi vedete, format mic, Florentina Opriş 19,90
Sport, dietă şi vedete, Florentina Opriş 39,90
Fii în formă fără să mergi la sală, Scott Tudge 49,90
Metoda de 30 de zile (include DVD), Tracy Anderson 49,90
DVD - *metoda de 30 de zile*, Tracy Anderson 24,90

RELIGIE ŞI SPIRITUALITATE

Diverse Religie şi spiritualitate

Biblica. Atlasul Bibliei 199,00
Oameni şi miracole, Helene Renard 9,90
Reîncarnarea. Doctrine, mărturii, experienţe, Sylvie Simon 9,90
Ghid astrologic, ed. color, Annie Lionnet 54,90
Secretele palmei. Ghid de chiromanţie, Tre McCamley 54,90
Tu şi viitorul tău, Georgia Nicols 49,90
Vindecarea prin bioenergie, William Bengston, Sylvia Fraser 19,90
Secretele numerologiei, Richard Craze 59,90
Cupluri zodiacale. Compatibilităţi astrologice în dragoste,
Stella Starsky, Quinn Cox 24,90
10 000 de vise interpretate, Pamela Ball 29,90

Biblia cu ilustraţii

Set *Biblia cu ilustraţii* (8 vol.) 99,00

DEZVOLTARE PERSONALĂ

Diverse Dezvoltare personală

Câştigă acum încredere în tine, Paul McKenna 19,90
O viaţă nouă în 7 zile, Paul McKenna 19,90
Te pot face să slăbeşti (conţine CD), Paul McKenna 19,90
Gesturile care vă vor schimba viaţa, Joseph Messinger 24,90
Marea carte a testelor de personalitate, Salvatore V. Didato 29,90
Salvează-ţi căsnicia în cinci minute pe zi, Bonnie Jacobson,
Alexia Paul 29,90
Teste psihologice. Pentru a te cunoaşte mai bine, Gilles D'Ambra 9,90
Gesturile care îi trădează pe politicieni, Joseph Messinger 29,90
Cartea întrebărilor, Gregory Stock 19,90
Dicţionar ilustrat al gesturilor, Joseph Messinger 69,90

Gastronomie

100 de reţete şi meniuri, Michel Montignac 14,90
1001 reţete culinare. Ghid internaţional de gastronomie,
Durack Terry 119,00
Bucătăria lumii. Reţete fantastice de pretutindeni, Gordon Ramsay 99,90
Găteşte cu pasiune, Nigella Lawson 99,90

Grădina bucătarului rafinat. Ghid de cultivare organică a plantelor, Virginia Hayes 49,90
Meniul perfect, Gordon Ramsay 99,00
Secretele bucătăriei. Carne albă, vol. 1 10,90
Secretele bucătăriei. Carne roşie, vol. 2 10,90
Secretele bucătăriei. Dulciuri, vol. 3 10,90
Secretele bucătăriei. Peşte, vol. 3 10,90
Secretele bucătăriei. Salate, vol. 4 10,90
Secretele bucătăriei. Supe, vol. 5 10,90
Secretele bucătăriei. Paste, vol. 6
Secretele bucătăriei. Preparate la grătar, vol. 7 10,90

Fotografie

101 ponturi în fotografia digitală, ed. a II-a, Michael Freeman 59,90
Fotografia de călătorie. Ghid pentru profesionişti şi amatori, Michael Freeeman 34,90
Fotografia de portret. 99 de idei pentru tine, familie şi prieteni, Annabel Williams 44,90
Manual de fotografie digitală, Michael Freeeman 149,00
Ochiul fotografului, Michael Freeman 79,90
Fotografiază-ţi familia, Joel Sartore 49,90

Lucru de mână

200 de flori şi alte accesorii croşetate, Claire Crompton 39,90
100 de flori şi alte accesorii croşetate, Claire Crompton 19,90
Învăţaţi să tricotaţi - format mic, Claire Crompton 19,90
Învăţaţi să tricotaţi, Claire Crompton 49,90
Tricotaje. Tehnici şi cele mai frumoase modele, Claire Crompton 19,90
Învăţaţi să croşetaţi - format mic, Sue Whiting 19,90
Învăţaţi să croşetaţi, Sue Whiting 49,90

COPII

Poveşti • Basme • Poezii

Cele mai frumoase fabule, Alecu Donici 34,90
Dănilă Prepeleac, Ion Creangă 9,90
Fata babei şi fata moşneagului, Ion Creangă 14,90
Mari povestitori români. Cele mai frumoase poveşti 49,90
Melc, melc, codobelc, Lica Sainciuc 29,90
Moş Crăciun pribeag soseşte. Poezii, colinde, poveşti 29,90
Păcală şi Tândală 39,90
Povestea lui Harap-Alb, Ion Creangă 39,90
Proverbele şi zicătorile românilor 24,90
Ursul păcălit de vulpe, Ion Creangă 4,90
Povestea lui Stan Păţitul, Ion Creangă 9,90
Capra cu trei iezi, Ion Creangă 9,90
Făt-Frumos, fiul iepei, Ion Creangă 9,90
Povestea porcului, Ion Creangă 9,90
Ivan Turbincă, Ion Creangă 9,90

Punguţa cu doi bani. Ursul păcălit de vulpe, Ion Creangă	9,90
Soacra cu trei nurori, Ion Creangă	9,90
Dănilă Prepeleac, Ion Creangă	12,90
Poezia anotimpurilor	39,90
Crăiasa Zăpezii, vol. 1, Hans Christian Andersen	19,90
Cenuşăreasa, vol. 2, Fraţii Grimm	19,90
Frumoasa din pădurea adormită, vol. 3, Charles Perrault	19,90
Inimă de piatră, vol. 4, Wilhelm Hauff	19,90
Spărgătorul de nuci şi regele şoarecilor, vol. 5, E.T.A. Hoffmann	19,90
Capra cu trei iezi, vol. 6, Ion Creangă	19,90
Prinţul fericit, vol. 7, Oscar Wilde	19,90
Frumoasa cu părul de aur, vol. 8	19,90
Degeţica, vol. 9, Hans Christian Andersen	19,90
Scufiţa Roşie, vol. 10, Fraţii Grimm	19,90
Povestea lui Muck cel mic, vol. 11, Wilhelm Hauff	19,90
Povestea porcului, vol. 12, Ion Creangă	19,90
365 de glume	49,90
365 de poveşti, Catherine Tessandier, Valerie Videau	59,90
52 de poveştiri cu animăluţe	49,90
ABC-ul bunelor maniere, Natalia Ciub	44,90
ABC-ul curajului, Natalia Ciub	44,90
ABC-ul sănătăţii, Natalia Ciub	39,90
Alte 365 de poveşti	59,90
Aventurile baronului Münchhausen, Rudolf Erich Raspe	39,90
Aventurile lui Don Quijote, Anna Obiols	29,90
Aventurile lui Pinocchio, Carlo Collodi, Roberto Inoccenti	59,90
Poveste de Crăciun, Charles Dickens, Roberto Inoccenti	59,90
Spărgătorul de nuci şi regele şoarecilor, E.T.A. Hoffmann, Roberto Inoccenti	69,90
Călătoriile lui Gulliver, Jonathan Swift	54,90
Cartea zânelor. Un ghid magic spre tărâmul fermecat, Maloney Alison	84,90
Cele mai frumoase poveşti cu prinţi şi prinţese	59,90
Cele mai frumoase poveşti de seară	69,90
Circul Bambini	49,90
Colorăm de Crăciun	19,90
Cum să devii o prinţesă, Matthews Caitlin	84,90
Daruri pentru Moş Crăciun. Poveşti, reţete, activităţi	34,90
În căutarea oraşului de aur, Stephen Biesty	59,90
Minunata călătorie a spiriduşului Valentin, Carlos Busquets	49,90
Ocolul Pământului în 80 de poveşti, Saviour Pirotta	59,90
Cartea junglei, Rudyard Kipling	59,90
Vrăjitorul din Oz, L. Frank Baum	59,90
Poveşti de adormit copiii, ed. a II-a	79,90
Poveşti de la Moş Crăciun	34,90
Sarah Kay şi poveştile ei năzdrăvane	49,90
Sarah Kay şi prietenii ei	49,90

Sherlock Holmes şi cazul giuvaierului albastru, Arthur Conan Doyle	29,90
Un an din viaţa familiei Chiţ-Chiţ, Alain Jost	34,90
Vine Crăciunul. Poveşti. Colinde. Podoabe. Merinde, ed. a II-a	44,90
Cartea de aur a celor mai frumoase poveşti	56,90
Frumoasa din pădurea adormită, Charles Perrault	14,90

ENCICLOPEDII • ATLASE • DICŢIONARE

Diverse Enciclopedii • Atlase • Dicţionare

Animale marine. Prima mea enciclopedie, Robert Coupe	34,90
Animale. Prima mea enciclopedie, Denise Ryan	34,90
Corpul uman. O aventură incredibilă povestită de Bobârnaci, Richard Walker, Lisa Swerling	44,90
De ce? Prima mea carte de întrebări, Amy Shields	39,90
Prima mea carte despre dinozauri	39,90
Ghid de călătorie. Tot ce trebuie să ştii despre ţările lumii	79,90
Dinozauri. Prima mea enciclopedie, Denise Ryan	34,90
Enciclopedia copiilor	39,90
Enciclopedia copilului deştept	99,90
Enciclopedia elevului. Pământul	44,90
Enciclopedia pentru copii mici şi bunici	34,90
Insecte. Prima mea enciclopedie, Helen Flint	34,90
Marea carte despre monştri, spiriduşi, dragoni şi uriaşi, John Malan	49,90
Marea carte despre războinici, Deborah Murrell	49,90
Marea carte a Crăciunului	49,90
Marea enciclopedie pentru elevi, ed. a II-a	129,00
Marile minuni ale lumii, ed. a 12-a, Ash Russell	39,90
Marile minuni ale naturii, ed. a II-a, David Burnie	44,90
Prima mea carte de matematică. 3+, Anne Montague-Smith	54,90
Prima mea enciclopedie, ed. a II-a, A.I. Galperstein	64,90
Prima mea enciclopedie ilustrată - priveşti, descoperi şi înţelegi, ed. a II-a, Lotrich Silvia	39,90
Atlasul lumii pentru tineri exploratori	49,90
Atlasul marilor descoperiri geografice	44,90
Atlasul universului pentru elevi, S. Dubkova, A. Zasov	44,90
Dicţionar explicativ ilustrat clasele I-IV, ed. a III-a	49,90
Primul meu dicţionar ilustrat	44,90

Copilul deştept

Jocul cu degetele, 2-4 ani	34,90
Dezvoltăm gândirea	34,90
Învăţăm să calculăm, 4-6 ani, ed. a II-a	34,90
Învăţăm să desenăm, L. Danilova	29,90
Învăţăm să scriem	34,90
Pregătirea preşcolarului, curs complet 5-7 ani, ed. a II-a	49,90

Şcoala de desen	29,90
Cu mami şi cu tati ai spor la carte	29,90

Dezvoltare timpurie

Activităţi pentru copii mici, 2-3 ani, ed. a II-a, L. Danilova	39,90
Primele lecţii, 3-4 ani	49,90
Lecţii pentru preşcolari, 4-5 ani	49,90
Carte de teste pentru preşcolari, 5-7 ani	39,90
Pregătirea pentru şcoală, 5-6 ani	49,90
Cartea preşcolarului, 6-7 ani, L. Danilova	49,90

Citim în engleză + CD

Degeţica / Thumbelina, carte + CD	16,90
Motanul încălţat, carte + CD	16,90
Crăiasa zăpezii, carte + CD	16,90

Şcoala celor şapte pitici

Compune un desen, 0-1 ani	9,90
Învăţăm culorile, 0-1 ani	9,90
Jucăriile mele preferate, 0-1 ani	9,90
Prima mea carte, 0-1 ani	9,90
Desene colorate, 0-1 ani	9,90
Pătrăţelul şi cerculeţul, 0-1 ani	9,90
Imită sunetele, 0-1 ani	9,90
Casa mea, 1-2 ani	9,90
Desenăm cu degetelele, 1-2 ani	9,90
Biluţe din plastilină, 1-2 ani	9,90
La plimbare prin oraş, 1-2 ani	9,90
La ţară, 1-2 ani	9,90
Cine este şi cum face, 1-2 ani	9,90
Cine este, ce este, 1-2 ani	9,90
Mare-mic, 1-2 ani	9,90
Noţiuni opuse, 1-2 ani	9,90
Ce profesii există, 2-3 ani	9,90
În poiana din pădure, 2-3 ani	9,90
Culoarea. Forma, 2-3 ani	9,90
Anotimpurile, 2-3 ani	9,90
Ce e bine şi ce-i rău, 2-3 ani	9,90
Unde trăiesc animalele, 2-3 ani	9,90
Un, unul - o, una - mulţi, multe, 2-3 ani	9,90
Desenăm cu degetelele, 2-3 ani	9,90
Tablouri din plastilină, 2-3 ani	9,90
Alfabetul, 2-3 ani	9,90
Scrierea. Elemente grafice, 3-4 ani	9,90
Numărarea. Mărime. Formă, 3-4 ani	9,90
Timpul. Spaţiul, 3-4 ani	9,90
Gândire. Logică, 3-4 ani	9,90
Mijloace de transport, 3-4 ani	9,90
Eu număr până la cinci, 3-4 ani	9,90

Ce profesii există, 3-4 ani	9,90
Lăcomia strică omenia, 3-4 ani	9,90
Studiez natura, 3-4 ani	9,90
Scrierea. Elemente grafice, 4-5 ani	9,90
Numărare. Mărime. Formă, 4-5 ani	9,90
Din ce sunt făcute toate, 4-5 ani	9,90
Timpul. Spaţiul, 4-5 ani	9,90
Gândire. Logică, 4-5 ani	9,90
Stele şi planete, 4-5 ani	9,90
Mai repede, mai sus, mai puternic, 4-5 ani	9,90
Cel mai... cel mai..., 4-5 ani	9,90
Tainele naturii, 5-6 ani	9,90
Scrierea. Elemente grafice, 5-6 ani	9,90
Numărarea. Mărime. Formă, 5-6 ani	9,90
Vreau să cresc sănătos, 5-6 ani	9,90
Cum să traversezi strada, 5-6 ani	9,90
Geografie pentru cei mici, 5-6 ani	9,90
Timpul. Spaţiul, 5-6 ani	9,90
Gândire. Logică, 5-6 ani	9,90
Cifre magice, 5-7 ani	7,90
Desenăm după pătrăţele, 5-7 ani	7,90
Desenăm după puncte, 5-7 ani	7,90
Şiruri logice, 5-7 ani	7,90
Scrierea. Elemente grafice, 6-7 ani	9,90
Numărarea. Mărime. Formă, 6-7 ani	9,90
Timpul. Spaţiul, 6-7 ani	9,90
Gândire. Logică, 6-7 ani	9,90
Popoarele lumii, 6-7 ani	9,90
Ocrotirea naturii, 6-7 ani	9,90
Istorioare cu tâlc, 6-7 ani	9,90
Farmecul anotimpurilor, 6-7 ani	9,90
Teste de evaluare pentru preşcolari	9,90
Cine şi cum face	9,90

Caiete de lucru

Modele de scriere, 3 ani, D. Denisova	4,90
Matematica, 3 ani, D. Denisova	4,90
Dezvoltarea vorbirii, 3 ani, D. Denisova	4,90
Modele de scriere, 4 ani, D. Denisova	4,90
Matematica, 4 ani, D. Denisova	4,90
Dezvoltarea vorbirii, 4 ani, D. Denisova	4,90
Modele de scriere, 5 ani, D. Denisova	4,90
Matematica, 5 ani, D. Denisova	4,90
Dezvoltarea vorbirii, 5 ani, D. Denisova	4,90
Modele de scriere, 6 ani, D. Denisova	4,90
Matematica, 6 ani, D. Denisova	4,90
Dezvoltarea vorbirii, 6 ani, D. Denisova	4,90

ACTIVITĂŢI DISTRACTIVE

Cartea jocurilor minţii (ed. de buzunar)	39,90
Marea carte a jocurilor minţii. Probleme creative de logică, geometrie şi modele matematice, vol. 1, Ivan Moscovich	64,90
Marea carte a jocurilor minţii. Probleme creative de logică, matematică şi fizică, vol. 2, Ivan Moscovich	64,90
De Paşte, ne jucăm şi decorăm	9,90
501 activităţi pentru copii	59,90
Sunt magician	9,90
Cartea micului magician: trucuri nemaipomenite, Joe Fullman	54,90
Învaţă primele 500 de cuvinte cu ajutorul autocolantelor	34,90
100 activităţi distractive, vol. 1	9,90
100 activităţi distractive, vol. 2	9,90
100 activităţi distractive, vol. 3	9,90
100 activităţi distractive, vol. 4	9,90
365 de activităţi distractive	24,90
500 de jocuri captivante şi amuzante	24,90
A doua carte a micului magician. Trucuri inedite, Joe Fullman	54,90
Desenează punct cu punct. De la 1 la 30	19,90
Desenează punct cu punct. De la 1 la 50	19,90
Desenează punct cu punct. De la 1 la 80	19,90
Desenează punct cu punct. Învaţă ABC-ul	19,90
Răzbunătorii. Cei mai puternici eroi de pe pământ.	4,90
Răzbunătorii. Uniţi contra unei ameninţări comune	4,90
Spider-man, 40 de autocolante, jocuri şi pagini de colorat	9,90
Spider-man, 25 de autocolante, jocuri, poster şi pagini de colorat	9,90
Poveşti şi jocuri pentru alungat plictiseala	24,90

CARTE PE CARTON

Cenuşăreasa, pe carton cu poşetuţă, ed. a II-a, Charles Perrault	16,90
Frumoasa din pădurea adormită, pe carton cu poşetuţă, ed. a II-a, Charles Perrault	16,90
Cele douăsprezece fete de împărat şi palatul cel fermecat, pe carton cu poşetuţă, ed. a II-a, Petre Ispirescu	16,90
Albă-ca-Zăpada şi cei şapte pitici, pe carton cu poşetuţă, Fraţii Grimm	16,90
Porcarul şi prinţesa, pe carton cu poşetuţă, Hans Christian Andersen	16,90
Prinţesa din portocală, pe carton cu poşetuţă	16,90
Prinţesa şi tăietorul de lemne, pe carton cu poşetuţă, Edouard Rene Lefebvre de Laboulaye	16,90
Alfabetul, carte pe carton, ed. a II-a	29,90
Anotimpurile - prima mea carte, carte pe carton	39,90
Bunele maniere, carte pe carton	29,90
Primele mele cuvinte, carte pe carton	44,90

Vreau să ştiu literele şi cifrele, carte pe carton, ed. a II-a	29,90
Mami, te iubesc, carte pe carton, Marco Campanella	49,90
Tati, te iubesc, carte pe carton, Marco Campanella	49,90
Animale. Bebe învaţă	19,90
Culorile. Bebe învaţă	19,90
Fructe şi legume. Bebe învaţă	19,90
Numerele. Bebe învaţă	19,90
Avionul lui Bogdan. Micul aventurier	19,90
Elicopterul lui Alexandru. Micul aventurier	19,90
Maşinuţa lui Andrei. Micul aventurier	19,90
Trenuleţul lui Matei. Micul aventurier	19,90

LICENŢE INTERNAŢIONALE

National Geographic

Atlasul lumii pentru copii	39,90
Atlasul lumii pentru elevi	49,90
De ce? Prima mea carte de întrebări, Amy Shields	39,90
Prima mea carte despre dinozauri	39,90

DISNEY

Cufărul prinţesei, 6 cărţi Disney + cutie cadou	99,00
Primele mele 1000 de cuvinte în limba engleză, dicţionar ilustrat Disney English	39,90
Set *Învăţ engleza cu Winnie de pluş* (3 vol. + CD)	49,90
Ziua cea mare a lui Winnie, Winnie de pluş	9,90
Copacul cu miere, Winnie de pluş	9,90
La mulţi ani, Aiurel!, Winnie de pluş	9,90
O zi cu vânt, Winnie de pluş	9,90
Gustări delicioase, Winnie de pluş	12,90
Animale îndrăgite, Winnie de pluş	12,90
Aniversare cu surprize, Winnie de pluş	12,90
Distracţie pentru orice anotimp, Winnie de pluş	12,90
Regele Leu, carte - Disney	29,90
În cautarea lui Nemo, carte - Disney	29,90
Pisicile aristocrate, carte - Disney	29,90
Povestea jucăriilor, carte - Disney	29,90
Ratatouille, carte - Disney	29,90
Incredibilii, carte - Disney	29,90
Doamna şi vagabondul, carte - Disney	29,90
Compania monştrilor, carte - Disney	29,90
Bambi, carte - Disney	29,90
Clopoţica, carte - Disney	29,90
Alice în Ţara Minunilor, carte - Disney	29,90
Pinocchio, carte - Disney	29,90
Dumbo, carte - Disney	29,90
101 dalmaţieni, carte - Disney	29,90

Mica sirenă, carte - Disney	29,90
Aladin, carte - Disney	29,90
Wall-e, carte - Disney	29,90
Peter Pan, carte - Disney	29,90
Cartea junglei, carte - Disney	29,90
Cenuşăreasa, carte - Disney	29,90
Frumoasa şi Bestia, carte - Disney	29,90
Frumoasa adormită, carte - Disney	29,90
Albă-ca-Zăpada şi cei şapte pitici, carte - Disney	29,90

MARVEL

Spider-man, carte de colorat, vol. 1	4,90
Spider-man, carte de colorat, vol. 2	4,90
Spider-man, 40 de autocolante, jocuri şi pagini de colorat	9,90
Spider-man, 25 autocolante, jocuri, poster şi pagini de colorat	9,90
Răzbunătorii. Cei mai puternici eroi de pe pământ	4,90
Răzbunătorii. Uniţi contra unei ameninţări comune	4,90
Doctorul Octopus - Spider-man	6,90
Monstrul verde - Spider-man	6,90
Mysterio - Spider-man	6,90
Şopârla - Spider-man	6,90

TOM & JERRY

Nopţi fierbinţi în Sahara. Orient Express	10,90
Atenţie, piraţii! Marea aventură la circ	10,90
O zi la curse. Harababura	10,90
La muzeu. Marea paradă	10,90
Lumini, motor, acţiune! Game Over	10,90
Duhul cel rău. Primejdie medievală	10,90
Pinguinul buclucaş. Tom balaurul	10,90
Motanul-tigru. Pisoiul vlăguit	10,90
Set Tom şi Jerry, 8 vol.	69,90
Joacă-te şi colorează vol. 1	4,90
Joacă-te şi colorează vol. 2	4,90
Joacă-te şi colorează vol. 3	4,90
Joacă-te şi colorează vol. 4	4,90
Joacă-te şi colorează vol. 5	4,90
Joacă-te şi colorează vol. 6	4,90
Joacă-te şi colorează vol. 7	4,90
Joacă-te şi colorează vol. 8	4,90
Pe locuri. Fiţi gata. La joacă!, supercarte de colorat	19,90

LIRA

Cărţi romantice

Cu fiecare zi, ed. a II-a, Danielle Steel	19,90
O femeie împlinită, Danielle Steel	19,90

Vis în alb, Nora Roberts	19,90
Parfumul iubirii, Nora Roberts	19,90
Trăieşte clipa, Nora Roberts	19,90
Fericiţi pentru totdeauna, Nora Roberts	19,90
Legături de familie, Danielle Steel	19,90
Moştenirea, Danielle Steel	19,90
Misterele dragostei, Danielle Steel	19,90
Strada Charles 44. Adresa iubirii, Danielle Steel	19,90
Comori tăinuite, Nora Roberts	19,90
Evadarea, Barbara Delinsky	19,90
Celebritate, Jackie Collins	19,90
Luminile Sudului, Danielle Steel	19,90
O nouă viaţă, Mary Jo Putney	19,90
Umbrele trecutului, Mary Jo Putney	19,90
Pasiune şi onoare, Mary Jo Putney	19,90
Petrecerea, Danielle Steel	19,90
Un sărut la miezul nopţii, Eloisa James	19,90
Atingerea dragostei, Eloisa James	19,90
Zeiţa răzbunării, Jackie Collins	19,90
Conacul, Danielle Steel	19,90
Îngerul păzitor, Danielle Steel	19,90
Vieţi la limită, vol. 1, Nora Roberts	19,90
Vieţi la limită, vol. 2, Nora Roberts	19,90
Un Crăciun de neuitat, Mary Carter, Terri Dulong	19,90
O dorinţă de Crăciun, Terry Michaels, Cathy Lamb	19,90
Nurorile, Joanna Trollope	19,90
O altă familie, Joanna Trollope	19,90
O iubire imposibilă, vol. 1, Mary Jo Putney	19,90
O iubire imposibilă, vol. 2, Mary Jo Putney	19,90
Mireasă fără voie, Jo Beverley	19,90
O femeie de succes, Pamela Morsi	19,90
Miracolul, Danielle Steel	19,90
Valea păpuşilor, vol. 1, Jacqueline Susann	19,90
Valea păpuşilor, vol. 2, Jacqueline Susann	19,90
Compromisul inimii, Mary Jo Putney	19,90
Paşi pe nisip, Nancy Thayer	19,90
Alchimia dragostei, Amanda Quick	19,90
Vieţi paralele, Ellen Meister	19,90
Tainele trecutului, Amanda Quick	19,90
Minciuni din dragoste, Diane Chamberlain	19,90
Regele furtunilor, Amanda Scott	19,90
Secrete şi trădări, vol. 1, Diane Chamberlain	19,90
Secrete şi trădări, vol. 2, Diane Chamberlain	19,90
Fericire periculoasă, Jo Beverley	19,90
Înainte de furtună, Diane Chamberlain	19,90

Două vieţi, Danielle Steel	19,90
Dansul pasiunii, Mary Jo Putney	19,90
Insula, Elin Hilderbrand	19,90
Rugăciuni ascultate, Danielle Steel	19,90
Anotimpul regăsirii, Sarah Jio	19,90
Visuri împlinite, Nora Roberts	19,90
Barca de argint, Luanne Rice	19,90
Taina contesei, Mary Jo Putney	19,90
Casa de la malul mării, vol. 1, Santa Montefiore	19,90
Casa de la malul mării, vol. 2, Santa Montefiore	19,90
Vârstele dragostei, Danielle Steel	19,90
Iubiri clandestine, Judy Astley	19,90
Seducţie, Loretta Chase	19,90
Nesocotita, Amanda Quick	19,90
Suflete regăsite, Ulrika Jonsson	19,90
Hotel Vêndome, Danielle Steel	19,90
Angelica. Marchiza îngerilor, Anne Golon	19,90
Îmblânzitoarea de suflete, Nora Roberts	19,90
Iubiri de altădată, Elizabeth Noble	19,90
Scandal, Amanda Quick	19,90
Trandafiri, vol. 1, Leila Meacham	19,90
Trandafiri, vol. 2, Leila Meacham	19,90
Angelica. Logodnica vândută, Anne Golon	19,90
Noi începuturi, Fern Michaels	19,90
O relaţie periculoasă, Amanda Quick	19,90
Scrisori pentru fiicele mele, Elizabeth Noble	19,90
Treptele iubirii, Nora Roberts	19,90
Ultima mea ducesă, Daisy Goodwin	19,90
Ecouri, Danielle Steel	19,90
Angelica. Serbări regale, Anne Golon	19,90
Invitaţie la nuntă, Helen Warner	19,90
Irezistibil, Jill Shalvis	19,90
Legământul iubirii, Amanda Quick	19,90
Paşi spre fericire, Nora Roberts	19,90
Un albastru infinit, Luanne Rice	19,90
Surprizele vieţii, Danielle Steel	19,90
Dorinţa, Amanda Quick	19,90
Petrecerea lui Ralph, Lisa Jewell	19,90
Când dragostea te schimbă, Mary Jo Putney	19,90
Ultima cucerire, Helen Simonson	19,90
În căutarea fericirii, Fern Michaels	19,90
Patru nunţi şi o moştenire, Julia Quinn, Eloisa James Connie Brockway	19,90
Fete rele, vol. 1, Rebecca Chance	19,90

Fete rele, vol. 2, Rebecca Chance	19,90
Scenariu pentru dragoste, Ana Damian	19,90
Călătorie spre iubire, Mary Jo Putney	19,90
Muzica inimii, Jane Lovering	19,90
Iubire vinovată, Lisa Jackson	19,90
Greşeli din dragoste, Beth Kendrick	19,90

Dacă ai citit romanul, poți da răspunsul corect la următoarea întrebare:

Ce vârstă are Natalie, personajul romanului „A doua şansă", de Kristin Hannah?

a. 25;
b. 4;
c. 17;
d. 18.